Teoria Geral do Direito

Coleção Fundamentos do direito

Dados Internacionais de Catalogação na Publicação (CIP)
(Câmara Brasileira do Livro, SP, Brasil)

Dabin, Jean
 Teoria geral do direito / Jean Dabin ; tradução Cláudio J. A. Rodrigues ; revisão técnica e apresentação Márcio Pugliesi. -- 1. ed. -- São Paulo : Ícone, 2010. -- (Coleção fundamentos do direito)

 Título original: Théorie Générale du Droit.
 ISBN 978-85-274-1106-6

 1. Direito - Filosofia 2. Direito - Teoria I. Pugliesi, Márcio. II. Título. III. Série.

10-03978

CDU-340.11

Índices para catálogo sistemático:

1. Direito : Teoria   340.11
2. Teoria geral do direito   340.11

Jean Dabin

Professor da Faculdade de Direito e da Escola de
Ciências Políticas da Universidade de Louvain

Teoria Geral do Direito

Coleção Fundamentos do Direito

Tradução: Cláudio J. A. Rodrigues

Título original: *Théorie Générale du Droit*

Revisão técnica e Prefácio:

Márcio Pugliesi

Doutor em Filosofia e Teoria Geral do Direito pela
Faculdade de Direito da Universidade de São Paulo
Doutor em Filosofia pela Pontifícia Universidade Católica de São Paulo (PUC-SP)
Professor do Mestrado e Doutorado em Direito e do
Departamento de Teoria Geral de Direito da PUC-SP
Coordenador do curso de Direito da Faculdade Anchieta

1ª EDIÇÃO

Ícone editora

Brasil – 2010

© Copyright da tradução – 2010
Ícone Editora Ltda.

Conselho Editorial
Cláudio Gastão Junqueira de Castro
Diamantino Fernandes Trindade
Dorival Bonora Jr.
José Luiz Del Roio
Marcio Pugliesi
Marcos Del Roio
Neusa Dal Ri
Tereza Isenburg
Ursulino dos Santos Isidoro
Vinícius Cavalari

Título Original
Théorie Générale du Droit

Tradução e Revisão
Cláudio J. A. Rodrigues

Revisão técnica e Prefácio
Márcio Pugliesi

Projeto gráfico, capa e diagramação
Richard Veiga

Proibida a reprodução total ou parcial desta obra, de qualquer forma ou meio eletrônico, mecânico, inclusive através de processos xerográficos, sem permissão expressa do editor. (Lei nº 9.610/98)

Todos os direitos reservados pela
ÍCONE EDITORA LTDA.
Rua Anhanguera, 56 – Barra Funda
CEP: 01135-000 – São Paulo/SP
Fone/Fax.: (11) 3392-7771
www.iconeeditora.com.br
iconevendas@iconeeditora.com.br

Prefácio

Jean Dabin nasceu em Liège no ano de 1889, precisamente no ano do centenário da grande revolução burguesa e é conhecido, juntamente com Jacques Maritain, pela liderança da filosofia política e jurídica da neo-escolástica contemporânea. Faleceu em Louvain (Lovaina) em 1971 sempre cercado pela estima de seus estudantes,

Desde 1882 – na Universidade de Louvain – foi implantada uma cátedra votada ao estudo da filosofia de Santo Tomás e que foi ocupada por Desiré Mercier. Esse catedrático fundou em 1889 o Institut Supérieur de Philosophie que teve como órgão de difusão a Revue Néoscolastique de Philosophie. Pelo seu trabalho e de seus associados e continuadores surge um influente movimento que teve em Jacques Maritain e Étienne Gilson destacados cultores e relevantes sustentáculos de muito do que ainda se pensa em Filosofia do Direito no Brasil. Gilson, de fato, manifestava um certo afastamento da neo-escolástica e em seu **L'Esprit de la Philosophie Médiévale** manifesta sua adesão ao tomismo. Maritain, cuja obra cedo traduzida ao português, influiu sobre as gerações de 40 e 50, particularmente com sua importante obra **Humanisme Intégral** (que lhe valeu alguns dissabores) defensora da autonomia do Estado e de todo valor humano autêntico, mesmo que apartada da orientação dominante da Igreja.

Essas posições decorrem daquelas da corrente tomista que, contra a posição augustiniana de definir o estado como mal relativo devido ao pecado original, vê o Estado como produto natural e necessário da sociabilidade humana reabilitando-o visto garantir a segurança dos membros de uma comunidade política e promover o Bem. Mas, o aquinatense desenvolve uma teoria do Direito que vai além desse marco: rompe com a tradição jurídica da alta Idade Média, decorrente das posturas de Agostinho de Hipona, demonstrando que a *lex vetus* contida no Êxodo, Levítico e no Deuteronômio[1] nada possuía de *judicialia*, já que Deus confiou-as ao arbítrio humano (*humano arbitrio relinquuntur*) e, assim, as soluções judiciais, de há muito vinculadas à Igreja, passam a ser assunto profano. A *lex aeterna* não se põe, senão parcialmente e de forma indireta, mas se manifesta como a *lex naturalis*. A *lex humana* derivada da *naturalis* é simples decorrência dos princípios da *naturalis*, por *modum conclusionum* (conclusão de um silogismo) ou por *modum determinationis* (precisação do que foi expresso na *lex naturalis*). Por essa razão seria necessário obedecer à lei humana mesmo quando essa, aparentemente, fosse contra o bem comum, mas não quando atentasse contra a *lex divina*: caso de imposição de uma heresia. Assim, a lei seria uma disposição da razão objetivando salvaguardar o bem comum decorrente da instância responsável do comum a todos e essa disposição deve ser pública – promulgada. Já a justiça, num claro decurso do aristotelismo, seria construção da prudência segundo a natureza das coisas. Essa concepção essencialista e prudencial faz com que a ordem jurídica só possa ser estabelecida pelas operações prudenciais desencadeadas pelo

---

[1] Veja-se LESCHER, Branca. Facciola. **A Torá como Fonte do Direito**. São Paulo: RCS, 2005.

Homem, tendo em vista o Bem, e instaurando de maneira autônoma, livre e racional o justo.

À corrente de Gilson e Maritain, que retoma e reinterpreta as lições de Tomás DE AQUINO, costuma-se filiar Dabin, visto como o jurista do grupo, grupo esse que teve projeções por larga parte das escolas católicas de todo o mundo. Esta obra, que ora se apresenta ao público brasileiro, foi publicada em 1944, em Bruxelas e produziu enorme sucesso no ensino belga e francês difundindo-se, depois, pela Espanha e países católicos de todo o mundo.

Sua principal virtude, além da clareza e simplicidade expositiva, radica na apresentação de temas difíceis com a virtuosidade do *scholar* aliada à praticidade do advogado.

Assim, fiel à corrente neo-escolástica, vê como SANTO TOMÁS, por sua vez apoiado em ARISTÓTELES, a Ética como a ciência do agir humano, do homem como pessoa livre, capaz de seus atos e que visa ao bem racional, superior ao bem sensível: útil ou deleitável. Nesse bem superior o agente encontrará a felicidade, a alegria que se junta ao agir normal e bem organizado. A conduta humana deve conformar-se à reta razão e buscar o bem honesto ou racional e encontrar a perfeição humana que leva à felicidade: fim para o qual é ordenada nossa própria natureza. E os meios para se atingir tal perfeição são as virtudes, entendidas como bons hábitos de agir livremente sempre em conformidade com a reta razão, de tal sorte que se tornem uma segunda natureza, uma repetição de atos voluntários bem ordenados. As virtudes morais devem, ainda, ser controladas pela sabedoria e pela prudência. A primeira viabiliza a perfeição humana e a segunda determina a justa medida a observar entre as diferentes virtudes.

Mas, se o justo meio e a distância do excesso podem conduzir à felicidade, alcançá-la exige mais: é preciso além dessa disciplina das paixões regular as ações exteriores relativamente aos outros, dando a cada um o que é seu. Esse é o objeto da Justiça: a distributiva buscando distribuir bens, honras e cargos consoante o mérito de cada um e a comutativa que visa à igualdade dos bens escambados. Além e acima destas há a Justiça legal que impõe a observância das leis estabelecidas pelo bem da sociedade e a equidade que reduz o rigor da lei quando este for excessivo, dadas as circunstâncias do caso.

Dabin, diante de tais premissas concebe a lei como ordem, regulamento, norma ou regra de conduta. E essa última constatação é essencial em sua exposição: a lei existe como certa regra de conduta, isto é, afirma de imediato o caráter pragmático do sistema normativo: a lei dirige-se às relações entre os homens. A lei é regra social, pois só existe na e pela sociedade e pode ser assim definida: a soma total das regras de conduta estabelecidas, ou pelo menos consagradas, pela sociedade civil, com a sanção da coação pública, com o fito de realizar uma determinada ordem no relacionamento entre homens: a ordem postulada pelo fim da sociedade civil e pela manutenção desta como instrumento dedicado a esse fim.

Essa definição pressupõe alguns requisitos: a sociedade pensada envolve organicidade e organização – que permitem distinguir entre norma legal e moralidade (ou costumes).

Só existe lei se há sociedade organizada e reciprocamente: se há sociedade, então há leis. Mas, a sociedade só existe por que há indivíduos que a compõem e que, para a subsistência da sociedade, devem ser mantidos sob um compromisso de fidelidade e por regra que sanciona sua condição de membros dessa mesma sociedade.

A sociedade civil é competente para editar normas que regulem as condutas tanto de seus funcionários, pelos quais organiza e controla a atividade de todos, sendo por isso soberana e suprema, fonte da única lei verdadeira.

E a finalidade última perseguida por essa lei verdadeira é a vida boa para todos seus súditos, o que conduz diretamente a um aspecto moral: como seria possível alcançar uma vida boa sem que se pense em princípios que governem os direitos e deveres do homem? Mas, tais princípios por serem dotados de coatividade serão, por certo, normas sociais.

O que dá a uma regra seu caráter legal é o fato de ser sancionada pelo Estado, ou pelos tribunais quando houver precedente legal.

Assim, se é certo que associações e corpos privados em geral podem ter poder coativo sobre seus membros, nem por isso esse poder deve ser confundido com o poder do Estado: dele difere em alcance e caráter, sendo certo que ao Estado sempre será possível revisar as práticas de tais corpos privados ou associações.

Por outra parte, a lei, em geral, é obedecida de maneira espontânea, sem intervenção do Estado: lei que não é obedecida não perde sua validade de lei, mas se necessário, requer para manter-se viva, além de força moral da opinião comum, (no limite) a coação, sendo esta sempre pública e *munus* do Estado e de seus órgãos competentes (por força de delegação). A legítima defesa desempenha papel subsidiário e só se admite no caso de necessidade, em ocasiões em que se não pode solicitar a intervenção da força pública. Outros casos indicados por Dabin são os do boicote e da 'lista negra' (como aquelas dos maus fornecedores ou dos maus pagadores) que, segundo esse autor, representam simples direito de liberdade contratual não configurando coação legal.

O poder disciplinador dos corpos privados consistente no poder de aplicar sanções aos membros que descumprirem os regulamentos não se assemelha àquele do Estado em alcance e caráter, uma vez que este último sempre poderá ser invocado para corrigir os excessos e desvios do primeiro.

Toda regra, considerada em sua estrutura lógica, possui dois elementos constitutivos: a hipótese e a solução. A hipótese indica as condições de aplicação definidas em abstrato: dada uma situação deve se seguir uma solução (consequente).

Essa solução, jurídica no caso, é uma norma e, como tal, em Dabin, um princípio que dirige a conduta prescrevendo, vez que ordena, o que indica. O imperativo legal é categórico: dada a hipótese: a ordem é obrigatória incondicionalmente. A sanção dá suporte ao imperativo categórico a fim de realizar, o máximo possível, sua realização na conduta, não constituindo, em hipótese alguma, opção em relação ao cumprimento da norma (não se trata do caso de asseverar: ou se cumpre a norma, ou se suporta a sanção). O imperativo categórico é obrigatório tanto no foro íntimo, quanto no externo. No externo por força do Estado e no íntimo para efeito de se constituir uma ordem social desejada por natureza e, assim, as normas apresentadas em nome dessa ordem humana natural se impõem à consciência. Esse dever de consciência de obedecer a uma lei não significa o dever de achá-la boa ou oportuna – significa que deve ser obedecida. As leis injustas não têm o condão de obrigar a consciência por serem contrárias à regra moral. Por outra parte, convêm diferenciar a norma das decisões administrativas, obrigações derivadas de contratos poderes, direitos e sentenças. Sem dúvida, esses atos implicam uma ordem, um imperativo individual válido para os contratantes, os destinatários e os réus, mas são ordens ou sentenças e não normas ou leis. Além disso, a força desses atos decorre de lei geral que autoriza seus prolatores a tanto. Já a norma, a lei – exigem generalidade. A decisão administrativa é obrigatória para o administrado porque deflui da norma, o contrato gera obrigação porque a regra legal vincula a conduta e o contrato é conforme à lei.

As condutas sujeitam-se à lei e os atos internos (processos psicológicos, volitivos, sensórios etc) se vinculam à moral. Assim, o crime tentado só pode ser punido se houver o início de sua execução que permite lobrigar as intenções subjacentes e graduar a penalidade. Mas, via de regra, a intenção é descartada para se considerar a materialidade dos fatos, gestos, palavras e escritos. Por outro lado, frente à opacidade das intenções, as relações do Homem com Deus estão à margem da competência da Lei, já que a sociedade civil é incompetente em questões religiosas que, no limite, pertencem à esfera da consciência individual. Entretanto, à autoridade civil caberá a incumbência de garantir a liberdade de culto e, tendo em vista os benefícios sociais, seria compreensível que o Estado estabelecesse a obrigatoriedade de educação religiosa, subsídios para obras e instituições confessionais etc.

Posto isso, o autor busca diferenças entre o dado e o construído. Fiel à linha tomista diz que o construído é o artefato – aquilo que é produzido pela atividade eficiente do Homem e o dado tudo que independente da intervenção produtiva do Homem, para asseverar que, em sua existência histórica, a Lei é dada. Se a regra fosse construída dependeria do subjetivismo arbitrário de que a põe – mesmo que sujeita a princípios sempre apresentaria soluções contestáveis uma vez que é artefato. Mas, embora admitindo que a ciência jurídica ficasse restrita à exposição da lei, um simples despacho de *non liquet* seria insatisfatório e, em nosso direito, impossível. Há quase consenso de que, pelo menos parte da lei depende de construção – assim, por exemplo, von Savigny distinguia a lei construída pela 'técnica legal' das que teriam sido produzidas pelo sentir das pessoas. Para Dabin a solução é outra: há construção total da lei, já que a natureza não fornece ao jurista nenhum 'dado' jurídico, uma vez que o jurídico se dá no social e deflui da prudência, parcela da razão prática. A lei construída não advém do nada – *ex facto oritur jus* – é dos fatos que se produz o direito e o dado, que seria o 'dado' moral – pode por vezes ser rearranjado ou reconsiderado sob a aspecção da lei. Mas, acima de tudo, o que é o dado é o método de elaboração da lei desenvolvido por partes da Filosofia do Direito compostas por princípios gerais e universais que a prudência necessita aplicar a casos particulares. Tais princípios obrigam o jurista que interpreta a seguir suas diretivas de modo necessário e absoluto.

A partir desses resultados Dabin volta-se a questões que, de fato, dependem da fixação dessa estrutura para efeito de discutir questões polêmicas como o direito natural; liberdade, bem público, legislação de circunstância; bem público temporal como conteúdo negativo da lei; conceitualismo legal; método legal – tendo como substrato as grandes linhas de investigação da sua escola.

São Paulo, março de 2010.
Márcio Pugliesi

Sumário

AO LEITOR, 17

PRIMEIRA PARTE – NOÇÃO DE DIREITO, 19

Introdução, 20

Capítulo I – Definição formal da norma de Direito, 28
§ 1. O Direito, regra da sociedade civil, 28
§ 2. O poder, fonte da regra do Direito, 38
§ 3. O Direito e a coação pública, 48
Objeções contra esta definição, 61

Capítulo II – Caracteres da regra jurídica, 69
§ 1. O Direito, regra de conduta preceptiva e categórica, 70

§ 2. O Direito, regra geral, 87
§ 3. O Direito, regra sistemática: as instituições jurídicas, 92

Capítulo III – Matéria regida pelo Direito, 98
§ 1. Exclusão dos atos interiores, – dos deveres para com Deus e dos deveres para consigo mesmo, 99
§ 2. As relações sociais e a noção de relação de Direito, 109
§ 3. Os diferentes tipos de relações sociais e os ramos correspondentes do Direito, 124

SEGUNDA PARTE – O MÉTODO JURÍDICO, 137

Capítulo I – O Direito é "dado" ou "construído", objeto de "ciência" ou de "técnica"?, 138
§ 1. Delineamento do problema e teses sobre o mesmo, 138
§ 2. Exame das teses do "dado" (Duguit, Gény...), 153
§ 3. O Direito é "prudência" e, por conseguinte, construído, 170

Capítulo II – Os princípios diretores da elaboração do Direito, 183
Introdução, 183
Secção I – O fim da ordenança jurídica: o bem público temporal, 187
§ 1. Noção e caracteres do bem público temporal, 188
§ 2. O bem público temporal, norma do conteúdo positivo do Direito, 201
§ 3. O bem público temporal, norma do conteúdo negativo do Direito, 214
Secção II – Os meios: a utilidade técnica do Direito, 230
Introdução, 228
§ 1. A definição ou o conceitualismo jurídico, 230
§ 2. A atitude para a prova dos fatos submetidos à regra, 250
§ 3. A concentração da matéria jurídica, 254

Conclusão sobre o método jurídico e corolários, 259
§ 1. Dualidade de aspectos da técnica no Direito, 259
§ 2. Certeza relativa e variabilidade do Direito, 265

TERCEIRA PARTE – DIREITO NATURAL, JUSTIÇA E REGRA DE DIREITO, 271

Introdução, 272

Capítulo I – A noção de Direito natural, 275
§ 1. A concepção tradicional, 275
§ 2. Há um Direito natural jurídico?, 282

Capítulo II – A noção de Justiça, 295
§ 1. As concepções enfrentadas e especialmente a concepção de Aristóteles e de Santo Tomás de Aquino, 295
§ 2. As classes da justiça, 310
§ 3. Justo natural e justo positivo, 323

Capítulo III – O "dado" do Direito natural e da Justiça na elaboração do Direito, 328
§ 1. Moral e bem público temporal, 329
§ 2. A Justiça, matéria normal da regra jurídica, 337

ÍNDICE ANALÍTICO, 349

Ao Leitor

Neste livro o leitor encontrará a essência das ideias desenvolvidas em minhas duas obras anteriores: **La philosophie de l'ordre juridique positif**, Paris, Sirey, 1929; **La technique de l'elaboration du Droit Positif**, Bruxelas-Paris, Bruylant et Sirey, 1935. Todavia, em muitos pontos importantes, a doutrina foi bastante elaborada e bem completada.

Em especial, pareceu impossível traçar uma distinção suficiente entre o Direito e as outras regras de conduta humana sem sublinhar o laço essencial que une as duas noções de Direito e de sociedade: o Direito é regra societária. Isto não quer dizer que não possa haver Direito fora do Estado, e *a fortiori* fora da lei. O Estado, no sentido de sociedade civil, não é a única sociedade. Contudo, na esfera temporal, ele é a sociedade suprema, e sua regra é a regra suprema. Isso não significa que se negue o conceito de um Direito internacional. Mas, é preciso levar em conta que não poderá haver um Direito internacional, no verdadeiro e pleno sentido do termo "Direito", senão quando houver uma sociedade internacional, mais ou menos universal, organicamente constituída.

Por outro lado, desejou-se aqui examinar com mais precisão, a fim de eliminar equívocos que renascem sem cessar, as relações entre a noção de Direito e as noções de Direito natural e de justiça. Com muita frequência os planos e os pontos de vista são confundidos. É assim que se comete um erro ao colocar a ordem jurídica positiva ou a lei civil (como se designa aqui o Direito) como prolongamento direto e exclusivo do Direito natural e da justiça.

Enfim, como testemunham as notas de rodapé, procedeu-se a um despojo sistemático da **Summa Theologica** de Santo Tomás, com a intenção de assinalar as convergências e, eventualmente, as divergências que aparecem entre a doutrina da lei civil formulada pelo grande filósofo e teólogo da Idade Média e a que pode ser proposta por um jurista técnico do Direito moderno.

A teoria que é exposta limitar-se-á aqui a um estudo do sistema geral do Direito, com exclusão do problema das fontes formais e do método de interpretação. Por esta razão a Primeira Parte se constitui, como corpo principal, em um curso de **Introdução ao Estudo do Direito**. A finalidade primeira deste curso introdutório ao Direito é, com efeito, definir o sentido e a função da disciplina jurídica em seu conjunto e em seus diversos ramos. Precisaremos perguntar se é preciso acrescentar, também, que a teoria do Direito é útil não somente para aqueles que frequentam as aulas, mas também a todos aqueles que, de uma maneira ou de outra, praticam o Direito? Porque a teoria do Direito não é outra coisa que o estudo racional dessa prática.

Lovaina, 15 de março de 1943.

Primeira Parte
NOÇÃO DE DIREITO

Introdução

1. "Noção de Direito": incontestavelmente este título requer mais esclarecimentos. Poderíamos dizer: noção de Direito *positivo*, terminologia utilizada para designar a regra que se exprime nas leis, nos costumes jurídicos, na jurisprudência dos tribunais. De fato, esta é a realidade visada. Mas, do ponto de vista da exatidão e, em todo caso, do método, a expressão "Direito positivo" não é satisfatória. Primeiramente, o termo "positivo" é um adjetivo que não lança luz ao significado do substantivo que se quer qualificar: se se disser que, etimológica e historicamente, "positivo" quer dizer acidental, ou ainda voluntário, nos restará a tarefa de definir o termo "Direito". Todavia, o substantivo é essencial, ainda mais pelo fato de existir outras regras "positivas" além da regra do Direito.[2] Falar de "Direito positivo", é, por outro lado, evocar a questão do "Direito natural", porque, tradicionalmente, o Direito chamado "positivo" é tomado

---

[2] Existe, por exemplo, uma moral positiva, decretada pela autoridade competente: Deus e a Igreja.

por oposição ao Direito chamado "natural".[3] Portanto, antes de se perguntar se existe um "Direito natural", ou seja, um Direito não positivo,[4] convém saber o que é o Direito – ou o que se entende por isso. Sempre surge o mesmo problema inicial: natural ou positivo, qual é o sentido do substantivo "Direito"? Isso porque, não obstante seu caráter neutro, em razão desta neutralidade, conserva-se a expressão "noção do Direito", exceto para se explorar de maneira progressiva a ideia que ela recebe.

2. Uma segunda dificuldade – mais séria que a do título – se estabelece no início da análise: qual será nosso ponto de partida? Visto que a palavra "Direito" é empregada em diversos sentidos que não estão relacionados entre si, mas que permanecem distintos, correspondendo a realidades distintas. Entre estes diversos sentidos, é preciso necessariamente escolher, ainda que fosse apenas para determinar o sentido que se tem em vista e evitar dessa maneira todo mal-entendido. Mas esta mesma determinação não prossegue sem riscos: sob pretexto de definir o termo, abordam-se e ressaltam-se problemas relativos à coisa significada. Por exemplo, a maior parte dos autores parte da ideia de justiça para definir o Direito. Mas das duas uma: ou a justiça é tomada como sinônimo de Direito, e então a explicação não progrediu em nada: resta definir a justiça; – ou a justiça (que se tratará sempre de definir) é tomada

---

[3] Podemos notar, no entanto, (e há uma razão para separar a expressão) que o termo "Direito positivo" é com frequência entendido, hoje em dia, no sentido de Direito em vigência, efetivo e consequentemente real, por oposição a um Direito ideal, simplesmente, pensado (assim, por exemplo, M. JÈZE). – Indo mais longe, alguns autores o entendem como Direito eficaz, ou seja, não simplesmente posto e promulgado, mas efetivamente aplicado (assim, por exemplo, Hans KELSEN). Comparar no mesmo sentido, R. CAPITANT, **L'illicite, t. I, L'impératif juridique**, Paris, 1928, p. 114s.: "O Direito positivo é o Direito em geral obedecido" (p. 115). – Para outros ainda, o Direito positivo é aquele que, de uma maneira ou de outra, resulta dos fatos (assim o Direito positivo intuitivo de Georges Gurvitch, sinônimo de "fatos normativos" provenientes do meio social). Mas com esta concepção nos distanciamos deliberadamente do uso, e a positividade do Direito que serve para mascarar uma concepção *positivista* do Direito, leva a uma ciência puramente positiva. J. DABIN, **Droit**.
[4] Sobre a questão do Direito natural veja adiante n° 200ss.

como sinônimo de *conteúdo* do Direito, e então conjectura-se a solução de um problema que não deveria ser debatido senão depois da definição do Direito no sentido formal.

3. O único método que está fora da crítica é aquele que prescreve, de início, a ideia de ordem, de lei, de norma, de regra de conduta. Seja qual for a concepção que se tenha da ideia de norma – simples representação mental[5] ou realidade objetiva, de natureza fenomenal ou não –, é indubitável que o Direito existe como uma certa norma de conduta que impõe ação, omissão, ou uma atitude qualquer.[6]

Esta é a indicação que sugere a etimologia da palavra "Direito". A palavra, que deriva do baixo latim *directum* e que se encontra sob uma forma idêntica nas várias línguas indo-europeias (*diritto, derecho, recht, right...*), evoca simplesmente a ideia de retidão. É Direito o que é correto, quer dizer conforme, adequado, ajustado à regra – na ordem física e matemática primeiramente (linha reta, ângulo reto, via reta...), na ordem moral e psicológica consequentemente (ação correta, caráter correto, intenção correta...), sem que a retidão evocada deva se limitar somente à retidão da justiça, no sentido estrito de respeito ao Direito alheio. A mesma raiz aparece no latim *regere* (governar), *rex* (rei), *regnum* (reino), *regula* (regra), – sem maiores restrições à única justiça do conteúdo da *regula* –, com a nuance especial de um mandamento imposto por um poder superior: a regra é não somente obrigatória visto que é regra, mas procede do exterior, de cima para baixo, de uma autoridade.[7] A palavra *jus*, que designa o Direito na língua romana clássica,

---

[5] Veja, por exemplo, H. ROLIN, **Prolégomènes à la science du droit. Esquisse d'une sociologie juridique,** Bruxelles-Paris, 1911, p. § 2 e comp. A. STOOP, **Analyse de la notion du droit,** Haarlem, 1927, pp. 80, 18ss., que fala do conteúdo de consciência e até de subconsciência.

[6] Veja, no mesmo sentido, quanto ao ponto de partida, J. LECLERCQ, **Leçons de droit naturel,** t. I, **Le fondement du droit et de la société,** 2ª. ed., Namur-Louvain, 1933, nº 1, pp. 11 e 12.

[7] O grego Δικη, que designa a justiça, deriva também da ideia de regra: do radical *Dik, Dic,* que marca indicação, *dictamen.* N. R. – Por questões, também históricas,

é menos reveladora, por que sua origem é discutível. Contudo, pode-se fazê-la derivar, com alguns, da ideia de vontade ou de potência divina (radical *yos, yaus, juos, jous* que significa santo, puro, como em *jurare*), ou, com outros, da ideia de elo (radical *yu, yug, yung,* como em *jugum, jungere*),[8] estas noções estão bem próximas da ideia de regra: a vontade divina, tanto quanto o elo, não implicam o conceito de norma de conduta obrigatória?[9] Acrescentamos que, na hipótese em que os termos *justus* e *justitia* derivam efetivamente de *jus*, as ideias de "justo" e de "justiça" se aproximam, também, indiretamente da ideia de regra (por intermédio das ideias de vontade divina ou de elo), assim como a aproximação é óbvia na *Gerechtigkeit*, vocábulo alemão para justiça, derivado imediato da ideia de Direito-regra (*Recht*).

4. Ao definir o Direito pela ideia de regra, é evidente que se entende, segundo uma terminologia bastante infeliz, mas que se tornou clássica entre os juristas, no sentido de *Direito objetivo* e não de *Direito subjetivo*. O Direito subjetivo, nesta acepção, é a faculdade (capacidade) ou atributo (competência) conferido a um indivíduo ou a uma coletividade, que se encontra assim sujeito do Direito, – do Direito *subjetivo*[10]: por exemplo, o Direito subjetivo de propriedade, que é o conjunto das faculdades

---

progressivamente a noção de regra assumiu outra função na Teoria do Direito e passou a predominar o emprego de norma (derivada de nomos) em substituição à de regra nas situações apontadas por Dabin.

[8] Veja, a respeito destas discussões, F. SENN, **De la justice et du droit,** Paris, 1927, p. 25, nota 1; VAN HOVE, **Commentarium Lovaniense in codicem juris canonici**, vol. 1, t. I, *Prolegomena*, Malines-Home, 1928, n° 1, pp. § 3 e 4.

[9] Além destas considerações filológicas note-se que, nos autores clássicos, a palavra *jus* é tomada como equivalente de *Lex*: desse modo, em expressões *jus naturale* (= *lex naturalis*), *jus positivum* (= *lex humanitatus posita*), *jus humanum* (= *lex humana*.). Veja, por exemplo, SANTO TOMÁS DE AQUINO, **Somme théologique**, I e II, q. 95, q § 2 et. acrescente-se: mais adiante, n° 201ss.

[10] Como houve sujeitos do Direito *objetivo*, ou seja, dos indivíduos aos quais se dirige a regra e que são sujeitados, é evidente, mesmo e sobretudo para aqueles que negam a existência do Direito subjetivo, no sentido de prerrogativa inerente ao indivíduo, assim DUGUIT. Mas não é preciso entrar aqui em controvérsias – capciosas e variadas – às quais dão lugar a noção de Direito subjetivo (há Direitos

conferidas ao indivíduo-proprietário –, o Direito de autoridade paternal, que é o conjunto dos atributos conferidos ao indivíduo-pai, – o Direito de voto, do qual está investido o cidadão membro do Estado –, o Direito de alistamento nas forças armadas ou o Direito de expropriação por motivo de utilidade pública, que pertencem ao Estado... No entanto – de maneira lógica – esta colação de Direitos subjetivos só pode ter lugar sobre o fundamento e em virtude de uma norma à qual se dá o nome de Direito objetivo: e por isso se acredita que no *Direito* (objetivo) pode haver *Direitos* (subjetivos) de propriedade, de autoridade paternal, de voto, de conscrição, de requisição... O Direito objetivo é, portanto, o primeiro: *no início era a regra*.

Não se diz, além disso, que esta colação de Direitos subjetivos seja pura criação da norma. É possível que a norma seja obrigada a conferir estes Direitos, visto que eles já existiam, de certa maneira, anteriormente, cujo caso a colação tem o caráter de um reconhecimento ou de uma consagração e não de uma criação. Isso não impede que, mesmo assim, o Direito subjetivo não se imponha por si mesmo, por sua virtude própria de Direito subjetivo, mas porque ele representa um valor objetivo definido como tal por um princípio superior – superior a ele mesmo tanto como à regra que vier a consagrá-lo. De qualquer maneira, por conseguinte, o objetivo predomina, pelo menos se se permanece sobre o mesmo plano.[11] Afinal, ainda que ele não trate senão de reconhecimento, o Direito subjetivo procedente do princípio superior não existirá, como Direito subjetivo, a respeito da norma inferior, enquanto que aquela o terá reconhecido: até este momento, em relação à ela, é considerado

---

ou somente deveres e funções?). – Em outra acepção, ainda, a expressão – Direito objetivo – é entendida a partir do Direito (subjetivo) e considerada ao lado do objeto, como na fórmula: dar a cada um o que lhe é de Direito.

[11] Comparar sobre a distinção entre Direito subjetivo *segundo a moral* e Direito subjetivo *segundo o Direito*, RÉGLADE, "Os caracteres essenciais do Direito em comparação com as outras regras da conduta humana e as leis da natureza", em *Droit, Morale, Moeurs*, **II Annuaire de l'Institut international de philosophie du droit et de sociologie juridique**, Paris, 1936, p. 184-186.

nulo. Por outro lado, o Direito objetivo (*hoc sensu*) ainda ultrapassa o Direito subjetivo. Com efeito, o papel do Direito objetivo não se limita a criar ou a reconhecer Direitos subjetivos; a ele é lícito ainda prescrever as obrigações ou medidas de ordem, quer em proveito alheio, quer em proveito de obrigação própria, sem a contraparte de Direitos subjetivos no sentido próprio do termo, implicando de um lado certa faculdade de reivindicar, e de outro um titular determinado.[12]

5. Mas se o Direito é primeiramente norma de conduta, pode-se determinar imediatamente, porque a vida das palavras assim o decidiu que a norma de conduta denominada "Direito", tomada em sentido específico, limita-se às relações dos homens entre si, que ela não concerne, ao menos diretamente, nem aos deveres do homem para com Deus, nem aos deveres do homem para consigo mesmo. Em virtude do uso, o Direito implica *alteridade* – alteridade de um sujeito humano –, e é assim que Robinson, em sua ilha, tinha deveres para com Deus e para consigo mesmo, mas não estava vinculado pelo Direito. Portanto, a regra de Direito não é a única a reger as relações dos homens entre si. Outros tipos de regras, mais ou menos próximas, levam em todo caso outros nomes, intervindo, dotadas de competência neste mesmo domínio: a *regra moral*, cujo campo se estende a toda atividade humana sem excetuar as relações *ad alterum*, – a norma *das conveniências sociais*, quer comum a todo um grupo (civilidade, polidez, decência...), quer própria a certos meios (aristocráticos ou mundanos, profissionais, esportivos...)[13] – além disso, certas normas de conduta, *propriamente técnicas*, visam

---

[12] Nisto parece insuficiente a definição proposta de Direito por L. LE FUR, em seu "*Essai d'une définition synthétique du droit*" (**Bulletins de la Société de legislation comparée**, 1930, tomo LIX, p. 320): "O Direito é a delimitação das competências das pessoas legais, realizadas de acordo com o bem comum, por uma autoridade qualificada...". Ver abaixo, nº 83ss.

[13] Sobre estas diferentes regras e suas características próprias, ver **Droit, Moral, Moeurs**, París, 1936. Ver também CL. DU PASQUIER, **Introduction à la théo-**

o exercício de ocupações, de profissões, de atividades[14] suscetíveis de refletir sobre outros no bem e no mal...

6. Estamos numa encruzilhada. Trata-se agora de identificar, entre os sistemas reguladores da vida social (*sensu lato*), aquele que constitui a norma do Direito e de destacar o princípio distintivo. Digamos de improviso, esperando administrar a prova: este princípio distintivo não será encontrado a não ser que aproximemos a ideia de Direito da ideia de agrupamento organizado, especialmente de *sociedade*. O Direito é regra social não somente enquanto supõe um meio social, mas enquanto ele existe na e pela sociedade, como regra desta sociedade. Portanto, se se escolhe, entre as sociedades organizadas, a *sociedade civil* (interna e internacionalmente), o Direito (*jus politicum*) se definirá da seguinte maneira: o conjunto de normas de conduta ditadas ou pelo menos consagradas pela sociedade civil, sob a sanção da coação pública, com o intento de causar, nas relações entre os homens, certa ordem – que postulam os objetivos da sociedade civil, assim como a conservação desta como instrumento devotado a estes fins.

7. O comentário explicativo e justificativo desta definição (que é o objeto da Primeira parte desta obra) será dividido em três capítulos, que correspondem aos elementos principais da definição. No *Capítulo I*, será feita a análise da norma de Direito como regra social posta pela sociedade civil e garantida por ela; no *Capítulo II* será estudada a noção de norma de conduta e as características do imperativo jurídico; o *Capítulo III* será consagrado à determinação das "matérias" ou esferas de atividade humana que estão sob a competência da norma de Direito.

---

rie générale et à la philosophie du droit, Paris-Neuchâtel, 1937, n° 257ss.; W. Henrich, "Sur la problématique du droit coutumier", em **Recueil d'études sur les sources du droit en l'honneur de François Gény**, Paris, t. II, pp. 277 a 285.

14 Exemplos de atividades semelhantes: a condução de um automóvel ou simplesmente o deslocamento do próprio corpo na rua, atividades que mal dirigidas ou realizadas, podem levar a choques e a danos a outras pessoas.

Quanto ao problema deixado em suspenso, a saber, a espécie de ordem à qual tende o Direito (parte final da definição), como põe em jogo não mais o aspecto formal, mas a significação e o conteúdo da norma de Direito, seu estudo será realizado na Segunda parte deste trabalho, que tem por objeto, a elaboração do Direito.

Capítulo I

DEFINIÇÃO FORMAL DA NORMA DE DIREITO

§ 1. O Direito, regra da sociedade civil

8. Para que a norma de Direito apareça não basta que um homem esteja em relação, natural ou acidental, com outro, por via de parentesco, de vizinhança ou de comércio: por exemplo, Robinson em sua ilha diante de um novo imigrante. Não basta nem mesmo uma pluralidade de relações inter-individuais: até este momento a moral só está em jogo como regra destas relações com o preceito de respeitar o Direito alheio como preceito primeiro, ou seja, o preceito da justiça em sua forma

inter-individual.[15] Quanto à norma de Direito, ela nasce somente sob a condição de que os homens *formem grupo*, não somente pela participação em certos aspectos comuns de ordem física, psicológica ou social, engendrando a simples solidariedade (assim os homens de uma nação ou de uma classe social), mas sobre a base de uma *sociedade verdadeira* que implica finalidade social específica, organização e hierarquia. Perceba-se a gradação: alteridade, solidariedade, sociedade.[16] Melhor que o termo "social", que é vago, o termo "societário", apesar do barbarismo, expressa de modo mais sensível o gênero de agrupamento considerado. Portanto, a norma do Direito é aquela que rege as relações entre os homens *agrupados de maneira orgânica, organizados*.

9. *Ubi jus ibi societas*. Quem diz relação jurídica diz relação societária: não há Direito, no sentido específico de regra distinto da moral e das conveniências, senão onde há sociedade organizada. A recíproca é, por outro lado, igualmente verdadeira: *Ubi societas ibi jus*. Toda sociedade organizada requer uma norma de Direito. Primeiramente, para se constituir, subsistir e funcionar. Porque a sociedade não existe senão graças aos indivíduos humanos que a compõem. Estes devem, por conseguinte, ser mantidos em obediência e nas obrigações inerentes ao estado social por uma regra que determine e sancione seu estatuto de

---

[15] Pelo contrário, em geral, os jusfilósofos fazem começar o Direito com a simples alteridade ou relação inter-individual. É que eles não partem da ideia de norma, mas da ideia de justiça que obriga a respeito do Direito alheio *(ius suum)*. Ver, p. ex., A. BOISTEL: **Cours de philosophie du droit**, Paris, 1899, tomo 1º, n. 12, pp. 18 e 19; nº 70, pp. 125 e 126; nº 74, p 134; G. DEL VECCHIO: «La Justice», §§ 7 a 9; «L'éthique, le Droit et l'Etat», II, em **Justice, Droit, Etat**, Paris, 1938, pp. 39s., 273s.

[16] O que caracteriza a *sociedade* e a distingue, parece, da *comunidade*, e de toda forma de comunidade, é a existência de um fim comum em vista do qual os indivíduos associados unem seus esforços. Na comunidade tomada como tal (porque nada impede que uma sociedade seja acompanhada por una verdadeira comunidade entre os associados) o fim comum faz falta e, consequentemente, a personalidade jurídica. Os "membros" se contentam em compartilhar conjuntamente certas coisas: aspectos comuns ou vida comum. Todavia, quando a comunidade toma a forma da vida comum, a necessidade de uma disciplina reaparece em vista do ordenamento desta vida comum de interesse de todos.

membros.[17] Por outro lado, a sociedade só opera pela ação de indivíduos que são seus funcionários, de todo grau e de todo emprego, mesmo os que dirigem, indivíduos sujeitos, também eles, a uma norma que é a do "serviço" social.

Enfim, como toda sociedade deve obter de seus membros não somente a contribuição para sua subsistência pelas obrigações propriamente sociais, mas, em uma medida mais ou menos ampla segundo os casos, colaboração para seus fins, convém que uma norma seja dada para definir e garantir esta colaboração. Daí, uma disciplina em parte dupla, uma constituinte ou constitucional, pela qual o grupo toma corpo e vida, – outra, retriz e ordenadora, pela qual o grupo move seus membros na direção de seus fins sociais. Desse modo, a norma de Direito não é mais simplesmente a regra das relações entre os homens tomados como tais, *ut singuli*, aparte de toda qualificação ou determinação social; em todos os aspectos da vida ela é a lei de um grupo, do qual ela traduz as condições e as exigências sobre o duplo plano da *constituição* do grupo e da *direção* de seus membros.[18]

Se se prefere outra fórmula, hoje bastante em voga, a norma de Direito denota a "instituição", no sentido de sociedade, de corporação. A "instituição" social é que a justifica; a "instituição" social é que dita e vela por sua observação.[19] Institucional por natureza, a norma de Direito

---

[17] Naturalmente, a regra não é tudo: como observa Hariou; "*Aux sources du droit*", nos **Cahiers de la Nouvelle Journée**, nº 23, Paris, 1933, p. 49: "As formas mais elevadas segundo as quais a ideia diretriz de uma instituição tende a se expressar não são propriamente jurídicas; são morais ou intelectuais". Veja, também, Giorgio Del Vecchio: "A propósito da concepção estatal do Direito" em, *Justice, Droit, Etat*, pp. 305 e 306.

[18] Veja, no mesmo sentido, J. Delos: "Notes doctrinales thomistes", na **Somme théologique**, Santo Tomás de Aquino, "*A Justice*", tomo I, trad. francesa (S. Gillet, pp. 234 e 235. Mas o autor equivoca-se ao querer incluir de imediato a relação de justiça na ordem societária, por que a justiça pode existir fora dessa ordem, sob o nome de justiça comutativa, na hipótese de relações simplesmente inter-individuais.

[19] Comp. J. Delos, "La théorie de l'institution", em **Archives de philosophie du droit et de sociologie juridique**, 1931. Para o autor, a concepção institucional do Direito é sinônimo de concepção do Direito ao fundamento objetivo (p. 144).

é, por outro lado, ela mesma instituída enquanto resulta de uma operação de fundação submissa ao processo;[20] uma vez instituída, ela se torna por sua vez "instituição", no sentido de instituição-regra, emanação da instituição social.

10. Portanto, as sociedades são de gêneros múltiplos, que correspondem a princípios de divisão variados. Há sociedades *privadas*, que buscam fins particulares (sociedades civis e comerciais, associações sem fins lucrativos, corporações profissionais e outras)[21] e as sociedades *públicas*, que buscam fins públicos (por exemplo, o Estado, a Igreja). Há sociedades *temporais*, com fins laicos (por exemplo, o Estado, as sociedades comerciais, as corporações profissionais...) e as sociedades *espirituais*, com fins religiosos (a Igreja, as comunidades religiosas, as associações de caridade). Há as sociedades *nacionais*, constituídas sob o plano nacional interno (por exemplo, os Estados, certas Igrejas chamadas nacionais) e as sociedades *internacionais* ou *supranacionais* (por exemplo, a Igreja católica, as diversas "Internacionais" e, na medida em que ela é organizada, a sociedade dos Estados[22]). Diversidade de gêneros que não impedem de qualquer modo nem os conflitos de competência, em razão do cruzamento dos fins, nem as relações de subordinação ou de integração. É assim que as sociedades temporais são, de certa maneira

---

É interessante observar que, na linguagem dos autores de Direito natural dos sécs. XVII e XVIII, o "institucional" opõe-se ao " natural": a instituição é obra positiva e arbitrária do homem.

20 Assim é para a regra consuetudinária, mesmo que ela derive do povo: ela também é instituída, fundada após um processo.

21 Deixa-se de lado a família, que não é verdadeiramente uma sociedade, pois carece de objetivo comum às duas "conjugações" que a compõem, relações entre cônjuges, relações entre pais e filhos (veja, neste sentido, SANTO TOMÁS DE AQUINO, **Somme théologique**, II^a, II^{ae}, qu. 58, art. 7 *ad* 3^m. *Adde*: J. DABIN, "Sur le concept de famille", em **Mélanges Vermeersch**, Roma, 1935, t. II, p. 229ss.). Todavia, quando todos os membros da família vivem juntos na *domus*, eles formam uma comunidade de vida e habitação, que implica uma autoridade, uma disciplina interior e, neste sentido, um Direito "doméstico" (veja, acima, nota 15).

22 N. R. – Veja-se a respeito: KANT, Immanuel – **Rumo à Paz Perpétua**. trad. Heloísa Sarzana Pugliesi e Márcio Pugliesi, São Paulo: Ícone. 2009.

(quando for o caso), subordinadas às sociedades espirituais; que as sociedades privadas são (naquilo que interessa ao "público") integradas nas sociedades públicas, etc. De outros pontos de vista ainda, distinguem-se as sociedades *necessárias*, às quais o indivíduo não pode recusar sua adesão sem desconhecer sua natureza humana (assim o Estado e, de certa maneira, a Igreja) e as sociedades *especiais*, que reúnem os indivíduos de uma determinada especialidade (assim as corporações profissionais), etc.

11. Ora, cada uma dessas sociedades, de qualquer classe que seja, possui a dupla série de regras de conduta propriamente social, estatutárias e disciplinares (no sentido de disciplina de grupo), revestidas dos caracteres formais do Direito: Direito das sociedades e dos grupos privados; Direito de Estado para a sociedade civil; Direito eclesiástico para a sociedade religiosa (canônico, para a Igreja católica) e Direito Internacional (na medida em que é organizada, a sociedade dos Estados).[23] Este é o fenômeno natural do "Direito social": os agrupamentos organizados não se limitam a existir e a tender para seu fim; para existir e para atingir seu fim eles produzem necessariamente o Direito.[24] Por outro lado, cada um destes sistemas de Direito possui sua esfera e seus sujeitos, seu conteúdo e sua fisionomia próprios, determinados pelo fim específico do grupo, pelo modo ou pelo grau de organização deste. É desse modo que o Direito das sociedades espirituais se diferencia, no espírito e nos métodos, do Direito das sociedades temporais,[25] – como o Direito

---

[23] Comp., no mesmo sentido, De Vareilles-Sommieres, **Les principes fondamentaux du droit**, Paris, 1899, I, 4, pp. 6 e 7; G. Renard, **La théorie de l'institution**, p. 103ss., Paris, 1930; G. Del Vecchio, "A propos de la conception étatique du droit", §§ VIss., em **Justice, Droit, Etat**, p. 295ss.

[24] Comp. G. Gurvitch, **L'idée du droit social**, Paris, 1932. Para Gurvitch, o "Direito social" compreendia também, ao lado do Direito das comunidades organizadas (como se chama aqui de societária), um Direito da "comunhão desorganizada" (*op. cit.*, p. 28ss.). Voltaremos a este ponto no nº 15.

[25] Veja, a este respeito, R.-G. Renard, "La contribution du droit canonique à la science du droit comparé", em **Introduction à l'étude du droit comparé, Recueil d'études en l'honneur d'Edouard Lambert**, § 9, t. I, p. 108ss., Paris, 1938. Do mesmo autor, **La philosophie de l'institution**, Paris, 1939, pp. 37, 279 a 292.

interno, que corresponde a um estado social mais completo, que ultrapassa em plenitude e em vigor o Direito internacional, etc. Como, por outro lado, os grupos não estão justapostos ou paralelos, mas obedecem a uma ordem hierárquica, o Direito dos grupos dependentes deverá se encontrar em harmonia com o Direito dos grupos superiores. É dessa maneira que o Direito próprio dos grupos, públicos ou privados, integrados no Estado não entrará em contradição ou desconhecerá as disposições imperativas do Direito do Estado,[26] – que, em uma sociedade internacional organizada, o Direito interno de cada Estado, público ou privado, não poderá logicamente ser levado a prejudicar os princípios do Direito dos Povos, etc.

12. Em um estudo limitado ao Direito da sociedade civil (*jus politicum*), não é preciso entrar nesta complexidade, pelo menos de maneira direta: basta indicar que o Direito da sociedade civil não é o único Direito existente ou possível. Mas, precisamente porque a sociedade civil é superior aos outros grupos, pelo menos no plano temporal e do ponto de vista interno, é preciso salientar que, entre os diversos tipos de Direito, o Direito da sociedade civil ocupa – ou deve ocupar – um lugar à parte, *eminente*.[27] Enquanto o Direito das sociedades particulares ordena as relações corporativas em consideração aos fins particulares do grupo, o Direito da sociedade civil (*jus politicum*) tem competência para ordenar todas as atividades dos sujeitos sobre o território, inclusive as atividades materiais e jurídicas dos grupos particulares: neste sentido a sociedade

---

[26] Veja, a este respeito, e contra um pluralismo anárquico, DABIN, Jean. **Doctrine générale de l'Etat**, Bruxelas-Paris, 1939, nº 253, pp. 408 a 411.

[27] Comp. J. DELOS, "As características essenciais do Direito positivo em comparação com as outras regras da vida social e as leis da realidade", em **Droit, Morale, Moeurs**, pp. 209 a 211, segundo a qual a ordem do Direito seria um fenômeno *próprio* da sociedade política. Na verdade, a ordem jurídico-política que é instaurada pela sociedade política é a ordem jurídica *suprema*. Assim, há casos de tensão: o Estado em vias de formação ainda não obteve êxito em se impor ou o Estado já formado perde sua autoridade (comp. DEL VECCHIO, *op. cit.*). Mas aqui temos o ponto de vista filosófico e não o ponto de vista histórico.

civil é soberana, ela comanda aos indivíduos e aos grupos e, por consequência, seu Direito, enquanto supremo, é o único Direito verdadeiro.[28] Além disso, e por uma consequência lógica, a sociedade civil é a única a dispor da "coação incondicional":[29] seus grupos possuem certo Direito de coagir seus membros para a defesa de seus próprios regulamentos, este Direito não se exerce senão em certos limites e sob reserva de controle pelo poder público.[30] Dessa maneira, se explica que, usualmente, o Direito da sociedade civil ou, segundo outra terminologia que designa a mesma realidade, a *lei civil* deve se tornar sinônimo de Direito e nada mais: quando se fala de Direito, deve-se compreender que se fala do Direito superior a todos os outros, isto é, do Direito da sociedade civil.

13. Portanto, o Direito da sociedade civil, como o Direito particular dos corpos, permanece um Direito social, no sentido de *societário*[31] (*sociétaire*). A observação é importante, porque ela tende a dissipar um equívoco que restabeleceria toda a questão. Sem dúvida, diferentemente dos fins das sociedades subordinadas, que são particulares, especiais, muitas vezes técnicas, o fim da sociedade civil ou Estado é geral e

---

[28] Veja, neste sentido, no que diz respeito ao Direito editado pelo chefe de família em sua casa, SANTO TOMÁS DE AQUINO, *op. cit.*, I e II, qu. 90, art. 3 *ad* 3m: "*Unde ille qui gubernat aliquam familiam potest quidem facere aliqua praecepta vel statuta non tamen quae proprie habeant rationem legis*". (N. R. – Então, aquele que governa uma família pode instituir preceitos ou estatutos, mas estes não têm, por si mesmos, o caráter de lei.)

[29] A fórmula é de G. GURVITCH, que vê no "monopólio da coação incondicional" o único aspecto específico do Estado. Na realidade este aspecto é secundário e instrumental: se o Estado tem o monopólio da coação incondicional é porque ele tem *Direito* a este monopólio; se há Direito; é porque ele tem como missão ordenar a sociedade. Daí sua soberania, que constitui um Direito e o lugar acima de outros grupos.

[30] Veja, neste mesmo sentido, SANTO TOMÁS DE AQUINO, *op. cit.*, I II, qu. 90, art. 3 *ad* 2m; especialmente para o Direito de punir, ver qu. 92, art. 2 *ad* 3m. Comp. sobre o Direito disciplinar, "Direito penal particular das instituições", A. LÉGAL e J. BRETE DE LA GRESSAYE, *Le pouvoir disciplinaire dans les institutions privées*, Paris, 1938, especialmente pp. 94 a 122.

[31] N. R. Manteve-se societário, mas adverte-se que o sentido é o de social, pertinente à sociedade.

humano. É ao homem que esta sociedade visa aperfeiçoar. Por intermédio de algum bem público, abrangendo em seu âmbito a universalidade de necessidades do homem, moral e econômica, individual e social, a sociedade civil quer prover a todos e a cada um de seus membros o melhor viver em todos os domínios da ordem temporal. Portanto, uma das condições primordiais, ao mesmo tempo em que um dos fins do bem público, é que, no seio da comunidade total, reine certa ordem nas relações entre os indivíduos e os grupos, ordem que o Direito, fixado pela sociedade civil, vai se encarregar de traduzir.[32] Mas se é assim, como imaginar que o Direito possa ser definido de fora de toda referência à moral, que constitui a disciplina humana fundamental? Como o lugar de cada um na sociedade-Estado poderia ser marcado sem fazer apelo aos princípios que regem os Direitos e os deveres do homem? Não é de se admirar, portanto, que tendo de ordenar as relações particulares, o Direito do Estado tome frequentemente para si os preceitos já impostos pela moral, especialmente a moral social.

Portanto, não podemos nos iludir: a regra tomada da moral torna-se, em todos os aspectos e não somente do ponto de vista formal, regra social (*sociétaire*). Se ela figura no Direito, se é ditada e imposta sob pena de coação, isto não é em razão de seu valor próprio, como se fosse absoluta, mas unicamente por que o fim do Estado o exige. Pouco importa se este fim é geral e humano (o que justifica a aproximação da política à moral); ela não permanece menos específica, e, por conseguinte, a regra inspirada por este fim específico conserva o caráter social (*sociétaire*).

14. Talvez seja possível objetar que todas as regras que regem as relações dos homens entre si derivem igualmente da sociedade e que são igualmente sociais. Este é o caso, sem dúvida, para a regra das *convenções sociais*, que é posta pela sociedade (*sensu lato*) com base em

---

[32] Sobre o estado e sua finalidade, ver J. DABIN, **Doctrine générale de l'Etat**, nº 25 a 36, pp. 34 a 54. Voltaremos a tratar mais sobre a noção de bem público: veja, abaixo, nº 135ss.

certas "convenções" sociais e sancionada por reações do meio social,[33] de maneira muitas vezes bastante enérgica. Este será o caso, também, na tese da moral sociológica, para a *regra moral*, que não terá outro fundador que não a própria sociedade que dita a seus membros os imperativos formulados pela consciência coletiva.

Mas mesmo que se admita esta concepção da moral, resta, entre a regra do Direito e as outras regras da vida social, uma distinção radical. A regra da moral (na interpretação sociológica) e a regra das convenções sociais (indiscutivelmente) são escusadas de proceder da sociedade ou, mais exatamente, do meio social por via da repetição das mesmas atitudes, dos mesmos gestos (este é o fato social do costume): elas não possuem o caráter institucional ou societário, elas não buscam o fim institucional ou societário, elas não estão a serviço da instituição ou da sociedade como as leis de grupo. Com efeito, pouco importa o modo de formação ou a origem das regras: há regras de *Direitos* consuetudinários, provenientes do meio social da mesma maneira que a regra das convenções sociais, como é possível neste caso ter (a história como testemunha, apesar dos sociólogos) das regras de *moral* promulgadas por uma autoridade, da mesma maneira que as regras de Direito de fonte legislativa.[34] O que faz com que uma regra tenha o caráter jurídico, é que ela seja consagrada e sancionada não de maneira inorgânica pelo público no grupo, mas pelo próprio grupo como corpo – no caso, o Estado – na convicção de que a regra é necessária para o bem do grupo e para a realização de seu fim específico. O interesse social estando

---

[33] Além disso, seria possível discutir o alcance da regra de conveniências sociais: esta regra estabelece uma obrigação verdadeira (*oportet*, ainda que seja na esfera do "*decus*") como a moral e o Direito ou simplesmente uma conveniência (*decet*)? Em todo caso, hoje em dia, trata-se de usos, de hábitos, cuja violação singulariza ao transgressor e o expõe a uma censura mais ou menos manifesta pelos círculos em que se move; não se trata de deveres estritos, categóricos. – Comp. L. RECASENS--SICHES, "Os hábitos sociais e sua diferenciação das normas jurídicas", em **Droit, Morale, Moeurs**, p. 145ss., em especial da pp. 160 a 162.

[34] Assim a lei de Moisés enunciava muitos preceitos morais; de igual maneira, a Igreja católica dita para seus fiéis uma legislação moral positiva.

em jogo, a disciplina social entra em cena e, com ela, a organização do grupo na pessoa de suas autoridades responsáveis: chefes, funcionários e juízes, dispensadores e guardiães da disciplina. Desse modo, a regra do Direito está ligada à instituição social como à sua causa, causa final e causa eficiente. Por isso é impossível falar de um "Direito da comunhão não organizada".[35] A "comunhão não organizada" pode engendrar regras de conduta, mesmo apoiando uma reação contra os violadores; mas estas regras provêm da categoria dos costumes ou das convenções, não da categoria do Direito.

15. Mesmo na hipótese da regra do Direito *consuetudinário*, a ideia societária, especialmente a consideração do fim social, é o elemento determinante e determinador. A ideia, vendo o interesse social engajado, age sobre o público do grupo antes que este reclame a intervenção do Direito sobre a organização social, pois, graças a este público, se institui os meios de execução, os recursos do Direito e a coação. O que significa, de outro modo, a *opinio juris seu necessitatis*, fator psicológico constitutivo do costume segundo a doutrina clássica,[36] senão a convicção de que o uso, tal como é praticado, se estabelece como obrigatório a respeito do grupo organizado – no caso, o Estado. Por que ele interessa ao grupo? É esta convicção que dá ao costume o caráter jurídico, o diferenciando dos costumes simplesmente morais, não jurídicos. Nada impede a passagem à posição de costume jurídico de um costume primitivamente moral ou de conveniência: o fenômeno se dará quando, precisamente, a ideia germinar no público do grupo – inclusive chefes, que fazem igualmente parte do público e por vezes o conduzem – que a prática efetiva desta moral ou destas convenções toca de alguma maneira a vida do grupo ou seu ideal social, quer como um fator de coesão entre seus membros, quer como signo distintivo de sua fisionomia com relação aos grupos

---
[35] Segundo G. GURVITCH, em **L'idée du droit social**, Paris, 1932, p. 28ss.
[36] Veja, sobre esta doutrina, F. GÉNY, **Méthode d'interprétation et sources et droit privé positif**, 2ª ed, t. I, nº 109 a 134, pp. 317ss.

concorrentes: o conformismo moral ou social torna-se assim gerador da regra jurídica.

É possível, e até certo, que estas distinções não sejam muito perceptíveis nas sociedades de civilização pouco avançada, onde o Estado ainda não tomou forma definida: resta ao historiador ou ao etnólogo resolver a questão.[37] Mas, para a nossa sociedade, eles são incontestavelmente conhecidos e praticados não somente pelos especialistas do Direito, mas pela massa do povo: esta sabe por instinto a diferença entre o que se chama código, quer dizer, as leis e os regulamentos, e as outras normas da vida social. É possível ainda que, mesmo para nossa sociedade, a execução dos critérios distintivos não progrida sem dificuldade: a divisão nem sempre é nítida entre o costume moral e o costume jurídico, visto que o costume moral evoluiu para a "juridicidade". O motivo não é, todavia, suficiente para rejeitar um princípio de distinção que encontra sua base sólida nos fatos da vida social assim como na razão filosófica.[38]

§ 2. O poder, fonte da regra do Direito

16. Se o Direito não é simplesmente regra da vida social, se é regra da sociedade civil, ele não deverá ser imposto senão *pelo poder* ou, pelo menos, com o acordo e a consagração do poder qualificado para agir em nome da sociedade civil, ou seja, a autoridade pública. Essa é uma

---

[37] Bem justamente se observou referente às relações do Direito e da moral que "a confusão se produziu em épocas antigas nas quais o costume era considerado como a fonte principal do Direito, mas não a única". (H. Dupeyroux, "Os grandes problemas do Direito" [a propósito da obra de Le Fur], em **Archives de philosophie du droit et de sociologie juridique**, 1938, nº 1 e 2, pp. 70 a 72.

[38] Comp., sobre a "colocação à parte" do Direito, F. Russo, **Réalité juridique et réalité sociale**, Paris, 1942, pp. 164 a 170 e, de uma maneira mais geral, G. Del Vecchio, " *L'homo juridicus* e a insuficiência do Direito como regra para a vida", em "**Justice, Droit, Etat**, pp. 236 a 239.

condição que não é da eficácia ou da validade, mas da existência mesma do Direito.[39]

É através do poder que uma sociedade existe como corpo; é ao poder que incumbe ordenar o Estado e reger a conduta dos indivíduos conforme os fins do Estado.[40] Ao dizermos isso, não tomamos partido para uma concepção "dogmática" ou autoritária do Direito; limitamo-nos, sim, a reconhecer o caráter orgânico e, neste sentido, social da regra de Direito. Nada impede que a autoridade, no Estado, seja organizada de maneira democrática, que ela seja exercida pela própria nação, direta ou indiretamente; nada impede que a autoridade, no Estado, seja descentralizada, quer sobre a base territorial, quer sobre a base dos interesses econômicos e sociais (corporação): tudo isto é tarefa de constituição política.[41] Tudo isso significa que, na elaboração de sua regra, a autoridade, democrática ou não, descentralizada ou não, não terá motivo para se preocupar ou mesmo para se inspirar na opinião reinante no seio do povo.[42] De fato, seja qual for o regime de governo e o modo de estabelecimento da regra do Direito, – legal, consuetudinário, jurisprudencial..., – as pessoas sem qualificação oficial (especialistas em ciências morais e sociais, profissio-

---

[39] Veja, neste sentido, SANTO TOMÁS DE AQUINO, **Somme...**, Iª IIª, qu. 90, art. 3 *ad resp.*, art. 4 *ad resp.*, *in fine* (A lei é "*quaedam rationis ordinatio ad bonum commune, ab eo qui curam communitatis habet, promulgata*") (N. R. "aquilo que a razão ordena para o bem comum, promulgada por aqueles que cuidam da comunidade."); qu. 95, art. 4 *ad resp.* (tertio); qu. 96; art. 5 *ad resp.* – Comp. CARRÉ DE MALBERG, "Reflexões bastante simples sobre o objeto da ciência jurídica", em **Recueil d'études sur les sources du droit en l'honneur de François Gény**, t. I, p. 192ss.

[40] Colocamos, por ora, no plano da sociedade civil *interna*, ou seja, o Estado. Mais à frente consideraremos o caso do Direito internacional público: ver abaixo nº 38 a 39.

[41] Comp. SANTO TOMÁS DE AQUINO, *Somme...*, Iª IIª, qu. 90, art. 3: "*Et ideo condere legem vel pertinet ad totam multitudinem vel alicujus gerentis vicem totius multitudinis*" (N. R. Expedir leis é pertinente a toda a multidão ou a quem gerencie toda a multidão.) (por multidão, é preciso entender a multidão organizada politicamente); qu. 95, art, 4 *ad resp. (tertio);* qu. 96, art. 5 *ad resp.* – Também é possível que a forma do regime político influencie na determinação do conteúdo do Direito público e até do privado. Comp. MONTESQUIEU, **De l'esprit des lois**, liv. V a VII, ed. Garnier, p. 40ss. Mas, veja nossas reflexões em nº 138 (nota).

[42] Mais à frente trataremos, na parte dedicada à elaboração do Direito, das relações entre o Direito e a opinião: veja abaixo, nº 159ss, em especial dos nº 163ss.

nais de tarefas regulamentadas, massa do público, às vezes) colaboram ou contribuem para a formação do Direito. Muito raramente as regras são obra original e pessoal dos detentores da autoridade; o Direito se faz lentamente por um trabalho em grande parte coletivo, onde é bem difícil revelar o Direito do autor. Neste sentido genético, o Direito é social, pelo menos quanto ao seu conteúdo substancial: a sociedade subjacente ao Estado ou, se se preferir, a "comunhão não organizada" faz pressão sobre o Estado e influencia, dessa maneira, sobre seu Direito.[43]

Contudo, o Direito não existe senão a partir do momento em que o próprio Estado, através de seus órgãos, o eleva à lei do Estado, explícita ou implicitamente, diretamente ou por retribuição (a um princípio ou à outra disciplina). Antes deste momento, a matéria ainda poderá ser regulamentada (e continuará a ser regulamentada) pela moral, pelas convenções sociais ou simplesmente pelos usos: a regra do Direito, no sentido de lei do Estado, está ausente. Não se segue que os sujeitos sejam necessariamente livres e que a atividade destes, no domínio supostamente "vazio de Direito", escape de toda censura, mesmo daquela das autoridades do Estado. Isto significa somente que se não encontra, para apreciar as condutas do ponto de vista da disciplina social, regra de Direito pré-estabelecida – quer de obrigação, quer de liberdade – e que o juiz (ou o funcionário) demandado terá que elaborar por si mesmo a norma aplicável ao caso, numa palavra, colmatar a lacuna de Direito[44]. Assiste-se, neste caso, à eclosão de uma nova regra de Direito pela via jurisprudencial (Direito *in fieri*).

17. De maneira precisa, o Direito não deriva sempre das leis e dos regulamentos, que são os modos diretos e *a priori* da expressão do Direito. É possível a ele derivar-se também da *jurisprudência*, especialmente

---

[43] Sobre a "elaboração espontânea do Direito" e a dedução pelas próprias sociedades de suas finalidades naturais, veja F. Russo, *op. cit.*, pp. 33 a 37, 45 a 47, 54 e 55.
[44] A questão também é de saber como o juiz elaborará o princípio de Direito aplicável à espécie: veja, abaixo, nº 131.

da jurisprudência dos tribunais, e até mesmo do *costume*. Portanto, é lícito perguntar em que medida o Direito jurisprudencial e o Direito consuetudinário emanam da autoridade pública, a única habilitada a ditar o Direito.

Quanto à *jurisprudência dos tribunais* (judiciários ou administrativos), a dificuldade é apenas aparente: por mais independentes que sejam e, nesse sentido, soberanos, os tribunais instituídos pelo Estado para administrar a justiça em nome do Estado são evidentemente depositários de uma parte da autoridade pública;[45] por outro lado, o Direito que eles aplicam é antes o Direito do Estado, quer eles o encontrem formulado na lei, quer na ausência de lei, aquela que eles mesmos tenham que elaborar. Muito se tentou separar o poder judiciário dos outros poderes do Estado, legislativo e executivo, sob pretexto de que esses representariam o poder *político* enquanto o poder do juiz seria exclusivamente de natureza *jurídica*. Primeiramente, é um erro opor o Direito – o Direito do Estado – ao político: o Direito, regra da sociedade política, está necessariamente subordinado aos fins da política. Por conseguinte, na medida em que os tribunais têm que elaborar o Direito, será preciso que eles o façam em função do Estado e de seus fins, o que é tarefa da política.[46] Logo, é ilógico excluir da política o poder judiciário quando lhe é permitido, por falta de regra legal, suprir o poder legislativo, que é eminentemente político: com efeito, os tribunais não têm competência senão para legislar por meio de disposição geral, pelo menos para desempenhar, pelo funcionamento de seu poder jurisdicional, uma "jurisprudência" de fato equivalente à lei. Além disso, a maior parte do tempo, esta jurisprudên-

---

[45] A observação só vale para os tribunais de Estado, ainda que se trate de tribunais corporativos (sistema de descentralização judiciária), desde que sejam estabelecidos pelo Estado. Ela não vale para os tribunais privados, corporativos ou não. Assim como a legislação privada, a jurisprudência privada não pertence à categoria do Direito do Estado.

[46] Sobre o caráter *político* da função do juiz no estado, veja J. DABIN, **Doctrine générale de l'Etat**, nº 158, pp. 246 a 248. A opinião oposta provém de certa concepção errônea da política, conhecida como a luta pelo poder.

cia se forma pouco a pouco e às cegas, donde a dificuldade de perceber o instante do surgimento da regra do Direito jurisprudencial.

18. O problema é mais delicado para a *fonte consuetudinária*. Quem diz Direito consuetudinário diz, sem dúvida, regra societária, conhecida como lei de grupo,[47] mas enquanto estabelecida pela própria sociedade e não pelo Estado. Por conseguinte, será preciso deixar margem ao Direito do Estado, o Direito de origem consuetudinária?

Tal questão não se põe em face do Direito consuetudinário procedente das próprias autoridades estatais – do parlamento, da administração, dos tribunais... – enquanto tais autoridades crêem na manutenção de uma prática constante tornada imperativa, nas regras de fundo ou do processo de sua própria atividade: este Direito consuetudinário *público* é a obra do Estado que, por intermédio de seus órgãos humanos, faz para si mesmo sua própria regra. Convirá somente verificar a legitimidade, de acordo com o regime constitucional em vigor, deste sistema de formação autônoma do Direito dos órgãos e instituições do Estado.[48] Por outro lado, a dificuldade surge de maneira mais nítida na hipótese da regra consuetudinária do Direito *privado*. É possível sustentar ainda que este tipo de regra emane do Estado? Dir-se-á que não, por que ela é proveniente da massa do público, da "comunhão social não organizada", e não da comunidade estatal como tal. Contudo, duas observações são suscetíveis de solver a contradição.

Em primeiro lugar, qualquer que seja a concepção que se tenha de um costume jurídico e mesmo que se admita, com a doutrina clássica, que possa existir sem o concurso de nem uma autoridade,[49] não se poderá

---

[47] Veja acima, nº 6 a 8.
[48] Comp. R. Capitant, "O Direito constitucional não escrito", e C. Girola, "Os costumes constitucionais" em **Recueil Gény**, t. III, pp. 1ss, e 9ss.
[49] Veja, em sentido contrário, Ed. Lambert, **Etudes de droit commun législatif**, Introdução, *La foncion du droit civil comparé*, t. I, Paris, 1903, p. 111ss. Um resumo das ideias de Lambert encontra-se em A. Lebrun, **La coutume, ses sources, son autorité en droit privé**, Paris, 1932, nº 184 a 192, pp. 190 a 198.

negar que, na sociedade politicamente organizada, o costume seja incapaz de desempenhar um papel se as autoridades do Estado se recusarem a atribuir-lhe valor de Direito: a *opinio juris* dos interessados deve ser efetivamente acolhida pelos tribunais e pelos órgãos estatais de aplicação do Direito.[50] Estes devem operar esta recepção, do mesmo modo como devem aplicar as regras de Direito legais? Há outro problema, que surge às vezes da ciência teórica do Direito e do Direito constitucional positivo. Em princípio, não se vê razão para recusar *a priori* valor obrigatório às regras consuetudinárias, mesmo a respeito dos órgãos estatais de aplicação do Direito, enquanto elas não contrariem o fim da sociedade política e a disciplina cujo Estado tem a responsabilidade. Dizer Direito estatal não implica necessariamente eliminação do meio social como fonte formal qualificada das regras jurídicas. É preciso, mas basta que a regra obtenha de fato a consagração do Estado. É nesse sentido que se fala aqui do Direito ditado pelo Estado, sem distinção entre o Direito de fonte legislativa ou jurisprudencial, proveniente do Estado, e do Direito consuetudinário, proveniente do meio social com o consentimento do Estado.

Observamos logo que, na sociedade moderna em que o Estado definitivamente conquistou seu espaço como orientador da comunidade, as fontes oficiais (lei e jurisprudência) têm a preponderância – ao mesmo tempo – como número e como valor. Preponderância que não é acidental: com frequência tem-se demonstrado que o regime estatal tende a reprimir o costume e que invoca o sistema da lei não somente no sentido de legalidade uniforme e imparcial, mas no sentido formal de lei escrita, promulgada pela autoridade pública. Se a lei, completada pela jurisprudência, não é o único modo de expressão do Direito no Estado, nele ela é a mais normal e também a mais perfeita. Ninguém contesta, de resto, que a lei poderia suprimir o costume, de tal maneira

---

[50] 1) Comp. PLANIOL, **Traité élémentaire de droit civil**, 12ª ed., por G. RIPERT, t. I, nº 11: "De minha parte, não creio na possibilidade do estabelecimento de regras consuetudinárias, com valor obrigatório, fora da jurisprudência".

que, se ele existe, é de alguma maneira graças à lei.[51] Por outro lado, não haverá nenhuma sutileza em pretender que, na medida em que a regra consuetudinária satisfaça às exigências da disciplina social, o povo que a institui, em conclusão, opera como autoridade pública. Ou ainda, se se quiser, o regime consuetudinário equivale a uma espécie de democracia direta: constitucionalmente o povo, agindo pela via consuetudinária, será qualificado, como órgão do Estado, para promulgar regras de Direito privado.[52]

19. Nas sociedades políticas, vastas e necessariamente complicadas, como o Estado moderno, os órgãos da autoridade pública, mesmo considerando somente a função legislativa, são diferenciados e hierárquicos, o que dá surgimento a uma sobreposição de regras do mesmo modo diferenciadas e hierarquizadas. No Estado *federativo*, existem leis federais exercidas pela autoridade federal nas questões chamadas

---

[51] Em virtude da mesma ideia fundamental: o poder fonte da regra de Direito no Estado, pertence à lei, expressão da vontade do poder, não somente de tomar partido a respeito deste ou daquele costume, mas de regulamentar o problema das fontes do Direito, afirmando sua primazia entre todas as fontes, – sem que se possa acusá-lo de se tornar juiz em causa própria visando um problema que seja da competência de um sociólogo e não do legislador. (ver, neste último sentido, F. Gény, **Méthode**, 2ª ed., t. I, nº 51; t. II, nº 88 a 90; A. Lebrun, *op. cit.*, nº 135). Esquece-se que a política, cuja lei é um órgão, tem por missão reger o social, o que fornece à lei competência às vezes para dar soluções e resolver o problema das fontes do regulamento.

[52] No texto de Santo Thomas relatado acima, nota 41, é incrível que o autor coloque o poder de legislar nas mãos da multidão (agrupada no Estado) ou de seus representantes. Ora, esta expressão pode designar tanto o desenvolvimento da lei por parte do povo reunido em assembléia legislativa quanto o desenvolvimento da lei pelo costume popular. Ver também, sobre esta questão, *Summa*, Iª IIªᵉ, qu. 97, art. 3 ad resp.: *"Cum enim aliquid muttoties fit, videtur ex deliberato rationis judicio pervenire".* O autor acrescenta, ad 3ᵐ, que, nas sociedades livres (= democráticas): *"Si enim sit libera multitudo, quae possit sibi legem facere, plus est consensus totius multitudinis ad aliquid observandum quem consuetudo manifestât, quarn auctoritatis principis, qui non habet potestatem condendi legem, nisi inquantum gerit personam multitudinis".* — No mesmo sentido, Julien em *Dig.*, 1, 3, 32, 1: *"Cum ipsae leges nulla alia ex causa nos teneant, quanti quod judicio populi receptae sunt, merito et ea quae sine ullo scripto populus probavit tenebunt omnes, nam quid interest suffragio populus voluntatem suam declaret, an rebus ipsis et factis?"*

federais e que valem para todo o território federal; há, por outro lado, as leis dos Estados federados, válidas nos limites do território de cada Estado. Por um lado, no Estado federal como no Estado unitário que são sempre mais ou menos descentralizados, existem regras ditadas pelos órgãos do Estado (autoridade central), válidas para todo o território e, por outro lado, existem as regras ditadas *pelos poderes descentralizados* (províncias, comunas), com a autorização e sob o controle do Estado. As comunas e províncias outrora foram pouco a pouco sendo absorvidas pelo Estado; mas este lhes outorgou ou lhes restituiu uma competência legislativa em certas questões (deliberações e regulamentações provinciais, comunais). Uma hierarquia do mesmo gênero é encontrada em muitos Estados, federais ou unitários, do lado das regras que resultam das autoridades centrais: na linguagem técnica do Direito constitucional, distingue-se entre a *lei*, que é obra do poder legislativo, e a *deliberação* ou a *regulamentação* (geral), traduzida em aplicação das leis ou no quadro de leis pelo poder governamental (deliberação real) ou até pelo ministro (deliberação ministerial).

As leis em si mesmas se dividem nos regimes para constituição rígida, em leis *constitucionais* e leis *ordinárias*, as primeiras unem todas as autoridades do Estado, inclusive o legislador de amanhã, e não podem ser revogadas ou modificadas a não ser de acordo com um processo especial de revisão que é mais complicado que o processo comum de confecção de leis.[53] Outra espécie de regra é para prevenir, já praticada em alguns países: a regra ditada *pela corporação profissional*, organismo do Direito público, capacitado para ditar regras no domínio profissional, como as províncias e as comunas estão capacitadas a ditar regras em domínio local.[54] Mas estas variedades, que dependem do Direito

---

[53] É esta hierarquia de regras que fez nascer a teoria da formação do Direito por "graus", cada vez menos gerais, cada vez mais individuais. *(Stufentheorie* de MERKL), para a qual veja R. BONNARD, em *Revue du droit public*, 1928, p. 668.

[54] Sobre esta forma de descentralização – descentralização profissional –, veja J. DABIN, *Doctrine générale de l'Etat*, nº 203 a 209, p. 331ss.

público de cada nação, deixam intacta a ideia essencial: sempre se trata de regras ditadas *pela autoridade pública*. Ainda é preciso, porque a autoridade pública legisladora se personifica nos diferentes órgãos, que cada órgão permaneça no quadro de sua competência e, além disso, que dite sua regra segundo as formas e os processos prescritos. Ou então, juridicamente, a regra não terá validade.[55]

20. Em compensação, as regras procedem da vontade *dos particulares* pela via dos atos jurídicos privados que escapam à categoria da regra do Direito (no sentido de Direito do Estado) não somente porque sua força obrigatória se limita às partes em causa,[56] mas porque, por si, a vontade privada não tem competência para ditar a regra sobre o plano estatal. Assim ocorre às vezes para os atos privados individuais (atos unilaterais ou contratos, a título oneroso ou gratuito, entre vivos ou em causa de morte), e para os atos coletivos geradores de quaisquer agrupamentos, econômicos ou não, aos quais pode pertencer um verdadeiro poder regulamentar sobre seus membros: neste caso de "lei privada", como no caso de simples obrigação, sempre é a vontade privada que age.[57] Supondo então que se adote a teoria da formação do Direito "por graus" a partir da lei mais geral e mais fundamental, a saber, a Constituição,[58] convirá não compreender no sistema os atos jurídicos privados, que representem um princípio diferente daquele da regra do Direito.[59] Isto

---

[55] Comp., no mesmo sentido, sobre a significação da validade objectiva das regras de Direito, H. DUPEYROUX, "Os grandes problemas do Direito", em **Archives de philosophie du droit**, 1938, nº 1 e 2, pp. 46 a 48.

[56] É a questão do carácter *geral* da regra de Direito, que será examinada abaixo, nº 56.

[57] Sem dúvida, SANTO TOMÁS DE AQUINO coloca no "Direito positivo" tanto o caso da convenção privada como o da "convenção pública" (= a lei do Estado) (veja **Somme**, IIª IIªᵉ, qu. 57, art 2 *ad resp.*). Mas, neste texto, o autor define a noção de positividade, não a de lei. Seu pensamento sobre a lei foi expresso no tratado da lei, Iª IIªᵉ, qu. 90, art. 3.

[58] Veja acima, nota 50.

[59] Quanto aos atos jurídicos *públicos*, enquanto ditam as regras gerais, a solução é evidentemente diferente: eles realizam o conceito de Direito do Estado. Comp. DU PASQUIER. *op. cit.*; nº 125, pp. 95 e 96; nº 130, p. 101.

não significa que o Estado ou autoridade pública não possa consagrar a força obrigatória entre as partes dos atos jurídicos privados, inclusive os atos coletivos. Pelo contrário, é possível que ela o faça e, sob reserva de certas condições, ela deve fazê-lo: Direito *estatal* não é sinônimo de Direito *estadista*, exclusivo das autonomias legítimas dos indivíduos e dos grupos no domínio jurídico.

Portanto, ao decretar que as convenções legalmente constituídas formam a lei das partes, quer no plano inter-individual, quer no plano corporativo (texto do artigo 1134 do Cód. Napoleão), o Direito do Estado não eleva a lei privada ao nível da lei do Estado: ele a mantém em seu plano subordinado, mas proclama que a regra privada obriga-se a respeito do Direito do Estado, que este sancione a regra privada da mesma maneira que a regra do Direito do Estado. Em suma, o Direito do Estado é enriquecido por uma regra nova, de aplicação geral, que é a do respeito da palavra dada: *Pacta sunt servanda*.[60] Afinal, entende-se que, no caso do ato privado gerador da sociedade ou da associação dotada de personalidade, a regra aplicada pelo grupo a seus membros tem, frente a isso, o caráter de uma regra de Direito, mas de Direito *corporativo*, válido somente no plano da corporação e, portanto, sob o controle do Estado.

21. Entretanto, o Direito moderno conhece casos de transformação de regras privadas em Direito do Estado: desse modo, em questão profissional, a extensão a uma profissão, mediante a aprovação do Estado, de estipulações inseridas nos acordos coletivos.[61] Aparentemente, somente a relatividade das convenções está em processo: um acordo produz efeitos de Direitos e obrigações a pessoas que se tornam sócias. Na verdade, é preciso se criar uma regra de origem privada, que se encontre não somente

---

[60] Comp., no mesmo sentido, Du Pasquier, *op. cit.*, n° 101, p. 63; n° 125, pp. 94 e 95. Em um sentido diferente, G. Del Vecchio, "A propósito da concepção estatal do Direito", em **Justice, Droit, Etat**, pp. 292 e 293.

[61] Veja, sobre este ponto, J. Dabin, **Doctrine générale de l'Etat**, n° 207 e as referências *adde*: H. Capitant, "L'évolution de la conception française en matière de conventions colletives du travail", em **Recueil Lambert**, § 171, t. III, pp. 515 a 517.

incorporada ao Direito do Estado, mas, em certa medida, convertida em Direito do Estado. Daí sua força obrigatória para com todos os profissionais, participantes ou não dos acordos coletivos. Existe aí um modo incomum e transitório de elaboração da lei do Estado, procedendo por via de extensão a todos a partir de uma regra primeiramente estabelecida para alguns. Em um regime de corporação livre, onde o grupo, formado por livres adeptos, conserva a qualidade do organismo de Direito privado, este *processus* é o único possível se for o desejo aplicar ao mesmo tempo uma regra válida para todos os profissionais e fazer com que eles participem da confecção da mesma. Quando a corporação, decretada obrigatória, for reconhecida como órgão de Direito público com poder de decisão (e não de simples consulta), ela poderá por si, sob o controle do Estado e por aplicação da ideia de descentralização, aplicar diretamente as regras obrigatórias a título de Direito do Estado.

§ 3. O Direito e a coação pública

22. Imposta e promulgada pelo Estado, a regra da disciplina social estatal é, ademais, *garantida* pelo Estado, neste sentido o Estado emprega certos meios aptos que visam a realização efetiva de sua regra, a execução mais exata possível do que ela prescreve.

É consequência necessária da ideia de regra ou de disciplina *social*. Se a regra não for executada, o objetivo visado não será atingido. Ora, supostamente, ele deve ser atingido *volens nolens*, porque a ordem social e a própria autoridade do Estado-legislador estão em jogo. A vida do Direito reside em sua execução: o Direito que não atua é um Direito morto. É verdade que os códigos contêm regras que não são mais aplicadas, ramos mortos da legislação. Mas o caso é muito raro: em geral, a obediência deve seguir o preceito e, de fato, ela o segue. Por conseguinte, se o Direito quer ter êxito, se ele quer subsistir, deve ser preparado para a obediência, moralmente por certa adaptação à opinião comum, materialmente por um conjunto de medidas de execução que podem chegar ao emprego da força.⁶²

23. Todavia, isto não quer dizer que a regra não obedecida deixará de existir e que a desobediência terá a capacidade de revogar o Direito. Alguns definem o Direito, pelo menos o Direito *positivo*, como "o Direito geralmente obedecido". Eles entendem por isso que na falta de obediência suficientemente geral o Direito carece de eficácia e, nesse sentido, de realidade: isto é o que eles chamam de positividade.⁶³ Contudo, não é preciso confundir a *validade* da regra com sua *eficácia*. Por mais necessária que seja a realização efetiva da regra do Direito, ela não é menos válida desde que tenha sido posta de maneira correta: sua ineficácia relativa ou mesmo total não destrói nem sua existência nem sua validade. Caso contrário, os que são sujeitos à lei seriam promovidos a senhores da lei, o que significaria não somente a anarquia, mas a inversão da ordem. Além disso, como reconhecer e medir o grau de eficácia, do que vai depender o caráter obrigatório da lei? A verdade é que a lei possui validade, uma validade objetiva, independente da *opinio juris* dos sujeitos.⁶⁴ Outra é, aliás, a questão de saber se é bom ditar ou manter uma regra que não

---

⁶² Sobre o caráter coativo ou coercitivo inerente à lei civil, veja Santo Tomás de Aquino, **Somme**, Iª IIᵃᵉ, qu. 90 art. 3 *ad 2*ᵐ; qu. 92, art. 2 *ad resp., in fine*; qu. 95, art. 1 *ad resp.* e *ad* 1; qu. 96, art. 5 *ad resp., in fine, ad 1º* e *ad 3º* Veja, em sentido contrário, H. Dupeyroux, "Os grande problema do Direito", em **Archives de philosophie du droit**, 1938, nº 1 e 2, pp. 53 a 55. — Mas de que a validade do Direito não dependa de sua eficácia não resulta que a regra válida não deva ser, ademais, eficaz e, portanto, garantida.

⁶³ Assim, segundo Kelsen, que vê a positividade nas duas características, da validade e da eficácia, R. Capitant, **L'illicite**, t. I, *L'impératif juridique*, p. 115ss. O autor acrescenta que se o Direito é obedecido, é porque ele é reconhecido como válido pela generalidade dos indivíduos no grupo: a eficácia será o sinal e o critério da validade. Mas há outro problema, que diz respeito às fontes *reais* do Direito. Comp. Du Pasquier, *op. cit.*, nº 314 e 318.

⁶⁴ Veja, no mesmo sentido, H. Dupeyroux, "Os grandes problemas do Direito" [a propósito da obra de Le Fur], em **Archives de philosophie du droit**, 1938, nº 1 e 2, pp. 34 a 42. *Contra:* Simonius, "Quais são as causas da autoridade do Direito?", em **Recueil Gény**, t. I, p. 204ss.

acolherá senão a desobediência. Mas isso é tarefa de prudência legislativa, que diz respeito somente aos governantes. Enquanto a regra é posta, não cabe à desobediência dos sujeitos cunhá-la de invalidade, mas sim de esterilidade. Por isso mesmo é instituída a coação: para assegurar a observação da regra contra a desobediência.

24. É verdade que, segundo certas concepções que encontram, por vezes, acolhida na prática, a regra de Direito, quando é proveniente da lei, é suscetível de *revogação por desuso*, o que oferece retorno à liberdade, ou mesmo, positivamente, de substituição por um costume contrário[65]. Portanto, o desuso, como o costume contrário, supõe inobservância da regra, voluntariamente ou por negligência: a desobediência geral e prolongada torna-se assim fonte de Direito. Mas seria preciso ver, previamente, se a inobservância da lei não se tornaria por sua inaplicabilidade na própria pessoa dos sujeitos, de sorte que a desobediência seria apenas aparente: uma lei inaplicável, desde a origem ou por uma modificação das circunstâncias, não saberia obrigar; ao impossível nada é devido, e a lei que exigisse o impossível, material ou moralmente, não existe como, ou deixou de ser, uma lei verdadeira.[66] Em compensação, no caso em que a falta de aplicação da lei teria por causa simplesmente o desprazer ou o desacordo que ela procura, o problema verdadeiro aparece e, de maneira precisa, será possível perguntar então se a solução da revogação das leis por desuso ou, *a fortiori*, por costume contrário não deve ser descartada como dando um princípio oficial à desobediência. Sem dúvida, e supostamente, a desobediência deixou de ser individual

---

[65] Esta é, por exemplo, a solução apresentada por Santo Tomás de Aquino, **Somme**, Iª IIae, qu. 97, art. 3 *ad. resp., in fine*: "Et secundum hoc, consuetudo et habet vim legis et legem abolet et est legem interpretatrix". Comp. A. Lebrun, **La coutume, ses sources, son autorité en droit privé**, Paris, 1932, nº 433ss., p. 461ss. E as referências da p. 467, nota 1.

[66] Comp., neste sentido, Santo Tomás de Aquino, *op. cit.*, Iª IIae, qu. 97, art. 3 *ad* 2, que argumenta sobre a inutilidade da lei ou de sua falta de adaptação. F. Gény, **Méthode d'interprétation et sources en droit privé positif**, 20 ed., t. I, p. 410.

para converter-se em coletiva: é a massa do público que se negou, e a partir deste momento a atitude do indivíduo isolado que imita a massa perde o caráter de uma desobediência individual. Mas estas considerações não impedem que o costume seja formado como consequência de desobediências individuais acumuladas e contrárias ao prescrito pela autoridade legítima.

25. Observemos, portanto, no que tange ao desuso, que ele nunca é resultado unicamente da atitude negativa dos sujeitos, requer entre outras coisas o concurso dos órgãos de aplicação do Direito (funcionários e juízes) que se recusam a agir, a dar prosseguimento, a sancionar. É a passividade dos órgãos que permite e, por conseguinte, causa o desuso, porque sua intervenção teria como efeito a interrupção da prescrição da lei.[67] Desobediência mais grave ainda, poder-se-ia dizer. Todavia, o problema mudou de aspecto. Não se trata mais de saber se a desobediência dos sujeitos pode resultar na morte da lei: sobre este ponto, a resposta é negativa. É preciso saber se os órgãos de aplicação do Direito desfrutam de certa liberdade na aplicação da lei, liberdade que pode gerar a recusa da aplicação. A questão não é mais sobre as relações entre a lei e os sujeitos, mas sobre as relações entre os diferentes "poderes" ou órgãos do Estado, a saber, entre a lei e a jurisprudência dos tribunais. Quanto ao predomínio do costume *sobre* a lei, *mutatis mutandis* a observação será a mesma: ainda que a desobediência à lei seja o ponto de partida do costume *contra legem*, o problema que se apresenta é menos o da validade da lei em vista da atitude dos sujeitos que o das fontes do Direito. Duas fontes do Direito estão em conflito: a lei e o costume, e a pergunta que se faz é qual deles é a fonte predominante. Novamente, a questão

---

[67] Veja, no mesmo sentido, que argumenta sobre a tolerância da autoridade nos regimes em que o povo não tem o poder legislativo, SANTO TOMÁS DE AQUINO, *Somme*, I^a II^{ae}, qu. 97, art. 3 *ad* 3, *in fine*.

une-se à organização do poder de decretar as regras no Estado, numa palavra, ao regime constitucional.[68]

26. Geralmente, a obediência ao Direito se dá de maneira espontânea, sem intervenção do Estado, mas, sempre de bom grado. Por mais numerosos que possam parecer as faltas no caso das leis, colocando obstáculos diante das paixões humanas ou impondo sacrifícios pecuniários, elas representam, na soma incalculável dos atos da vida social, uma porcentagem bastante insignificante, em geral, a propriedade e a vida são respeitadas, os devedores saldam suas dívidas, os contribuintes recolhem os impostos... Logo, no todo, o Direito é mais obedecido que desobedecido. E ainda bem, visto que de outra maneira não seria possível efetivar nenhuma coação: sob a avalanche de faltas os meios de coação seriam paralisados. Esta é a parte da verdade inclusa na fórmula: o Direito positivo (no sentido de "real", "realizado") é, em geral, o Direito obedecido. Caso a desobediência se tornasse generalizada, a coação se tornaria impotente, o Direito deixaria de agir e, portanto, de viver. Aliás, pouco importa o motivo que, de fato, dita a obediência. Uma regra de disciplina social só tem o Direito de reclamar a conformidade do ato, independentemente da retidão ou da pureza das intenções: socialmente falando, e, portanto, juridicamente, este é o resultado que conta e, supostamente, é alcançado.[69] Mas, é claro que o temor da sanção figura entre as razões mais atuantes da obediência às leis, quer como estímulo para as leis que comandam, quer como força de inibição para as leis que defendem. O Direito Penal está completamente funda-

---

[68] É preciso reconhecer que a solução do problema das relações entre jurisprudência e a lei é delicada e que está longe de ser esclarecida.

[69] Comp., neste sentido, SANTO TOMÁS DE AQUINO, *op. cit.*, Iª IIae, qu. 92, art. *Ad 4*, que partindo da ideia de que toda lei tem por finalidade tornar o homem bom (moralmente), ressalta que o temor da punição pode levar o homem a obedecer *"delectabiliter et ex propria voluntate"*. Em todo caso, a lei só prescreve a *coisa* virtuosa, não o modo de agir do homem virtuoso: *"Et talis actus semper procedit a virtute: nec cadit sub praecepto legis, sed est finis quam legislator ducere intendit"* (qu. 96, art. *Ad 2*).

mentado na ideia da virtude intimidadora da pena: as leis mostram a força para não utilizá-la ou, pelo menos, para não se servir dela salvo em caso extremo.[70]

27. Por falta de execução voluntária, a coação entrará, então, em luta. O que isso quer dizer? Não é necessário confundir, ao ponto de jamais as separar, as duas noções de *sanção* e de *coação*. Por um lado, toda regra de conduta implica geralmente em sanção, sem que esta sanção tenha, portanto, o caráter da coação inerente ao Direito: a regra moral possui suas sanções – algumas sanções da outra vida, sanções terrenas, mais duvidosas, que consistem nas reações da consciência atormentada, da natureza ultrajada, da opinião pública chocada; quanto à regra das conveniências sociais, ela é sancionada pela aprovação ou reprovação, manifesta ou sentida, do público circunvizinho. Ora, estas diversas reações não têm nada em comum, no âmbito material, com a sanção da coação jurídica. Por outro lado, há, no Direito, sanções que merecem plenamente este nome e que não constituem, portanto, nelas mesmas, a coação. Com efeito, o Estado pode decretar um grande número de medidas que visem à execução de sua regra, em espécie, se possível, ou por equivalente. Entre estas medidas, umas são preventivas, outras reparadoras ou repressivas. Ora, nada impede que se denominem como sanções estas últimas medidas, as quais supõem a violação da regra: dessa maneira, a recusa no cumprimento do contrato (*facere*) será "sancionada" por medidas de perdas e danos ou pela rescisão do mesmo; o descumprimento às obrigações do matrimônio será "sancionado" pelo divórcio ou pela separação dos cônjuges; o prejuízo causado injustamente a outrem será "sancionado" por uma reparação; o roubo será "sancionado" por uma restituição; o contrato contrário à lei será

---

[70] Comp., neste sentido, Santo Tomás de Aquino, *op. cit.;* I ͪ II ͣᵉ, qu. 95, art. 1 *ad resp.* e *ad* 1; qu. 96, art. 5, *ad resp., in fine*. É possível dizer que a exemplo da Lei antiga, a lei jurídica é, e será sempre, uma lei de temor e não uma lei de amor, o que significa que sua execução sempre deverá se apoiar na força.

"sancionado" por uma anulação e associação ilícita por uma dissolução; o funcionário incapaz ou inapto será demitido, o marido infiel destituído da autoridade paternal, etc...

Mas, de maneira precisa, requer-se que estas sanções, como as medidas preventivas eventuais, como o preceito garantido por todas estas medidas, passem à realidade. Ora, elas passarão na ausência de execução voluntária, pela execução forçada: as perdas e danos, reparação e restituição serão executadas sobre os bens do devedor por meio dos diversos embargos (executórios ou conservatórios), a associação dissolvida que tente se reconstituir será deslocada e desintegrada, por coação aos envolvidos. Dessa maneira, o Direito não se limita a prever sanções; ele assume sua realização efetiva e esta equivale à execução forçada do preceito violado. Em outros termos, como ela tem lugar diretamente, em espécie, ou indiretamente, pelo equivalente de sanções, a execução é sempre suscetível de obtenção pela força. Nisto consiste a coação.[71]

28. Nos casos mais graves ou mais urgentes, às vezes, o Direito prevê um tipo de sanção de caráter puramente satisfatório, que tende a vingar o prejuízo à lei e a antecipar a compensação: esta é a pena em suas formas técnicas múltiplas, – a pena propriamente dita, a pena civil, a pena fiscal... Não se trata mais de coagir pela observação efetiva do preceito violado, de voltar à falta, de apagar as posteriores e, de alguma maneira, de anular, logo, pela execução forçada, em espécie ou por seu equivalente. Trata-se de *vindicta*: a violação é reconhecida, mas o ultraje causado à regra por esta violação é compensado por um restabelecimento da autoridade da lei que se indica na pena. A execução forçada intervirá quanto à pena, não mais quanto à obrigação violada. Visando a execução dos preceitos, o papel da pena é apenas psicológico e preventivo: agindo pela ameaça, ela tende a criar para o futuro o móvel favorável à

---

[71] Comp. quanto à distinção entre as sanções de coerção e as de equivalência, J. BONNECASE: **Introduction a l'étude du droit**, 2º ed., Paris, 1931, n. 42.

execução espontânea.[72] Portanto, nada impede que a pena se acumule com a execução forçada do preceito, em outras palavras, que a falta dê lugar à execução forçada e à pena, a qual sanciona a falta de execução voluntária e dá lugar à execução forçada.

29. Naturalmente, as formas da coação e do processo da sua execução variam segundo os tempos, os lugares, as civilizações. A melhor coação é aquela que é dotada do máximo de eficácia e a eficácia depende das contingências, compreende-se que, em suas determinações, o processo seja submisso à lei das variações. Compreende-se também, visto que a coação se dirige à pessoa dos sujeitos, que as ideias correntes sobre a personalidade humana, seus Direitos, sua dignidade, influenciem o regime da coação equilibrando eventualmente as soluções deduzidas do ponto de vista da eficácia. Outrora, o devedor em falta era condenado à prisão ou caía nas mãos do credor, ao passo que hoje, a execução sobre a pessoa é substituída pela execução sobre os seus bens. O princípio *nemo potest cogi ad factum,* que é sem dúvida necessário, de uma necessidade física em que a execução da obrigação não é possível fisicamente sem o concurso da vontade do sujeito, foi estendido, pelo menos em questão civil, à hipótese em que seria preciso violentar a pessoa para obter sua execução: a execução natural é então substituída pelos equivalentes pecuniários. Em muitos países, a pena de morte foi abolida, e as mutilações corporais – amputação das mãos, da língua, castração... – não estão mais em uso a não ser entre povos bárbaros. Um sentimento mais refinado da justiça introduziu a ideia de uma proporção necessária entre a gravidade da infração e a pena banindo dos códigos o sistema de penas coletivas etc.

---

[72] Há, por outro lado, casos incertos: equivalentes ou substitutos, pouco adequados em sua função de reparação de maneira que é possível se perguntar se a pretendida reparação não tem mais que um caráter penal (por exemplo: as indenizações por perdas e danos reparadoras de prejuízos simplesmente morais). Ver A. GIVORD: **La responsabilité du préjudice moral**, Grenoble, 1938.

Paralelamente, o mecanismo de separação da sanção é variável segundo as legislações ou as questões. Logo a coação se põe em marcha *motu proprio*, e os órgãos de polícia fazem respeitar a lei sem aguardar ordem ou permissão; assim que uma ação é requerida, exige uma ação judiciária feita pelo particular lesado ou por qualquer cidadão do povo (ação popular) ou por um órgão estatal de ação (o ministério público). Isto não quer dizer que a obediência será facultativa, mas simplesmente que o jogo da coação é submisso a regras especiais, que dependem da natureza dos interesses protegidos.

30. Mas, por trás da diversidade de fundo ou de detalhe, o que distingue a coação jurídica, é, por um lado, seu caráter *material*: ela não é somente psicológica, ela é física; a *manus militaris* faz pressão sobre a pessoa ou sobre o patrimônio, o sujeito é atingido em sua liberdade, em seus bens, em certas faculdades de agir (interdição de comercializar, de conduzir...), – por outro lado, seu caráter *organizado e técnico*: pelo menos nos Estados dignos deste nome, a pressão resulta de um mecanismo pré-constituído, regras precisas, que operam de maneira imparcial, objetiva e segura.[73] É esta exigibilidade pela força que, do ponto de vista formal, define de maneira bastante nítida a regra jurídica, especialmente a regra jurídica estatal.[74] É ela que justifica a denominação de "autoridade pública" dada ao Estado: o Estado é a autoridade não somente porque tem o Direito de sancionar suas ordens pela força, mas porque tem e deve ter os meios desta autoridade. A ordem estatal é, no limite e em caso de necessidade, a ordem da coação, da força armada. Portanto, não bastará, para satisfazer às exigências da coação, que a ordem seja sancionada pela opinião pública que reage conforme sua maneira difusa e incoerente. Uma disciplina abandonada à sanção

---

[73] Ver no sentido contrário, L. Duguit: **Traité de droit constitutionnel**, 3ª ed., t. II, § 19, pp. 208 e 209, que só aceita a ideia de "sanção social", excluindo a de coação pública, demasiado precisa em sua opinião. Igualmente, F. Russo, *op. cit.*, p. 152ss.
[74] Comp. no mesmo sentido, Du Pasquier, *op. cit.*, nº 2 e 3.

da opinião é uma disciplina desarmada, e, por conseguinte, deficiente do ponto de vista jurídico.

Isto não quer dizer, entretanto, que a força tenha êxito em todos os casos, ou mesmo a respeito de todas as regras. Não obstante a autoridade do Estado, sempre há homens hábeis que chegam a violar as leis sem incorrer nos rigores da coação; ou ainda certas regras são de uma aplicação precária, psicológica ou tecnicamente, de maneira que o mecanismo da coação não presta uma assistência suficiente. Em todo caso, a ineficácia ou impotência real da coação, menos ainda que desobediência, não poderá afetar a validade da regra: esta impede e continua a impedir em virtude de seu próprio dispositivo.

31. Às vezes, é verdade, encontra-se nos códigos *leges imperfectae* que, propositalmente ou não, são destituídas de coação e até de sanção.[75] Mas qual a importância destas anomalias? Não é dito, em seu título, que representam um Direito "imperfeito" – imperfeito por falta de sanção coercitiva? Logicamente, a coação e, de maneira geral, as medidas de execução não são, em relação a uma regra, senão um elemento acidental que se junta a esta sem dela fazer parte integrante: a regra é completa e obriga desde que dite uma disposição, um preceito; o restante é tarefa de execução que não diz respeito ao preceito. Mas, em Direito, isto se dá de outra maneira: a execução está ligada ao preceito porque é da função do Direito, disciplina social, agir sobre a sociedade e, por conseguinte, se realizar. Não é próprio somente ao sujeito realizar o Direito: é preciso, também, que o próprio Direito prepare, empreenda esta realização pelas medidas de execução, e especialmente de coação.

Quanto às obrigações denominadas em Direito civil de "naturais", elas são, em sua essência, estranhas ao Direito: juridicamente não obrigam nada, porque o que é obrigado por elas é livre para executar ou não.

---

[75] No caso das *leges imperfectae* do Direito romano, trata-se das leis que proibiam um ato jurídico, mas sem sancionar a probição. Ver F. SENN: **Leges perfectae, imperfectae, minus quam perfectae**, tese, Paris. 1902.

Estas obrigações não são jurídicas e, nesse sentido, elas não interessam ao Direito senão em razão dos efeitos que a lei atribui em sua execução voluntária (recusa de repetição, a recusa de caráter de liberalidade), ou em seu reconhecimento (transformação em dívida civil obrigatória), igualmente em razão de sua origem, enquanto derivam de uma obrigação civil degenerada (nulidade, prescrição...). Mas, mesmo consagradas pelo Direito, as obrigações naturais permanecem obrigações que, em Direito, não obrigam.[76]

32. Estas considerações permitem compreender porque é impossível definir a regra de Direito simplesmente pela "tendência à coação".[77] Segundo esta concepção, bastaria que a regra fosse *suscetível* de sanção pela coação sem que esta coação devesse ser positivamente organizada. O móvel que dita a solução é evidente: busca-se salvaguardar, desta maneira, a ideia de um Direito *natural* distinta da regra moral e que carece de coação (ao menos o caráter obrigatório e, no caso especial da justiça, a exigibilidade); precisamente, a adjunção da coação efetiva será obra do Direito *positivo*. Mas, fora desta tentativa de justificação do Direito natural, convir-se-á que a "tendência à coação" é uma resposta muito estranha. Do ponto de vista da coação e quanto à distinção das regras a este ponto de vista, duas soluções são possíveis: ou a regra é sancionada pela coação ou não. *Tercium non datur.* Somente a coação efetiva fornece a resposta. A "tendência à coação" deixa a regra sem

---

[76] Não poderia, pois, haver na esfera da filosofia jurídica uma distinção entre Direito e ação, ou entre *Schuld* (*debitum*) e *Haftung* (*obligatio*). Um direito sem ação, uma *Schuld* sem *Haftung* não constituem elos jurídicos.

[77] Neste sentido, todos os partidários de um Direito natural propriamente jurídico; por exemplo, F. GÉNY; **Science et technique en droit privé positif**, t. I, n. 16, p. 51; t. IV, p. 252; J. LECLERQ: **Leçons de droit naturel**, t. I, 2º ed., nº 11, pp. 45 e 50; DU PASQUIER, *op. cit.*, nº 282 e 311. Igualmente todos os partidários da regra de Direito deduzida da consciência comum: por exemplo, L. DUGUIT, *op. cit.*, t. I, 3ª ed., § 8, p. 94 (veja o texto reproduzido adiante nº 107). Veja, porém, o estudo mais recente de F. GÉNY: "Justice et force", em **Etudes de droit civil à la mémoire de Henri Capitant**, p 241ss., cuja tendência é indicada no subtítulo: "Para a integração da força no Direito".

coação e, portanto, ela não é mais, no que tange à regra sancionada pela coação, senão uma regra de outra categoria ou, pelo menos, uma regra jurídica imperfeita.[78]

33. Instituída com vistas à proteção da regra do Direito estatal, a coação, e especialmente o Direito de punir, pertencem somente ao Estado e aos órgãos estatais competentes: neste sentido, a coação é e só pode ser *pública*. Será reino da guerra e da anarquia se cada cidadão – ou grupos privados de cidadãos – tiver o Direito de empregar a força para garantir a execução das leis impostas pela autoridade pública, mesmo sob pretexto de que estas leis consagrem os interesses que lhes são pessoais. Logo, a coação privada é tão excessiva, quanto insuficiente: insuficiente da parte do fraco contra o forte; excessiva, ou com risco de ser, da parte do forte contra o fraco. Em todo caso, ela é desordenada e provoca a desordem. Historicamente, esta foi uma das primeiras tarefas do Estado em vias de formação, ou seja, substituir a justiça e a coação privadas por sua justiça e coação e, pouco a pouco, monopolizar o poder coercitivo. Esta era a lógica de seu papel. Em particular para a pena, concebe-se o Direito de punir como prerrogativa de uma autoridade superior, e não como um Direito de igual para igual. Quando se fala a respeito de pena *privada*, trata-se de uma pena infligida por um particular, mas simplesmente de uma pena – de uma reparação – chamada para sancionar um delito particular, uma ação movida por um interesse privado. A pena verdadeira é pública, porque somente a autoridade que possui a regra está qualificada para vingar sua transgressão.[79]

34. Acontece, porém, que os particulares reconhecem certo Direito de usar a pressão material – força física ou força econômica – para

---

[78] Comp. no mesmo sentido, P. CUCHE: "A propósito do 'positivismo jurídico', de Carré de Malberg", em **Mélanges Carré de Malberg**, Paris, 1933, pp. 75 e 76.

[79] Veja, no mesmo sentido, SANTO TOMÁS: **Somme théologique**, I, II, qu. 90, art. 3, *ad* 2^m; qu. 92, art. 2, *ad* 3^m; II^a III^{ae}, qu. 60, art. 6 *ad resp.* e *ad* 1^m.

salvaguardar os Direitos que eles possuem da regra da disciplina social (*coação privada*). O caso clássico é o da legítima defesa: o indivíduo atacado contra sua vida ou contra seus bens tem o Direito de se defender pela força seu Direito à vida ou seu Direito à propriedade. Mas, trata-se aqui não de uma coação que tende a evitar a violação da regra que garante a vida humana ou a propriedade, e sim da defesa instintiva dos bens essenciais que constituem para cada um a vida, a propriedade. Em todo caso, o Direito de legítima defesa desempenha um papel subsidiário: ele só pode ser admitido em estado de extrema necessidade, pela falta de poder se recorrer à força pública.[80] Existe, por outro lado, consagrados pela própria regra social, os meios de pressão econômica: como o Direito de retenção ou a *exceptio non adimpleti contractus*. A coisa devida não será liberada a não ser que o contrário tenha, por sua vez, cumprido sua obrigação. Mas, novamente, existe aqui menos um meio de coação posto a serviço da regra legal (não obstante seu valor de coação, de outro modo, psicológico), que a aplicação de uma ideia elementar de reciprocidade postulada pela justiça e pela boa fé. É preciso assinalar, além disso, o "boicote", que é visto como perigoso? No caso do uso *legítimo*, trata-se do exercício de um Direito de liberdade contratual posto a serviço não de outros Direitos ou da lei, mas de simples interesse no campo da concorrência vital, de tal sorte que o procedimento não oferece nenhuma analogia com a ideia da coação jurídica.

35. Acrescentemos que somente a regra *de Direito estatal* é suscetível de sanção pela coação, e notadamente pela pena. Os grupos inferiores e subordinados podem desfrutar do que se chama poder "disciplinar" autorizando, da parte do grupo frente aos membros que faltaram para com a regra de seu Direito interno, a aplicação de penas conhecidas como disciplinares. Mas este poder penal disciplinar diferencia-se do poder do Estado em sua extensão e em seu caráter. Não somente está

---

[80] Veja, no mesmo sentido, Du Pasquier: *op. cit.*, nº 140 ("ação de luta").

limitado quanto ao gênero de imputações e quanto ao gênero das penas, mas mesmo no caso em que a autoridade do grupo tem competência para se impor, o apelo ao Estado é sempre reservado como juiz em última instância.[81] É assim que as altercações entre marido e mulher, pais e filhos, mesmo no domínio das coisas que dependem do exercício da autoridade marital ou de parentesco, são suscetíveis de julgamento pelo Estado. O pai de família poderá ainda comparar seu poder disciplinar, que, com efeito, deriva da autoridade sobre os seus que o Estado lhe reconhece; a este poder disciplinar não se subtrai o controle da autoridade pública, que lhe é superior. Isto ocorre, *mutatis mutandis*, no que diz respeito aos Direitos da autoridade corporativa sobre seus membros. Onde existe o Estado, todo o sistema jurídico destes grupos, inclusive o poder disciplinar, é de certa maneira subordinado ao sistema jurídico estatal, cuja missão é impedir os abusos possíveis da autoridade e do poder disciplinar dos grupos sobre seus membros.

Objeções contra esta definição

36. Portanto, a definição do Direito que comentamos acima parece condenada pela existência de uma série de regras que todos concordam em declarar jurídicas e que estão longe de corresponder aos aspectos apresentados como essenciais: dessa maneira, diversas regras do Direito público interno e, mais ainda, o Direito internacional público.

Quanto ao *Direito público interno*, é possível imaginar, em primeiro lugar, a categoria das regras pelas quais a autoridade pública é constituída (forma de governo, distribuição de poderes...). Como as regras que organizam a autoridade no Estado procederiam desta autoridade que,

---
[81] Comp., no mesmo sentido, A. Légal e J. Brèthe de la Gressaye, *op. cit.*, pp. 184ss, 321ss, 461ss.

supostamente, ainda não existe? Como procederiam elas do Estado, que nasce somente com a diferenciação entre os que governam e os que são governados? Logicamente, o poder constituído não poderia ser ao mesmo tempo o poder constituinte. Dessa maneira, a definição que une a regra de Direito à autoridade e ao Estado, aceitável quanto às regras impostas pela autoridade para seus súditos, particulares ou funcionários, não será mais quanto às regras, anteriores lógica e cronologicamente, que fundam esta autoridade.

Para a reflexão, todavia, a objeção é especiosa. No início da carta constitutiva da autoridade e de seu estatuto, encontra-se sempre uma autoridade e uma autoridade pública. Esta autoridade – todo o povo, fração do povo, minoria ou um chefe – não será, sem dúvida, a autoridade *constituída*, mas será a autoridade *constituinte*. Ela não terá títulos estritamente legais, mas terá títulos morais, para que pelo menos ela possa prescindir de certos argumentos de legitimidade. Por outro lado, esta autoridade constituinte será uma autoridade *pública*, mesmo que positivamente o Estado não esteja ainda constituído, por que tudo o que se relaciona ao Estado, já constituído ou em vias de constituição, toma necessariamente o caráter público, pelo menos por intenção.[82] Sendo assim, é vão procurar englobar em um mesmo princípio e, por conseguinte, em uma mesma definição o Direito produzido e a competência para produzir o Direito: na origem do Direito deve-se encontrar um princípio que não será o Direito, no caso um princípio moral e político que se chamará, se se quiser, "Direito natural político".[83]

37. Mais pertinente é a objeção que toca esta categoria de regras do Direito público as quais regem a atividade *dos titulares de autoridade*,

---

[82] Comp. G. GURVITCH, **L'idée du droit social**, p. 119: "Há comunidades que, em um único e mesmo ato, engendram seu Direito e fundam sua existência nele, as comunidades que criam seu ser nisso engendram o Direito que lhe serve de fundamento." O autor acrescenta: "Estas comunidades nas quais a constituição pelo Direito e pela geração de um Direito coincidem são fatos normativos."
[83] Quanto a esta noção de Direito natural político, veja adiante nº 206ss.

seja qual for sua função – legislativa, administrativa, jurisdicional... Pois se entende que, no Estado de Direito, existem regras não somente para os sujeitos em suas relações entre si como com o Estado do qual são membros, mas também para os funcionários e governantes, que precisam exercer seus cargos segundo as normas de competência, de procedimento e no fundo determinados pelo Direito público, constitucional e administrativo.

Ora, qualquer que seja o modo de organização da autoridade, quaisquer que sejam as precauções tomadas para impedir os abusos de poder e submeter cada órgão de autoridade à sua lei, sempre haverá, no Estado, autoridades praticam ente irresponsáveis que não obedecerão à sua regra a não ser que queiram, contra os quais em todo caso o emprego da coação é impraticável, até mesmo inconcebível. Assim é para todos os órgãos supremos em seus ramos.[84] Como mobilizar a força pública contra o parlamento, contra o governo, contra o supremo tribunal ou conselho de Estado? Poder-se-ia ainda prever sanções de anulação ou de restituição contra os atos, medidas de revogação ou de pena contra as pessoas. Mas o melhor é muitas vezes o inimigo do bom, e sucederá que as sanções serão mais prejudiciais que as ilegalidades às quais elas tentaram remediar. É assim que, nos países com constituição rígida em que não existem juízes para sancionar de uma maneira ou de outra a inconstitucionalidade das leis, o legislador comum é, de fato, livre para violar a Constituição. É assim que, em toda parte em que o poder judiciário desfruta de independência, o órgão supremo deste poder, o supremo tribunal, ainda que submisso às leis e encarregado de assegurar o respeito mediante os tribunais, é de fato livre para violar a lei sob pretexto de interpretação.

A questão que se apresenta então é a de saber se regras semelhantes, não comportam nem a coação nem mesmo uma sanção organizada qualquer, que provenha ainda da categoria do Direito. A resposta já foi

---

[84] Comp. SANTO TOMÁS: **Somme**, I^a II^{ae}, qu. 96, art. 5, *ad* 3^m: o princípio é deduzido da lei *"quantum ad vim coactivam legis"*, mas não *"quantum ad vim directivam legis"*.

fornecida para as *leges imperfectae*: trata-se ainda de Direito, não de moral ou de conveniências, visto que tem a tarefa das regras de caráter societário ditadas pela autoridade pública; mas trata-se de Direito imperfeito, na medida em que a coação, garantia da execução efetiva, não está presente.[85]

38. Mais confuso é o caso do *Direito internacional público*. Visam-se aqui, principalmente, as relações entre os Estados. Ora, é fato que no estado atual das relações internacionais, não existe sociedade internacional organizada, quer universal, quer regional, capaz de ditar para os Estados-membros uma regra de disciplina social inter – ou supra-estatal. Por conseguinte, nossa definição desmorona pela base: nem sociedade, nem autoridade para impor a regra, nem sanção ou coação para procurar a realização. E, todavia, todos falam e continuarão a falar de Direito internacional.

Observemos em seguida que, se há Direito, este será um Direito imperfeito *no que se refere à coação*. Por um lado, a reprovação possível da opinião pública internacional (representada pelos outros Estados e cidadãos destes Estados, além disso, talvez, por uma fração do público no Estado transgressor) não poderia contar como sanção jurídica,[86] menos ainda os protestos do Estado eventualmente vítima ou as represálias exercidas por este, sem excetuar a guerra. A guerra pode ainda

---

[85] É assim que os autores que excluem a coação organizada da definição do Direito estão obrigados a reconhecer que, do ponto de vista da aplicação (ponto de vista essencial em Direito), "não há Direito, *no sentido pleno e completo do termo*, senão quando a regra é reconhecida e protegida pelo poder social". (F. Russo, *op. cit.*, p. 156. Veja também F. Gény, no estudo supracitado, nº 32 nota 74) – É verdade que, para outros, a coação não será indispensável; bastará que a regra seja socialmente garantida "seguindo uma técnica apropriada às relações sociais consideradas e determinar através do Direito positivo": desse modo, em Direito constitucional, o meio preventivo de um certo equilíbrio dos poderes (veja, Réglade, "Essai sur le fondement du droit", em **Archives de philosophie du droit**, 1933, nº 3 e 4, pp. 184 e 185). Sem dúvida; mas o que isso quer dizer senão que há graus de perfeição no Direito (qualquer que seja a causa, mesmo natural, lógica, da imperfeição)?

[86] Veja acima nº 30.

ter sua justificação, especialmente no caso de legítima defesa, supostamente individual; ela não responde ao conceito da sanção jurídica, que supõe coação exercida pela autoridade de um grupo organizado.[87] Por outro lado, os esforços feitos desde 1919 para pôr em condições os meios de coação do caráter jurídico foram finalmente frustrados: com ou sem razão, diversos Estados que, nos termos do pacto da Sociedade das Nações, ficaram de colaborar com as sanções decretadas pela autoridade "societária" se recusaram. E, sem dúvida, será preciso muito tempo antes que um mecanismo de coação, que seja adaptado às particularidades da vida internacional e suficientemente eficaz, esteja pronto para funcionar.

39. Mas se a falta de coação só permite subsistir um Direito imperfeito, a ausência de sociedade internacional, real e concreta, não faz desaparecer a própria noção de Direito, pelo menos da maneira como ele se define, *como lei de grupo?* Apesar de sua aparência de lógica, a conclusão parece excessiva, pelos seguintes motivos. Sem dúvida, não se encontra, entre os Estados, sociedade tão completa como as diversas sociedades políticas internas que agrupam os cidadãos: especialmente, quando nos deparamos com uma autoridade propriamente legislativa e governamental. Em compensação, existem tribunais internacionais (cortes de justiça ou tribunais de arbitragem), criadores de regras jurisprudenciais, e, sobretudo um costume internacional mais ou menos desenvolvido, que resulta da prática constante dos Estados em suas relações mútuas. Ora, assim como o costume é a fonte de um Direito verdadeiro, ou seja, da regra social institucional, no plano interno, ainda que ela não seja ditada pela autoridade pública,[88] assim também e *a*

---

[87] No que se refere à guerra, a tradição teológica se mostra em sentido contrário: ela considera a "guerra justa" como uma sanção jurídica. Muitos sociólogos, por sua vez, falam de um "procedimento de Direito primitivo de castigo" (veja, por exemplo, P. GUGGENHEIM: "Contribution au problème sociologique du droit internacional", em **Recueil Lambert**, § 76, t. II, pp. 117 e 118). As reações individuais, inorgânicas, ainda que justificadas, não constituem sanção jurídica.

[88] Veja acima, nº 18 a 19.

fortiori ela conserva este caráter gerador do Direito propriamente dito, de regra social institucional, no plano internacional.[89] A adoção de uma regra comum indica, da parte dos Estados e de uma maneira geral das coletividades, um cuidado pela coordenação e organização que não se poderia desempenhar no mesmo grau da atitude dos indivíduos particulares que se submetem ao costume. No plano internacional, o fenômeno do costume é mais que o presságio de uma sociedade de Estados: ela é o incentivo e o embrião; entre Estados, o reconhecimento de Direitos e deveres recíprocos, que só podem ser Direitos e deveres *funcionais*,[90] que engendra a quase-sociedade[91].

40. Mas, dirá alguém, as regras provenientes do costume internacional são ainda regras *de Direito*? Porque elas não são colocadas na categoria da moral ou das conveniências sociais?

Não poderia ser questão da regra das *conveniências sociais*, porque, supostamente, não se trata de conveniência, mas de obrigação: o Estado está ligado, no sentido absoluto da palavra. Não poderá ser questão de *moral* porque, para dizer a verdade, a moral rege apenas os indivíduos, não as coletividades, sem distinções entre as coletividades pessoais morais e as coletividades desprovidas de personalidade. Com frequência, elas são confundidas em consequência do equívoco resultante da expressão "moral internacional". Todos os indivíduos humanos, em qualquer esfera que operem para eles mesmos ou para outros, estão submissos à moral em sua atividade pública interna e internacional, como em sua vida particular econômica ou familiar. Neste sentido, é verdadeiro dizer que

---

[89] Veja, em sentido semelhante, Du Pasquier: *op. cit.*, nº 8 e 41. Certos autores de Direito internacional erram ao pretender dar ao costume internacional um pacto tácito, pois o costume liga a cada um dos Estados independentemente de qualquer aquiescência individual.

[90] Veja, sobre este caráter funcional, J. Dabin, **Doctrine générale de l'Etat**, nº 296, pp. 478 a 480.

[91] Podem-se acrescentar outras considerações deduzidas da existência de uma verdadeira lei internacional (ato-regra, tratado-lei, ato-união), por oposição ao contrato internacional: veja G. Scelle: **Précis du droit des gens**, t. I, p. 14ss.

existe uma "moral internacional" e que não há duas morais, uma para os indivíduos e outra para os Estados. A falsidade "política", o assassinato "político", cometido em nome do Estado ou por fins políticos (pretendido pelo Estado ou pela comunidade), são e permanecem mentiras e homicídios – moral e politicamente. Mas não depois que os próprios Estados e de uma maneira geral as coletividades, públicas ou privadas, estejam sujeitas à moral. A ideia de moralidade, em seu conceito exato e completo, é inseparável da ideia de personalidade. Somente as pessoas reais, substanciais, dotadas de razão e de vontade próprias, providas de um fim específico, são suscetíveis de mérito e de demérito, de obrigação para com a consciência, de intenção correta, de aperfeiçoamento moral. Ora, as coletividades, mesmo quando reúnem as condições da personalidade dita moral (que é o caso dos Estados), possuem uma personalidade acidental, funcional, incompatível com o conceito de moralidade.[92]

Em compensação, nada impede que se fale de *Direito* internacional, visto que os Estados podem ser como os indivíduos, sujeitos de Direito, ativa e passivamente. O Direito, tomado da parte do seu beneficiário, consiste, com efeito, em certa prerrogativa que reside em outro de maneira um tanto objetiva.[93] Isso porque um título de Direito pode perfeitamente ser encontrado na personalidade moral, como uma pessoa moral pode perfeitamente ser obrigada a respeitar um título de Direito.[94] Neste sentido existe uma "justiça" internacional, que corresponde

---

[92] É por esta razão, bastante exata em si, que GROCIUS (**Droit de la guerre et de la paix** (ed. de Basileia, 1768, trad. de BARBEYRAC), recusava submeter as relações internacionais ao Direito natural (que ele entendia no sentido da lei moral: veja mais adiante p. 213): não existe moral senão para os indivíduos; quanto aos Estados, estão submetidos ao Direito dos povos. Comp. J. LACROIX: "Elementos constitutivos da noção de civilização", em **Les conflits de civilisation**, Semana Social de Versalhes, 1936, p. 105: "A moral não pode ser aplicada diretamente às forças sociais; é preciso que tenha a mediação do Direito".

[93] Veremos em maiores detalhes este caráter do Direito quando tratarmos da justiça: veja adiante, n° 225.

[94] É verdade que certos autores rejeitam como falsa a ideia de personalidade moral, negando aos Estados a qualidade de sujeitos de Direito do Direito internacional. Os sujeitos em Direito internacional seriam, como em todas as outras esferas, os

ao Direito *sensu stricto*, uma fidelidade à lei jurada internacional, que engendra um Direito *sensu lato*, mesmo uma ajuda internacional mútua, as quais se tornam objeto do Direito internacional, no sentido de norma que rege as relações dos Estados entre si.

---

indivíduos, pelo menos *qualitate qua*, investidos de competências especializadas: (veja, por exemplo, **Précis du droit des gens**. *Principes et systématique, passim*). Mas, reconhecer a existência de "qualidades", de "competências", não é, acaso, retornar à ideia de personalidade moral?

Capítulo II

CARACTERES DA REGRA JURÍDICA

41. Ligado em seu conceito à ideia de sociedade-Estado a qual lhe fornece seu meio e quadro específicos (veja cap. 1), o Direito é também e primeiramente, conforme nossa definição, regra de conduta. A tese, que parece bastante clara, necessita, todavia, de explicações. É preciso, em primeiro lugar, provar que o Direito é tanto regra de conduta, quanto da alçada da categoria das ciências chamadas normativas, e que se resume hoje a uma regra de conduta, pelo menos subjacente. É preciso em seguida mostrar por quais aspectos a regra de conduta denominada "Direito" se distingue das regras de conduta de outra espécie, mesmo no domínio social: seria de se admirar, por exemplo, que o papel "societário" da regra do Direito não influenciasse a fisionomia do imperativo jurídico.

§ 1. O Direito, regra de conduta preceptiva e categórica

42. Analisado em sua estrutura lógica, a regra de Direito, toda regra de Direito decompõe-se em duas partes, uma indica a *hipótese*, e a outra (de uma palavra que não prejulga nada) a *solução*. A *hipótese*, ou seja, as condições de aplicação da regra de outro modo abstratamente definidas: certa situação sendo dada, certa solução se seguirá ou deve seguir. Pouco importa que a hipótese seja enunciada de maneira distintiva em uma proposição subordinada que se inicie por: "se", "no caso em que", "supondo que", "conforme a condição em que", "quando", ou qualquer que esteja inclusa ocultamente em uma proposição simples que formule a solução. Seja, pois, a regra: o menor é incapacitado. A hipótese é: se uma pessoa é menor, – a solução: ela é incapacitada. Pouco importa também que a hipótese consista em um puro estado de fato, em um estado de Direito ou em um estado misto de fato e de Direito. Seja, pois, a regra: o marido (o proprietário, o credor, o herdeiro, o Estado, o cidadão...), tem tal Direito (ou tal obrigação). A qualidade de marido (de proprietário, de credor...), que forma a hipótese da regra, é um estado de Direito, que pode de outra forma derivar tanto de fatos puros e simples, quanto de atos jurídicos. Seja, pois, a regra da reparação do dano causado por falta: as duas condições do Direito à reparação são de fato uma: o dano e, a outra de Direito: a falta.[95] Pouco importa igualmente que a hipótese pressuponha a participação de outra regra de Direito. Seja, pois, a lei que obriga o credor pago pela caução a remeter a essa os títulos que lhe facilitariam o exercício de seu recurso contra o devedor. Esta posição pressupõe a regra de Direito que a caução é, com efeito, devida ao devedor. Mais ainda: toda regra que dita uma sanção qualquer – pena, perdas

---

[95] Comp. com a análise de Du Pasquier: *op. cit.*, nº 112 e 113ª – A hipótese, no entanto, pode ser bem simples: ela consiste na existência de um sujeito, como nas regras que proíbem matar, ferir, prejudicar. Para que estas regras entrem em ação basta que um homem esteja diante de outro homem (G. Del Vecchio: "L'homo juridicus et l'insuffisance du droit comme règle de la vie", em **Justice, Droit, Etat**, pp. 229 e 231).

e danos, nulidade ou rescisão do ato..., – tem por base uma outra regra, explícita ou implícita, aquela cuja violação dá lugar à sanção. Mas o que isso quer dizer? Simplesmente que as regras de Direito não estão sempre separadas umas das outras, que ao contrário elas se encadeiam, formam frequentemente a consequência ou o sistema; e, por conseguinte, nada impede que a hipótese de uma regra seja ela mesma deduzida de uma regra de Direito anterior.[96]

43. Mas o que, por ora, nos interessa na regra de Direito, é menos a hipótese que a *solução*. Esta constitui o elemento essencial da regra, seu dispositivo. Portanto, a questão é saber quais são a significação e a natureza da solução do Direito.

Diferentemente da solução científica, que é constatação de fato (*sein*), a solução jurídica é *norma*, ordenação, o que significa que ela se eleva da categoria dos princípios diretores da conduta. Seja qual for a origem, objetiva ou subjetiva, da regra do Direito e mesmo se ela deriva de alguma realidade, social ou natural, positiva ou ideal,[97] ela *indica* a cada um o que se deve "fazer" e ao mesmo tempo *prescreve* o que indica. Com respeito a isso, as leis do Direito não são em nada comparáveis às leis da natureza: a natureza não "obedece" às leis da mesma forma que o homem as "obedece". As coisas materiais cujo conjunto compõe a natureza são o que são; elas possuem causas e produzem efeitos que, em si, são o que são, cuja sequência mais ou menos regular, ou seja, constante, recebe o nome de "leis" naturais ou, enquanto são desenvolvidas pelo trabalho de constatação, de experimentação e de interpretação do sábio, de "leis" científicas. Mas é claro que estas leis não impõem nada à natureza, que por outro lado elas são a expressão mais ou menos adequada de seu ser e das manifestações deste. Somente o homem, que é

---

[96] Veja, no mesmo sentido, Du Pasquier: *op. cit.*, nº 115.
[97] Este é o problema da origem ou do modo de elaboração da regra de Direito: veja, adiante, nº 98ss.

espírito, está submetido às leis propostas à sua vontade e que lhe ditam sua conduta (*sollen*).

Não confundamos, portanto, as leis chamadas sociais que, como as leis naturais, são leis de constatação de fatos (fatos sociais de ordens diversas, econômicas, psicológicas, morais...), com as leis do Direito e da moral, que são leis de direção, distintas em si dos comportamentos efetivos dos homens em sociedade. Admitindo que o comportamento social normal possa criar ou ressaltar a norma diretriz das atividades individuais, ele não impede que o fato da conduta comum seja elevado, para cada um dos sujeitos, ao nível de norma de conduta, o que significa uma mudança de plano.[98]

44. Esta distinção entre as leis da natureza ou, mais amplamente, do real e das regras da ação humana não requer mais discussão e, salvo raras exceções, os juristas a admitem de bom grado. Segundo um destes dissidentes, todavia (ZITELMANN): "a lei positiva jamais contém uma ordem. Ela é apenas um julgamento hipotético geral: ela afirma que tal efeito se produzirá se tal causa intervier; consequentemente, a regra do Direito deverá ser interpretada da seguinte maneira: "Se X faz tal ou tal coisa, Y imporá uma sanção contra ele". – "Imporá", e não "deverá impor": a regra jurídica é dessa maneira conduzida ao esquema da pura lei científica, marcando a relação entre dois fatos, o fato da sanção consecutiva ao fato de tal atitude.[99] Crítica limitada à maneira – inexata – de apresentar a relação entre a sanção e a regra,[100] "Y imporá uma sanção", nos é dito. Primeiramente, deve-se observar: ele a imporá ou não; só o futuro dirá. Normalmente, sem dúvida, a imporá; mas porque? Porque ele deve – ou acredita dever – impô-la em razão da regra que impõe aos

---

[98] Comp. sobre todos estes pontos, G. CORNIL: "O Direito não é uma ciência, mas há uma ciência do Direito", em **Bulletins de la Classe des Lettres et des Sciences Morales et Politiques de l'Acad. royal de Belgique**. 5ª série, t. XXVI, 1940, pp. 76ss; 83 e 84: F. RUSSO: **Réalité juridique et réalité sociale.** Paris, 1942, pp. 48 a 60.
[99] ZITELMANN: **Irrtum und Rechtsgeschäft**, Leipzig, 1879, pp. 208 e 222.
[100] Veja, adiante, nº 53ss.

agentes públicos velar pela aplicação da sanção. Numa palavra, não há somente o fato da sanção, mas também e primeiramente – por definição – o *dever* da sanção, o que restaura, pelo menos quanto à sanção, a ideia de norma de que se desejava libertar.[101]

45. O Direito é norma *de conduta* no sentido de que seu objeto, direto ou indireto, é de reger a conduta dos indivíduos particulares (Direito privado) e dos funcionários no seio do Estado (Direito público), e dos próprios Estados na ordem internacional.

A esta concepção opõem-se a tese de JÈZE, que quer substituir em todas as situações a ideia de regras de conduta pela ideia de *competência*: "O Direito regula as competências. O Direito organiza a capacidade dos indivíduos e a competência dos agentes públicos. Não há nada mais que isso. O Direito público e administrativo ocupa-se do regime jurídico das manifestações da vontade que se produzem na ocasião da gestão dos serviços públicos. A análise jurídica sempre leva o observador a constatar a manifestação da vontade de um indivíduo e a determinar os efeitos jurídicos que esta manifestação da vontade irá produzir. E isto é tão verdadeiro a respeito do Direito privado quanto do público e administrativo. O Direito – privado, público – ocupa-se exclusivamente e sempre das manifestações da vontade dos indivíduos".[102] Outros autores introduzem uma distinção entre a regra de conduta propriamente dita, "prescrevendo como deve cada um deve conduzir-se" (*Verhaltungsrecht*), e a regra que determina a estrutura e o modo de operação de grupos ou de organizações, públicas ou privadas (*Verfassungsrecht*).[103] No mesmo sentido, mas de modo mais limitado, R. CAPITANT divide o Direito em "regras de polícia" que dizem respeito ao fundamento do

---

[101] Comp. no mesmo sentido, para a crítica, R. CAPITANT: *op. cit.* pp. 56 e 57; G. DEL VECCHIO: "L'homo juridicus", em **Justice, Droit, Etat**, pp. 230 e 231.
[102] G. JÈZE: **Les principes généraux du droit administratif**, I, La technique juridique du droit public français, 2ª ed., Paris, 1925, p. 7.
[103] W. BURCKHARDT: **Methode und System des Rechts**, Zurich, 1936, p. 132ss.

Direito, e "regras de competência" que atribuem a um órgão a faculdade de criar o Direito.[104]

46. Mas em primeiro lugar, como já se observou,[105] é inexato reduzir todo o Direito a regras de capacidade e de competência: ao lado dos *poderes*, próprios ou funcionais, o Direito regula os *deveres*, os puros deveres. Não é verdade que o Direito se ocuparia apenas de manifestações da vontade: ao lado dos fatos da vontade, uma série de outros fatos, nem voluntários nem involuntários, em todo caso estranhos à vontade, são geradores de regras. Por outro lado, se é legítimo distinguir, entre as regras do Direito, um *Verfassungsrecht*[106] (cujas regras de competência constituem somente uma fração), este *Verfassungsrecht* não deixa, portanto, de ser a regra de conduta. Ainda que eles admitam alguma coisa de distinto da pura soma dos indivíduos, os agrupamentos sempre são apenas o produto de certo ordenamento dos indivíduos-membros que se agregam e se integram, obedecendo, desse modo, à lei constitutiva do agrupamento. Constituir o Estado, os poderes e os serviços do Estado, é decretar as regras de conduta que se imporão às pessoas, governantes e governados, pelas quais o Estado é constituído. Que estas regras sejam impostas aos sujeitos *qualitate qua*, em relação ao agrupamento, não muda em nada o fato essencial de que nesta matéria, como em matéria de relações simplesmente inter-individuais, a regra "prescreve como é preciso se conduzir.[107] Ademais, as *Verfassungsrecht,* regras de competência, só existirão em vista da *Verhaltungsrechet*[108]. Os agrupamentos

---

[104] R. Capitant: *op. cit.*, pp. 146 a 149.
[105] Veja, acima, nº 5.
[106] Como foi dito anteriormente, pp. 7 e 8, o Direito societário (N. R.: *Verfassungsrecht* = direito constitucional) é, primeiramente, o Direito pelo qual a sociedade é constituída e funciona, consequentemente, o Direito é que dita a sociedade assim constituída.
[107] Veja, sobre este ponto, J. Dabin, *La philosophie de l'ordre juridique positif*, Paris, 1929, nº 13.
[108] N. R. direito das regras de conduta.

são instituídos para agir, as competências para serem exercidas. Portanto, a atividade principal do Estado e de seus órgãos, além dos atos materiais é a de conduzir os sujeitos por meio das ordens e das regras de Direito. Como disse R. CAPITANT, "a regra de competência não tem sentido senão enquanto prepara uma regra de polícia [quer dizer, uma regra de conduta, para o sujeito ou para os funcionários]. Ela é tão somente uma regra de conduta indireta. Desse modo, a noção de regra de polícia é essencial no Direito e uma definição do Direito é necessariamente inexata se negligenciar esta noção.[109]

47. Todavia, nem toda regra de conduta é necessariamente preceptiva: acontece que a direção toma a forma do anseio, do conselho, da recomendação, da exortação... A conduta a seguir é *indicada*: não *imposta*. Por isso é bem correto dizer que "a palavra regra é sinônimo de imperativo".[110] Habitualmente, a regra procede por ordem; não está excluída a não ser que proceda de outra maneira.[111] Mas, para a regra do Direito, o caso é evidente: por um lado, o Direito se limita a aconselhar ou a recomendar, ele *ordena*, por outro, sua intervenção fica limitada à ordem sem acrescentar o conselho.[112]

O Direito ordena: talvez a autoridade obtivesse mais acolhida se usasse o conselho antes do preceito. Isto é assunto de psicologia nacional; e, de fato, em circunstâncias em que o Estado, não ousa ordenar: aconselha ou ainda recomenda, adverte... Uma boa política, atenta à eficácia, pode requerer modo semelhante de intervenção. Mas então, trata-se, precisamente, de *política*, no sentido de política prática, não

---

[109] R. CAPITANT: *op. cit.*, p. 149.
[110] R. CAPITANT: *op. cit.*, p. 55.
[111] Como disse SANTO TOMÁS, *op. cit.*, I^a II^{ae}, qu. 91, art. 4, *ad* 2^m, "o conselho procede necessariamente a partir de alguns princípios"; com o mesmo título que o preceito ele proporciona uma direção.
[112] Comp. no mesmo sentido, DE VAREILLES-SOMMIERES: *op. cit.*, I, 10, 7° e 12, pp. 13 e 16.

de *Direito*: é da natureza do Direito prescrever.[113] Afinal, o conselho não realizará a disciplina social necessária, visto que os sujeitos sempre terão a faculdade de não segui-lo. Disciplina implica ordem, com a obrigação de se submeter. Não é possível falar em confinar a lei em um papel de conselho: é Direito e dever da autoridade, sua função e sua definição, dirigir, pelo conselho sem dúvida, mas também, e em primeiro lugar, pela ordem imperativa.[114]

Além do preceito, a moral conhece o *conselho*, convida a uma perfeição mais elevada, além disso, encontra matéria para aplicação em todos os domínios da ação humana, inclusive o domínio das ações sociais. O Direito não exige tanto: ele ordena o que exige a disciplina, e esta só exige a execução do que é ordenado. A perfeição reside na observação exata e pontual da disciplina indispensável: nada mais, nada menos. Ir além do Direito, será talvez satisfazer à moral, a seus conselhos ou mesmo a seus preceitos, muitas vezes mais exigentes que os do Direito, – eventualmente colaborar com certa política de Estado que tende a obter um resultado social vantajoso ou a encorajar uma atitude "social" por parte dos cidadãos: esse suplemento ao dever jurídico, que interessa sem dúvida à virtude ou à sociedade (em geral as duas juntas), deixa o Direito indiferente, por que isso está à margem de seu sistema, essencial e exclusivamente preceptivo.

48. Contudo, não é inútil mostrar que, com efeito, todas as regras do Direito contêm ainda um *imperativo*.[115] Para muitas delas, é a evidência:

---

[113] Comp. para a advertência R. CAPITANT: *op. cit.*, pp. 93 a 97. É preciso destacar, em sentido inverso, que haja às vezes conselhos que, praticamente, equivalem a ordens, quer em razão da autoridade moral do "conselheiro", quer em razão de certas possibilidades de reação em caso de resistência. Veja, no que concerne à "auctoritas" do Senado romano sobre os magistrados, MOMMSEN e MARQUARDT: **Manuel des antiquités romaines**, trad. de P. FR. GIRARD, 1891, t. VII, p. 231.

[114] Comp, no mesmo sentido, SANTO TOMÁS, *op. cit.*, I^a II^{ae}, qu. 90, art. 3, *ad* 2^m, q. 92, art. 2, *ad* 2^m; qu. 92, art. 2, *ad 2m*. Ademais, sobre a necessidade das leis, especialmente as leis penais, qu 95, art. 1º *ad resp.*; qu. 92, art. 2 *ad resp., in fine*.

[115] Comp. para o que seguirá, SANTO TOMÁS, **Somme théologique**, I^a II^{ae}, qu. 92, art. 2.

visam-se as regras que diretamente *ordenam* alguma coisa (obrigação de fazer) ou, o que vem a ser o mesmo, *proíbem* alguma coisa, porque a proibição não é nada mais que a ordem de evitar o que está proibido (obrigação de abstenção). Pouco importa, também, que a fórmula esteja redigida no presente ou no futuro e não no imperativo (ou no subjuntivo), no momento em que a realidade da regra intima uma ordem.[116] Por exemplo, as regras que decretam obrigação de declarar os nascimentos, de pagar ao credor, de reparar o dano injusto, de alimentar a seu filho, de observar as formas prescritas, de alistar-se no serviço militar, de abster-se de todo o delito, civil ou penal,[117] de todo contrato contrário à ordem pública ou aos bons costumes, de não admitir a prova testemunhal nos casos em que é proibida... Evidentemente, trata-se de regras imperativas ou proibitivas, tanto na base como na expressão.

Mas há casos menos claros em que o imperativo está implícito sob a solução do Direito. São as chamadas regras "dispositivas": supostamente, elas não ordenam nem defendem nenhum ato; elas definem interesses e Direitos, capacidades e competências; elas determinam as condições de abertura de tal efeito do Direito ou os efeitos de Direito de tal situação; de uma maneira ainda mais geral, elas resolvem uma questão que interessa às relações entre os homens, – numa palavra, elas "dispõem": por exemplo, o possuidor de boa fé de um móvel é seu proprietário, o domicílio está no lugar do estabelecimento principal, o filho nascido de pai belga é belga, objetos móveis que o proprietário de uma terra colocou ali para serviço e exploração desta mesma terra são imóveis; a responsabilidade da prova cabe ao requerente; o marido presume-se é pai do filho de sua mulher; o menor é incapacitado; o cidadão inscrito no

---

[116] Equivoca-se R. CAPITANT quando chama de "leis declarativas" as leis redigidas no indicativo. Por que "declarativas" quando na realidade elas ditam o preceito?

[117] As leis que punem são igualmente leis imperativas, que ordenam a se abster do ato positivo ou negativo que dá lugar à pena. Além disso, elas contêm injunção, dirigida aos órgãos de aplicação do Direito, de fazer entrar em jogo a punição.

cartório eleitoral tem Direito a voto; determinado órgão é competente para usar determinada regra de Direito ou decisão...

Mas toda "disposição" supõe a prescrição a alguém – partes, terceiros, agentes de aplicação do Direito – de respeitar a regra legal. A coisa exigida aqui não é um ato particular determinado, mas a obediência à lei segundo os termos de sua disposição. Por exemplo, quando a lei declara proprietário ao possuidor de boa fé de um móvel, esta "disposição" implica a proibição a todos, sobretudo ao proprietário desapossado, de discutir o Direito do possuidor e agir contra ele; quando a lei fixa o domicílio no lugar do estabelecimento principal, esta "disposição" obriga a todos, interessados ou terceiros, particular ou funcionário, a situar neste lugar os efeitos que a lei une à ideia de domicílio; trata-se de uma regra de competência, esta "disposição" contém às vezes proibição de recorrer a todo órgão que não seja o declarado assim competente, interdição a este de exceder o quadro de sua competência, e ordem aos subordinados de admitirem a validade das decisões tomadas pelo órgão competente e de conformar a elas sua conduta.[118]

O caso das chamadas leis "permissivas" (no fundo, variedade das leis "dispositivas") não é diferente: permitir é reconhecer faculdades de agir (ou de não agir) e, por conseguinte, ordenar a alguém a não colocar obstáculo ao livre uso da faculdade reconhecida.[119]

49. Mais estranho parece o caso das leis conhecidas, em Direito privado, como "leis suplementares". Estas leis intervêm em matérias deixadas, em princípio, sob o império da vontade dos particulares, que tem permissão de regulamentar segundo suas conveniências. Quando o Direito apresenta a regra, isto ocorre a título suplementar, na ausência de vontade contrária que responde a certas condições previamente fixa-

---

[118] Comp. no mesmo sentido, no que concerne às leis de competência, R. CAPITANT: *op. cit.*, pp. 79 e 80, 147 e 148.
[119] Veja, neste sentido, DU PASQUIER: *op. cit.*, nº 117, p. 88. Comp. R. CAPITANT: *op. cit.*, pp. 78 e 79, que entende o "permitido" no sentido de "lícito", de "não proibido".

das. Mas, não é preciso confundir "supletivo" e "facultativo" como se a ordem degenerasse em um só tipo de conselho. A regra legal não possui competência e, por conseguinte, não existe senão em ordem subsidiária. Mas onde sua competência não é dissipada, ela obriga da mesma maneira que a regra não suscetível de derrogação: a título imperativo, e tanto a respeito das partes quanto a respeito do juiz. Na antítese: leis imperativas, leis suplementares, a expressão "imperativos" deve então ser entendida no sentido especial, técnico, de leis não suscetíveis de derrogação, ou seja, não suplementares.[120]

50. Quanto à distinção entre o *standard*, fórmula nova para designar a regra "diretiva",[121] e a regra de Direito, no sentido de regra *rígida* que não deixa espaço a nenhum poder de apreciação, é de se admirar vê-la invocada em um debate em que ela não tem função: *standard* ou regra rígida, o Direito é sempre imperativo, seja qual for a flexibilidade ou inflexibilidade de seus dispositivos.[122]

51. Sendo assim, notemos que o caráter imperativo da regra de Direito não exclui necessariamente toda faculdade de *renúncia* à sua aplicação, de fato ou até de Direito. É preciso distinguir segundo a natureza pública ou privada do interesse protegido pela regra. Quando esse interesse é público, direta ou indiretamente, no todo ou em parte, no que se refere à proximidade ou à distância ao bem do Estado ou do público,

---

[120] Comp. no mesmo sentido, R. Capitant: *op. cit.*, pp. 69 a 74; Du Pasquier: *op. cit.*, nº 118.

[121] Veja A. A. Al. Sanhoury: "O *standard* jurídico", em *Recueil d'études sur les sources du droit, en l'honneur de F. Gény*, t. II, p. 144ss. Não é exato dizer (veja R. Capitant: *op. cit.*, p. 86; Du Pasquier: *op. cit.*, nº 119 *in fine*) que o "standard" se reduza em suma à regra de Direito jurisprudencial. O "standard" evoca o poder discricionário de apreciação do juiz, do administrador e também das partes. Não há nada em comum com a regra jurisprudencial.

[122] Comp. no mesmo sentido, R. Capitant: *op. cit.*, pp. 82 a 85; J. Dabin: **La philosophie de l'ordre juridique positif**, nº 7. Du Pasquier: *op. cit.*, nº 119. Mas, de outro ponto de vista, a diretiva é um fenômeno intermediário entre a estabilidade do jurídico e a mobilidade da vida social: veja F. Russo: *op. cit.*, pp. 140 a 142 e 151.

nenhuma renúncia é concebível nem da parte dos particulares, visto que o interesse público está envolvido, nem da parte dos funcionários, qualificados para defender o interesse público e não para sacrificá-lo. A renúncia é não somente inconcebível, mas o imperativo legal encontrará, em geral, sua execução por intermédio dos órgãos públicos ou privados, encarregados de seu cumprimento. Em contrapartida, quando o interesse protegido é unicamente privado, o beneficiário da regra, senhor do valor – bem ou liberdade, Direito ou faculdade – reconhecida por este, sempre é livre de não prevalecer de seu benefício, a ou até de renunciar de maneira formal. A lei permanece imperativa para todos, inclusive para o beneficiário, que não pode impedir que a lei disponha em proveito dele, ou que pelo menos ofereça sua proteção; mas em virtude de uma nova regra, igualmente imperativa, segundo a qual toda pessoa dotada de maioridade e senhora de seus Direitos. O interessado não está obrigado a aceitar o benefício legal, ou tê-lo em conta.[123]

Por outro lado, é uma questão delicada como esta da divisão entre a regra de interesse privado e a regra de interesse público, em razão da compenetração íntima dos dois tipos de interesses: vistos sob o ângulo da generalidade abstrata, enquanto bens humanos desejáveis para todos, os valores privados não são de interesse público?

52. Mas aqui há mais uma determinação: o imperativo do Direito é *categórico*.

Aparentemente é desnecessário dizê-lo, e a pergunta que se faz é como um imperativo poderia não ser categórico. Mas, com ou sem razão, opõe-se, desde Kant, ao imperativo chamado categórico, um imperativo simplesmente condicional. Portanto, o imperativo jurídico não tem nada de condicional. Sem dúvida, o Direito está *condicionado*, neste sentido

---

[123] Com muita frequência na esfera das relações privadas o regulamento que, de fato, intervém é sempre o que prevê a lei. A iniciativa da ação pertence à parte "mais diligente", a mais audaciosa, a mais hábil; as outras, deixando fazer, aprovam ou toleram por temor do conflito e do desacordo. *Vigilantibus jura prosunt.*

o dispositivo da regra está na base de uma hipótese e que a ordem só é dada quando a hipótese for de fato realizada: a realização da hipótese é, dessa maneira, a condição de aplicação ou, mais exatamente, o pressuposto do dispositivo. Mas enquanto a realização da hipótese depende da vontade do sujeito, o mesmo não ocorre com o dispositivo: a hipótese de uma vez realizada, a ordem une de maneira categórica, independentemente de toda condição que provenha do sujeito ou não. Há "obrigação no caso", e não "obrigação se"; o dispositivo está *condicionado*, não é *condicional*.[124] Por exemplo, as regras que regem os diversos tipos de contratos, de Direito público ou de Direito privado, de caráter patrimonial ou extra-patrimonial... supõem a conclusão do contrato, o que depende da vontade das partes; mas, o contrato concluído, a regra legal ou a regra convencional (esta para as matérias deixadas à autonomia) entra em funcionamento sem condição, pelo menos da parte do obrigado.[125] Não é como as regras de competência, por exemplo, em matéria de criação do Direito. O Direito de criar: tal é a hipótese, que dá lugar ao jogo da regra de competência; esta última está condicionada. Não acontece de modo algum que seu imperativo será condicional, mesmo em relação ao órgão habilitado: Ainda que este possa ser livre de criar o Direito, ou seja, de apreciar a utilidade desta criação, ele não pode proceder senão de acordo com a regra de competência que lhe é concedida.[126]

Pelo contrário, o imperativo dito hipotético ou condicional não está em relação com certo resultado de natureza técnica: daí o sinônimo "imperativo técnico". Se se deseja chegar ao resultado (que nem sempre é facultativo para o "técnico", por que o dever de estado está em jogo, o qual é categórico moral, e muitas vezes, juridicamente), é pre-

---

[124] Veja no mesmo sentido, quanto à esta distinção, G. DEL VECCHIO: "L'homo juridicus e a insuficiência do Direito como regra da vida", em **Justice, Droit, Etat**, pp. 228 a 230.

[125] Reserva feita ao Direito do beneficiário de não invocar a regra: veja acima, nº 50ss.

[126] Confusão cometida por R. CAPITANT: *op. cit.*, p. 147; e por BRUNETTI, no exemplo do art. 401 do Cód. civil italiano citado por DEL VECCHIO, em **Justice, Droit, Etat**, p. 228.

ciso considerar o meio: neste caso, o meio é obrigatório e nesse sentido ordenado. Assim, cada vez que se trata da execução de uma obra qualquer, manual ou do espírito (obra científica, artística, ou até mesmo legislativa), a realização perfeita da obra requer o emprego de tais meios determinados pela ciência, teórica e prática, do tipo de obra de que se trata. O imperativo condicional ou hipotético se refere então, considerado em si mesmo, a uma regra técnica, sancionada (se é que se pode falar de sanção) pelo fracasso.[127]

Jamais a regra de Direito, nas pessoas dos sujeitos, é tão técnica assim. Seguramente, toda e qualquer regra, moral, jurídica assim como a técnica, só existe em relação a um fim. Mas, existe essa diferença capital que a regra técnica tem como fim, *a obra*, – a obra técnica, especial, reservada em princípio aos técnicos, enquanto que a regra moral e a regra jurídica têm como fim *a ordem*, – a ordem humana, válida para todos os homens em razão de sua qualidade de homens. A ordem humana que visa a moral é a ordem humana essencial: a do aperfeiçoamento do homem em seu ser moral, espiritual. Por conseguinte, as regras de fim e de meio traduzem as condições deste aperfeiçoamento ao qual o homem é chamado e têm necessariamente o caráter categórico.[128] Isto também serve para o Direito. A ordem humana que visa o Direito é a da vida em comum no quadro da sociedade política. Portanto, como esta vida em comum faz parte integrante da condição humana, as regras correspondentes, mesmo as técnicas por seu objeto material,[129] possuem o caráter categórico.[130]

---

[127] Comp. no mesmo sentido, DE VAREILLES-SOMMIERES: *op. cit.*, I, 10, 3º, pp. 12 e 13; DEL VECCHIO: *op. cit.*, em **Justice, Droit, Etat**, pp. 231 a 235; R. BONNAR D: "A origem do ordenamento jurídico", em **Mélanges Maurice Hauriou**, pp. 70 a 72.

[128] É assim que a prudência – a prudência moral – é comandada a título do imperativo categórico, ainda que constitua a virtude que adapta os atos aos fins da moralidade.

[129] É assim, por exemplo, que as regras de prudência social, decretadas pelo legislador em matéria de circulação por vias possuem um valor de imperativo categórico, ainda que só constituam simples meios técnicos de realização.

[130] Comp. no mesmo sentido, R. CAPITANT: *op. cit.*, pp. 92 e 93.

53. A *sanção*, penal ou não, que acompanha a regra jurídica não muda em nada esta análise: se a sanção é decretada, não é para conferir ao sujeito uma faculdade de opinião entre o dispositivo da regra e a sanção; é, ao contrário, para melhor garantir a observação do dispositivo. A regra é o principal, a sanção o acessório. Longe de transformar o imperativo categórico da regra em imperativo hipotético ("observe a regra se quiser escapar da sanção; contudo, se prefere a sanção, você tem o Direito de não observar a regra"), o papel da sanção é vir em socorro do imperativo categórico, a fim de promover tanto quanto possível a realização efetiva do mesmo na conduta dos homens.

Alguns autores (KELSEN, por exemplo) pretendem, é verdade, distinguir na regra um duplo imperativo, um categórico, dirigido aos agentes públicos encarregados da aplicação do Direito e, sobretudo, de fazer valer a sanção, – outro hipotético, dirigido aos sujeitos com a condição de que eles queiram evitar sanção. De acordo com esta concepção, seria preciso dizer que a única regra é a que se dirige aos agentes públicos. Mas esta inversão também é tão contrária às exigências da ordem social quanto aos princípios da lógica. Se os agentes públicos devem aplicar a regra, é justamente por que os sujeitos, simples particulares ou funcionários, não observaram o que deviam. Existem, na verdade, dois deveres, igualmente categóricos: um, na pessoa dos sujeitos, de obedecer à regra; outro, na pessoa dos agentes públicos, de aplicar a sanção em caso de desobediência. E isto não ocorre porque o Direito penal – direito essencialmente sancionador – decreta, dirigindo-se ao juiz repressivo, que o assassino deverá ser punido com a morte, que é lícito ao sujeitos assassinar, ou mesmo que o assassinato não seja proibido exceto em caso condicional ou técnico. Visto que se deseja evitar a pena que o reprime.[131]

---

[131] Comp. no mesmo sentido, R. CAPITANT: *op. cit.*, pp. 97 a 103. Acrescente-se sobre o caráter *secundário* da justicia penal, DEL VECCHIO: "A justiça", § 10, em **Justice, Droit, Etat**, Paris, 1938, pp. 49 a 51.

54. Todavia, às vezes, a regra jurídica possui o dom de levar consigo um imperativo simplesmente hipotético ou até mesmo de deixar aos sujeitos a liberdade de escolha entre a regra e a sanção: desse modo, parece, no que se refere à publicidade das modificações na propriedade.[132] A lei não obriga à formalidade da publicidade salvo com a condição de que o comprador busque alcançar o resultado anexo à publicidade, a saber, a oponibilidade a terceiros do ato de transmissão efetuado; o meio da publicidade (registro) só é exigido para o caso em que se busque o efeito da oponibilidade. Se por uma razão qualquer (negligência ou outra), o comprador não se preocupa com esse efeito (sanção), ele tem o Direito de se desinteressar de tal meio e, por conseguinte, não fazer publicidade do ato (regra).

Esta análise do sistema, porém, é inexata: o imperativo está relacionado ao termo publicidade no que se refere à relação estabelecida entre os dois termos: publicidade e oponibilidade a terceiros. De fato, a publicidade não é ordenada, e por isso não será possível falar de inoponibilidade a terceiros, consequência da falta de publicidade, como de uma sanção. A lei só estabelece que na falta de publicidade a modificação produzida no bem de que se trata é inoponível a terceiros. Aí se encontra, ao mesmo tempo, o dispositivo e o imperativo: o efeito a respeito de terceiros está subordinado à publicidade; esta é condição requerida para a oponibilidade a terceiros. Sem dúvida, o comprador tem a opção entre a publicidade, que torna o ato oponível a terceiros, e a falta de publicidade, que o torna inoponível. Mas esta alternativa não tem nada em comum com a da regra e da sanção: a inoponibilidade é apenas *consequência* – além disso, obrigatória, imperativa, – mas não a sanção da falta de cumprimento da condição, a saber, a publicidade, que continua inteiramente livre. Por outro lado, não será possível falar, no que se refere à publicidade, de um imperativo hipotético ou técnico ("recorra à publicidade se quiser obter a eficácia *erga omnes*"); ou, senão, cada vez que

---

[132] Considere-se o caso das legislações que deixam facultativa a publicidade.

um efeito legal for subordinado às condições que dependem do jogo da liberdade, o imperativo se tornaria *ipso facto* hipotético ou técnico.[133]

Isto não quer dizer que ao ditar a regra, o legislador não terá tido preferência para a realização efetiva da publicidade. Provavelmente até contou com o efeito desvantajoso da falta de publicidade para levar os sujeitos a publicar, donde a denominação de "sanção" dada à inoponibilidade. Mas a *política* do legislador e as *regras de Direito* que ele pode estabelecer para aplicar esta política são duas coisas distintas. No caso examinado, o legislador não impulsionou sua política ao ponto de decretar, em Direito, a obrigação da publicidade, ou ainda sua política propriamente jurídica permaneceu aquém de sua política econômica e social. Portanto, o objeto real de nosso exame é a regra jurídica considerada em seu imperativo, e não em sua convivência com a política geral do Estado.

55. Afirmar o caráter categórico do imperativo jurídico, não é resolver de uma só vez a questão de saber de qual maneira esse imperativo vincula-se: ao *foro íntimo*, quer dizer, diante do tribunal da consciência, ou ao *foro externo*, quer dizer, diante de um tribunal humano munido de coerção. Para resolver este novo problema, é preciso estudar mais de perto a ordem que realiza o Direito. Sendo assim, ainda que esta ordem seja como aquela que realiza a moral, ordem humana e não ordem técnica (donde a nota categórica de uma e de outra regra),[134] a ordem humana do Direito é uma ordem *societária*, instituída em vista de um fim social, neste caso, o fim da sociedade-Estado, enquanto que a ordem humana da moral é a ordem da conduta individual, em todas as esferas, inclusive a política e a social. Partindo desta diferença, começar-se-á a estabelecer que, necessariamente e em todo caso, o imperativo categórico do Direito se liga ao foro externo, que necessariamente e em todo caso, o imperativo da moral se liga ao foro íntimo. Um Direito que não se vinculasse

---

[133] Retifica-se aqui em certa medida a interpretação proposta em **La philosophie de l'ordre juridique positif**, n° 12, pp. 48 e 49.
[134] Veja, acima, n° 52.

ao foro externo não seria mais regra societária, e é por isso que cada um é responsável diante dos tribunais e outros órgãos de aplicação do Direito, a observância exata da regra da vida humana, e por isso ela se aplica, por sua virtude própria, às consciências, que permanecem livres para obedecer ou não, sob sua responsabilidade.

Mas o problema não está resolvido dessa maneira, visto que é preciso levar em conta as interferências. Pode ocorrer que, materialmente, a regra do Direito empreste à moral um de seus preceitos. O caso é frequente, por que a ordem na sociedade supõe certo grau de moralidade efetivamente praticada. À prescrição da consciência acrescentar-se-á a ordem da autoridade pública. A hipótese inversa é mais complicada: a regra de Direito que, por si mesma e imediatamente, vincula-se ao foro externo, pode vincular-se também à consciência? A resposta afirmativa não seria duvidosa no caso em que a regra moral se remetesse explícita ou implicitamente, à regra de Direito. Com efeito, ocorre que a moral deixa para a autoridade pública e para a regra de Direito o cuidado de determinar, em função das circunstâncias, o conteúdo exato de seus preceitos: assim, para a justiça nos diferentes contratos. Neste caso, o Direito se vinculará ao fórum externo, em virtude de sua própria natureza, e ao foro íntimo, em virtude da moral a que faz referência.

Todavia, mesmo fora de toda a ideia de referência da moral ao Direito, há lugar para reconhecer, em princípio, à regra do Direito valor obrigatório no foro íntimo pela seguinte razão: a ordem societária, quando trata do Estado, sociedade necessária e universal, é uma ordem humana desejada pela natureza, donde resulta que as regras estabelecidas em nome desta ordem humana natural obrigam na consciência o sujeito.[135] O homem não será plenamente homem se não for membro submisso da sociedade, respeitoso para com suas obrigações de membro, no primeiro nível em que figura a obediência às regras e às ordens decretadas, ao nome da sociedade, pela autoridade competente. A moral,

---

[135] Veja neste sentido, SANTO TOMÁS, **Somme**, Iª IIae, qu. 96, art. 4.

então, prescreve aos cidadãos a obediência à regra do Direito, e ela, de fato, lhes prescreve um dever de consciência,[136] pelo menos cada vez que, segundo as circunstâncias, a obediência é requerida para a realização dos fins que foram propostos pelo legislador.[137] Acrescentamos que o dever de consciência de obedecer à lei não implica absolutamente o dever de achá-la boa, adequada, oportuna; ou, senão, como o Direito poderia progredir? Do mesmo modo, compreende-se o caso da lei injusta, por contrariar a regra moral, visto que não se poderia obrigar a consciência ao que é imoral.

§ 2. O Direito, regra geral

56. A regra de Direito é *geral* ou é possível se falar de uma regra de Direito *individual*?

Até estes últimos tempos, a regra do Direito sempre foi definida como geral e abstrata, direcionando-se aos sujeitos em geral, particulares ou funcionários, ou a categorias dentre eles abstratamente determinadas: por exemplo, aos indivíduos do sexo masculino, aos menores, aos pais, aos proprietários, aos credores, aos comerciantes, aos trabalhadores, aos magistrados de todos os níveis ou de tal nível..., numa palavra, "a qualquer que preencha esta condição".[138] Mas certa corrente, de data

---

[136] Assim, a regra de Direito não obriga à consciência diretamente por ela mesma e em razão de seu caráter próprio, mas somente por intermédio da moral que, de modo geral, prevê a obediência às leis justas. Pelo contrário, os preceitos morais obrigam por si mesmos, em razão do valor intrínseco de seu conteúdo particular.

[137] É preciso considerar, com efeito, os casos em que o preceito teria exclusivamente o papel de meio e onde a observação do preceito seria inútil, porque o objetivo estaria decididamente fora de discussão ou já assegurado. A equidade exige então que a regra-meio não obrigue a consciência: veja, neste sentido, Santo Tomás, **Somme théologique**, I^a II^{ae}, qu. 96, art. 6 e qu. 97, art. 4 *ad resp*. Salvo se o juiz obrigado a aplicar todas as leis sem distinção, interveio para ditar condenação.

[138] de Vareilles-Sommieres: *op. cit.*, I, 5, p. 9. A generalidade da regra não é, portanto, de modo algum sinônimo de Direito comum uniforme, com a exclusão de toda legislação especial, válida para as categorias sociais: veja, sobre este ponto J. Dabin: *op. cit.*, nº 14, pp. 53 e 54. Acrescente-se, sobre os *privilegia* e *leges privatae*, por oposição às *leges communes*, Santo Tomás, depois de Aristóteles,

recente, na doutrina, não quer o inconveniente de admitir uma categoria de regras puramente individuais, "formuladas em direção a um ou a alguns sujeitos visados em especial". E opõe-se desse modo as regras "objetivas" do Direito (no sentido de gerais, impessoais) às regras "subjetivas" do Direito (no sentido de especiais, individuais) ou ainda, em linguagem metafórica, o que dá a aparência de confecção feita em série à vestimenta feita sob medida.[139] Evidentemente, toda regra geral é chamada a se particularizar em sua aplicação aos indivíduos que fazem parte da "generalidade" em vista: o preceito ditado para todos vale para cada um em particular, e a aplicação do preceito geral é necessariamente individual. Todavia, por regra geral, entende-se uma regra estabelecida abstratamente, fora de toda consideração do indivíduo particular e de caso individual. Pouco importa, portanto, que esta regra tenha sido formulada de improviso, pelo processo da lei, ou que ela seja proveniente da sequência de decisões judiciárias que preceituam a favor de casos singulares (fonte jurisprudencial). Sempre que é regra, legal ou jurisprudencial, não é tomada para ninguém em particular. Ao contrário, a pretendida regra de Direito individual (que não precisa ser confundida com a *dispensa* de uma regra geral, a qual é ainda individual, mas não regra), é designada pelo nome para tal indivíduo, prescrevendo a uma ou a várias pessoas, determinadas por seu caso singular, a conduta a se ter em tal ocorrência.

Somme, I^a II^{ae}, qu. 96, art. 1 *ad* 1^m; igualmente qu. 95, art. 4 *ad resp. in medio.* – Tampouco a generalidade da regra é incompatível com a ideia de dispensa: veja, sobre a dispensa, Santo Tomás, *op. cit.*, I^a II^{ae}, qu. 96, art. 5. *ad* 3^m; *in fine* e art. 6, *ad resp.*, *in fine*.

[139] Veja neste sentido, R. Capitant: *op. cit.*, pp. 58 a 68, 153 a 156; os representantes da escola de Viena (Kelsen, Merkl); R. Bonnard: "A origem do ordenamento jurídico", nos **Mélanges Maurice Hauriou**, Paris, 1929, pp. 35 a 41; H. Dupeyroux: "Sobre a generalidade da lei", nos **Mélanges Carré de Malberg**, Paris, 1933, p. 137ss.

De fato, a história das doutrinas políticas conhece o sistema do "governo por decreto",[140] o regime do Estado de polícia, que procede a um e outro pela disposição individual fora de toda regra geral pré-estabelecida (*jussa de singulis concepta,* éditos ou decretos que visam somente casos particulares).[141] Mas, mesmo fora destas hipóteses e na linha do princípio do Estado de Direito, os partidários da regra de Direito individual têm em vista, sob este nome, as seguintes situações, dadas a título de exemplo: a decisão administrativa tornada em benefício ou sob responsabilidade de uma pessoa (desse modo, a inscrição de tal contribuível ao papel do imposto para tal soma), a injunção feita a um administrado de tomar em sua propriedade certas medidas de salubridade, a ordem dada por um superior hierárquico ao seu subordinado, – o julgamento que condena certo pleiteante a certa prestação, a uma mudança de estado ou de capacidade, – o contrato, gerador de Direitos e de obrigações especialmente adaptadas às convenções das partes que concluíram ou que aderiram.[142]

57. Contudo, não parece que esta análise seja exata. Que existem situações jurídicas individuais – Direitos, poderes, obrigações e funções – que emanam de fontes além da regra de Direito geral, é incontestável e incontestada: a decisão administrativa, o juízo, o contrato, são fontes de situações semelhantes. Não resulta disso que a decisão administrativa, o juízo, o contrato, sejam regras de Direito. Sem dúvida, a decisão admi-

---

[140] Veja sobre as críticas dirigidas contra este sistema de governo por ARISTÓTELES, M. DEFOURNY: "A ideia do Estado segundo ARISTÓTELES", em **Mélanges Vermeersch**, t. II, Roma, 1935, pp. 102 a 105.

[141] Talvez fosse possível relacionar com esta concepção o "decisionismo" de um C. SCHMITT (opondo-se a um "normativismo" pretensamente abstrato e irreal), sobre o isso, veja K. WILK: "A doutrina política do nacional-socialismo: Carl Schmitt", nos **Archives de Philosophie du droit**, 1934, n° 3 e 4; *La crise de l'État*, p. 169ss.

[142] H. DUPEYROUX: *op. cit.*, n° 9, em **Mélanges Carré de Malberg**, p. 161, vai mais longe: ele aplica a noção de regra individual não só aos atos de concretização da regra general (juízo, decisão administrativa, contrato), mas também aos atos legislativos que contêm derrogação à regra geral.

nistrativa, o juízo, o contrato, implica em ordem, imperativo individual, válida para determinados indivíduos, seus destinatários, ou as partes do contrato. Mas, em si mesmos, eles constituem *ordem* ou *sentença*, e não *regra*, norma ou *lei*,[143] porque a regra de Direito, a norma, a lei, ao serem chamadas a reger muitos casos, implica generalidade.[144] Talvez não baste fazer notar que o Direito, a título de disciplina social válida para uma generalidade, inclua generalidade.[145] Não há equivalência necessária entre *social* e *geral*: por um lado, um imperativo individual pode perfeitamente ser concebido num sentido social, levado em conta o interesse social; por outro, mesmo no caso de disciplinas sociais, o ideal será sempre a solução particular, que marca a cada um seus Direitos e seus deveres, "sob medida". Mas, além do perigo da parcialidade, da desigualdade de tratamento e do arbitrário, semelhante método é completamente impraticável: na disciplina social, sobretudo, é impossível para a autoridade atribuir a cada um sua linha de conduta. E esta impossibilidade basta para justificar o princípio da generalidade da regra de Direito.[146]

Sendo assim; as pretensas regras de Direito individuais não são, no estado atual da organização política, senão a execução de uma regra geral: se a decisão administrativa se liga ao sujeito, não é por sua própria força, mas porque ela é devolvida como execução de uma regra do Direito público que ordena à administração de tomar a decisão que ela

---

[143] Em si mesmos: porque na medida em que a administração está habilitada a ditar "regramentos", onde os tribunais têm poder para ditar sentencias "de regulamento", o ato administrativo, a sentencia, eles se tornam legisladores.

[144] Veja neste sentido: SANTO TOMÁS, *op. cit.* I^a II^{ae}. qu. 96, art. 1º, *ad resp.*, *ad* 1^m e 2^m; DOMAT: **Traité des lois**, cap. XII, 16; e **Les lois civiles dans leur ordre naturel**, J. ROUSSEAU: **Du contrat social**, liv. II, cap. II. Segundo R. CAPITANT: *op. cit.*, p. 60, nota 1, as noções de norma e de lei (material) implicariam generalidade, mas não a noção de regra. Por que esta diferença? De modo semelhante a norma ou a lei, a regra implica "regularidade" e, por conseguinte, generalidade.

[145] Este é o argumento tradicional: ver SANTO TOMÁS, *op. cit.* I^a II^{ae}. qu. 96, art. 1º, *ad resp.*

[146] Veja. J. DABIN: **La philosophie de l'ordre juridique positif**, n. 14, p. 53. – Acrescente-se; quanto à superioridade do sistema da regra geral sobre o sistema de decisões tomadas em cada caso particular, SANTO TOMÁS, *op. cit.* I^a II^{ae}. qu. 95, art. 1º, *ad* 2^m; qu. 96, art. 1º *ad* 2^m.

tomou (de outro modo, sem prejuízo a certo poder discricionário de apreciação); se o pleiteante condenado tem que executar o juízo, não é em virtude do imperativo do juiz, mas em virtude do imperativo da lei, que funde a missão do juiz e a autoridade de seu juízo; se o contrato engendra preceitos individuais para as partes ou para os adeptos do ato, é porque a regra de Direito anexa semelhante efeito à conclusão dos contratos: *Pacta sunt servanda*, pelo menos enquanto eles são validamente concluídos para a forma e para o fundamento.[147] Notemo-lo: a lei de base não é simplesmente atributiva de competência;[148] ela é, ademais, de certa maneira reguladora: isto é claro para a administração e para o juiz, que, positivamente, resolvem o caso individual conforme a lei, fazendo aplicação ao caso da regra geral; é claro também para o contrato, onde a autonomia dos particulares não tem o Direito de se mover senão em um âmbito legal, sob reserva do respeito às leis imperativas, de ordem pública e dos bons costumes.

58. É verdade, concernente ao contrato, que, nas relações entre partes, o regulamento ditado pela vontade vale como "lei" para as partes e para o juiz, exatamente como a lei do Estado (Cód. Napoleão, art. 1134), e mesmo com a exclusão da lei do Estado quando esta não é senão supletiva.[149] Contudo, de maneira precisa, esta lei, é apenas uma lei *privada*, contratual ou corporativa. Portanto, a regra de Direito que está aqui em questão é a regra ditada pelo Estado. Diga-se então, se se quiser, que, mediando a permissão do Estado, o contrato é o gerador de regras de Direito individuais, mas não que a regra de Direito ditada pelo Estado poderá ser individual: o Estado, pelo menos na concepção do Estado de Direito, não emite regras gerais, às quais virão de outro modo se apoiar

---

[147] Comp. no mesmo sentido, Santo Tomás, de acordo com Aristóteles, *op. cit.* I^a II^{ae}. qu. 96, art. 1º, *ad* 1^m, *in fine*: "*Dicuntur etiam quaedam legalia, non quia sum leges, sed propter applicationem legum communium ad aliqua particularia facta, sicut sunt sentientiae, qua e pro iure habentur*".

[148] Como disse R. Capitant: *op. cit.*, p. 155.

[149] Veja, acima, nº 49.

os imperativos individuais das autoridades administrativas e judiciárias assim como o imperativo individual do contrato.[150] No caso das regras individuais *corporativas*, emanam corpos privados para seus membros, o mesmo princípio de generalidade se encontra no escalão subordinado: a regra de Direito corporativo se direciona, também, à generalidade dos membros, e as ordens individuais que decreta a autoridade do corpo não são mais, neste plano, regras de Direito.

§ 3. O Direito, regra sistemática: as instituições jurídicas

59. As regras de Direito não constituem um acervo de peças destacadas, sem relação umas com as outras. Ao contrário, elas formam conjuntos orgânicos, aos quais chamamos *instituições*: instituições-regras a serviço da instituição-Estado. Nos dois casos, trata-se sempre de corpos mais ou menos unidos. Mas a instituição-Estado é o corpo social, cujos elementos são os homens, enquanto a instituição jurídica é corpo de Direito, cujos elementos são as regras jurídicas. Além disso, o corpo social estatal é um ser real, posto que moral, enquanto o corpo de Direito não tem senão existência lógica.[151] Enfim, a instituição-Estado é única, ao passo que as instituições jurídicas são múltiplas. A instituição jurídica no singular seria o Direito inteiro; mas é a soma e a síntese das instituições jurídicas particulares que compõem o Direito de um povo em um dado momento de sua história. Enquanto agentes da disciplina social e dos fins pretendidos pelo Estado, o Direito, as instituições e as

---

150 Comp. com as considerações desenvolvidas por Du Pasquier; *op. cit.*, nº 124 e 125.
151 Seguindo a terminologia de Hauriou, os corpos constituídos são "instituiçõess-pessoas", enquanto a regra de Direito é "instituição-coisa", quer dizer, uma instituição existente no ambiente social, mas não interiorizada no quadro da obra "La théorie de l'institution et de la fondation", em **La cité moderne et les transformations du droit,** Cahiers de la Nouvelle Journée, 1925, t. IV, p. 2ss.). Na realidade, as duas classes de instituições são radicalmente diferentes por sua própria matéria. Um único elo as une: a ideia de conjunto orgânico. Comp. com a crítica de J. Bonnecase: *op. cit.*, n 46, p. 87; e de J. Delos: "Bem comum, segurança, justiça", no **Annuaire de l'institut international de philosophie du droit,** 1938, p. 36, nota 1.

regras *jurídicas* contam também entre as instituições *políticas*, partes componentes e integrantes da instituição – Estado.

60. O que caracteriza a instituição jurídica, em relação à regra de Direito em geral, é a nota *sistemática*: por exemplo, as instituições jurídicas do matrimônio, da tutela, da propriedade, do contrato, da transcrição dos atos, da responsabilidade (civil ou penal), da representação (em Direito privado ou em Direito público), do apelo e das vias de recursos. São a totalidade hierarquizada das regras de Direito relativas a estas diferentes matérias. Instituição jurídica é assim sinônimo de estatuto, de regime. Quanto aos atos jurídicos (por exemplo, o casamento, o contrato...). É preciso definir as condições de existência, de fundo, de forma, de oponibilidade a terceiros..., assim como os efeitos múltiplos de ordem jurídica; quanto aos Direitos, às liberdades, às obrigações, às competências (por exemplo, a propriedade ou a representação), é preciso determinar o conteúdo e os limites, os modos de aquisição, de transmissão, de extinção; quanto aos mecanismos (por exemplo, a tutela ou a transcrição), é preciso fixar a estrutura e o funcionamento. Acima de tudo, há lugar para organizar as medidas preventivas e repressivas chamadas para garantir o rendimento efetivo da instituição na realidade social.

Ora, esses diversos problemas dão surgimento a uma série de regras necessariamente dispostas em função de uma ideia fundamental que constitui o princípio animador e federativo da instituição em vista. Desse modo, todo o sistema de regras do matrimônio é deduzido da ideia filosófico-jurídica que o legislador faz do matrimônio em relação aos cônjuges, filhos, sociedade; todo o sistema da tutela é apenas o resultado da ideia simples da proteção do menor contra suas próprias fraquezas e contra a exploração da qual pode vir a ser vítima da parte de terceiros, etc.[152] O mesmo conceito de instituição jurídica transparece

---
[152] Comp., no mesmo sentido, J. BONNECASE, *op. cit.* nº 45.

na distinção formulada por DUGUIT entre as "regras [jurídicas] normativas" e as "regras [jurídicas] construtivas ou técnicas",[153] as primeiras designam, antes de uma regra propriamente dita (que não se concebe sem "construção"), o princípio diretor e, neste sentido, normativo, que os segundos vêm em seguida executar por processos diversos que DUGUIT denomina, de maneira, às vezes, muito vaga e estreita, de sanções ou "vias de Direito".[154] A norma desenvolvida de regras construtivas: é o equivalente de instituição jurídica.

61. Entre as regras dessa maneira articuladas reina uma *hierarquia*, cuja chave é fornecida pelo fim da instituição e pelo grau de proximidade do meio ao fim, o meio mais distante sendo subordinado ao meio mais próximo e assim por diante. Por exemplo, a lei prescreve ao tutor que ele gere como bom pai de família (Cód. Napoleão, art. 450), o que é a tradução jurídica imediata da ideia suprema de proteção. Consequentemente, ela prevê (segunda regra, subordinada) que o tutor será obrigado a prestar contas (art. 469). Para evitar que o tutor não iluda a prestação de contas, ela interdita todo o tratado passado entre o tutor e o menor que se tornou maior se ele não foi precedido da entrega de contas detalhadas (terceira regra, subsubordinada) e, ao mesmo tempo (quarta regra), ela sanciona esta interdição pela nulidade relativa do tratado contrário à lei (art. 472). É em razão desta hierarquia que as "vias de Direito" ocupam apenas lugar secundário – e no sistema e na obrigação – em relação às regras que, de uma maneira ou de outra, elas garantam e que sejam daí em diante as principais, – que, notadamente, as sanções não possam jamais serem vistas à parte da regra nem serem colocadas em pé de igualdade com a faculdade de opção.[155]

---

[153] L. DUGUIT: **Traité de droit constitutionnel**, 3ª ed., t. I, § 10, pp. 106 e 107; § 21, p. 224.

[154] Veja para a crítica da fórmula de DUGUIT, J. DABIN: **La philosophie de l'ordre juridique positif**, nº 6.

[155] Ver, acima, nº 53.

A ideia de instituição jurídica permite, além disso, corrigir o que a divisão do Direito em compartimentos poderia ter de muito radical e, portanto, enganoso. A observação vale, sobretudo, para as regras do Direito penal, que são apenas sanções, de um gênero particular é verdade, de outras regras que elas pressupõem, de Direito privado, de Direito público..., ainda que estas não sejam expressamente visadas pelas leis de Direito privado, de Direito público... Desse modo, a lei penal que pune o homicida não é a sanção deste princípio não formulado de Direito civil: o Direito à vida. Do fato de que a falta não está prevista senão como condição de aplicação da pena, seremos tentados a crer que a pena é o principal e a falta o secundário; a ideia de instituição restabelece a ordem exata.[156]

62. Sendo assim, as diversas instituições jurídicas são suscetíveis, na maior parte das vezes, de se reagrupar em uma síntese mais vasta: assim, a instituição-venda, enquanto contrato, depende da instituição-contrato que, por sua vez, depende da instituição-ato jurídico; a instituição--propriedade, enquanto Direito real, depende da instituição-Direito real; a instituição-matrimônio é um dos elementos, de outro modo, fundamental, de todo o sistema de Direito de família; a instituição-tutela é um dos regimes de proteção dos incapacitados, etc. Vistas de outro ângulo, as mesmas instituições revelarão uma síntese diferente: assim a venda pode ser analisada, fora do contrato, como ato a título oneroso, como ato *inter vivos*, etc.; a propriedade, como Direito patrimonial, como bem móvel ou imóvel, etc. – sem esquecer as derrogações aos princípios justificados pela singularidade dos casos.[157]

Com efeito, este é outro aspecto, mais formal, da sistematização do Direito que o hábito dos juristas de reunir as regras a partir de solu-

---

[156] Veja, para uma aplicação discutida, J. CARBONNER, na **Revue trimestrielle de droit civil**, 1942, pp. 296 a 298 e as decisões citadas.

[157] Os "princípios gerais do Direito" não são instituições jurídicas no sentido de conjuntos sistemáticos. São soluções particulares, mas gerais para sua aplicação.

ção mais ou menos gerais, chamadas "de princípio", a respeito das quais elas constituem tanto aplicação mais ou menos especializada, quanto derrogação mais ou menos radical.[158] As regras derrogatórias parecem assim ramos separados em relação ao princípio, mas, ao mesmo tempo, seu lugar encontra-se marcado na complexa lógica do Direito. É preciso, além disso, evitar todo erro de apreciação e, sobretudo, de alinhar entre as exceções o que só seria na realidade um novo princípio, concorrente do primeiro. Por exemplo, comete-se um erro ao se considerar como outras tantas exceções os casos de responsabilidade sem falta, quando, segundo o Direito positivo, assim como a razão, a falta não é a única causa possível de responsabilidade.

63. Todavia, o agrupamento das regras em instituições não satisfaz sempre às leis da pura lógica. Por um lado, há instituições *lacunares* cujo sistema está incompleto, por falta de uma ou outra regra "construtiva": assim a incapacidade, que afeta aos filhos naturais, de receber mais do que é sua parcela sucessória (Cód. Napoleão, art. 908), regra que pode ser iludida pela abstenção de reconhecimento dos filhos naturais, como o provador queria melhorar.[159] Com o passar do tempo, a lacuna pode ser preenchida graças ao trabalho da jurisprudência; mas acontece que ela perdura e que a instituição não chega jamais à sua perfeição. Por outro lado, há instituições que pecam por certa *discordância interna*, entre as duas partes, o legislador não soube escolher e entregou-se a uma solução bastarda: assim para a instituição da incapacidade da mulher casada, tal como a concebeu o Código Napoleão, às vezes, consequência do princípio da autoridade na família e medida de proteção para a fragilidade do sexo feminino.[160] Entre as diversas instituições, nos graus superiores da

---

[158] Sobre o caráter científico desta sistematização, veja F. Russo: *op. cit.*, pág. 87ss.

[159] Ver sobre este ponto L. Josserand: **Cours de droit civil positif français**, t. III, n. 1423.

[160] Veja sobre a incapacidade da mulher casada e seu fundamento de acordo com o Código de Napoleão, A. Colin e H. Capitant: **Cours élémentaire de droit civil français**, t. I, 9ª ed., por Julliot de la Morandiere, núm. 661.

generalização, o mesmo fenômeno de incompletude ou de incoerência aparece com mais frequência ainda: certas instituições se retraem e se fixam, enquanto outras, do mesmo tipo, evoluem de maneira mais ou menos brusca ou rápida. Como poderia ser de outro modo? O Direito é a imagem da vida e sofre influências dela; a vida não progride de maneira compacta e retilínea; ela avança a passos incertos, descontínuos e não segundo o ritmo de um desenvolvimento matemático.

Capítulo III

MATÉRIA REGIDA PELO DIREITO

64. Enquanto a regra *moral* rege, do ponto de vista do bem, ou seja, do fim do homem como ser espiritual, todo o campo da atividade humana, interior e exterior, individual, social e religioso, sem nenhuma limitação de plano ou de quadro, a esfera do *Direito* se reduz às relações do homem com o seu semelhante na perspectiva do agrupamento social organizado, especialmente do Estado.[161] Em compensação, todas as relações de ordem temporal, quaisquer que sejam (com exceção, em todo caso, das relações espirituais, sobretudo da amizade), caem na competência do Direito, ainda que com grau diverso – qualquer que

---

[161] Sobre o caráter "societário" do Direito, veja acima nº 6ss.

seja seu objeto: econômico, extra-econômico ou político – qualquer que seja sua forma: inter-individual, corporativa, interna ou internacional.

§ 1. Exclusão dos atos interiores, – dos deveres para com Deus e dos deveres para consigo mesmo

65. O Direito regula as relações de um homem para com outro: quer dizer, que os atos *interiores* escapam sem dificuldade do império do Direito. Por atos interiores, entende-se a multidão de operações psicológicas, da inteligência, da vontade, da sensibilidade, que ficam confinadas no interior do homem sem se traduzir necessariamente ao exterior pelos gestos de comissão ou de abstenção. Estas operações não são subtraídas de toda regra: a regra da razão – na qual se resume o princípio da moralidade – possui competência para reger tanto a vida interior como a vida exterior, com o mesmo título e com a mesma força. Os pensamentos, os sentimentos e os desejos podem ser contrários à razão, assim como as atitudes externas; e com exceção dos casos psicologicamente complicados, a consciência julga com igual facilidade tanto as intenções como as condutas.[162]

De modo semelhante, os atos exteriores não são suscetíveis de julgamento moral, mas carregam consigo disposições interiores que os explicam: se a boa intenção não basta para liberar o ato objetivamente mau, em sentido inverso, a bondade objetiva dos atos pode ser diminuída ou aniquilada pela maldade da intenção. Como a moral poderia ficar satisfeita se ela não alcançasse esse mundo interior do homem que é o princípio de seu ser e constitui a raiz de sua ação? Uma moral exterior seria apenas uma moral de superfície, um conformismo hipócrita. O destino do homem, que em sua maior parte está dentro dele, exige

---

[162] Santo Tomás conhecia até uma restituição *em espírito*, chamada para reparar um roubo em espírito: "Um prelado pode tirar bens de sua igreja somente em espírito, quando começa a ter o *animus possidendi*, de possuir a coisa como sua e não em nome e não mais em nome de sua igreja. Assim ele deve restituir abandonando tal *animus*" (**Somme**, II ª II ae, qu. 62, art. 5 *ad* 5 m).

o conformismo do coração. E isto chega a exigir que a regra em si seja amada não só no que prescreve, mas em si, enquanto expressão da reta razão e, neste sentido, do destino do indivíduo humano. Como a razão poderia suportar se o homem detesta, no fundo de seu coração, seu próprio destino?[163]

66. Totalmente distinta é a posição de regras que, como regras jurídicas, representam disciplinas *sociais*. O que pode requerer uma disciplina social? Simplesmente uma ordem de condutas exteriores. É verdade que, no mundo humano, a sociedade é também e essencialmente agrupamento de almas, que implica comunhão em um mesmo ideal, que é a finalidade da sociedade. Esta comunhão é necessária socialmente, porque se faltasse à sociedade ela não seria "viva"; além disso, trata-se de sociedades necessárias, como o Estado, que é moralmente obrigatório: ninguém tem Direito em sã consciência de negar sua alma à vida do Estado. Portanto, os homens só se comunicam entre si pelo corpo: este é o veículo indispensável a toda relação social, de maneira precisa por que o homem não é puro espírito e a sociedade dos homens não é concebida na pura espiritualidade. A imagem do homem, elemento essencial dos agrupamentos humanos, a sociedade dos homens, seja qual for seu fim – mesmo puramente espiritual, visam o bem da alma, – é às vezes espiritual e corporal. Por meio dos corpos – a palavra, a escrita, o gesto, – é que as relações humanas inter-individuais (por exemplo, os intercâmbios), ou propriamente sociais (os agrupamentos organizados) adquirem não somente forma visível, mas existência real no mundo do espaço e do tempo. É por meio destas atitudes exteriores que se realizam os procedimentos constitutivos das sociedades: na afiliação de membros, na designação de titulares de autoridade..., – assim como as operações

---

[163] Veja sobre a superioridade da Lei nova (moral do Evangelho) sobre la Lei antiga, SANTO TOMÁS, *op. cit.* Iª IIae. qu. 91, art. 5 *ad resp.*, *secundo*: "*In quo, etiam superabundat lex nova legi veteri, interiores actus animi ordinando*". (N. R. – A lei nova superando, nisto, a lei antiga ao ordenar os atos interiores da alma.)

relativas ao seu funcionamento: produção do bem social, distribuição desse bem, colaboração dos chefes e dos membros. Por conseguinte, estas são as atitudes exteriores realizadoras da vida social que logicamente estão sujeitas à disciplina encarregada de prover as exigências da vida social.

Não é preciso, pois, pedir a esta disciplina que reja os atos puramente internos onde o corpo não tem parte alguma: ela interviria em vão e, além disso, sem competência. Como obrigar o homem a pensar justamente, a sentir e a querer retamente, ainda que fosse só em matérias sociais? Que competência poderia alegar, para efeito de governar as faculdades espirituais, uma regra que só existisse em vista das relações sociais exteriores?[164] Seguramente, a sociedade tem um interesse maior em que seus membros nutram sentimentos "sociais", favoráveis à sua obra e à sua disciplina, por que a adesão dos corações é a melhor garantia de obediência dos atos. Mas é de maneira indireta, pelo conjunto de sua política, sobretudo no âmbito da educação, que o Estado contribuirá para a formação do caráter "social" de seus sujeitos. O que ele não conseguirá por medidas de obrigação que tendem a provocar e a procurar diretamente os sentimentos favoráveis.

67. Estes são os motivos pelos quais o legislador penal não pensa em reprimir a *tentativa* de infração senão com a condição de que ela seja manifestada por um começo de execução: enquanto o crime habita somente o pensamento, a lei se abstém e só pode se abster, por mais ilegítimo que seja moralmente, em si, o pensamento criminoso. Tais são ainda os motivos pelos quais o legislador dos atos jurídicos – de Direito privado ou de Direito público – prescreve atender somente à vontade

---

[164] Comp. SANTO TOMÁS, *op. cit.* Iª IIae. qu. 91, art. 4 *ad* 3m: "...*de his potest homo legem ferre, de quibus potest judicare. Judicium autem hominis esse non potest de interioribus motibus qui latent, sed solum de exterioribus actibus, quae apparent. Et tamen ad perfectionem virtutis requiritur quod in utrisque actibus homo rectus existat. Et ideo lex humana non potuit cohibere et ordinare sufficienter interiores actus, sed necessarium fuit quod ad hoc superveniret lex divina*" Veja também q. 98, arto 1º *ad resp.*; qu. 100, art. 9, *ad resp.*

manifestada (senão "declarada", no sentido técnico do Direito alemão): um *propositum in mente retentum*, desprovido de incidências sociais, não poderia prescindir nenhuma eficácia social. Que o ato interior seja tomado imediatamente como objeto do dispositivo legal (primeiro exemplo) ou como condição de aplicação desse dispositivo (segundo exemplo), a solução é idêntica: ela não vale nada na disciplina social.

Todavia, tem-se visto legisladores que, penetrando na esfera interior, decretaram a piedade ou o amor (de Deus, da família) não somente em ato, mas em espírito. Como explicar esse tipo de intervenção? Pela ideia da política geral: o Estado utiliza o prestígio da lei formal para inculcar em seu povo preceitos que são e permanecem, apesar de sua intervenção, preceitos *morais*.[165] Por um lado, nem toda regra ditada pela lei é necessariamente de Direito; é preciso, além disso, por seu objeto e seu conteúdo, que ela seja jurídica. Sendo assim, não há Direito – Direito jurídico – quando o preceito se refere a atos interiores. Por outro lado, a autoridade tem o Direito de empregar todos os meios honestos para atingir os fins correspondentes à sua missão: há razões para crer que a proclamação pela lei civil de um preceito moral poderia favorecer a prática deste preceito, e distinções técnicas não levariam ao fracasso tal política, tanto mais que a massa do povo, que ignora todas as repartições de competências, poderia ficar chocada com certos silêncios da lei.[166]

68. Também é verdade que em todos os seus ramos, o Direito se preocupa com as intenções: intenção dos sujeitos, intenção do legislador. Desse modo, a intenção é que qualifica a infração penal, que marca a diferença entre a boa e a má fé, a falta voluntária e a falta involuntária..., que preside a interpretação dos atos jurídicos, privados ou públi-

---

[165] ARISTÓTELES falava da "função pedagógica" da lei: ela ensina, catequiza, mas não manda.

[166] Por exemplo, o povo poderia se espantar por não encontrar na lista de Direitos e deveres respectivos dos cônjuges o preceito do amor mútuo. No entanto, de fato, as leis sobre os Direitos e deveres respectivos dos cônjuges prescrevem apenas atos e abstenções.

cos, inclusive as leis:[167] e tantos outros elementos e noções de ordem psicológica cujo papel no Direito não deixa de aumentar, sobretudo no Direito moderno que rompeu com o antigo formalismo. Mas a hipótese é outra. Trata-se mais, neste caso, de intenções puras, que dão matéria para preceitos de ordem ou de proibição. Trata-se de atos exteriores – materiais ou jurídicos – que o jurista se esforça para relacionar com as intenções que os acompanham ou os explicam que vão do exterior para o interior, do ato para a intenção. Este caminho é perfeitamente natural: ao emanar do homem, ser inteligente e livre, os atos externos não poderiam ser considerados, nem ainda pelo jurista, somente por sua materialidade, sem qualquer consideração à intenção. Os atos só tomam sua verdadeira significação, moral e social (posto que a sociedade é composta de homens), à luz de seu móvel. Na realidade, não é indiferente para a sociedade que as intenções que acompanham os atos sejam inocentes ou malévolas, sociais ou anti-sociais; donde a necessidade de tratar a cada ato em consequência com elas, diversificar e ressaltar as regras conforme as intenções. Tampouco é indiferente à sociedade e aos particulares que os atos jurídicos, privados ou públicos (pacto, lei, etc.) sejam interpretados segundo sua letra ou segundo seu espírito; donde a necessidade de investigar a intenção, para tirar da letra, às vezes obscura, inexata e incompleta, o espírito da disposição.[168]

69. A prudência se impõe de todas as maneiras. Se, ao contrário da pura intenção, a intenção encerrada em um ato pode ser esclarecida pelo mesmo ato ou pelas circunstâncias que o cercam, não é menos certo que, nos casos concretos, o ato exterior pode trair a intenção real: as psicologias individuais às vezes são confusas ou fantásticas, o que

---

[167] Veja, em sentido contrário, quanto à interpretação das *leis*, J. BONNECASE: *Précis de droit civil*, 2ª ed., t. I, nº 100, p. 96.
[168] Comp. no mesmo sentido, F. RUSSO: *op. cit.*, pp. 117 e 118.

implica a possibilidade de erros.[169] Além disso, na prática as condições de funcionamento dos órgãos de aplicação do Direito – administradores e juízes – raramente permitem recorrer aos métodos lentos e delicados de uma análise (ou de uma psicanálise) rigorosamente científica. Por isso a prudência pede que se evitem as investigações psicológicas nas matérias em que, segundo a experiência da vida, a variedade dos móveis individuais impediria todo diagnóstico suficientemente seguro: em geral quando a intenção é indecifrável vale mais renunciar a uma investigação decepcionante para ater-se à materialidade dos fatos: palavras, escritas, gestos.[170] De outro ponto de vista também, que não se refere somente à prova, certa "materialização" do Direito encontra sua justificação: as exigências da vida social, singularmente da vida econômica, não se acomodam bem à insegurança, fatal e prejudicial, que leva às relações a preocupação por meio dos pensamentos e dos móveis. Os bens, os títulos, exigem uma circulação rápida e sem entraves. Daí o renascimento do formalismo – de um formalismo com fins puramente utilitários, sem valor simbólico – que caracteriza muitas partes do Direito comercial moderno: o ato jurídico, incorporado ao título material e reconhecido como valido independentemente de seus antecedentes, ou, como se diz em termos técnicos, de sua "causa". Este formalismo tem, além disso, limites, porque é próprio de uma civilização materialista sacrificar sistematicamente o moral em favor do econômico.

70. Voltemos agora aos atos *externos* que, separados ou não das intenções, são os únicos que constituem a matéria do Direito. Consi-

---

[169] Comp. neste sentido, L. JOSSERAND: *Les mobiles dans les actes juridiques du droit privé*, Paris, 1928, p. 317ss.

[170] Eis uma aplicação desta ideia na esfera da personalidade moral. Cientificamente, para que exista a personalidade moral, é preciso que se encontre o elemento psicológico que forma a alma do grupo, a saber, certo grau de comunhão entre os membros. Sendo assim, na falta de poder reconhecer este elemento de comunhão, o jurista se detém nele para a admissão da personalidade moral no cumprimento dos processos constitutivos da personalidade moral; ele se afasta do fundo para reter somente a aparência ou o hábito. Comp. F. RUSSO, *op. cit.* pp. 121 a 124.

derada em seu termo, a atividade humana tem como fim, seja a Deus, seja ao próprio sujeito, seja a todos os outros homens, divisão que corresponde às três classes de tendências da natureza humana: superiores, egoístas e altruístas.[171]

Quanto às relações do homem *com Deus*, seu Criador e seu Bem supremo, estão reguladas – tanto nos atos internos como nos externos – pela moral, especialmente no que se refere à virtude da religião.[172] De si, elas não revelam nada do Direito; pelo menos do Direito da sociedade civil. Porque se a religião foi introduzida ou posta na sociedade na instituição eclesiástica (o que havia de dar origem a um "Direito eclesiástico": *Ubi societas ibi ius*), a sociedade civil, enquanto tal, carece de competência em matéria religiosa. Este é o efeito da distinção dos poderes espiritual e temporal: não corresponde a César definir os Direitos de Deus e os deveres do homem para com Deus. Esta missão corresponde à Igreja, e para aqueles que recusam a igreja, à consciência individual.

71. Todavia, é preciso levar em conta as repercussões da religião, seus princípio, seu culto, suas instituições, na esfera da vida civil temporal. Mesmo no caso dos partidários da religião sem Igreja, o sentimento religioso não permanecerá encerrado no interior das consciências: de maneira que às vezes bem natural e legítimo, surgirá a necessidade de exteriorizá-la em práticas ou em manifestações, individuais ou coletivas. Sendo assim, caberá à autoridade civil proclamar a regra da liberdade de cultos e de garanti-la contra toda violação, venha de onde vier: dos particulares ou dos funcionários. É dessa maneira que o Direito chega a conhecer as relações do homem para com Deus: pelo interprete da

---

[171] Veja SANTO TOMÁS: *Somme théologique*, I^a, II^{ae}, qu. 72, art. 4. Comp. q. 94, art. 2 *ad resp. in fine*.

[172] Sobre a virtude da religião como virtude anexa da justiça, ver adiante p. 229. A virtude moral de religião não esgota a totalidade dos elementos religiosos. Segundo o ensino do Evangelho, o homem deve praticar as virtudes teologais de fé, esperança e caridade.

liberdade religiosa e de culto, que se impõe com relação aos homens em suas relações entre si.

A garantia do Direito poderia estender-se, também, para mais além deste mínimo indispensável. Se o Estado achar oportuno, ele ditará regras que proíbam atos ou atitudes que expressam um desprezo ostentatório para com a religião: por exemplo, a blasfêmia, o sacrilégio, a paródia do culto. Com efeito, atos deste tipo não têm nada em comum com a liberdade, garantida igualmente, de uma propaganda anti-religiosa leal: seu único fim – e em todo caso seu resultado – é ferir os sentimentos da parte religiosa da população. A injúria feita ao culto fere, indiretamente, aos seus praticantes; o ultraje à religião vem acompanhado de uma ofensa às pessoas, e às vezes até de um atentado à concórdia nacional. Enfim, sem chegar à hipótese do Estado que faz profissão de uma religião, natural ou positiva (caso da religião de Estado), é perfeitamente concebível que, em razão de seus benefícios sociais, a religião se beneficie com um tratamento adequado por parte da autoridade pública, traduzido em regras apropriadas de Direito público e privado; por exemplo, a inclusão de cursos de religião nos currículos escolares; certos privilégios ao clero; subsídios aos institutos e às obras, etc.

Tais são, em resumo, os escalões progressivos das interferências entre o Direito e a religião no âmbito do Estado moderno. Às vezes é a religião, regra das relações do homem para com Deus, que fornece ao Direito, regra das relações dos homens entre si na vida social organizada, sua própria matéria sob o aspecto negativo de uma liberdade religiosa a salvaguardar ou de convicções religiosas a proteger; outras vezes, mais numerosas, sob a influência de certa política leva o Direito para soluções que lhe são favoráveis, para proveito da própria sociedade. Mas o elo nunca deixa de ser indireto: o espiritual não intervém no Direito senão enquanto tem uma comunicação com o social, enquanto o elemento religioso afeta as relações dos homens entre si. E isso é lógico, pois o

Estado é propenso ao temporal, como a religião é, enquanto tal, coisa dos indivíduos e da sociedade religiosa.[173]

72. O mesmo princípio da incidência *ad alterum*, do efeito sobre o outro, se aplica a essa categoria de deveres que se designa – de modo bastante criticável – como deveres do homem *para consigo mesmo*.

Em rigor terminológico não se poderia falar de um dever moral *para consigo mesmo*, como não se pode falar de dívida jurídica para consigo mesmo, porque as duas qualidades opostas de credor e devedor não podem unir-se na mesma pessoa senão por uma ficção de compatibilidade.[174] Daí o homem não ter deveres para consigo mesmo senão o da fidelidade a sua vocação de homem, natural e sobrenatural; dever fundamental que só se realiza com cumprimento de todos os deveres morais particulares sem distinção. O que é exato é que o homem tem deveres particulares que têm por *objeto* sua própria pessoa, física e moral: seu corpo e seus membros, suas faculdades espirituais, sua honra; e por extensão, seu patrimônio, instrumentos a serviço da pessoa. Moralmente, o homem não é mestre absoluto nem de sua pessoa nem de seus bens. A pessoa humana, com todas as suas forças, está sujeita a um destino natural e sobrenatural que lhe é imposto para seu aperfeiçoamento e saúde. Por um lado, o homem é criado por Deus, para o Bem, a Verdade e Bondade, que são reflexos das perfeições divinas; por outro lado, o homem é um animal social, solidário com seus semelhantes e, de maneira que tudo o que interessa a sua pessoa ativa ou passivamente reflete sobre os demais que estão em relações mais ou menos próximas com ele.

73. Por isso, mais uma vez, o Direito adquire competência para estabelecer regras no campo dos "deveres para consigo mesmo": estes

---

[173] Comp. G. RENARD: *Le droit, l'ordre et la raison*, Paris, 1927, p. 320ss. (O Direito natural e a religião natural, II).

[174] Comp. no mesmo sentido, SANTO TOMÁS: *Somme*, I^a, II^{ae}, q. 57, art. 4 *ad* 1^m; q. 58, art. 2.

deveres podem se estender formalmente a deveres para com a sociedade. Como membro de grupos privados, como a família, grupos públicos, como o Estado, o indivíduo não está livre para dispor de sua pessoa ou de seus bens em detrimento dos grupos dos quais participa função de cumprir, que têm o Direito à sua colaboração. Desde que o dever, individual por seu termo imediato, tome por incidência um aspecto social, a intervenção do imperativo jurídico se justifica a título de disciplina social. É por isso que o Direito pode intervir não somente no suicídio e nas mutilações corporais, mas nas formas variadas de "prostituição" pelas quais o indivíduo aliena sua honra, abandonando gratuita ou onerosamente certas liberdades essenciais, sobretudo as que dizem respeito à vocação: Direito de se casar, de trabalhar, de se estabelecer, etc. Toda abdicação da pessoa humana, de suas faculdades, e de seus atributos, mesmo para proveito de outro indivíduo que pretenda tirar partido para sua própria pessoa desse sacrifício, constitui uma perda de valor para o grupo, familiar ou nacional, ao qual pertence o indivíduo diminuído, e para a humanidade em seu conjunto.

Por isso que, igualmente, cabe ao Direito preservar os indivíduos não somente contra as iniciativas maliciosas e mal-intencionadas de terceiros, mas também, em certa medida, contra o golpe de sorte e mesmo contra o dano que os indivíduos poderiam causar a si mesmos, voluntariamente ou não, no contrato ou fora dele. Independentemente de toda ideia de injustiça ou de exploração abusiva que evocam o ato diretamente anti-social, o simples elemento de dano *individual*, seja qual for sua causa ou forma (ato de um terceiro, ato da natureza, caso fortuito ou de força maior), engendra o dano *social* e, por conseguinte, a competência da regra jurídica com a finalidade de salvaguarda e, eventualmente, de restauração.

§ 2. As relações sociais e a noção de relação de Direito

74. Até o presente momento se procedeu *por eliminação*: o Direito só rege as relações dos homens entre si, direta ou indiretamente.[175] Chegou a hora de definir *de maneira positiva* o campo da competência material do Direito.

Recordemos, antes de qualquer coisa, nosso ponto de partida. A regra de Direito só aparece, com sua razão de ser e sua fisionomia própria, em certo quadro ou ambiente: a *sociedade organizada*. A sociedade organizada *par excellence*, no plano interno, é a sociedade política ou o Estado, qualquer que seja seu nome histórico (cidade antiga, vila livre ou principado da Idade Média, Estado moderno), ou sua forma (Estado unitário ou federal, democrático ou não). Esta primazia se explica pelo fim da sociedade estatal, cujo objetivo primeiro é pôr ordem nas relações sociais da esfera temporal. Se a sociedade estatal nasceu não foi para acrescentar uma unidade à massa de agrupamentos e relações variadas que ligavam entre si os homens antes de sua formação. Na verdade, a sociedade estatal constitui um novo agrupamento, dotado de um fim próprio e novo; mas este novo e próprio fim é um fim puramente formal, enquanto o Estado visa introduzir na massa social, caótica e confusa, um princípio de harmonia e de certa coesão racional. Sendo assim, o instrumento por excelência dessa harmonia e coesão é a regra de Direito, que vem disciplinar, no sentido desejado, as atividades sociais de todos os membros do grupo. Neste aspecto existe harmonia entre o Estado e o Direito: de um lado, o Direito supremo é o ditado pelo Estado, ao exercer sua própria função como tal, que é primeiramente função de

---

[175] Não é exato dizer como faz LEVY-ULLMANN (*Eléments d'introduction générale a l'étude des sciences juridiques*, I: *La définition du droit*, Paris, 1917, pp. 60-62), que o Direito se aplica a outras relações além das do homem com seus semelhantes: às relações do homem com os animais, com a natureza, com Deus, consigo mesmo. Se o Direito pede ao homem que não maltrate aos animais ou danifique às coisas ou a si próprio, ou prestar culto a Deus, é sempre em consideração aos outros homens que são seus semelhantes (incidência *ad alterum*).

ordem; por outro lado, o Direito de Estado é o único que está garantido por uma coerção teoricamente eficaz. Por isso, o ambiente estatal é, no plano interno, o ambiente necessário e indicado para o florescimento da regra de Direito entendida como norma típica da vida social organizada.

75. Sendo assim, segundo esta perspectiva que é a perspectiva própria do Direito, a competência do sistema jurídico abarca normalmente todas as espécies de relações humanas na esfera temporal, porque todas elas são tributárias do fim geral, reitor e diretor do Estado. Não se pretende com isso, de modo algum, que o Direito tenha a *obrigação* de intervir em tudo e sempre, mas que tem a *faculdade*: trata-se, pois, da competência, não da intervenção. Quando as relações humanas se comportam de maneira satisfatória, por virtude dos costumes ou pelo jogo das instituições privadas, como a família e as corporações, a intervenção da regra suprema será inútil e, portanto, nociva. Assim ocorre, pelo menos, em todas as relações que não sejam aquelas nas quais o Estado está comprometido, pois para estas últimas é normal que, ao ter sua causa na existência do Estado, recebam dele exclusivamente seu estatuto (por via legal ou consuetudinária). Quanto aos casos concretos de intervenção, o problema – que é o da determinação do conteúdo do Direito – será examinado a seu tempo.[176]

76. A competência geral do Direito em matéria de relações humanas só conhece uma exceção, a saber: as relações de *caráter puramente espiritual*.

Por "espiritual" entende-se não o espiritual-religioso, sobrenatural (por antítese ao temporal), mas as faculdades espirituais naturais e temporais do homem: a inteligência e o coração. Animal social, até mesmo em suas faculdades espirituais, o homem entra em comunicação com os demais não só com base nos interesses ou na solidariedade, familiar

---

[176] Veja, mais adiante, nº 131ss, em especial nº 156ss.

e nacional, mas sobre a base amplamente humana, unificadora e pacificadora, das ideias e dos afetos. O homem troca com o homem, sábio ou não, compatriota ou estrangeiro, opiniões de toda a classe, religiosas, filosóficas, científicas, políticas. Por meio da conversação, da correspondência, da exposição e da publicação de obras;[177] o homem deseja e encontra simpatia, camaradagem, amizade de seu semelhante. E este comércio espiritual, que não é detido por nenhuma fronteira interior nem exterior, se traduz em relações mais ou menos contínuas, mais ou menos estáveis, mais ou menos "instituídas", que até podem tomar corpo em agrupamentos organizados sem fim lucrativo: sociedades científicas, artísticas, esportivas, "amistosas" de todo tipo... Portanto, se estas relações não estão livres da lei moral da caridade, da honra, da prudência, da moderação, da razão que condena toda desordem, mesmo na esfera do espírito e da amizade, – se estão submetidas, por parte do meio ambiente nas sociedades policiadas, a uma certa conduta, recusam, em compensação, a disciplina do Direito, pelo menos enquanto permanecem em estado puramente espiritual, separadas de toda concomitância de interesses ou de instituição.

Por um lado, diferentemente das relações de afeição fundadas sobre as leis naturais da família e do parentesco, se estabelecem e se desfazem livremente, segundo o favor das afinidades eletivas, de dileção e de predileção; não estão obrigadas a conformar-se com regras rituais ou com observâncias imperativamente fixadas: deixando a salvo a moral e as conveniências sociais, é a espontaneidade sem regras que rege o comércio das inteligências e dos corações. Por outro lado, como empregar a coação nas coisas espirituais? Não se trata certamente de atos interiores, posto que por hipótese as ideias e os sentimentos dão lugar a relações e, por conseguinte, a atos externos. Não obstante, essas relações têm sua raiz no espírito, e elas só são concebidas em uma aproximação cons-

---

[177] A literatura e a arte não são tarefa exclusiva do autor; exige-se da obra que entre em contato com o público: desse modo, ela surge do princípio de intercâmbio espiritual.

tante com ele. Sendo assim, o espírito é, por natureza, rebelde se não a toda disciplina, pelo menos a toda regra imposta de fora. De maneira especial se insubordinará contra todo modo de execução forçado, não só material, mas em qualquer outra forma equivalente, por exemplo, de indenização satisfatória. Uma amizade ordenada ou "dirigida" sob a ameaça de coação seria a negação da amizade. O indivíduo poderá perfeitamente faltar a seu dever moral ou, até certo ponto, aos usos em matéria de amizade, e de modo geral, do comércio espiritual; a coerção jurídica e, por conseguinte, a regra de Direito, deixarão de intervir, por razão daquele princípio de que "o espírito sopra onde quer", que não obedece senão a sua própria inspiração e não a uma pressão estranha.[178]

77. Isso não quer dizer que o Direito ignore a amizade. Em primeiro lugar, ele a protege como um valor, a título dos "Direitos da personalidade", sob o nome de interesse de afeição. A afeição que une a parentes ou amigos representa, com efeito, para os seus beneficiários, um interesse humano de ordem espiritual, que terceiros não têm Direito de perturbar, seja diretamente fomentando a discórdia ou a desordem entre as partes, ou ainda indiretamente causando a morte de uma delas.[179] A amizade também é, do ponto de vista subjetivo, princípio gerador de Direito no caso de agrupamentos sem fins lucrativos postos ao serviço de fins amistosos: da amizade procede a instituição, que imporá aos membros uma disciplina de Direitos e deveres corporativos garantidos pelo Estado. E ainda é preciso que os associados tenham tido a intenção de agrupar-se em sociedade *jurídica*, e não simplesmente moral ou

---

[178] É, pois, um erro deixar entender que as relações entre o Direito e o comércio espiritual, especialmente a amizade, dependam da "esfera movediça do Direito", segundo as contingências do ambiente social (assim, BONNECASE: *op. cit.*, nº 41, p. 76): em si mesmo, o comércio espiritual é irredutível à norma jurídica. Veja neste sentido DOMAT: *Traité des lois*, cap. V, 11, e cap. VI.

[179] Jurisprudência constante. Ainda que seja exato, que "não há Direito a afeto", e que "a ideia disso é propriamente inconcebível" (G. MARTY, nota ao *Sirey*, 1931, 1, p. 151, col. 1), quando existe o afeto ele figura entre as realidades juridicamente protegidas.

amistosa, por ter entendido que o objetivo social será menos a amizade em si mesma, que resiste ao imperativo jurídico, que o estabelecimento de uma atmosfera propícia ao cultivo da amizade, fim ulterior, mais ou menos aleatório, do agrupamento.

Mais ainda, é a amizade, e em todo caso a intenção "altruísta", que, psicologicamente, se encontra na origem das liberalidades entre vivos e das liberalidades testamentárias, e nos contratos beneficentes (empréstimo, depósito, caução...). Se estes contratos obrigam, em Direito e não só moralmente, é uma virtude do princípio moral e social, retomado pelo Direito: *Pacta sunt servanda*. Dada livremente e com o *animus contrahendae obligationis*, a promessa confere caráter jurídico a todo objeto qualquer, incluídos os atos gratuitos de amizade. Além disso, a lei terá cuidado de controlar a qualidade da "causa" ou do móvel determinante da operação: a amizade sincera, moralmente legítima ou paixão desordenada.[180] Por outro lado, certos contratos a título interessado se revestem com um tom de amizade que é chamado normalmente a se refletir em seu estatuto jurídico: assim, os contratos "de colaboração",[181] certos arrendamentos de serviço, certos contratos de sociedade, onde o espírito de colaboração, que é uma forma de amizade, vem amenizar às vezes o rigor do Direito comum, moldado sobre o econômico, ou, pelo contrário, encarecer outras vezes suas exigências em nome da amizade que deve unir aos colaboradores.[182]

---

[180] Veja M. BOITARD: *Les contrats de services gratuits*, Paris. 1941.

[181] A expressão é de G. RIPERT: "Uma nova propriedade incorpórea: a clientela dos representantes de comércio", em *Dalloz hebdomadaire*, 1939, Chronique, p. 3: "Seria preciso estudar ao lado do contrato de trabalho e da sociedade o contrato de colaboração".

[182] Veja, quanto às soluções alemãs, VOLKMAR: "A revisão dos contratos pelo juiz na Alemanha", em *Travaux de la semaine internationale de droit*, Paris, 1937, pp. 20 a 22, 29 e 30. – De uma maneira mais geral, sobre a penetração do "espírito de comunidade" nas relações econômico-sociais e, por conseguinte, jurídicas, veja E. H. KADEN, "Um exemplo da prática extrajudicial na Alemanha: o contrato de aluguel uniforme", em *Recueil Lambert*, § 41, t. I, p. 511ss., especialmente pp. 517 e 518; K. GEILER: "A ordem jurídica da economia alemã", em *Recueil Lambert*, § 152, t. III, p. 260 (em relação ao Direito do trabalho); L. DIKOFF: "A evolução da

Citemos, enfim, como testemunho do papel da amizade no Direito, o critério das "afeições presumidas do defunto", enquanto determinador da ordem da chamada vocação sucessória. Qualquer que seja a preponderância legitimamente concedida, no sistema da sucessão do patrimônio, à ideia de dever derivado dos laços de sangue, parece impossível suprimir completamente o princípio da afeição, se se quer dar uma justificação da liberdade testamentária que se exerce em detrimento dos herdeiros de sangue.

Para onde quer que se olhe existem agrupamentos, contratos, regras legais, numa palavra, fenômenos jurídicos que têm sua fonte nas relações de ordem espiritual, como a amizade. Essas relações ocupam na vida humana um lugar demasiado grande para que não se discirna nelas em uma ou outra forma o perfil do Direito. Sempre resta que, consideradas em si mesmas, diretamente, as relações de ordem espiritual participam do regime da liberdade nos atos internos, dos quais elas não são, na realidade, mais que a projeção sobre a esfera da alteridade: o que é a amizade a não ser a fusão de dois pensamentos, de duas vontades e, portanto de duas *intimidades*?

78. Afora os laços de natureza espiritual, todas as relações dos homens entre si são suscetíveis, quanto à sua natureza, a serem regulamentadas pelo Direito. A rigor poderíamos nos deter nesta proposição. Todavia, convém precisar, não para entregarmo-nos a uma análise de sociologia ou de filosofia social, pois este não é o lugar, mas sim porque essas precisões são úteis para a teoria do Direito. Em primeiro lugar, a noção de "relações sociais" está na base das categorias jurídicas essenciais, tais como o conceito de "relação de Direito" ou a divisão do Direito em seus diversos compartimentos ou ramos. Em seguida, as diferentes classes de relações não sofrem em grau igual à iniciativa do Direito: entre elas, há

---

noção de contrato", en *Etudes de droit civil a la mémoire de H. Capitant*, Paris, 1938, pp. 213 a 215. Cf. sobre o "deslizamento do contrato para a instituição", G. RENARD: *La théorie de l'institution*, 1930, p. 435ss, sobretudo p. 446ss.

as que o Direito não afeta senão de modo superficial ou fragmentário. Assim se justificam, a título de preliminares, as observações sociológicas sumárias que seguem.

79. É um fato de experiência banal, que corresponde a uma exigência da natureza, que, no plano da ação ainda mais que no plano do espírito, o homem não vive sem estar ligado a outros homens. Pelo fato de nascer, ele está unido aos seus pais, aos seus parentes, à sua nação, pelos laços indeléveis do sangue e da nacionalidade. Durante o período de sua formação, o homem recebe de sua família e da escola todos os cuidados de ordem física, intelectual e moral que requer a complexa obra da educação. Ao chegar à maturidade, estabelece um lugar, ou a menos que opte por seguir uma vocação religiosa, voltará a encontrar também a vida em comunidade. Pelo fato da contiguidade das habitações está em permanente contato com seus vizinhos, ainda mais numerosos em nossos dias por causa da explosão demográfica atual, assim como a densidade da população nas aglomerações citadinas. A extensão do raio de ação do corpo humano por meios mecânicos (máquinas industriais, transportes motorizados) tem levado ao mesmo resultado: multiplicar os pontos de fricção consequentes da vizinhança de certa forma provisional ou ocasional. Cada vez que o homem exerce uma de suas liberdades – deslocamento, expressão de pensamento, trabalho... – encontra em seu caminho a liberdade de outro com a qual corre o risco de entrar em conflito. Em sua atividade econômica e profissional trata com fornecedores, clientes, colaboradores, operários e empregados, e tem que enfrentar ainda os concorrentes que são, ao mesmo tempo, seus companheiros. Como o homem isolado é fraco, incompleto e efêmero, une suas forças às de seus semelhantes em agrupamentos mais ou menos duradouros, com fins lucrativos ou não. Integrado *volens nolens* nas sociedades políticas – Estado, província, município – deve obediência à autoridade e participa das responsabilidades e vantagens da vida coletiva. Por sua vez, os Estados e os súditos dos diversos Estados, mantêm

entre si relações econômicas, sociais, políticas, cujo conjunto compõe a vida internacional, pública e privada...

80. Em vista destes exemplos, as relações sociais são suscetíveis de muitos tipos de classificação, que, por sua vez, se acumulam e se entrecruzam.

Do ponto de vista de sua *forma*, o homem está ligado ao homem tanto pelo simples contato (vizinhança, colisão de liberdades, concorrência ou, de modo mais indistinto, da repercussão de nossas atitudes sobre os demais...), quanto por certas semelhanças de aspectos ou interesses que engendram solidariedade (parentes, exercício de uma mesma profissão...), como pelo intercâmbio ou, mais raramente, pela troca de bens ou prestação de serviços em geral custosos (contratos ou relações legais, etc.), ou ainda pela associação, privada ou pública, com interesse lucrativo ou não; sem omitir o laço familiar que, em certos aspectos, participa das formas precedentes (contato, solidariedade, intercâmbio), conservando sua significação original, essencial para o processo da vida e da espécie.

Do ponto de vista do *sujeito*, as relações sociais têm por termo imediato tanto a pessoa individual ou pessoa física, quanto o ser moral, público ou privado, resultado da união dos indivíduos organizados com vistas a certo fim, hipótese que dá nascimento a uma dupla série de relações: relações internas de pessoa moral para com seus membros e relações externas de pessoa moral para com indivíduos ou pessoas estranhas. Compreende-se, além disso, que os corpos morais só existem pelos indivíduos, e que as relações inter-individuais estão no ponto de partida, lógica e cronologicamente, das relações corporativas.

Do ponto de vista do *objeto*, as relações sociais se referem, quer aos valores extra-econômicos, quer aos valores econômicos, quer à política. Por valores "extra-econômicos", entendem-se esses tipos de valores que, por si, não são apreciáveis em dinheiro: em primeiro lugar, a pessoa humana e suas prerrogativas intangíveis; em segundo lugar, a família e os parentes, que são o prolongamento imediato da pessoa humana. Os valores econômicos designam as diversas formas de riqueza, cujo papel é satisfazer às necessidades econômicas dos indivíduos, das famílias e dos grupos. As duas categorias de valores são, por outro lado, interdependentes, por que se a economia está a serviço da pessoa e dos grupos, também oferece a contribuição de si mesma às pessoas e aos grupos, enquanto produtores, distribuidores e consumidores da riqueza. Quanto à política, ela evoca a ordem superior do Estado e o sistema das relações que derivam deste, de sua constituição, de sua organização, de seu funcionamento. Nesse sentido, a política significa por oposição ao elemento "privado", o elemento "público": enquanto os valores pessoais, familiares e econômicos, correspondem antes de tudo à ordem privada, os valores públicos são essencialmente públicos, posto que o Estado, por definição, é a sociedade pública consagrada para o bem da comunidade como um todo.

Enfim, sob outro ponto de vista, e partindo da hipótese da pluralidade dos Estados, é preciso distinguir entre as relações internas, privadas e públicas, que se movem dentro do quadro do Estado, e as relações internacionais, que englobam igualmente o privado e o público, ultrapassando as fronteiras de um determinado Estado.

81. Sendo assim, estas múltiplas relações, constituintes da realidade *social*, não se limitam a existir tais quais na esfera dos fatos, desenvolvendo suas consequências, felizes ou infelizes, segundo a lei do arbitrário, do interesse ou da força; estão submetidas a regras: regra da moral, sem dúvida, eventualmente regra das conveniências sociais, mas também regra do Direito, constituinte da realidade *jurídica*, que lhe impõe sua norma coercitiva. Do ponto de vista científico, como do ponto de vista prático, é um erro querer abolir, senão as distâncias, pelo menos a distinção entre a realidade social e a realidade jurídica, porque se é indiscutível que a realidade social, a título de realidade humana, já está "carregada de tendências, de orientações, que ela mesma busca manifestar e satisfazer",[183] é preciso também apreciar esse finalismo, primeiramente em si mesmo, com respeito à verdade moral, às "finalidades *naturais* da vida social", e depois com respeito às condições específicas, de fundo e de forma, do sistema jurídico,[184] o que basta para justificar a ideia de ciências sociais *normativas*.

Todavia, na presença de fatos de relações submetidas ao seu julgamento e à sua norma, o jurista tem que resolver um duplo problema. Primeiramente, um problema de *legitimidade*: certas relações, possíveis de fato, estarão proibidas como fundamentalmente más ou simplesmente como perigosas para as partes, para terceiros ou para o Estado: neste caso, o Direito opõe sua proibição à realidade social positiva, insurge-se e luta contra ela.[185] Outros tipos de relações, ainda que más ou perigosas, serão toleradas: por razões de oportunidade ou por impotência, o Direito não avança até a proibição, mas se nega a declarar lícito; a realidade social positiva fica à margem do Direito.[186] Outros tipos de relações, no entanto, são reconhecidas como legítimas, e eventualmente encorajadas ou auxiliadas, com ou sem restrições, segundo os inconvenientes que elas podem apresentar: a realidade social positiva obtém a aprovação do Direito.[187] Segue-se a isto um problema de *organização* do dispositivo legal ou como se diz, de "regulamentação": quanto às combinações proibidas, trata-se de sancionar a proibição mediante medidas repressivas, eventualmente preventivas; quanto às combinações legítimas, trata-se de definir o estatuto mais ou menos vantajoso pela determinação de suas

---

[183] F. Russo: *Réalité juridique et réalité sociale*, p. 51.
[184] Isto é o que reconheceu Russo: *op. cit.*, pp. 53 e 54.
[185] Cita-se ao acaso: as relações adúlteras ou incestuosas, os contratos contrários à lei, à ordem pública ou aos bons costumes; certos contratos entre cônjuges (venda, sociedade), entre o tutor e sua pupila, etc.; as associações de malfeitores; em certas épocas e em certos países, as associações operárias, as congregações religiosas.
[186] Por exemplo, o concubinato; certos tipos de associações não reconhecidas.
[187] Por exemplo, o matrimônio; a adoção (pelo menos em certas legislações); as mudanças, etc.

condições de existência em Direito (fundo, forma, prova) por um lado, e de seus efeitos de Direito, por outro.

Esta é a missão essencialmente normativa do jurista, pelo menos no caso das relações que nascem exclusivamente do *jogo das vontades humanas*: mesmo em um regime de liberdade jurídica como o nosso, onde a autonomia da vontade constitui, em matéria econômica, o princípio, intercâmbios e agrupamentos não deixam de estar submissos à regra, primeiramente, porque esta liberdade está limitada por uma série de prescrições de fundo e de forma, e porque a autonomia se apresenta como a solução ansiada pelo Direito que erige em norma jurídica o respeito às promessas provenientes da livre vontade. Mais ainda, o Direito continua a reger mesmo que abandone o lugar: sua desistência atual sempre é suscetível de retorno com a mudança das circunstâncias que podem motivar a abstenção.[188]

82. Quanto às comunicações e agrupamentos de caráter *necessário*, onde a vontade não é autônoma, a função do Direito não é outra, em definitivo, senão a de salvaguardar e de defender contra as desordens das vontades particulares: assim, para a família, a união do homem e da mulher que, ainda que subordinada ao consentimento das partes em virtude da liberdade de vocação está submetida, para sua celebração e para seus efeitos, a um estatuto imperativo, ao estatuto do matrimônio disposto em função das exigências da obra familiar; assim, as relações entre os pais e o filho, derivadas do fato da procriação, sem parte alguma da vontade, e que estão dominadas por um estatuto fundamentado sobre o princípio da educação; e também as relações derivadas da vida do Estado, sociedade obrigatória, desejada pela natureza social e progres-

---

[188] Só neste sentido é possível falar da união quase indivisível, em um mesmo fato social, da coação (compreenda-se: da regra jurídica) e da liberdade (ver F. Russo: *op. cit.*, pp. 158 e 188): no sentido de que a liberdade pode estar misturada à regra, mas não que a regra apenas se distinga da liberdade.

siva do homem, cujo estatuto, para o interior e para o exterior, depende de seu próprio fim: a saber, a ideia de bem público.

Restam as relações *por contato* e as relações *por similitude*, que resultam de um ato imediato, de certa forma mecânico, da vida social. Para as primeiras, que com muita frequência degeneram em oposições, corresponde à regra delimitar as esferas respectivas de ação e expansão, de evitar as interdições e, em caso de colisão, separar as responsabilidades. É assim que o Direito prevê a observância das distâncias entre vizinhos, resolve os conflitos de Direitos e liberdades, assegura a reparação dos danos e a restituição do enriquecimento à custa de outro. O jurista se esforça para converter em colaboração proveitosa os contatos que podem servir tanto para o acordo como para a guerra. Para as similitudes, o papel da regra é o de definir as consequências que, no plano da disciplina social, derivam da solidariedade que existe de fato: é assim que a lei une à solidariedade do sangue ou de parentesco uma série de efeitos jurídicos (dever de socorro, vocação sucessória, etc.); é assim que, partindo da solidariedade profissional, a lei pode chegar a decretar a corporação obrigatória entre os profissionais solidários, etc.

83. Enquanto interessam ao Direito, ou se se quiser, enquanto o Direito se interessa por elas, as relações de fato se transformam em relações de Direito, e aqui é possível subscrever a análise de SAVIGNY: "Toda relação de Direito se compõe de dois elementos: primeiro, a matéria dada, quer dizer, a própria relação; segundo, a ideia de Direito que regulamenta esta relação. O primeiro pode ser considerado como o elemento material da relação de Direito, como um simples fato; o segundo, como o elemento plástico, que enobrece o fato e lhe impõe a forma do Direito".[189] As *relações de fato*, reais ou virtuais, que existem entre os homens, se convertem em *relações de Direito* desde o momento em que o Direito as submete a seu império. Interpretado dessa maneira

---
[189] SAVIGNY: *Traité de droit romain*, trad. Guenoux, 2ª ed., 1855-56, t. I, p. 324, ao qual se une BONNECASE: *op. cit.*, nº 40, p. 75 e nº 45*bis*, p. 83.

o conceito de "relação de Direito" (assim como seu corolário, o conceito de "situação jurídica", que significa o estatuto, em Direito, das partes da relação), evoca simplesmente a ideia de regra, de regra objetiva: a relação de Direito é aquela relação que está *regulada pelo Direito*.

Todavia, encontra-se na doutrina outra acepção – subjetiva – da relação de Direito, que é considerada então como um elo de pessoa para pessoa: assim, SAVIGNY, cujo texto supracitado é imediatamente precedido da seguinte passagem: "Cada relação de Direito nos surge como uma relação de pessoa para pessoa determinada por uma regra de Direito, e esta regra determinante atribui a cada indivíduo um domínio onde sua vontade reina independentemente de toda vontade alheia".[190] Em outros termos, toda regra de Direito suporia uma relação de Direito na qual uma das partes seria titular de Direito subjetivo, credora (*sensu lato*), enquanto a outra seria encarregada de obrigação correlativa, devedora (*sensu lato*).

84. Mas se é incontestável que todas as relações de fato que constituem a matéria do Direito têm por sujeitos, ativo e passivo, pessoas, determinadas ou não *a priori*, é preciso discutir, em compensação, que a regra de Direito objetivo seja sempre geradora de *Direito subjetivo*.[191] Ela ordena e, por conseguinte, estabelece uma obrigação, – obrigação de se conformar à regra; mas a essa obrigação não corresponde necessariamente a prerrogativa que é designada como Direito subjetivo. Numa palavra, "a relação de Direito [em sentido subjetivo] não cobre todo o Direito":[192] todas as relações de fato são relações de Direito enquanto submetidas ao Direito objetivo, mas nem de fato nem de Direito estas relações se reduzem à forma única do Direito subjetivo.

---

[190] SAVIGNI: *op. cit., loc. cit.*
[191] As expressões "Direito objetivo", "Direito subjetivo", são tomadas aqui no sentido clássico dos juristas (veja acima nº 3) sem referência à concepção especial de DUGUIT.
[192] DU PASQUIER: *op. cit.*, nº 130, p. 100.

O Direito subjetivo (em qualquer sentido que se entenda: Direito, faculdade, função, competência) supõe, com efeito, uma pessoa determinada – ou determinável – à qual esse poder possa ser atribuído, apta a exercer e a fazer valer. Este é o caso do Direito de crédito, que autoriza o credor a exigir de outro um serviço, mesmo ao portador, – para os Direitos ditos absolutos, como os Direitos sobre as coisas (Direitos reais) e o Direito que o homem tem sobre ele mesmo e sobre suas faculdades (Direitos da personalidade), – para as ações de justiça, – para os Direitos-funções do Direito privado, como a autoridade marital ou paternal, – para as competências do Direito público: estas prerrogativas sempre têm um titular determinado, pessoa física ou pessoa moral, de Direito privado ou de Direito público.

Também falta sujeito ativo cada vez que a regra é ditada em interesse de terceiros em geral ou do público. Assim, por exemplo, a regra que proíbe as convenções contrárias à ordem pública ou aos bons costumes.[193] Certamente, todos os indivíduos têm interesse em manter a ordem pública e os bons costumes; todavia, a regra carece de beneficiário direto, determinado ou determinável. Certamente, o Direito de invocar a nulidade do ato proibido corresponde a "toda pessoa interessada"; mas se a ação de nulidade encontra um ou vários sujeitos ativos – aqueles que provem ter interesse na nulidade – não segue disso que a regra sancionada pela ação tenha, por sua vez, algum sujeito ativo. Assim as regras relativas ao domicílio. Estas regras evidentemente se referem às relações dos homens entre si: a localização das pessoas quanto ao espaço só é prevista a fim de tornar mais fáceis e seguras as relações entre elas. Não seria possível chegar por isso à conclusão de que as regras do domicílio, que sem dúvida dispõe e, portanto, ordenam, sejam geradoras de Direitos

---

[193] Acrescente-se: todas as regras de polícia em matéria de circulação, de salubridade, etc.

subjetivos ou até de relações de Direito: o domicílio, que é um lugar, não é uma relação, mesmo que o domicílio forneça matéria à regra.[194]

Certamente, é possível dizer que "todo mundo" é sujeito *passivo*, sob a condição de que se trata de obrigação geral de não atacar os Direitos alheios: assim, no caso dos Direitos absolutos, das competências e das funções (válidas *erga omnes* e não vinculadoras a alguém em particular); "todo mundo" não poderia ser sujeito *ativo*, beneficiário de um Direito ou titular de um poder, pois o agir, em toda esfera, requer uma individualização do sujeito, titular exclusivo da prerrogativa que lhe é reconhecida.

85. É, pois, um erro representar o mundo do Direito, sob pretexto de que ele rege as relações dos homens entre si, como uma cadeia de elos de Direito e obrigações entre determinadas pessoas. Essa representação simplifica a complexidade das relações humanas, que comportam não somente relações imediatas, com sujeitos ativos, passivos e limitadas, desde o primeiro momento (por exemplo, entre vizinhos, entre pais e filhos, entre contratantes, entre o Estado e os cidadãos: esta é a relação de Direito em sentido estrito e técnico), mas as relações mais indiretas, mais incertas, com sujeitos ilimitados, ou o público em geral – atual ou futuro – nas quais tal fração de público intervém como parte interessada, seja ativamente, seja passivamente. Ademais, há regras de Direito que, falando hipoteticamente das relações humanas e em vista de servi--las, não estabelecem nenhuma relação de Direito nem entre pessoas determinadas, nem entre pessoas indeterminadas: simplesmente a regra dita uma solução obrigatória em matérias que, de perto ou de longe, interessam às relações humanas. Assim, o mundo do Direito se define menos pela ideia de relação de Direito que pela de regra: o mundo do

---

[194] O domicílio não é somente "a relação jurídica que existe entre a pessoa e o lugar", conforme a definição de Aubry e Rau segundo Zachariae: veja para a crítica desta definição, Planiol. *Traité élémentaire de droit civil*, 12 ed., por G. Ripert, t. I, nº 555.

Direito é, primariamente, o mundo da regra, que, sem dúvida, rege as relações dos homens entre si, mas em um sentido amplo que ultrapassa o conceito de relação de Direito no sentido técnico.

§ 3. Os diferentes tipos de relações sociais e os ramos correspondentes do Direito

86. Portanto, como se viu,[195] as relações sociais são de diversas espécies: por isso, os diferentes ramos e divisões do Direito.

Ainda que esta divisão não destrua a unidade da noção (o conceito de Direito deve valer sem modificação substancial em todos os compartimentos da disciplina jurídica), concebe-se que a variedade das matérias influencia no comportamento da regra a respeito de cada uma delas.

Entre os princípios da divisão que sugere a análise do fato social, o mais fundamental parece ser, em nossa sociedade atual, o que deriva da existência, no centro das relações humanas. Não somente o Estado (cidade ou Estado moderno) está no princípio do Direito – o Direito em sua forma estatal[196], – mas o Estado está no princípio de toda a divisão lógica do Direito. Com efeito, é sua existência que dá, por um lado, surgimento à dupla série de relações privadas e públicas, e por outro, de relações internas e internacionais.

87. Desde o dia em que o Estado se afirmou como agrupamento supremo consagrado ao bem público, uma nova categoria foi acrescentada à categoria das relações até então privadas, inter-individuais ou corporativas: a das relações *públicas* ou *políticas*. É preciso entender por elas as relações que afetam ao Estado,[197] que compreendem: primeiramente, as relações pelas quais o Estado é constituído e organizado, age

---

[195] Veja acima, nº 79.
[196] Ver acima, nº 6 a 13.
[197] Não se tira nenhum argumento do famoso texto de ULPIANO: (*Dig.* 1, 1, 1, 2. JUSTINIANO: *Institutes.*, liv. I, 1, 4: *quod singulorum utilitatem pertinet – quod*

e funciona, – em seguida, as relações que o Estado mantém com seus súditos, seus membros, indivíduos ou grupos, particulares ou públicos (assim, para os grupos públicos, as províncias, as comunas, eventualmente as corporações de Direito público). Dessa maneira, enquanto as relações privadas dependem de uma regra adaptada, que é o ramo do Direito privado, as relações em que o Estado está em causa, pelo menos como poder público,[198] correspondem ao ramo do Direito público. Esta distinção é incontestável mesmo se, com DUGUIT e outros, se nega a personalidade do Estado: resta o fato de que os indivíduos-governantes, colocados no lugar da pessoa-Estado considerada como fictícia, não agem por si mesmos, mas *qualitate qua*, enquanto funcionários e gerentes do bem público. Seja qual for a teoria pela qual se representa o Estado, bastam duas noções de governantes e de bem público (que não poderiam ser recusadas sem se negar o próprio Estado) para assentar a distinção entre as relações privadas, que tem como suporte o indivíduo ou os agrupamentos privados, e as relações marcadas pelo caráter público.

88. Todavia, a palavra "público" é equívoca: valeria mais falar de relações "políticas", de Direito "político".[199] Porque ainda que "o político", quer dizer, o Estado, esteja a serviço do público, quer dizer, do conjunto de cidadãos, o público não se confunde com o político. Por um lado, as relações privadas interessam sempre mais ou menos ao público, direta ou incidentalmente;[200] por outro lado, o cuidado do bem público não é monopólio do Estado ao encarnar o político.

---

    ad statum rei Romanae spectat) cujo sentido é discutível. É possível que o *status rei Romanae* se refira não ao *Estado* romano como sociedade, como corpo, mas à coisa pública romana.

[198] Deixa-se de lado a questão de saber se, relativamente aos atos de gestão patrimonial, o Estado não estaria submetido à própria regra do Direito privado: veja J. DABIN: *Doctrine général de l'Etat*, nº 70, pp. 109 e 110.

[199] Esta é, por exemplo, a terminologia de Montesquieu (*De l'esprit dês lois*, LIV. I, Cap. III; liv XXVI, cap. I, XV a XVIII).

[200] É neste sentido que se pode falar de uma "publicidade" do Direito privado, no sentido de uma "socialização", sem que esta suponha uma confusão ou interpe-

Por isso, convém rejeitar o critério de certos autores[201], que pretendem ligar ao Direito público toda regra ditada para a salvaguarda de um interesse público e, a este título, imperativo (no sentido técnico: não obstante toda disposição de vontade contrária). Esta concepção, que leva a esvaziar o Direito privado de uma grande parte de seu conteúdo, e até de certa maneira, aniquilá-lo reduzindo-o ao papel de um Direito unicamente suplementar da vontade dos particulares, desconhece ao mesmo tempo a existência de uma ordem especificamente política, que é a ordem do próprio Estado, com seu Direito específico correspondente. Além disso, comete-se um erro ao buscar uma divisão do Direito de caráter imperativo ou simplesmente suplementar das regras: às vezes o Direito admite autonomia, mas em outras a exclui, por razões que se referem à elaboração do Direito no fundo. Logicamente, uma divisão do Direito não pode ser deduzida senão da diversidade das *matérias* tratadas, e não da natureza das *soluções* levadas aos problemas.[202]

89. O Estado também está no princípio de outra distinção, mais fundamental ainda em certos aspectos que a precedente: entre relações *internas*, que se circunscrevem na esfera de cada Estado particular, e nas relações *internacionais*. Desde o momento em que os Estados particulares admitiram, na esfera das relações internacionais, não fosse o princípio de uma regra obrigatória a título jurídico, o Direito internacional teve início – Direito internacional público ou político quando se trata das relações dos Estados entre si, como agrupamentos políticos (Direito do

---

netração do Direito público (no sentido de político) e do Direito privado. Comp. E. RIEZLER: "Supressão das fronteiras entre o Direito privado e o público", em *Recueil Lambert*, § 143. t. III, p. 117ss.

[201] Assim, o suíço W. BURCKHARDT: nas obras citadas por DU PASQUIER, *op. cit.*, nº 171, p. 153, nota 1, e todos os partidários da teoria dos interesses.

[202] É frequentemente muito difícil, na realidade, saber se o legislador ditou sua regra a título imperativo ou não: assim, a linha de demarcação do Direito público e do Direito privado seria essencialmente incerta.

povos, *inter gentes*)²⁰³; Direito internacional privado, quando se trata das relações entre pessoas privadas, mas complicadas por um elemento de externalidade (pessoas, coisas, lugares). Neste último caso surge um problema de competência legislativa que coloca em jogo as respectivas soberanias dos Estados presentes.²⁰⁴

90. O inventário está completo, pelo menos para a classificação presente. De maneira especial não há lugar para inserir aqui, sob a categoria de Direito público, o Direito penal, a competência judicial e os diversos procedimentos. Ainda que estes ramos do Direito tratem das autoridades do Estado – enquanto ele aplica as penas, enquanto administra a justiça..., – elas não constituem, parece, senão Direitos de acompanhamento, cujo papel é simplesmente pôr em execução (pela sanção da pena, pela intervenção do juiz...) as regras de Direito material, publico ou privado, interno ou internacional, sem reger eles mesmos nenhum aspecto determinado da vida social.²⁰⁵

91. Enquanto as relações públicas ou políticas têm por objeto apenas o Estado e as relações que implicam a vida do Estado, no interior e no exterior, numa palavra: a coisa política,²⁰⁶ as *relações privadas* se juntam

---

[203] Atemos-nos aqui à concepção tradicional e simples do Direito internacional. Mas veja para um estudo mais detalhado, A. von Verdross: "A lei da formação dos grupos jurídicos [= ramos do Direito] e a noção de Direito internacional público", em *Recueil Lambert*, § 75, t. II, pp. 112 a 115.

[204] De fato, realmente, o Direito internacional privado e, de um modo geral, as regras de adaptação, em caso de conflito de leis de toda espécie, são particulares a cada Estado; diferentemente do Direito dos povos, que é comum pelo menos entre os povos civilizados.

[205] Comp., para o procedimento, M. Ricca-Barberis, "O Direito de agir na tradição alemã e latina (*Klage* e *Actio*)", em *Recueil Lambert*, § 108, t. II, p. 551ss. Mas veja, em sentido contrário, E. Riezler, *op. cit.*, em *Recueil Lambert*, § 143, t. III, pp. 134 a 136.

[206] Sem dúvida, o Direito público também leva consigo subdivisões. Mas umas são tomadas de um ponto de vista formal: assim, o Direito constitucional é o Direito escrito das Constituições (nas quais se encontram, Direito público, interno e mesmo internacional, mas também princípios de Direito privado, de Direito

ao redor de duas grandes categorias de interesses: a categoria dos interesses econômicos, pecuniários, chamados patrimoniais, e a categoria variegada dos interesses extra-patrimoniais, extra-econômicos. Donde a subdivisão do Direito privado em Direito do patrimônio e Direito das pessoas e da família. De outro ponto de vista, enquanto as relações públicas e o Direito correspondente são exclusivamente corporativos (o Estado é corporação e o Direito público é corporativo), as relações privadas e o Direito privado são algumas vezes inter-individuais, quando se encontram em presença de pessoas físicas, iguais ou até desiguais (por subordinação de uma à outra: assim, nos casos de "poder", ou meios de autoridade), e outras vezes corporativas, quando se referem à constituição, ao funcionamento e às atividades de um grupo corporativo de Direito privado, qualquer que seja, por outro lado, o fim desse agrupamento: lucrativo ou não.[207]

92. Todavia, ainda que todas as relações humanas – internas e internacionais, públicas e privadas, patrimoniais e extra-patrimoniais, inter-individuais e corporativas – caiam na competência do Direito, convém acrescentar que, por diversas razões, o *grau de domínio* da regra varia sensivelmente segundo as matérias.

Quanto às *relações privadas*, em primeiro lugar, deixadas durante longo tempo sob a iniciativa dos costumes e das instituições privadas (família, corporações...),[208] é na esfera econômica que se manifesta melhor

---

penal, etc.). As outras "se referem a aspectos diversos da própria vida em Estado: assim, o Direito administrativo que rege as atividades da administração; o Direito financeiro (finanças públicas); o fiscal, que rege as relações entre o "fisco e o contribuinte; o eleitoral, o militar, etc.

[207] Quanto à estrutura, já se observou, o Estado e os agrupamentos privados são igualmente corpos e, por conseguinte, correspondem e dependem de um Direito corporativo. Assim, pode se falar, com os teóricos da instituição, de um "Direito constitucional privado" (veja RENARD: *La théorie de l'institution*, pp. 163, 271ss e 278).

[208] O Direito do Estado interveio, às vezes, para evitar o abuso de disciplinas anteriores que se tornaram despóticas; outras, ao contrario, para apoiá-las com sua autoridade quando tinham perdido sua força; e outras ainda, para inclinar seus preceitos a um sentido mais aberto às necessidades da comunidade total.

a penetração do Direito. Não porque o interesse egoísta, motor normal da vida econômica, goste de se apegar a uma disciplina, ao contrário – ou porque deva ser proscrita toda liberdade econômica – a economia exige uma grande dose de liberdade[209] –, mas porque o Direito e a economia oferecem analogias de estrutura. Por um lado os valores econômicos são essencialmente de "coisas", valoráveis em dinheiro, intercambiáveis, impessoais; por outro, o Direito é, essencialmente, disciplina exterior, promulgada e aplicada a partir do exterior. Compreende-se, pois, que essa disciplina se contenta na regulamentação das "coisas", mais dóceis à sua influência que os valores pessoais, cuja "interioridade" completamente subjetiva lhe escapa. Não há economia pura nem, portanto, coisas econômicas puras. Por sua origem, assim como por seu fim, a economia está submersa no humano: produzidas ou fecundadas pelo homem, as riquezas estão a serviço do homem, da coletividade como um todo e de cada um individualmente. Além disso, é preciso que as coisas adquiram, além de seu valor comercial, um valor pessoal: assim, a terra nutriz, a casa ancestral, a joia da família. Neste sentido, os valores "patrimoniais", que evocam a ideia de família, opõem-se aos valores econômicos e comerciais.

Como disciplina *humana*, o Direito, evidentemente, se esforçará para conservar esses aspectos pessoais da economia tanto mais quanto sua natureza de regra exterior não o impede de tornar-se senhor deles e de certa forma assimilá-los. Esta última reserva justifica o jurista da reprovação de conceder à propriedade apenas uma análise insuficiente (o famoso *jus utendi, fruendi et abutendi*), sem esgotar, tocando apenas de leve a realidade moral e humana da relação de coisa com pessoa.[210]

---

[209] Veja abaixo nº 156ss.
[210] A constatação é de J. TONNEAU, em *Dictionnaire de theologie catholique*, vº Propriedade, col. 738 e 833. A crítica é de RUSSO: *op. cit.*, pp. 84 e 86. Aqui só se pretende assinalar uma tendência, pois na medida em que o Direito estiver em situação de conciliar a realidade moral e humana da propriedade ou de qualquer outro Direito, com as exigências da segurança social, o jurista deverá regular nesse sentido e, portanto, definir dessa maneira o Direito em questão.

A "realidade moral e humana da propriedade", é, para o jurista, pouco acessível, por que não têm meios de se encerrar em uma regra nítida e precisa que ofereça segurança ao proprietário: seria intolerável, socialmente, que em cada uma de suas decisões o proprietário pudesse ser interpelado em nome da realidade moral e humana da propriedade. Em compensação, onde os valores econômicos estão suficientemente destacados de todo elemento de personalidade, como nos intercâmbios e transações comerciais,[211] a regra jurídica funciona com facilidade, porque tem menos dificuldade em medir Direitos e deveres quando a matéria é, por si, mensurável, ponderável, calculável.

93. Muito menos adaptada e menos eficaz é a posição do Direito em relação aos valores *extra-econômicos*, pessoais e familiares.

Nem a *pessoa humana*, nem suas faculdades (emanações daquela), nem a alma do homem, nem seu corpo (indivisivelmente unidos), são "coisas" mensuráveis, suscetíveis de serem dominadas a partir do exterior. Por isso a impotência do jurista em objetivar, enquadrar e dominar plenamente as relações, que tem por matéria direta ou que tocam semelhantes valores. Esta impotência é observada até mesmo quando a pessoa está a serviço de fins econômicos, como no contrato de trabalho. O trabalho não é uma mercadoria, precisamente porque implica compromisso profundo e duradouro da pessoa na execução deste. Mas como medir exatamente a extensão e o valor deste engajamento a fim de restituir a cada um o que lhe é devido? Como, fora da obrigação do salário, coisa mensurável, regular de maneira adequada as relações *pessoais*, de homem para homem, entre as partes dentro do contrato de trabalho?[212]

---

[211] Mesmo aí, sob certas reservas, visto que o elemento pessoal não é jamais suscetível de exclusão completa: veja, acima n° 77 e 78.

[212] Veja, por exemplo, os arts. 9 e 11 da lei belga de 10 de março de 1900, sobre o contrato de trabalho. A dificuldade permanece a mesma quando se concebem as relações do trabalho em um plano comunitário, no quadro da "comunidade de empresa".

Trata-se de "Direitos da personalidade", no contrato ou fora dele. Como assegurar de maneira adequada a reparação, em caso de violação desses Direitos? Como defini-los em sua subjetividade interna, posto que a personalidade é em grande parte incomunicável em cada homem? Passe para a "personalidade econômica" do industrial, do comerciante, que pode, a rigor, ser apreciada em termos de economia segundo o valor das empresas (ainda que na realidade a personalidade econômica seja inseparável da personalidade pura e rasa). Mas quem achará satisfatório o tratamento jurídico dos atentados à pessoa física, e, sobretudo, aos Direitos morais dos indivíduos? O Direito estabelece regras e manifesta sua presença: para que serviria se não protegesse as pessoas antes de tudo no que mais de perto as afeta, sua própria pessoa? Sua proteção, porém, é curta, e qualquer coisa que se faça para melhorar seus meios de penetração jamais irá além da superfície da matéria da personalidade.[213]

94. Igualmente notável é a insuficiência do tratamento jurídico na esfera da *família*. As relações entre marido e mulher, pais e filhos, são infinitamente mais ricas e mais carregadas de sentido do que nos dizem as definições jurídicas. Que significa o matrimônio para o jurista? Simplesmente uma coabitação acompanhada de uma mútua ajuda material. O marido e a mulher vivem juntos e têm o Direito de fazê-lo assim como efeito do acordo solene que é o ato de celebrar o matrimônio; este tendo sido celebrado, os noivos encontram-se obrigados a viver juntos, em recíproca fidelidade e a prestar ajuda mutuamente. Sendo assim, tal definição, que se limita ao lado exterior das coisas: a vida comum, o habitar na mesma *domus*, está muito longe de expressar a essência ou simplesmente a realidade do matrimônio. Evoca apenas a união carnal, quando o matrimônio é a fusão íntima, corpo e alma, de duas pessoas

---

[213] Não é acaso este motivo a dificuldade dessa "captação" – que explica, em parte, o estado de abandono no qual esta matéria foi deixada tanto pela legislação civil como pela doutrina? Veja a censura formulada por DEL VECCHIO em seu "Ensaio sobre os princípios gerais do Direito", § VII, em *Justice, Droit, Etat*, p. 145.

humanas, homem e mulher, com vistas à propagação da humanidade e ao mesmo tempo para seu próprio aperfeiçoamento. Segundo a verdade científica e metafísica, o casamento evoca um mundo muito vasto no qual se unem o amor e a vida, o indivíduo e a espécie. Desta profunda realidade, e realmente misteriosa, o Direito só capta certos aspectos superficiais; aqueles que lhe é possível captar.[214] O mesmo se pode dizer a respeito do "grupo paternal" que une os filhos a seus pais. A obrigação de alimentar, de educar e manter os filhos, a cargo dos pais (Cód. Napoleão, art. 203) poderia ser cumprida, em seu teor literal, de maneira tão perfeita, tecnicamente, por um pedagogo e não pelos pais. Todavia, os pais da criança acrescentarão à obrigação legal uma maneira única de cumpri-la, uma diligência e um tato muito particular, cujo segredo está nesse sentimento único: o amor paternal e maternal. Reciprocamente, a docilidade exigida dos filhos se fortalecerá com uma atitude de entrega que encontra sua fonte insubstituível no amor filial.

Em suma, as relações familiares – e todas as relações que se aproximam destas: por exemplo, as relações entre o empresário e seus colaboradores, sem cair por isso no "paternalismo"[215] – se apresentam sob um duplo aspecto: um aspecto, de certa forma material, ao qual convém a disciplina do Direito, e outro, psicológico e moral, irredutível a alguma regra procedente do exterior, como a do Direito ou a das conveniências sociais. E sempre se repete a mesma doutrina fundamental: ao interior não corresponde o Direito, mesmo quando as relações consideradas têm um caráter misto, às vezes externo e interno.[216]

---

214 Comp. D. von Hildebrand: *Le mariage*, trad. Lavaud, ed. du Cerf, 1937.
215 Cf. nossas observações anteriores, n° 77 e 78 (sobre a nota de amizade que acresce certos contratos com finalidade interessada), e p. 90 (sobre o coeficiente de personalismo incluído no contrato de trabalho).
216 Comp., no mesmo sentido, Savigny: *op. cit.*, trad. Guenoux, 2ª. ed. t. p. 324: "Nem todas as relações de homem para homem entram na esfera do Direito; nem todas têm necessidade, nem são susceptíveis de serem determinadas por uma regra deste tipo. É possível distinguir aqui três casos: às vezes a relação está dominada inteiramente pela regra de Direito; outras, só em parte; e outras ainda,

95. Quanto à ordem das *relações políticas*, onde se manifesta igualmente em certos setores (os deveres dos governantes, a esfera das relações internacionais...) a impotência do Direito, esta provém, já se sabe, menos da matéria que dos sujeitos. Essencialmente, ela reside na impossibilidade, das diversas autoridades soberanas, de se submeterem à regra: *Quis custodiet custodes?*[217] Por sua natureza, a política está totalmente submetida ao Direito, sem distinção entre as relações do cidadão com Estado e as relações do Estado com o cidadão, sem distinção entre a política interna e a política internacional. O Estado não é, em todos os aspectos, uma sociedade consagrada a certo fim e, por conseguinte, submetida à lei desse fim? Seus órgãos e agentes não são funcionários, por conseguinte, sujeitos à lei de sua função? A própria definição de Estado-sociedade supõe a existência de uma regra para todos aqueles que, pelo título que for, estão implicados nas relações estatais: tanto para os governantes como para os súditos, e para os Estados entre si no plano internacional. Como o Estado é sociedade pública, por isso exterior, nenhuma consideração de inferioridade nem vem obstruir, ou localizar na superfície da matéria tratada, o poder de penetração da regra.

96. Objeta-se, é certo, que se essa observação vale para o *Estado*, que pertence à "ordem da organização, da lógica, do universal", ela não vale mais para a *nação*, que representa "os elementos afetivos, dinâmicos, originais da vida da sociedade política": em face ao Direito subsistirá sempre a política, e o conjunto de relações mais pessoais e mais íntimas da vida nacional e internacional. Assim, se explicaria, em Direito internacional, a esfera reservada à competência exclusiva dos Estados.[218]

---

escapam completamente. A propriedade, o matrimonio, a amizade, podem servir como exemplo destes três casos diferentes". – Veja, igualmente, sobre o Direito, "aspecto lógico e universal da vida social", Russo: *op. cit.*, pp. 128 a 134.
[217] Veja acima nº 36 a 40.
[218] Russo: *op. cit.*, pp. 129 a 131.

Mas, para começar, como admitir esta dissociação entre *Estado* e *nação*? O Estado não é a própria nação organizada?[219] E desde o instante em que a nação está organizada em Estado, como pode livrar-se do Estado? O Estado corresponderia ao Direito, por natureza; a nação, naquilo que tem de original, de pessoal, de íntimo, corresponderia à política. Mas como justificar esta concepção da política ligada à nação e não ao Estado, e, sobretudo, esta oposição entre a política e o Direito? Do fato de serem as nações, de certa maneira, seres vivos, movidos pelas forças que se chamam políticas, animados por sentimentos – ou paixões – que se adornam com o nome de místicas, não se deduz que estes viventes coletivos estejam livres de toda lei. As coletividades humanas, compostas de indivíduos humanos, estão como os indivíduos, submetidas à lei da razão. O fato de que suas paixões sejam mais violentas, que não tenham saído ainda, neste aspecto, do estágio do primitivismo ou da infância, não muda em nada o princípio. Precisamente este será o papel do Estado: educar sua nação, como faz com seus indivíduos, disciplina-la, civilizá-la de tal maneira que a razão se imponha ao sentimento na política da nação. Não se trata, ademais, de sacrificar os valores nacionais; o Direito ordena, pelo contrário, a salvaguardá-los e defendê-los contra todo inimigo, interno ou externo. Mas uma coisa é a legitimidade dos valores nacionais, outra bem diferente é um nacionalismo exacerbado, sombrio, agressivo, que se proclama inimigo de toda norma.[220]

97. A impotência do Direito em matéria política não obedece em nada à política tal como esta deve, ou deveria ser entendida: como um assunto racional e não passional. Atente-se ao fato de que a regra é a obra

---

[219] Fala-se aqui da nação em geral, sem referência necessária ao princípio das nacionalidades.

[220] Não se pretende, ademais, estabelecer aqui outra coisa que o princípio da competência do Direito em todas as matérias da ordem política, sem excluir *a priori* "as realidades mais pessoais e mais íntimas da vida nacional e internacional". Não se examina a questão de saber em *que medida* e de *que maneira* o Direito deve intervir.

do próprio Estado, que é livre para estabelecê-la, ou não, segundo lhe convém; que depois de tê-la ditado é sempre livre para não observá-la. Aqui há uma confusão entre o dono da lei e o sujeito da lei: é o Estado-legislador que está qualificado para definir e garantir as obrigações do Estado, assim como de qualquer um dentro da sociedade política; é o Estado-juiz, o que tem a responsabilidade de aplicar ao Estado as regras impostas a este pelo Estado-legislador... Sem dúvida, não há nada que impeça o Estado, legislador e juiz, de submeter a uma disciplina seus próprios órgãos, instituições, poderes e os homens que exercem funções estatais. Mas qualquer que seja a combinação imaginada para romper o círculo (divisão de poderes, etc.),[221] sempre restará um órgão supremo, que disporá soberanamente da regra e de sua aplicação, desligado de toda disciplina propriamente jurídica. Semelhante comprovação pode ser feita nas relações entre Estados, na falta de uma sociedade internacional organizada: os Estados, que normalmente ou, se se preferir, em pura doutrina, deveriam obedecer a uma disciplina coletiva, desfrutam, de fato, de uma liberdade juridicamente soberana, pelo menos no sentido de que não se vê obrigada a respeitar a regra por nenhuma coerção. A dificuldade não é congênita; no estado atual do mundo internacional ela é insuperável e a solução não parece sequer próxima. Supondo que o Direito internacional chegue um dia ao nível da perfeição jurídica, todavia chocará então, neste plano, com o obstáculo encontrado antes na ordem interna: obter a submissão à norma de Direito internacional do órgão supremo da legislação internacional.

Este é o "furo no fundo", a lacuna fundamental que mostra a ilusão da "plenitude da ordem jurídica": se o Direito autêntico, específico, é precisamente o Direito chamado positivo, não se pode negar, portanto, que este Direito positivo tem necessidade de complemento da lei moral

---

[221] Mesmo ali onde os órgãos da autoridade, legislativa ou governamental, estiveram submetidos aos juízes, estes devem se mostrar discretos, ante o temor de suscitar reações hostis ao controle: comp. nota P. L. sob o Conselho de Estado, 16 de maio 1941, *Sirey*, 1942, 3, 21 (p. 21, col. 2, e 22, col. 1).

para preencher a esfera necessariamente "vazia de Direito", – vazia pela impossibilidade de dobrar sob a ação do Direito positivo a autoridade senhora do Direito positivo. Por isso, naquilo que a política deduz do *Direito*, ela permanece sob a jurisdição da *moral*, senhora soberana de todos os atos humanos, inclusive dos atos dos homens que "fazem" a política.

Segunda Parte
O MÉTODO JURÍDICO

Capítulo I

O DIREITO É "DADO" OU "CONSTRUÍDO", OBJETO DE "CIÊNCIA" OU DE "TÉCNICA"?

§ 1. Delineamento do problema e teses sobre o mesmo

98. Nestes termos a questão do método foi formulada por Gény.[222] Termos, sem dúvida, bastante simples; contudo, a fórmula tornou-se clássica entre os teóricos do Direito e a única coisa que resta é explicar seu sentido para evitar qualquer ambiguidade.[223]

---

[222] Veja, F. Gény: na obra coletiva *Les méthodes juridiques,* Paris, 1911, pp. 181 a 196; e sobretudo, *Science et technique* en *droit privé positif,* Paris, t. I, 1914, nº 33 e 34, pp. 96 a 100; t. II, 1915; t. III, 1921; t. IV, 1925.

[223] Comp. sobre o equívoco das noções de "dado", de "construído" e "técnico" na obra de Gény, Russo: *Réalité juridique et réalité sociale,* p. 30.

Uma coisa é *dada* quando existe como objeto aparte de toda intervenção produtora do homem: assim Deus, a natureza, os seres humanos e suas relações, os fatos contingentes da história... Uma coisa é *construída* quando, tomada em si mesma, tem sua causa na atividade eficiente do homem: assim uma casa, um poema, um raciocínio, o Estado. É claro também que o "construído", uma vez realizado, torna-se "dado" para todos, inclusive para seu autor: dado relativo, se se quiser, enquanto a coisa que não deve nada à causalidade humana é o dado absoluto. Sendo assim, com respeito ao "dado", qualquer que seja a categoria a que pertença – física, metafísica ou histórica –, com respeito ao construído, o homem, que supostamente é o construtor, é quem opera, e nesse sentido produz a obra de arte ou de técnica.[224] Atitude de investigação e de recepção, por um lado, e operação criadora, por outro.

Não se pretende dizer com isso que o conhecimento exclua toda construção: o "dado" dificilmente se deixa captar pelo espírito humano; é preciso pelo menos uma operação da inteligência para compreendê-lo, o que não é possível sem certa elaboração conceitual mais ou menos deformadora. Em relação ao "fato bruto", o "fato científico" é "construído". Não obstante, todo o esforço da ciência tem de oferecer da maneira mais fiel possível o real, naturalmente, segundo os meios que têm à sua disposição. Pelo contrário, a construção do homem, da arte ou da técnica, leva a algo novo, que pode ser tirado do real seus materiais e (por oposição à criação pura), ou sua razão de ser (por oposição à obra gratuita), mas que, de qualquer maneira, não existia antes, na realidade, em sua forma atual.[225] Compreendida assim, a distinção não parece mais contestável.

---

[224] Por técnica se entendem aqui não tanto os *procedimentos* (segundo a definição que vê na técnica um conjunto de processos) quanto um *resultado,* cujo técnico (no sentido de processo criador) é o operário.

[225] Esta é a resposta à objeção segundo a qual toda ciência, inclusive a mais positiva em seus métodos, seria "construída" (veja, neste sentido, DJUVARA: "O fim do Direito", em *Annuaire de l'institut international de philosophie du droit et de sociologie juridique,* t. III, 1938, pp. 100 e 101). Ainda que a ciência esteja construída, com efeito, pela inteligência humana, as realidades de que se ocupa não o são.

Ela une em seu fundo a divisão clássica entre as ciências *especulativas* ou teóricas, que se limita a considerar as coisas do ponto de vista de sua verdade, e as ciências *práticas* que, visando à ação, tendem a desenvolver regras de ação, o que aqui se chama "construir".

99. Sendo assim, o campo do construído não se limita à esfera do *facere*, quer dizer, das produções, utilitárias ou não, do operário, do artesão, do artista, do sábio... (*factibilia*)[226]; estende-se igualmente à esfera do *agere*, quer dizer, dos costumes (*agibilia*): assim acontece com as construções de ordem social e política, a começar pelo Estado. Todo Estado foi instituído, constituído, portanto, construído. É verdade que o uso reserva o vocábulo de técnica a necessidades menores de diversos *facere*, e o nome de artes e tarefas mais elevadas (especialmente no caso da obra artística),[227] enquanto que na esfera das instituições, como na dos costumes em geral costuma-se empregar o nome de "prudência", que significa a razão prática que discerne concretamente as coisas que serão feitas, as decisões que devem ser tomadas e as atitudes a adotar.[228] Mas qualquer que seja o interesse dessa distinção, não temos espaço para nos deter nisso agora.[229] De todo modo, trate-se de "técnica", de "arte" ou de "prudência", o que está em jogo é a ordem prática: a ação a realizar, a obra a elaborar; construção e não especulação.[230]

---

[226] Comp. a respeito da justiça Santo Tomás, *Somme théologique*, I\ua, II\uae, qu. 58, art. 3 *ad* 3\um.

[227] Etimologicamente, "arte" e "técnica" (τέχνη) são sinônimos.

[228] Sobre a distinção entre arte e prudência, veja Santo Tomás: *op. cit.*, II\ua II\uae qu. 47, art. 2 *ad* 3\um, art 5 *ad resp*. A arte e mesmo a técnica, não estão excluídas da esfera dos *agibilia*, mas estão a serviço da prudência.

[229] Voltaremos a encontrá-los em uma etapa mais adiantada de demonstração: veja abaixo, pp. 124 e 125, 194 e 195.

[230] Comp. Santo Tomás: *Comm. Post. An.*, liv. I, liç. 14: "*In practicis autem scientiis intenditur quasi finis constructio ipsius subjecti*". E em outra parte (*Comm. Eth.*, liv. X, liç. 14, *in princ.*; *Comm. Polit.*, liv. I, liç. 1): "*Finis scientiae quae est circa operabilia non est cognoscere et speculari singula, sicut in scientiis speculativis, sed magis facere ea*".

Pouco importa também quem é o autor da construção: indivíduo isolado ou coletividade, profissional ou não. Nem na esfera do *agere* nem na do *facere* tem-se o monopólio da construção dos indivíduos isolados e *a fortiori* dos especialistas. Assim como grupos de artesãos trabalhando sob a direção de um mestre levantaram as catedrais, assim também a razão coletiva está apta para edificar instituições de toda sorte, e não são as menos sólidas as que provêm desta fonte. Tampouco nos deteremos no processo psicológico da construção: elaboração espontânea (assim é, com frequência na obra popular), ou elaboração reflexiva. O que importa do nosso ponto de vista não são o agente nem o modo de atividade: é o término, a obra criada. E então não há motivo para restringir as ideias de "construído" e de "técnica" somente às coisas de elaboração reflexiva procedentes dos técnicos, excluindo as elaborações espontâneas de origem coletiva.[231] O que é construído pela vida, pelo povo, é a criação humana assim como o que é obra individual do especialista.

100. Feitos estes esclarecimentos, em que categoria classificar o Direito no sentido definido acima?

É "dado" quanto ao seu conteúdo, aparte de toda elaboração humana, ou é "construído" pelo homem, jurista profissional ou povo? E visto que os termos são gêmeos, é o Direito, como "dado", objeto de *ciência*, quer dizer, de comprovação e de registro, ou é, como "construído", obra de *técnica* ou de *arte* (ou de *prudência*)?

Destaquemos, antes de tudo, que o Direito pode ser considerado sob dois aspectos: em sua existência histórica ou em sua essência.

---

[231] Esta é, pelo que parece, a concepção de Russo: *op. cit.*, p. 32ss. A construção não poderia aparecer, segundo o autor, salvo em uma terceira fase de elaboração do Direito, depois da elaboração *espontânea* (primeira fase), e igualmente após a elaboração *reflexiva* (segunda fase). Na realidade, a construção se inicia com a elaboração. Construção e elaboração são sinônimos e se opõem à especulação.

101. *Em sua existência histórica* o Direito é evidentemente "dado", objeto de ciência, tanto se se trata de Direito contemporâneo, como de Direito antigo, do Direito natural, do Direito estrangeiro ou do Direito internacional. Este Direito dado se está em vigor, irá requerer, sem dúvida, uma aplicação aos casos concretos, que antes será uma arte e não uma ciência. Mas, feita esta reserva da aplicação aos casos concretos, o Direito historicamente dado, em vigor ou não, se apresenta como uma realidade, tributária de um conhecimento propriamente científico, especulativo.[232] Estudaremos igualmente o Direito de um país, ou de um conjunto e países, ou se é possível de todo o universo, não só no estado estatal, em um momento fixo do tempo, mas em sua evolução no curso dos tempos: este é o ponto de vista próprio do historiador.[233] Enfim, é possível estudar Direito desde um ponto de vista estritamente sociológico, em suas relações com a vida social, seja de um país ou de uma época, seja em geral. De todo modo, a atividade é própria da ciência: ciência do Direito nacional ou do estrangeiro, ciência da história do Direito, ciência da sociologia jurídica. Procura-se analisar e compreender, isoladamente ou por comparação[234] certos fenômenos, em nosso caso fenômenos de regras jurídicas. É a ciência do Direito estabelecido, ciência dos fatos, que virá a ser eventualmente completada e coroada

---

[232] Mesmo a *Interpretação* do Direito é ciência, ainda que interpretar o Direito signifique compreendê-lo tal como é, não reformá-lo ou deformá-lo. Por outro lado, em todas as matérias o real exige a interpretação.

[233] Sobre "a história dos Direitos da Antiguidade" (*antike Rechtsgeschichte*), parte de uma "história universal do Direito" (*allgemeine Rechtteschichte*) (POST, KOHLER), Veja L. WENGER: em *Recueil Lambert*, § 22, t. l, p. 138ss. Comp. P. KOSCHAKER: em *Recueil Lambert*, § 22, t. l, p. 274ss.

[234] Faz-se alusão aqui ao método comparativo: em Direito (Direito comparado), em história, do Direito (historia comparativa), em sociologia jurídica (sociologia jurídica comparada).

por alguma teoria geral: "filosofia" de tal sistema jurídico,[235] "filosofia" da história do Direito,[236] "princípios" de sociologia jurídica.[237]

102. Mas aparte do Direito "existencial" – presente, passado, futuro ou simplesmente possível –, existe um Direito, simples e puro, despojado de toda forma de existência concreta.[238] E é frente a este Direito, assim concebido, *em estado de essência*, de onde se delineia nosso problema. Percebe-se rapidamente seu interesse para a exata compreensão da missão do jurisconsulto. Se o Direito é dado, pelo menos para o jurista, este não terá outra coisa a fazer senão recolhê-lo na realidade em que se apresenta. Segundo a natureza mais ou menos "positiva" do dado, variará o método do conhecimento: propriamente científico ou filosófico, ou teológico (na hipótese de um jurídico dado pela revelação). Mas esse caminho só tem um fim: encontrar o Direito onde ele está como dado. Doutrina do pleno repouso! O jurista é homem de ciência: suas conclusões têm objetividade e a certeza da ciência. A regra autêntica, surgida do dado, tem o valor das proposições da ciência e a fantasia está excluída. Por outro lado, se o Direito é construído, abre-se a porta ao subjetivismo arbitrário do autor da regra. Mesmo quando a construção deveria ser apoiada sobre princípios, as soluções elaboradas na aplicação destes não poderiam ser senão vacilantes, discutíveis e discutidas.

Mas qualquer que seja a segurança – real ou ilusória[239] – que se espera de uma concepção "científica" do Direito, nenhuma segurança

---

[235] Veja, por exemplo, IHERING: *Esprit du droit romain*, tradução de MEULENAERE.
[236] Comp. P. DE TOURTOULON: *Les principes philosophiques de l'histoire du droit*, Paris-Lausane, 1908-1919 (Ainda que a obra contenha muita filosofia do Direito).
[237] Comp. N. S. TIMACHEFF, "L'étude sociologique du droit", em *Archives de philosophie du droit*,1938, n° 1 e 2, p. 209ss.
[238] Comp. sobre a distinção necessária entre método comparativo e teoria geral do Direito, F. Weyr, "Observações gerais sobre a natureza jurídica do método comparativo", em *Introduction à l'létude du droit compare*, Recueil Lambert, § 26, t. I, p. 311.
[239] À dificuldade do "Como construir?" causa essa dificuldade que não é menor: "Onde buscar o dado, e como é interpretado?"

poderia ser fundada no erro. A lei será muito mais arbitrária, todavia, em todo caso, mais tirânica, se ordena em nome de algo dado carecer de realidade objetiva. É preciso seguir a verdade, ainda que essa pareça menos agradável, menos cômoda que o erro.

103. É verdade que toda uma escola de juristas pretende repudiar o problema sob o pretexto de que excederia a esfera da competência do jurista. A ciência do Direito, segundo eles, só teria por objeto o Direito historicamente dado, do qual o jurista, como tal, só teria que fazer sua exposição de forma científica. Só essa tarefa seria "positiva", visto que estaria ligado à realidade, e só o Direito historicamente dado é real. Quanto à crítica desse Direito, ou à busca de algum princípio que permitisse apreciar seu valor, esse trabalho, cuja legitimidade não se nega, por outro lado, seria "metajurídico", correspondendo a outras disciplinas diferentes do Direito: política, sociologia, filosofia.

Tal é a atitude adotada, independentemente de toda atitude no terreno propriamente filosófico, pelos defensores da escola denominada *positivismo jurídico*: esta escola parte do Direito estabelecido positivamente e não quer conhecer outra coisa senão este.[240] Mas admitindo ainda que a ciência jurídica tenha de confinar-se na pura exposição do Direito, uma declaratória de incompetência não é uma solução. Importa saber por que o Direito se acha estabelecido tal como está e não de outro modo; por que sucede que ele mude, na aparência para tornar-se melhor. Importa saber, em uma palavra, como trabalha o jurista e especialmente o legislador. Na falta de uma ciência jurídica, declarada incompetente,

---

[240] Como representantes desta escola poderemos citar, na França, Jèze, Kelsen e seus discípulos na Alemanha. Sobre a escola kelseniana, veja. J. Sedlacek, "L'ouvre de François Gény et la science du droit pur", em *Recueil d'études sur sources du droit en l'honneur de François Gény*, t. I, p. 277ss. – Comp. com a doutrina da Escola de exegese do séc. XIX na França no resumo uqe fez J. Bonnecase, *Introduction à l'étude du droit*, 2ª. ed., Paris, 1931, nº 108ss, p. 180ss., especialmente nº 118, pp. 190 e 191.

outra disciplina deverá tomar a seu cargo o problema e resolvê-lo; disciplina que será, se assim se quer, a filosofia do Direito.[241]

104. Há um primeiro ponto que não oferece nenhuma dificuldade: para certa parte, mais ou menos considerável, segundo as opiniões, o Direito é *construído*. Assim SAVIGNY, o grande mestre da escola histórica, reconhecia a existência, sob o nome de "técnica jurídica", de uma elaboração científica do Direito pelos juristas, que ele distinguia da criação espontânea do Direito no seio do povo. [242] Para DUGUIT, o costume, a jurisprudência, a lei, "simples modos de comprovação da regra de Direito", [243] são matéria de "arte jurídica"; [244] quanto ao fundo do Direito, está composto de dois tipos de regras: as "regras de Direito normativas, [245] ou normas jurídicas propriamente ditas" e as "regras de Direito construtivas ou técnicas", "estabelecidas para assegurar, na medida do possível, o respeito e a aplicação das regras de Direito normativas".[246] Entre os adeptos do Direito natural, nenhum deles nega que este exige uma colocação em marcha que constitui precisamente a contribuição original do Direito positivo: todo o sistema está edificado sobre esta posição lógica entre um elemento de Direito, dado pela natureza, e um elemento positivo, oriundo da vontade do homem.[247] Até os autores mais inclinados a aumentar no conjunto a parte do dado natural (ou cientí-

---

[241] Comp. CÍCERO: *De legibus*, liv. I, cap. V: "*Non ergo a praetoris edictio ut plurique nunc, neque a duodecim Tabulis, ut superiores, sed penitus ex intima philosophia hauriendam iuris disciplinam putas*". Veja, de modo geral, sobre o caráter insustentável do positivismo jurídico (*hoc sensu*), H. DUPEYROUX: "Os grandes problemas do Direito" (a propósito da obra de LE FUR), em *Archives de philosophie du droit*, 1938, nº 1 e 2, p. 14ss.

[242] Sobre as concepções de SAVIGNY a este respeito, veja, GÉNY: *Science et technique*, t. III, nº 180, pp. 5 e 6, com referências.

[243] L. DUGUIT: *Traité de droit constitutionnel*, 3ª. ed., t. 1, § 14, p. 154.

[244] L. DUGUIT: *op. cit.*, t. 1, § 15, pp. 158, 161 e 162; § 16, p. 173.

[245] L. DUGUIT; *op. cit.*, t. 1, § 10, pp. 106 e 107, *Ad.:* pp. 154, 225 e 226.

[246] Veja, por exemplo: GÉNY: *Science et technique en droit privé positif,* 4 vols., *passim*.

[247] F. RUSSO: *op. cit.*, p. 109. Veja também nº 40 a 43.

fico) estão obrigados a fixa-lhe um limite: "a ciência [neste caso a ciência social] nos permitiu – escreve Russo – separar certas indeterminações, ainda que não todas. Restam algumas irredutíveis; há estruturas sociais necessárias que nós não pudemos descobrir, inclusive com a análise mais penetrante da vida social.[248]

105. Na realidade, é evidente que as leis, os costumes, as jurisprudências, enquanto *fontes formais* do Direito, são construídas. Eles não são o próprio Direito, mas certa maneira de expressá-lo, de contê-lo. São órgãos, instrumentos. Sendo assim, os órgãos, os instrumentos, são construídos, possuem seus autores; sem excetuar o costume que é criação do povo, visto que resulta da forma habitual de a população se conduzir. Aos diversos órgãos ou instrumentos do Direito correspondem, por outro lado, outras tantas formas de procedimento e de técnicas particulares de elaboração destas fontes: técnica legislativa, técnica jurisprudencial, técnica consuetudinária. E isto não é tudo. Mais além da forma de expressão, o "construído" se introduz no *conteúdo* do Direito. Por exemplo, os diversos mecanismos de proteção aos menores, da publicidade nas mudanças de propriedade, do equilíbrio de poderes no Estado e nos grupos, os modos de prova e de sanções... tomados, enquanto tais, são construídos: todo mecanismo implica a construção; portanto, também os mecanismos previstos pelo Direito com o fim de ordenar as relações dos homens entre si (esfera do *agere*). De modo semelhante, as concreções cifradas, das que as leis e até o costume fazem tão grande exemplo, são em suas determinações concretas – a cifra eleita – puramente artificiais. Não se examina se essas "construções" estão justificadas por alguma necessidade, o que não oferece dúvida alguma; faz-se a observação de que não são dadas, mas que é o homem quem as estabelece, quem – literalmente – as fabrica.[249]

---

[248] Sobre o *agere* e o *facere*; veja acima nº 98.
[249] Por isso é difícil compreender as teorias do objetivismo radical, que pretendem excluir toda intervenção da vontade na esfera do Direito: veja, por exemplo.: R. Bonnard: "A origem da ordenação jurídica", em *Melanges Maurice Hauriou*, pp. 48 e 49.

106. Todavia, como se deduz dos textos pré-citados, o Direito não é construído *em sua totalidade*. Segundo a opinião geral, na base da parte construída, manifestado e desenvolvido por ela, estaria um "dado", realidade jurídica anterior, que a escola tradicional chama Direito natural,[250] e que outros denominam Direito racional,[251] a "noção de Direito" (BONNECASE),[252] a "realidade social" vista através de suas "finalidades naturais" (F. RUSSO, repetindo uma expressão de DELOS),[253] a "regra de Direito" ou "norma jurídica" (DUGUIT),[254] os "fatos normativos" (GURVITCH)...[255] Enquanto elemento essencial do conjunto, este dado jurídico primaria e se imporia à construção, de sorte que, segundo DUGUIT, o Direito positivo contrário à "regra de Direito" perderia todo seu caráter de Direito, enquanto que, para a escola tradicional a contradição esboçaria o delicado problema do "conflito entre Direito natural e o Direito positivo".[256]

Infelizmente, o acordo entre os partidários do "dado" jurídico cessa quando é preciso definir a natureza e a origem desse dado, e os vocábulos, às vezes neutros, usados por eles (como, por exemplo, esse da "regra de Direito" de DUGUIT), cobrem na realidade concepções divergentes. Desde o primeiro momento do encontro, a segurança tida por descontada se desvanece: o "dado" jurídico se converte em matéria de discussão! Em conjunto, se enfrentam duas teses, influenciadas pelas tendências filosóficas de seus protagonistas: por um lado, o *positivismo*, sob formas

---

[250] Voltaremos a falar sobre o "dado" do Direito natural: veja abaixo n° 110 e 111.
[251] DJUVARA: "Direito racional e Direito positivo", em *Recueil d'études sur les sources du droit em l'honneur de F. Gény*, t. 1, p. 245ss.
[252] BONNECASE: *Introduction a l' étude du droit*, n° 138ss., p. 217ss.
[253] RUSSO: *Réalité juridique et réalité sociale*, Paris, 1942, *passim*, especialmente pp. 37 a 40, 48 a 60, 108 e 109.
[254] Voltaremos em seguida sobre o dado "normativo" de DUGUIT: veja abaixo n° 107 e 108.
[255] GURVITCH: *Le temps présent et l'idée du droit sociale*, Paris, 1932, *passim*. Ad.: do mesmo autor *L'experience juridique et a philosophie pluraliste du droit*, Paris, 1935, p. 142ss.
[256] Veja GÉNY: *Science et technique*, t. IV.

por demais variáveis, psico-sociológicas ou nitidamente materialistas: e por outro, o *realismo metafísico*, disfarçando sob a diversidade das fórmulas a unidade fundamental da doutrina.

107. Para DUGUIT, representante mais eminente, na França, da concepção psico-sociológica do "dado", "existe regra de Direito quando a *massa dos indivíduos* que compõem o grupo compreende e admite que se possa organizar socialmente uma *reação* contra os violadores da regra. Esta organização pode não existir, pode ser embrionária ou esporádica; pouco importa. *A regra do Direito aparece no momento em que a massa dos espíritos a concebe, a deseja, a provoca.*[257] Assim, a regra de Direito ou norma jurídica existe desde o instante em e na condição de que a "massa dos espíritos"[258] aspira a uma reação socialmente organizada contra os transgressores daquela norma primária, denominada norma *social*, que DUGUIT analisou amplamente e que consiste essencialmente na lei da solidariedade social, sob a dupla espécie da norma *econômica* (no que se refere à economia) e da norma *moral* (para as atividades extra-econômicas). Dois fatores concorrem, segundo DUGUIT, para formar *o estado de consciência* do que sai em definitivo o Direito, dois fatores que são *fatos* e que o autor, fiel a seu método positivo, quer utilizar apenas por esse título, sem discutir seu valor objetivo: o *sentimento da sociedade* e o *sentimento da justiça*.[259] O sentimento da sociedade é o "sentimento existente em um dado momento em que o laço de solidariedade que mantém a integração social seria desfeito se o respeito a certa regra econômica ou moral não estivesse sancionado por via jurídica".[260] O sentimento de justiça: o homem sempre tem, e em todas as partes, o sentimento de que é um indivíduo com certa autonomia, que implica o

---

[257] L. DUGUIT: *op. cit.*, t. I, § 8; p. 94.
[258] L. DUGUIT, com efeito, rejeita como irreal a ideia de uma "consciência social", distinta das consciências individuais: veja t. I, § 12, p. 127ss, § 13, pp. 146 a 151.
[259] L. DUGUIT: *op. cit.*, t. I, § 10, pp. 115 e 116.
[260] L. DUGUIT: *op. cit.*, t. I, § 11, pp. 116 e 117.

respeito dos dois tipos de justiça particulares, distributiva e comutativa, cuja melhor definição foi dada por SANTO TOMÁS DE AQUINO.[261]

Em resumo, "a consciência na massa dos indivíduos de um determinado grupo de que tal regra moral econômica é essencial para a manutenção da solidariedade social e a consciência de que é justo sancioná-la; eis aqui os dois elementos essenciais da formação e da transformação da regra de Direito".[262] O trabalho do jurista é, portanto, duplo: "trabalho realmente científico" – de ciência positiva, do qual não participa nem filosofia nem metafísica –, "descobrir sob os fatos sociais a regra de Direito; trabalho de arte técnica, preparar a regra consuetudinária ou escrita, regra construtiva que tende a determinar o alcance e a garantir a realização da norma".[263]

108. Nesta exposição se reconhece o tema condutor da Escola histórica: o Direito, no fundo, emana do povo.[264] Não do povo *legal*, deliberando em seus comícios ou por intermédio de seus representantes, em nome da soberania política, mas do povo *real*, entregue às suas ocupações ordinárias, pensando o Direito em função de sua experiência e da ideia que ele se faz da ordenação jurídica. Outra fórmula, mais empírica, remete-se à definição do Direito em sua entrega à opinião pública, quer dizer, ao público em geral, enquanto este tem suas opiniões em matéria de Direito.[265]

Às vezes o povo considera o homem e suas relações com o outro a partir do ângulo do universal – e então estabelecerá, ou os "Direitos do

---

[261] L. DUGUIT: *op. cit.*, t. I, § 11, pp. 120 e 122.
[262] L. DUGUIT: *op. cit.*, t. I, § 11, p. 125. Veja, no mesmo sentido, CAPITANT: *op. cit.*, pp. 127 a 132.
[263] L. DUGUIT: *op. cit.*, t. 1, § 15, p. 162.
[264] Veja, por exemplo, SAVIGNY: *Système du droit romain*, § 7: "É o espírito do povo, vivendo e operando em todos os indivíduos em comum que engendra o Direito positivo."
[265] Veja, por exemplo, G. CORNIL: *Le droit privé. Essai de sociologie juridique simplifiée*, Paris, 1924.

homem" segundo o modo individualista, ou o princípio da solidariedade social (solidarismo ou socialismo); outras vezes o povo circunscreve seu horizonte ao homem nacional (*Völkisch*), de uma classe, de um partido, – e então estabelecerá um Direito particularista, impregnado da ideologia reinante. Outras vezes ainda o povo expressa por si mesmo sua vontade com seu comportamento ou por manifestações mais ou menos espontâneas; em outras vezes surge um chefe (*Führer*) dentre a massa, *medium* infalível, e manifesta e traduz de forma autoritária o desejo latente do grupo (*Volksgeist*).[266]

Mas quaisquer que sejam as *Weltanschauungen* e os procedimentos de expressão, a tese não se modifica em nada: movido por um conjunto complexo de ideias e de sentimentos, de interesses e de tendências, o povo (ou o que assim se chama) considera justo ou desejável tal solução de Direito – privado, público, internacional – que parece merecer a sanção da coerção social. Neste exato momento e por virtude da vontade popular, existe o dado do Direito, que o jurista ou o homem de Estado não tem outra coisa a fazer senão dar-lhe forma e proporcionar-lhe as vias de Direito. Tem razão o povo de querer o que quer? É justa sua consideração? Isto é questão de opinião pessoal, rigorosamente privada. Em todo caso, o jurista, como homem de ciência devotado ao real observável – ou como um dos membros de seu povo – não está autorizado a substituir a vontade do povo por seu próprio juízo. O dado do Direito, às vezes, é imanente e transcendente neste sujeito múltiplo, mais ou menos uno, o povo, a opinião pública, que o estabelece como entende, sente e anseia.[267]

---

[266] Veja DUQUESNE: "Sobre o espírito do povo alemão como fonte de origem do Direito alemão", em *Recueil Lambert*, § 150, t. III, p. 225ss.

[267] Sobre o psicologismo jurídico como manifestação de "romantismo jurídico", veja BONNECASE: *Introduction à l'étude du droit*, nº 180 a 182, pp. 278 a 281. Ademais: nº 140, pp. 219 e 220. Mas não se percebe motivo algum para alinhar no "classicismo jurídico" as teorias que fazem derivar o Direito da "consciência social" (DURKHEIM): elas traduzem igualmente uma concepção subjetivista, a da massa social (comp. BONNECASE: *op. cit.*, nº 182, pp. 181 e 182).

109. A estas concepções psico-sociológicas inspiradas pela "ciência moderna" acrescentaram-se as teorias mais brutais de forma que, desde sempre, entre os pensadores que se chamam a si mesmos realistas, identifica-se o Direito com a vontade do mais forte, como o epílogo de uma luta pela vida, pela riqueza ou pelo poder, entre os indivíduos, entre as classes e entre os povos (lei de concorrência vital, materialismo histórico, imperialismo político; em suma, todas as formas de "darwinismo social"). Nesta luta que sempre tende à conquista ou à manutenção de um Direito favorável, a vitória elegerá naturalmente ao que possua a maior força, a menos que a balança dos poderes (como se diz em política internacional) não leve a uma precária paz de equilíbrio ou de compromisso.[268] As forças em jogo, ademais, não se limitam à força bruta: é preciso acrescentar a esta a força da inteligência ou da vontade – da vontade de poder, *Willensmacht* de Nietzsche – a força do número ou do agrupamento, a força econômica ou política... Sempre resulta que o Direito depende de um peso, de uma pressão, estranha à intervenção de uma razão no Direito. Sendo assim, é fácil perceber o laço que, de fato, une a concepção do Direito popular à concepção do Direito-força: acaso o povo não representa a força maior? Se sua vontade deve vencer, não é em definitivo porque ele é o mais forte? E onde encontrar, por outro lado, mais que na força do povo, a razão de seu Direito a criar o Direito? A não ser que se diga algo que vem a ser o mesmo: a vontade popular se confunde frequentemente com a força social preponderante, aquela que domina no seio da massa e está assim em posição de impor sua vontade a todos.

110. Frente a estas teses, que deduzem o dado do Direito de fontes inseguras e contingentes, levanta-se a teoria clássica, tradicional, de um

---

[268] Veja, nesse sentido, H. De Page: *Droit naturel et positivisme juridique*, Bruxelas, 1939. Cf. a Escola da *Interessenjurisprudenz*, segundo a qual o Direito é o produto dos interesses dominantes (Ph. Heck: *Gesetzesauslegung und Interessenjurisprudenz*, 1914, p. 17).

dado objetivo *deduzido da natureza*, cuja definição é tomada de GÉNY, seu defensor mais ilustre entre juristas destes tempos: "o dado corresponde, aproximadamente, à noção fundamental de *Direito natural*. Consiste em um *fundo de verdades morais e econômicas* que, colocadas em presença dos fatos, ordenam *certas diretivas* para regê-los. O objeto destas diretivas, superior ao arbítrio das vontades, é limitado e vago. Concentra-se ao redor da ideia suprema do *"justo objetivo"* que representa o *equilíbrio de interesses* que é preciso, às vezes, ouvir com todas as nossas forças cognoscitivas, mas que jamais proporciona mais que uma orientação difusa, da natureza mais moral que econômica, e para dizer a verdade até e principalmente moral. Este dado... proporciona a "regra", o "princípio".[269]

Por mais prudente e até oscilante que seja a fórmula, nela se vê afirmada a existência, independente de toda livre eleição dos homens – particulares, povo, legislador qualificado... –, de um pequeno número de princípios reguladores de conduta na ordem moral e econômica; princípios que o autor relaciona com a ideia de justiça. E é essa justiça, concebida como um equilíbrio de interesses, que essencialmente responderia ao conceito de Direito natural. Assim, pois, nem a moral, nem a economia, nem a justiça são simplesmente o produto de estados de consciência ou de oposições. A moral e a economia têm suas leis, de natureza diferente, mas dotadas ambas de valor objetivo; e se se quer falar – com DUGUIT e outros – de um "sentimento de justiça", não se trata de um sentimento subjetivo sem correlação com o real, mas, ao contrário, de um sentido mais apurado, passado ao estado de *habitus*, de alguma maneira físico, da ideia objetiva da justiça. Quanto ao equilíbrio de interesses constitutivo da justiça, não se deve pensar – na mente de GÉNY – em um equilíbrio mecânico no qual os interesses são medidos segundo o peso de suas forças constantemente variáveis, mas em

---

[269] GÉNY: *Science et technique en droit privé positif*, t. IV, "Conclusões gerais", p. 147. *Ad.*, especialmente sobre o que denomina o "dado racional", como elemento essencial do Direito natural clássico: t. II, nº 169, pp. 380 a 384.

um equilíbrio moral, ao qual a comparação se estabelece à luz e sobre a base de um princípio superior permanente, que é precisamente a ideia objetiva da justiça. Objetiva, porque tem seu fundamento na natureza, especialmente a natureza do homem: enquanto é espiritual, a natureza humana postula, com efeito, esse respeito do homem para com o homem que está no ponto de partida do equilíbrio de "interesses", quer dizer, dos valores humanos, nos quais consiste a justiça. Acrescente-se ainda, que para descobrir essa justiça, pelo menos na multidão de suas aplicações, devem-se colocar a contribuição de todas as nossas faculdades cognoscitivas, não só o entendimento puro, mas também a intuição, o sentido, a consciência e até a crença.

§ 2. Exame das teses do "dado" (DUGUIT, GÉNY...)

111. Estas são, rapidamente esquematizadas, segundo alguns dos seus intérpretes-tipos,[270] as teses referentes à natureza do "dado" no Direito. Mas antes de toda discussão sobre a natureza do Direito, fica estabelecida uma questão inicial: é exato que o Direito – tal como foi definido, no sentido de regra societária, estatal ou inter-estatal – seja dado ainda que só seja em parte? Não é antes verdade que o Direito não

---

[270] As outras interpretações do "dado", explícitas ou implícitas, se relacionam sempre, mais ou menos, a um dos tipos resumidos no texto. Assim, a "noção do Direito" ("princípio regulador que se encarrega de definir a harmonia social em sua essência e de indicar os meios de alcançá-la"), deduzida da "natureza permanente do homem", de BONNECASE, cerca-se, segundo confissão própria (veja *Introduction*, 2ª ed., nº 187, p. 290), o Direito natural de GÉNY (veja também, nº 112 e 113, pp. 220 a 225; nº 184, p. 283ss). – De modo semelhante, a "realidade social" portadora de normas segundo sua "finalidade natural", de RUSSO *(op. cit.*, sobretudo p. 53), também está na linha do Direito natural que vem determinar e completar, porque engloba não somente os valores éticos, mas todos os valores sociais (veja, sobretudo, pp. 44 e 45).
Quanto aos "fatos normativos" de GURVITCH, definidos por ele como as regras oriundas do meio social que as realiza, e constituídas de modo imediato pela intuição da razão ("Direito positivo intuitivo"), têm mais da concepção sociológica, sem romper, não obstante, com uma certa concepção do Direito natural: veja abaixo nº 126 nota 314.

é dado em nada, que, segundo definição lógica do "construído", obra produzida pelo homem[271], o Direito é "construído" no todo, até em seu ponto mais substancial?

Contrariamente à opinião comum, é desejo aqui tomar partido da tese do "construído" *total*, e procurar a demonstração disso, primeiro negativamente, pela crítica das duas espécies de concepções do "dado" e, depois de modo direto, pela análise do processo de elaboração do Direito.

112. Quanto às teses, diversamente ressaltadas, que fazem derivar o Direito *do povo*, é fácil responder que, em matéria jurídica, assim como em qualquer outra – filosófica, científica, técnica – o povo como tal não tem capacidade para decidir sobre o que é ou o que deve ser: a verdade, o bem, o justo, o útil. Supondo que o povo tenha uma opinião sobre um ponto do Direito, nada nos indica que essa opinião esteja adequada à verdade jurídica e que, em consequência, o jurista tenha o dever de aceitá-la como o dado irrecusável de sua ordenação. O Direito não é uma questão de vontade, de massa ou de número; é assunto da razão. Sendo assim, o povo nem sempre tem razão. Todo mundo sabe que é assim, por outro lado, até entre os juristas-sociólogos: existem hábitos entre o povo que, longe de merecer sua conversão em lei, pedem sua condenação e retificação.[272]

Isto não quer dizer que o povo se equivoque sempre, teoria que conduziria à reprovação indevida de toda elaboração espontânea do Direito no seio da sociedade, sobretudo na forma consuetudinária. Pelo contrário, não se pode negar a um povo de costumes sãos e de suficiente civilização um sentido bastante exato do Direito, de suas exigências e até de suas oportunidades e de suas sutilezas. Conforme os casos, o Direito chamado popular poderá ser mostrado às vezes inferior e outras supe-

---

[271] Sobre a noção do "construído", veja acima n° 98s.
[272] Veja, entre outros, P. Esmein: "O Direito e suas fontes populares", em *Bibliotheque du peuple*, Paris, 1942, pp. 19 e 20. Veja igualmente, Russo: *op. cit.*, pp. 53-54.

rior ao Direito dos juristas.[273] No entanto, expressar o Direito enquanto órgão não significa criá-lo como autor. O que é inadmissível é querer fazer do povo — consciência coletiva, grande massa dos espíritos, opinião pública — não só o órgão mais ou menos feliz, mas a fonte suprema do Direito, pelo menos para o jurista. Qualquer que seja o modo de formação ou de formulação do Direito, este só vale, cientificamente, pela quantidade de razão jurídica que encerra.

No caso de muitos autores, especialmente Duguit, a tese contrária procede de um método pré-concebido de "ciência positiva", puramente experimental, a qual proibiria extrair o "dado" da regra de Direito de algo que não sejam os fenômenos observáveis. E como Duguit se nega a ver esse "dado" no fenômeno observável das leis, dos costumes, das jurisprudências, "simples modos de comprovação da regra de Direito", vê-se obrigado a buscar no ambiente social, no estado de consciência da "grande massa de espíritos", o "dado" autêntico da regra de Direito. No plano "positivo", com efeito, não há outra eleição: ou a regra do Direito está dada de maneira suprema no Direito existente, que é preciso tomá-lo como ele é, deixando a salvo explicá-lo por causas fenomênicas, ou a regra de Direito habita em uma região anterior, igualmente observável, que não pode ser outra coisa que o estado de consciência do povo. Mas, fenômeno por fenômeno, porque se deter no estado de consciência do povo e não no Direito existente? É porque o Direito se inclinaria necessariamente a conformar-se a esse estado de consciência, que seria assim o fenômeno primeiro, determinante do outro? A não conformidade pode ser encontrada, todavia, e se encontra, de fato, com bastante frequência. Ocorre até que o Direito existente se mantém contra a opinião popular; mais ainda, que triunfa sobre ela e a modifica. Onde está, então, o

---

273 Não se trata, pois, de depreciar a elaboração do Direito pelo povo em benefício da elaboração reflexiva dos sociólogos e dos juristas (comp. Russo: *op. cit.*, p. 33ss). Existe razão no povo, e a espontaneidade não exclui a razão.

motivo da preferência sistemática[274] concedida ao Direito derivado da sociedade (positivismo jurídico sociológico ou sociologista) sobre o Direito derivado do Estado (positivismo jurídico estatal)?

Acrescentando que se às vezes o estado de consciência da massa se deixa descobrir sem dificuldade, é antes com frequência inalcançável, ou porque o povo está dividido em sua opinião, ou porque não tem nenhuma opinião sobre o problema a ser resolvido. Onde está então a regra do Direito senão, na falta de opinião pública, do lado do Direito em vigor, ditado pelo Estado, aplicado pelos Tribunais, que apresenta pelo menos a vantagem da existência efetiva?[275]

Além disso, DUGUIT não é consequente consigo mesmo: posteriormente, e em numerosas ocasiões, enuncia como princípio supremo do Direito, sem referência alguma ao estado de consciência da massa, a norma – talvez discutível, mas muito diferente – da "solidariedade social".[276]

113. O Direito não é outra coisa, dizem os "realistas", que a vontade do mais forte; na hipótese de forças concorrentes, a solução será aquela que resultará do equilíbrio de forças. Desta vez a explicação é clara, ainda que cínica. Enquanto o estado de consciência da massa é um conceito nebuloso, a força é uma realidade tangível pela mesma pressão que exerce. A força pode impor ao legislador um dado qualquer,

---

[274] Comp., no mesmo sentido, H. DUPEYROUX: "Os grandes problemas do Direito", nos *Archives de philosophie du droit*, 1938, n° 1 e 2, pp. 43 a 45.

[275] Há outros argumentos ainda: veja RUSSO: *op. cit.*, pp. 20 a 26. Este autor faz valer especialmente o fenômeno bastante frequente do Direito tomado de empréstimo por um povo de outros povos (pp. 24 e 25, 133 e 134). Acrescente-se sobre este fenômeno: DEL VECCHIO: "A ideia de uma ciência do Direito universal comparado", em *Justice, Droit, Etat*, pp. 184 e 185, e os estudos consignados em *Recueil Lambert*, 4ª. parte, tít. I *(La réception des droits)*, t. II, p. 581ss.

[276] Veja, por exemplo, DUGUIT: *op. cit.*, t. I, § 53, pp. 674 a 680, onde o autor define como segue o Direito objetivo do grupo, que se confunde com a lei da solidariedade social: "Não fazer nada contrário à solidariedade social e cooperar na medida do possível para sua realização" (p. 679). E esta lei se impõe a todos, governantes e governados. Veja também t. II, § 8, pp. 54 e 55.

que agrade aos interesses ou às paixões que ela serve. Mas disso não se segue que tem a faculdade para "dar" ao jurista o que se tem que receber, seja lá o que for. Na realidade, a força não "dá" nada, pois o conceito de "dado" implica, apesar de tudo, a ideia de uma solução dotada de virtude própria. Sendo assim, a força se contenta em *ditar* a solução: é ela quem a cria. E então já não se trata de nos perguntarmos se o Direito contém uma parte de "dado"; a distinção já não tem sentido; o Direito, sinônimo da força, nem é "dado" nem é "construído": se reduz a um puro fato arbitrário.[277]

114. Se o dado do Direito não pode residir nos fatos – fatos de consciência comum, ou fatos de poder –, é preciso descobri-lo nesse "fundo de verdades morais e econômicas" que "ordenam certas direções" que "se concentram em torno da ideia suprema do *justo objetivo*", numa palavra, no *Direito natural*?[278]

Dissipemos, em primeiro lugar, um equívoco que oferece o perigo de viciar a controvérsia. É certamente legítimo atribuir valor às noções de Direito natural e de justiça para deduzir em seguida as regras destinadas a reger a conduta dos homens entre si, no plano das relações estritamente inter-individuais como no plano propriamente social (família, Estado, outros agrupamentos). Mas trata-se, nesta perspectiva, da regra humana fundamental, ou seja, da regra moral que prescreve, com efeito, respeitar o Direito de outro (matéria de justiça comutativa),[279] assim como os princípios constitutivos do estatuto das sociedades necessárias (família e Estado), parte "institucional" da moral. Neste sentido, existe um Direito natural inter-individual, um Direito natural familiar e

---

[277] Já PLATÃO havia submetido ao crivo de uma crítica bastante penetrante as ideias negadoras da justiça: o resumo pode ser encontrado em P. LACHIÈZE-REY: *Les idées morales, sociales et politique de Platon*, pp. 37 a 49.
[278] Ou na "noção de Direito", de BONNECASE.-Veja mais adiante nº 110.
[279] Comp. sobre o caráter *natural* do dever moral de justiça comutativa, SANTO TOMÁS: *Somme*, Iª, IIae; qu. 94, art. 2 *ad resp. in fine*.

um Direito natural político.[280] Mas a regra *jurídica* é distinta da *moral*. É a regra concreta, ditada pela sociedade-Estado para seus súditos do ponto de vista de sua disciplina própria[281] (a qual não exclui, ademais, de nenhum modo a realização, não só de um "mínimo ético",[282] mas de um máximo possível, compatível com suas exigências e suas características); é também, previamente, a regra de Direito constitucional e administrativo, mediante a qual se organiza o Estado, causa originária dessa disciplina própria.

A questão é, portanto, saber, na perspectiva assim definida, se o Direito natural e a justiça, que constituem, com efeito, o "dado" da regra moral *ad alterum*, vão servir igualmente de "dado" à regra jurídica. Em caso afirmativo, seria necessário admitir que as duas regras partam do mesmo "dado", e como a regra moral é primeira, que o "dado" que existe na base da regra jurídica não é outra coisa que o que figura na base da regra moral.

Entre os dois sistemas não existiriam outras diferenças que as resultantes da diversidade das determinações positivas; quanto à substância das regras, às direções primeiras, que seriam idênticas, aplicam-se sempre à mesma ideia de Direito natural e de justiça.[283]

115. A Experiência jurídica, tal como resulta da prática geral das legislações, das jurisprudências e dos costumes, não confirma essa inter-

---

[280] Veja sobre estas aplicações diversas da ideia de Direito natural, J. Dabin, *La philosophie de l'ordre juridique positif*, nº 79 a 108, pp. 311 a 395. – Será dedicado também um estudo especial aos conceitos de Direito natural e de justiça: Veja mais adiante, *Terceira Parte*, nº 199ss.

[281] Veja acima nº 6 a 13.

[282] G. JELLINECK: *Die Sozialetische Bedeutung von Recht, Unrecht, Strafe*, 2ª. ed., Berlim, 1908, pp. 45 a 59.

[283] Veja, por exemplo: J. T. DELOS: "Os caracteres essenciais da regra do Direito positivo", em *Droit, Morale, Moeurs*, pp. 212 a 214: a elaboração da norma social ou da regra racional em Direito positivo é, sem dúvida, uma *construção*, mas essa construção consiste essencialmente em uma – *determinação* da justiça e do Direito; a criação só afeta à forma positiva. Veja também pp. 218 e 219.

pretação. Comprova-se, com efeito, que em certos casos a regra jurídica toma o "dado" do Direito natural e da justiça; que em outros se aparta desse dado ou o altera, e não só no detalhe, mas de um modo muito mais radical, pela mudança do princípio: assim ocorre cada vez que o Direito satisfaz com sua disposição a preocupações de segurança. Às vezes, com efeito, a lei consolida o fato estabelecido ou adquirido, mesmo quando esse estabelecimento ou essa aquisição teve lugar contrariamente ao Direito natural e à justiça (ideia de segurança *social*); outras vezes dispõe e modela sua regra de forma tal que possa ser aplicada seguramente, com o mínimo de arbitrariedades, ainda que o Direito natural e justiça devam sofrer (ideia de segurança *jurídica*).[284] Que quer dizer isto senão que o jurista[285] não tem que consultar unicamente o Direito natural e a justiça e que conserva a respeito deles certa liberdade de opinião?

O "dado" obrigatório se converte então em facultativo, ou seja, que deixa de ser *dado*, uma solução, para mudar-se em *dato*, a saber, em um dos elementos do problema. Elemento importante, sem dúvida, capital, que poderá até proporcionar, como disse GÉNY, a "regra", o "princípio"; mas que, em razão da "exceção" possível, não deixa de dar lugar à eleição, o que destrói a ideia de um "dado". Por que eleger é construir, tanto quando o jurista "recebe" o princípio como quando "cria" a exceção: mesmo no primeiro caso a recepção não é passiva, como quando se trata de algo "dado" pura e simplesmente, objeto de comprovação e de registro, mas que toma um caráter realmente ativo, construtivo. Ao receber o dado, que teria podido recusar, o jurista sai do indeterminado, cria uma decisão e, por conseguinte, a solução.

A mesma crítica se dirige a outra fórmula, mais moderada, mas também bastante equivocada, segundo a qual o Direito natural seria o

---

[284] Comp. sobre as aplicações diversas da ideia de segurança, G. RADBRUCH: "A segurança em Direito inglês", nos *Archives de philosophie du droit*, 1936, n° 3 e 4, p. 88-89.

[285] Entende-se (v. acima n° 99ss.) que sob o nome de jurista, compreende-se não somente ao jurista profissional, mas todos aqueles que, mesmo no povo, colaboraram na confecção do Direito: assim ocorre na formação jurídica consuetudinária.

inspirador do Direito positivo.[286] Se por isso é preciso entender que o Direito natural só daria ao jurista o princípio inspirador, por outro lado, obrigatório, de sua construção, a hipótese deve ser rejeitada: o Direito natural não é o princípio único e supremo no qual se deve inspirar o jurista. Essa fórmula deve ser entendida no sentido de que o Direito natural só inspiraria ao jurista, sem relacionar-lhe de outro modo que em princípio, reapareceria a liberdade de eleição, e o dado se desvaneceria diante do construído.

Seria possível dizer que até quando tem a aparência de apartar-se do princípio para acolher à exceção, o jurista se mantém na linha do Direito natural e da justiça, que traduziria a seu modo, levando em conta as necessidades e as condições próprias da ordem jurídica?[287] Apesar de seu êxito, a explicação dissimula mal um paralogismo. Agregar a um princípio uma exceção não é traduzi-lo, nem inspirar-se nele, nem sequer adaptá-lo; é contradizê-lo simples e diretamente, pelo menos para o caso considerado. O princípio enquanto tal pode ficar a salvo; mas é ilógico alegar que ao decretar a exceção continua-se aplicando o princípio. Além disso, se a ordem jurídica se vê forçada, em razão de suas necessidades e condições próprias, a decretar exceções ao "dado" do Direito natural e da justiça (ou a não lhe reconhecer seu pleno efeito, por exemplo, instituindo só uma obrigação natural), isto não é prova de que a regra jurídica, diferentemente da regra moral, não está ligada a esse dado do que só seria a realização técnica, mas que de fato corresponde a um sistema normativo particular?

---

[286] Veja, por exemplo, G. RENARD: *Le Droit, l'ordre et a raison,* Paris, 1927, p. 134: o Direito natural é apenas um "Direito inspirador".

[287] Comp. neste sentido DJUVARA: "O objetivo do Direito", em *Annuaire de l'institute international de philosophie du droit,* t. III, 1938, pp. 97 a 104, especialmente no que concerne à "técnica jurídica", p. 100ss. – Em geral, se diz, de maneira mais breve ainda, sem fazer alusão às exigências próprias da ordem jurídica, que o Direito denominado positivo está no *prolongamento* direto do Direito chamado natural, que se limitaria a fazer passar da categoria da ideia abstrata à realidade histórica contingente.

116. É verdade que se pretende escapar à objeção englobando no Direito natural e na justiça não só o Direito e a justiça, mas de um modo geral *tudo o que se requer para a vida em sociedade*. E, desse modo, como a necessidade de segurança, na sociedade e no Direito, fica alinhada entre as exigências do Direito natural e da justiça: a vida em sociedade não está postulada *pela natureza* e, portanto, não são suas exigências de Direito natural? Por outro lado, não há uma justiça *social* à que está subordinada a justiça particular e, por conseguinte, as exigências sociais da segurança não passam adiante do Direito particular? Portanto, quando a lei jurídica consagra a ideia de segurança, continua realizando o dado do Direito natural e da justiça.

Desse modo se crê mascarar os conflitos (quando não as antinomias) de necessidades e princípios que estão no coração da vida social: tal o princípio de justiça, de um lado, que reivindica o respeito e o triunfo do Direito; o princípio de segurança, por outro lado, que às vezes reivindica o reconhecimento, definitivo ou provisório (ou a tolerância, pouco importa), de um *status quo* não conforme a justiça (estado de fato injusto, ou até regra injusta, *hoc sensu*).[288]

Mas, primeiramente, será observado é que o respeito da justiça, mesmo particular, é para a sociedade um bem tão essencial como a conservação da segurança. *A priori* a justiça social não se inclina mais para o lado da segurança que para o lado da justiça particular: é preciso optar em cada caso pela direção da segurança ou pela da justiça. Por conseguinte, a justiça social não "dá" nenhuma solução, nem mesmo nenhum princípio de solução; simplesmente manda eleger a melhor solução do ponto de vista do bem geral. E é o homem de Estado-jurista, não o teó-

---

[288] Veja, por exemplo, neste sentido, G. RENARD: *La théorie de l'institution*, p. 48ss. J. T. DELOS: "Os fins do Direito", no *Annuaire* citado, t. III, pp. 40 a 47. DELOS possui uma maneira de compreender a segurança que a leva à órbita do Direito: ele a reduz à ideia da possessão de fato tranquila, supondo que esta possessão corresponda a um Direito autêntico. Mas negligencia a hipótese em que o fato injusto está protegido *contra* o Direito. Sendo assim, aí está o problema. É verdade que na nota, p. 45, o autor evoca a dificuldade, mas sem procurar resolvê-la.

rico do Direito natural e da justiça, quem realizará essa opção.[289] Da mesma maneira, qual pode ser a utilidade e até o sentido de um "dado" que sob o nome unívoco de Direito natural e de justiça, reúne direções múltiplas, de conteúdo oposto, sem proporcionar a chave da eleição? Este "dado", que não oferece solução nem princípio dela, não é na realidade um "dado". Na realidade, de "dado" possa ter talvez um método geral, por outro lado, complexo, de elaboração do Direito (diretiva *de método*), mas que nada do que se esperava e do que foi prometido, a saber, soluções ou princípios de solução indicando a conduta que devem observar os sujeitos, numa palavra, o preceito que deve ser incluído na regra (diretiva *de solução*).

117. Isto é o que realiza em sua esfera o "dado revelado" dos teólogos, que parece ter sugerido o tema do "dado" jurídico. O "dado revelado" se compõe, com efeito, de soluções em sentido próprio, verdades dogmáticas e morais, que formam o depósito da Revelação entregue à custódia da Igreja que é sua intérprete. E isso é o que não realiza o "dado" do Direito natural e da justiça, pelo menos tal como se quer entendê-lo, cobrindo o Direito natural tudo o que responde a uma exigência da *natureza*, e a justiça cobrindo tudo o que é *devido* no sentido mais amplo, não só o justo, mas também o útil, o oportuno: tanto a segurança como o Direito. Sabe-se, ademais, que o "dado revelado" não se apresenta simplesmente como um princípio inspirador suscetível de adaptações ou de exceções, que, sem excluir certas determinações ou explicitações, não deixa de

---

[289] Comp. no mesmo sentido; P. CUCHE: "A propósito do 'positivismo jurídico', de Carré de Malberg", em *Mélanges Carré de Malberg*, 1933, pp. 76 à 79; do mesmo, "A elaboração do Direito penal e o "irredutível Direito natural", *em Recueil Gény*, t. III, pp. 273 e 274 CUCHE me leu mal se pensa que sustentei alguma vez outra coisa (Veja, "Para uma melhor terminologia", em *Archives de philosophie du droit*, 1931, nº 1-2, p. 195ss).

ser dado *a priori*, de modo definitivo e intangível: isso é o que sublinha a ideia de depósito.[290]

118. Esclarecemos este debate um pouco abstrato mediante análise de exemplos concretos. Tomaremos estes de DUGUIT, que os invoca como modelos de "regras normativas", derivadas segundo sua tese do "estado de consciência da grande massa de espíritos".[291] Os partidários da tese contrária não deixarão de ver neles outras tantas expressões de um "dado" jurídico tirado do Direito natural e da justiça.[292] Mas qualquer que seja a fonte alegada, irá se demonstrar que essas soluções não são de modo algum "dadas" ao jurista, nem sequer em seus princípios ou em suas linhas gerais suscetíveis de determinações e de exceções, e que revelam uma atividade construtiva autônoma do jurista. Trata-se das três grandes regras seguintes que, segundo o Cód. de Napoleão, dominam o Direito do patrimônio: respeito à propriedade, liberdade de contratação, reparação dos danos culposos.

119. RESPEITO À PROPRIEDADE. – Indiscutivelmente, o Cód. de Napoleão protege a propriedade, pelo menos em princípio, mas não em virtude de um "dado".

Primeiramente, seria difícil sustentar que o princípio da propriedade, quer dizer, da posse privada das coisas, com Direito de disposição, esteja dado no estado de consciência da massa. Nenhuma instituição é

---

[290] As mesmas objeções militam contra a tese de RUSSO: *op. cit.*, p. 67, segundo a qual o "dado" do Direito estaria constituído pela "realidade social" cientificamente analisada. A realidade social engloba múltiplas exigências entre as quais o jurista deve frequentemente eleger, o que leva à ideia de construção.

[291] Veja DUGUIT: *op. cit.*, t. I, 3ª. ed., § 10, pp. 109 e 110.

[292] Veja, para o respeito aos compromissos e para a reparação do dano injustamente causado, L. LE FUR: "A teoria do Direito natural do século XVII e a doutrina moderna", em *Recueil des cours de l'Académie de droit international da Haye*, t. XVIII, 1927, p. 389. Comp. no que tange aos preceitos do Direito natural entre os autores antigos, GROCIUS: *Le droit de la guerre et de la paix*, trad. BARBEYRAC, ed. Basileia, 1768, *Discours préliminaire*, § VIII. J. DOMAT: *Traité des lois civiles*, cap. V.

mais discutida que a propriedade, não só quanto às suas modalidades ou seus limites, mas nela mesma, visto que existem partidos políticos cujo programa prevê a disposição em comum (socialização, nacionalização...) dos bens de produção.[293] Em compensação, os defensores do Direito e da justiça estão em condições de provar que, com efeito, a propriedade, até estendida aos meios de produção, é exigida às vezes pela natureza das coisas e por uma justa consideração do Direito individual.[294] Segue-se a isso que a solução esteja "dada" para o jurista, ainda que seja somente em princípio e deixando a salvo as exceções? De modo nenhum, ou pelo menos não *a priori*. Há uma separação entre a regra de Direito natural e de justiça, que quer a propriedade, e a consagração da propriedade pela via dos códigos, dos tribunais e da força pública. A passagem da regra do Direito natural à regra jurídica implica de imediato, um novo controle, e, portanto, um novo juízo. Sem dúvida, tão indicada parece a proteção jurídica que existe fácil aceitação e passagem de uma à outra regra: assim, por exemplo, para o princípio da propriedade, como igualmente para todas as aplicações elementares da ideia de justiça comutativa, Direito à vida, à integridade do corpo, à honra... A ordem social estaria em perigo se o Direito que a natureza confere aos indivíduos sobre sua própria pessoa e seus bens ficassem sem defesa oficial pela autoridade pública. Não importa se a proteção só seja concedida a título e em razão dessa ordem social, e na medida e da forma que a ordem social o exija; com a única condição, além disso, de que a proteção seja realizável e eficaz, numa palavra, conforme as leis específicas do ordenamento jurídico.

---

[293] Dir-se-á que a propriedade está consagrada por todas as legislações e que por tal título pertence ao *ius gentium?* Mas o *ius gentium*, produto de certa razão coletiva, pode ter, e sempre teve opositores.

[294] Fala-se aqui da "natureza das coisas" e "do Direito natural" em um amplo sentido, que não exclui o trabalho da razão. Mas, segundo a tradição, a propriedade é mais do *ius gentium*, que de Direito natural *sensu stricto:* Veja mais adiante nº 203 e 204, 212 e 213.

Uma vez reconhecida a conformidade será possível dizer que o legislador tem o dever moral, de Direito natural e de justiça, de consagrar o Direito de propriedade, ou qualquer outro derivado do Direito natural. Mas nem sequer nesse caso é possível deduzir disto que a solução do Direito natural seria dada, visto que a proteção só se consegue como conclusão de um juízo realizado pelo jurista no cumprimento de sua própria missão. A diferença dos pontos de vista sempre é suscetível de levar consigo diferenças mais ou menos essenciais no conteúdo das regras, o que basta para fundamentar a tese de autonomia do Direito denominado positivo em relação ao "dado" do Direito natural.

As considerações expostas a respeito do Direito de propriedade valem igualmente para as limitações desse Direito. Moralmente, segundo o Direito natural, a faculdade de plena disposição, característica da propriedade, não pode ser absoluta, nem em princípio. À propriedade estão unidos deveres sociais: a natureza social do homem se reflete sobre o Direito individual onerando-o com responsabilidades a respeito do próximo. Contudo, pode ser perigoso socialmente ou, com mais frequência, cheio de dificuldades técnicas, o ato de traduzir em normas jurídicas eficazes esses preceitos do Direito natural. E disto o jurista continua sendo o apreciador soberano. Numa palavra, existe frente à *concepção filosófica e moral* da propriedade, que é a concepção do Direito natural, uma *concepção jurídica* da propriedade, que sem dúvida toma emprestado da primeira, mas que toma a propriedade somente em um aspecto: aquele que interessa aos fins particulares e aos meios próprios da disciplina jurídica.[295]

120. De modo semelhante, e em aplicação desta doutrina, há numerosas hipóteses nas quais muito legitimamente, por razões ou de ordem social, ou de técnica jurídica, a propriedade, tal como a concebe o Direito natural, não se beneficiará com a proteção do Direito;

---

[295] Sobretudo, quanto ao caráter "superficial" da concepção jurídica da propriedade, veja acima nº 92 e 93.

assim, por exemplo, no caso da *prescrição* em proveito do possuidor de má-fé, que implica a negação de proteção ao proprietário injustamente desempossado;[296] ou no caso da liberdade de contratação que implica a negação de proteção ao contratante-proprietário injustamente lesado.

Dir-se-á que são simples "exceções" a um princípio que continua intacto e continua se impondo como dado não obstante as exceções; ou ainda simples "adaptações" às exigências da segurança do princípio do respeito à propriedade... Mas estes são artifícios lógicos, jogos de palavras. A verdade é que tendo que eleger entre os princípios, igualmente válidos no plano do Direito, mas no caso concreto inconciliáveis, do respeito à propriedade e da segurança, o jurista dá, nesse caso, preferência ao princípio da segurança.[297] Porque – é preciso repetir – um princípio que só é dado como "exceção" (ou deixando a salvo a adaptação, igual de fato à exceção), que determina o jurista, não é para o jurista mais o "dado", visto que está sujeito a exame e circunstancialmente pode ser recusado. Depois, como antes, da decisão do jurista, o respeito à propriedade continua sendo o dado de Direito natural: não obstante os títulos jurídicos de aquisição (prescrição ou contrato), o "dado" da propriedade

---

[296] Veja J. A. ROBILLIARD: "A propósito de um conflito entre o Direito civil e a lei da Igreja com relação à prescrição aquisitiva", em *Bulletin thomiste*, notas e comunicações, t. I, 1931 e 1933, pp. 193 a 198: "O mesmo sistema e o fim da prescrição, que é cercar de segurança o Direito de propriedade e simplificar a prova, exige que não se distinga entre a boa e a má fé do possuidor. Mas concebe-se que a lei da Igreja, sendo uma adaptação da lei evangélica, uma adaptação ao meio social dos atos exteriores compreendidos na lei nova, tenha exigências que o Direito civil não pode e, em certos casos, não deve ter.

[297] Por um raciocínio do mesmo gênero é preciso compreender o exemplo do depósito, tomado de CÍCERO *(De officiis*, 3, 25, 95), por. SANTO TOMÁS: *Summa*, I^a, II^{ae}, qu. 94, art. 4 *ad resp.* e art. 5 *ad resp.* (Veja também II^a II^{ae}, qu. 26, art. 5, *ad 1^m*; qu. 120, art. 1º *ad resp.*). Se o princípio da restituição do depósito pode sofrer exceção, é por causa da intervenção de outro princípio que, no caso, deve ter a preeminência; no exemplo escolhido, o princípio da piedade patriótica, que se impõe não somente no depositante, mas no depositário. Portanto, a antinomia do princípio se resolve sempre em um princípio superior: em moral, o princípio da reta razão; em Direito, o princípio do bem comum. Comp., no mesmo sentido, DOMAT: *Traité des lois*, cap. XI, 21 e 22.

continua obrigando em consciência ao beneficiário da injustiça, pelo menos enquanto não tem a sentença do juiz.[298]

121. LIBERDADE DE CONTRATAÇÃO. – Esta regra significa, em Direito clássico, que os contratantes têm liberdade para "fazer tantos contratos quantos quiserem", e do tipo que for, desde que estejam informados legalmente e que não sejam contrários à lei (texto expresso), nem à ordem pública nem aos bons costumes. Sendo assim, é inexato pretender, como faz DUGUIT, que o princípio da liberdade dos contratantes, assim definido, esteja "dado" no estado de consciência da massa, visto que se encontram (fora até de todo sistema de planejamento no qual o contrato está absorvido e suprimido) muitos partidários do "contrato dirigido", ou pelo menos controlado, seja pela administração, seja pela corporação, seja pelo juiz.

Tampouco seria possível ver na liberdade de contratação um princípio de Direito natural e de justiça enquanto é interpretado como uma imunidade completa que exclua, ainda que só em princípio, toda intervenção de uma autoridade aos efeitos de comprovar o conteúdo, os móveis ou os fins do contrato celebrado. Em compensação, uma autonomia contratual limitada pode se apoiar no Direito natural a título de consequência da liberdade individual, que postula, com efeito, para a pessoa humana capaz de certo Direito de administrar ela mesma seus negócios e seus interesses.

Mas também é necessário, ainda neste plano do Direito natural, que os contratantes respeitem não somente a lei, a ordem pública e os bons costumes, mas o Direito e a justiça: a justiça comutativa que, nos intercâmbios, exige a equivalência das prestações – salário justo, preço justo –; a justiça social ou legal, que não tolera as operações prejudi-

---

[298] Veja, de um modo geral, no mesmo sentido (distinção entre a definição *filosófica* da propriedade, quer dizer, a definição que dela dá o Direito natural, e a definição *jurídica* da propriedade, DESQUEYRAT: "A parte do imutável e variável no regime das liberdades", em *La liberte et Le libertes dans la vie sociale*, em *compte rendu* das *Semaines sociales de France*, de ROUEN, secção XXX, 1938, p. 184ss.

ciais ou perigosas ao bem geral; numa palavra, todo o oposto a uma doutrina econômica liberal, na qual a liberdade pura seria proclamada como princípio, sobretudo, como princípio de Direito natural e de justiça. O Direito natural renegaria a si mesmo se, no contrato, assim como fora dele, aceitasse sacrificar a justiça em favor da liberdade, garantindo a liberdade da injustiça.

Todavia, ainda que o dado do Direito natural neste caso seja o do contrato justo, e não o do contrato livre, separado da justiça, o Direito natural não prescreve nada e, por conseguinte, nada dá quanto à solução do problema que é próprio do jurista, a saber: a regra jurídica deve intervir para assegurar a justiça nos contratos contra os excessos ou abusos da liberdade? No caso afirmativo, em que medida (classes de excessos, espécies de contratos...) e de que forma (controle, medidas preventivas que limitam a liberdade...)?

Sendo assim, por legítima ou até recomendável que pareça em teoria, um condicionamento jurídico da liberdade contratual que tenda a salvar a justiça, essa solução leva consigo, além das dificuldades de aplicação, muitos perigos (obstáculo dos negócios, atentar contra a estabilidade dos contratos, favorecer a má fé...) que convirá pensar cuidadosamente, e compará-los com a ganância da moralidade que se espera da intervenção. Mas qualquer que seja o resultado – variável segundo as circunstâncias de tempo, lugar e ambientes sociais – a que leve esta compensação, qualquer que seja a conclusão prática a que se chegue – favorável ou não à liberdade, com toda a gama possível de derrogações ou exceções ao princípio admitido como predominante – é evidente que essa elaboração revela uma obra essencialmente construída, totalmente original, e nos antípodas da recepção de um dado.[299]

---

[299] É assim que, em nossos dias, se observa uma tendência a admitir a lesão como principio geral de rescisão de contratos, pelo menos dos comutativos, livres de todo elemento aleatório: veja G. RIPERT: *Le régime démocratique et le droit civil moderne*, Paris, 1936, nº 93, pp. 179 a 181. E. DEMONTES: "Observações sobre a teoria da lesão nos contratos", em *Etudes de droit civil à mémoire de H. Capitant*, Paris, p. 171ss.

122. Reparação dos danos culposos. – O problema gira aqui menos ao redor do princípio da reparação do dano causado a outro que nas condições desta reparação: é preciso, diz-se, que o dano seja efeito de uma falta. A falta, causa do dano, condição da reparação: tal seria a direção dada ao jurista em sua tarefa de elaborar o sistema jurídico da responsabilidade civil. Mas de novo se busca em vão, seja na massa dos espíritos, seja no contexto do Direito natural, qualquer indicação concernente à necessidade de uma falta para a reparação dos danos.

Por um lado, a massa dos espíritos do século XX está dividida entre os partidários da responsabilidade com falta, ou subjetiva (doutrina tradicional), e os partidários da responsabilidade sem falta, ou objetiva. Por outro lado, se toda falta, por definição, implica a falha em uma regra de conduta, deve-se distinguir entre a falta intencional, que implica vontade de causar dano, e a falta não intencional que não supõe essa vontade. Sendo assim, enquanto os filósofos e os moralistas, ao falar em nome do Direito natural e da justiça, não ligam obrigação estrita de reparação senão à falta intencional, os juristas, seguindo uma tradição já ampla, mostram-se mais exigentes: a falta por imprudência ou negligência (quase-delito) dá lugar à responsabilidade civil, e às vezes até à responsabilidade penal (assim, por exemplo, para o homicídio e ferimentos, que são danos especialmente graves).

Divergência fundamental, cujo sentido não pode ser outro que este: se existe no caso suposto um dado para o moralista, pelo menos por via de conclusão deduzida do Direito natural, esse dado não se impõe necessariamente ao jurista, cujo ponto de vista, em matéria de responsabilidade por danos, não pode ser calcado sobre o do moralista.[300]

---

[300] Não basta, pois, falar a propósito do art. 1382 do Código de Napoleão de uma ideia central – de segurança ou de justiça, segundo as interpretações, – pensada por meio de termos jurídicos como os de "feito do homem", "falta", "reparação" (J. DELOS: "Os fins do Direito", em *Annuaire de l'institut internacional de philosophie du droit*, t. III, 1938, p. 38. Veja também p. 163). Tampouco se poderiam caracterizar as soluções jurídicas em matéria de responsabilidade civil como

Com efeito, para o jurista o sistema de responsabilidade civil não tem somente uma função moral de reparação (subordinada, portanto, segundo os critérios morais, à condição de uma injustiça voluntária, quer dizer, de uma falta moral); têm, ao mesmo tempo, uma função social de prevenção dos danos: ao saber que terão de pagar até por suas faltas não intencionais, as pessoas adquirem o costume da diligência e da prudência, virtudes indispensáveis à vida social.

De maneira semelhante, a regra do Direito positivo e mesmo do Direito natural conhecem outras fontes de responsabilidade que não são a falta, intencional ou não, do autor do dano: assim, em matéria de responsabilidade pelo fato alheio ou por ação das coisas; em matéria de danos resultantes da execução de trabalhos públicos; e em matéria de acidente do trabalho... A lista se estende cada vez mais com casos de responsabilidade sem falta provada da pessoa, privada ou pública, gravada com a reparação, e sem que se possa ver nessas soluções, que excluem a falta, quer adaptações do princípio da falta, quer outras tantas exceções a esse princípio. Os sistemas são irredutivelmente diferentes, por que procedem de princípios diferentes.

Contudo, tanto nos casos de responsabilidade sem falta como nos com falta, a solução, ou o princípio de solução, não está dado antecipadamente ao jurista: este é quem há de decidir, segundo as matérias, em que princípio fundará a reparação. Mesmo quando o próprio Direito natural manifesta suas preferências, é preciso examinar o que pode fazer de útil, de oportuno, de eficaz, de social e de tecnicamente válido.

§ 3. O Direito é "prudência" e, por conseguinte, construído

123. Em resumo, a tese de um "dado" jurídico consistente em uma norma elementar de conduta para os sujeitos, que seria objeto de

---

"excedendo mesmo em moralidade as exigências da crítica individual ou social" (RUSSO: *op. cit.*, p. 55, *initio*). O papel do Direito não é ultrapassar a moral, e em tal sentido, contradizê-la.

conhecimento puramente especulativo, não parece resistir à prova de uma crítica racional, nem à das realidades do Direito. Quanto "ao dado" do estado de consciência da massa, não se percebe, fora do preconceito da ciência positiva, ou de uma espécie de religião do *Volk*, títulos que qualifiquem a massa, não para traduzir a regra e expressá-la, como no costume, mas para literalmente criá-la, por uma identificação necessária do Direito e da opinião. Por outro lado, na realidade, o Direito em vigor não coincide sempre com o estado de consciência da massa: é frequente entre os dois uma luta da qual a opinião nem sempre sai vitoriosa. Quanto ao Direito natural, concebe-se mal esse "dado" obrigatório para o jurista, a não ser unicamente "em princípio", que deixa intacta a faculdade de julgar a exceção e, por conseguinte, deixar de lado o princípio. De fato, o jurista com frequência utiliza a permissão, ditando regras "construídas" *segundo as exigências de sua própria ordem*, que é a ordem jurídica e não a ordem do Direito natural ou da justiça.[301]

Frente a esta tese foi observado que, em qualquer ciência, o "dado" implica, por parte da inteligência, uma elaboração conceitual mais ou menos importante segundo as disciplinas, mas essa operação do conhecimento não deve ser confundida com uma construção.[302] A observação é exata. O "dado" elaborado pela ciência continua sendo – como foi dito – um dado.[303] Mas enquanto no caso do teólogo, do moralista,

---

[301] Se "a justiça [entenda-se a justiça das leis positivas, a justiça "jurídica"] é uma síntese, um equilíbrio que deve ser buscado entre o bem da sociedade e o do indivíduo, entre o bem e o útil, entre o ideal que é possível conceber e a solução oportuna, o que é possível realizar" (LE FUR: "Regras gerais do Direito da paz", em *Recueil des cours de l'Académie de droit international da Haye*, Paris, 1936, p. 185), como sustentar que essa "síntese", este "equilíbrio" esteja dado pela natureza?

[302] R. G. RENARD: *La philosophie de l'institution*, Paris, 1939, p. 100, nota 2: (A ciência natural jamais construiu salvo sobre um "dado") previamente elaborado; mas essa elaboração não é uma construção; é uma operação do conhecimento: tal elaboração dogmática a partir do "dado revelado"; tal o "fato científico" frente ao "fato bruto". Tudo o que se pode dizer é que essa mediação intelectual preparatória para a sistematização teórica não é da mesma importância em todas as disciplinas, e os físicos, já se sabe, estão longe de entrarem em acordo sobre o lugar que ocupa em seus domínios".

[303] Veja acima nº 98 texto e nota.

do sábio, trata-se, com efeito, da elaboração conceitual de um "dado" – "dado revelado", dado do Direito natural, ou fato bruto – no caso do jurista nos vemos em presença de uma verdadeira "construção" que não se limita a elaborar conceitualmente um "dado", mas que elabora seu objeto e, portanto, o constrói.[304] Como já se demonstrou, a regra jurídica não é "dada" no mesmo sentido da ciência, da filosofia ou da moral. No fundo, como na forma e até em suas diretrizes mais gerais, mais indeterminadas, é o fruto de uma elaboração especial, que é a obra própria do Direito. Explica-se, portanto, que o jurista possa acrescer ao pretendido "dado" jurídico derivado da natureza não só "adaptações", mas também "exceções": o jurista é dono de sua construção. Por mais "natural" que seja um princípio, moral e socialmente, o jurista pode ter muitas razões válidas, já que não para contradizê-lo, pelo menos para não incluí-lo em sua regra.[305]

124. Isto quer dizer que a operação do jurista construtor do Direito (*pragmaticus legum*)[306] não seria ato de razão? De modo nenhum; mas é um ato de razão *prática*. Tendendo a um fim de ordem prática, a saber, a boa regulamentação das relações sociais em uma determinada sociedade, a elaboração do Direito depende não do conhecimento *especulativo*, científico ou filosófico, mas do *juízo*: de modo mais preciso, como a boa regulamentação das relações sociais afeta o bem da vida humana em geral, a ação desenvolvida com essa finalidade pertence essencialmente, para a determinação do conteúdo da regra (senão para sua *feitura* exterior), à prudência. Se, segundo a antiga definição, a prudência (*tecta ratio agibilium*) significa o discernimento e a aplicação, na esfera das coisas morais (*in operabilibus*), dos meios mais apropriados aos fins (*ea quae*

---

[304] Santo Tomás compara o legislador a um tecelão (*Comm. Polit.*, Liv. III, liç. 3), a um arquiteto (*Somme*, I^a II^{ae}, q. 47, art. 12 *ad resp., in fine*).
[305] Comp., no mesmo sentido, Desqueyrat: *op. cit.*, pp. 184 a 191, Burdeau: *Traité de science politique*, t. I, nº 80, p. 100, nota 1.
[306] A expressão é de Vico.

sunt ad finem),³⁰⁷ a tarefa do jurista é a de adaptar ao *fim* que persegue o sistema jurídico, o *meio* que constitui a regra jurídica.³⁰⁸

Não é precisamente em consideração a este dever de estado pelo qual o jurista tem o nome de "prudente", e que "jurisprudência" seja sinônimo de ciência do Direito? A "jurisprudência" ou "prudência jurídica" é uma das partes da virtude moral de prudência: a parte que faz referência às atividades *jurídicas*, ao estabelecimento da regra do Direito e à sua aplicação nos casos concretos.³⁰⁹ Porque a razão prudencial não intervém unicamente para tratar os casos singulares, consulta, ou juízo dos litígios. Existe a prudência do *jurisconsulto* (o "prudente" romano) e a prudência do *juiz*, esta é a origem da expressão técnica de "jurisprudência" para designar o trabalho de criação e de interpretação jurídica dos tribunais. Mas também há uma prudência *legislativa*, concernente à ação particular da elaboração das regras gerais chamadas para reger os casos singulares.³¹⁰ Esta prudência legislativa é a que dirigirá a operação de todos aqueles que, a título qualquer, colaborem na edificação do Direito;³¹¹ ela

---

307 Veja, neste sentido, Santo Tomás: *Somme.*, Iª IIᵃᵉ, q. 47, art. 6. Em oposição à *prudência*, que se exerce na esfera do *agir humano*, inclusive o ato de governar dos outros, a *arte* e a *técnica* se exercem na esfera do *facere*,: Veja acima nº 98 e notas, p. 99 e nota.

308 Comp., no mesmo sentido, Santo Tomás: *Somme*, Iª IIᵃᵉ, q. 95, art. 3 *ad. resp.* a lei humana *"est aliquid ordinatum ad finem... Finis autem humarae, legis est utilitas hominum, sicut etiam Jurispositus dicit".*

309 Comp., F. Senn: *Les origines da notion de jurisprudence*, Paris, 1926, p. 6: "A *juris prudentia* não é mais que a aplicação também dessa virtude de prudência, neste caso ao Direito *(prudens in iure)"*. E para o desenvolvimento ver pp. 17 a 24, 27 a 30, 45 a 48.

310 Sobre a prudência *política* na pessoa dos *governantes*, prudência legislativa *(legispositiva)* e prudência de governo *(regnativa)*, veja Santo Tomás: *Somme...* IIª, IIᵃᵉ, q. 47, art. 12; q. 48, art. 1 *ad resp.*; q. 50, art. 1 e 2; q. 57, art. 1 *ad* 2ᵐ.

311 Se se fala aqui, de *lei*, de prudência *legislativa*, entende-se (veja acima nº 99 e 115, notas), que não se limita a argumentação à única hipótese do Direito de origem legislativa. Qualquer que seja a fonte – legislativa, jurisprudencial ou consuetudinária – que derive de juristas profissionais ou da vida, quer dizer, do povo, o Direito, é prudência. Há uma prudência consuetudinária que se manifesta nas iniciativas, espontâneas, mas, não obstante, refletidas de todos os homens que criam o costume. Até o ponto que se o costume não é prudente, não expressará outra coisa que um mal Direito.

é a que lhes permitirá julgar concretamente os meios e os fins, seu valor e sua adequação com respeito ao fim último da ordem jurídica.

Pergunta-se se a lei civil é assunto de *justiça* ou de *prudência*.[312] Tanto pelo ato de legislar como pelo conteúdo da legislação, a lei civil é assunto de prudência. Mesmo quando o legislador consagra a justiça e a incorpora à sua construção, é a prudência que lhe dita esta decisão, não a justiça ou o Direito natural (salvo seu dever de justiça legal de executar o que a prudência legislativa lhe dita). Mas imediatamente, na pessoa do legislador que dirige, a lei é obra de razão prudencial;[313] não se converte em assunto de justiça – de justiça legal – senão na pessoa dos sujeitos, enquanto estes se acham moralmente obrigados a obedecer à lei.[314]

125. Do fato de que o Direito é inteiramente "construído" não resulta, portanto, que a construção possa ser efetuada de modo arbitrário ou até com a liberdade de criação da obra de arte, precisamente porque é a obra da razão prudencial. Quem diz razão diz submissão à verdade, em todas as suas formas, teórica ou prática. Quem diz prudência diz via a seguir e, por conseguinte, submissão a uma finalidade (método). Haverá sem dúvida lugar, no trabalho concreto de elaboração, para certa dose de vontade arbitrária; mas, fora até da prudência, cujo ofício é regular ou arbitrário, também se acha este conteúdo nos limites relativamente estreitos que lhe traçam o "dado" infranqueável das realidades exteriores, de um lado, e o dado mais dúctil e flexível do método de elaboração, por outro. Notemos também que, se há um reflexo nisso, a ideia de um Direito "dado" não exclui o arbitrário, mas

---

[312] Veja Santo Tomás: *op. cit.*, II ª II ᵃᵉ, q. 50, art. 1 *ad 1ᵐ*. Comp., q. 57, art. 1 *ad 2ᵐ*.

[313] Comp., no mesmo sentido, Santo Tomás: *op. cit.*, II ª II ᵃᵉ, q. 50, art 1, *ad 1ᵐ*: "*Quia tamen dirigere magis pertinet ad regem, exequi vero ad subditos, ideo regnativa magis ponitur species prudentiae qua e est directiva, quam justitiae quae est executiva*".

[314] Mais adiante se verá de que *natureza* é esta construção: em função de quais pontos de vista, o que fará aparecer a existência de dois estágios da construção, uma construção de natureza política e social, uma construção de natureza especificamente regulamentar ou jurídica: Veja acima cap. II, pp. 133ss, 194 a 198.

inclui o arbitrário de um Direito "construído". Tudo depende da *origem* atribuída ao "dado": se o "dado" está na consciência da massa, *a fortiori* na vontade do mais forte, o Direito assim dado excluirá o arbitrário do jurista unido por este "dado", mas não aquele das consciências ou das vontades que terão criado.

Vejamos mais de perto os limites impostos à construção.

126. O jurista não tira a sua regra *ex nihilo* e não edifica no vazio. Como toda regra, o Direito é formado de *fatos*. Por "fatos" entende-se, no mais amplo sentido, qualquer realidade, de qualquer natureza que seja, a qualquer disciplina que pertença, suscetível de interessar ao jurista na elaboração de seu sistema próprio, quer como fatos de infra-estrutura, subjacentes à regra, quer como fatos de meio ou de ambiente.

Esta definição compreende primeiramente os *fatos propriamente ditos* (fatos de *sein*): fatos concernentes ao homem, para quem e por quem existe a regra: fisiológicos, psicológicos, econômicos, sociológicos, políticos, históricos...; fatos concernentes às coisas e à natureza, com as quais o homem está em contato; fatos concernentes a Deus, autor e soberano, senhor do homem e dos seres criados. Todas as ciências – ciências propriamente ditas, metafísica, teologia... – que são assim "ciências auxiliares" do Direito. As verdades propostas por elas são, para o jurista, outros tantos dados prévios que, de certa maneira, se impõem sempre a ele, tanto se tem um caráter de necessidade como se pertencem à esfera do puro contingente.[315]

No primeiro caso o jurista os aceitará tal como são, sem poder modificar nada. Ele os tomará até como ponto de partida de sua ordenação a título de condições ou de pressupostos, salvo o traduzir as realidades científicas em conceitos manejáveis pelo jogo das categorias, das pre-

---

[315] Naturalmente, há verdades discutíveis, disciplinas cuja legitimidade mesma é discutida por alguns: assim acontece com a filosofia ou a teologia. Mas estes problemas excedem a competência do jurista como tal.

sunções de Direito e outros procedimentos da técnica jurídica formal.[316] Neste sentido é exato dizer de um modo absoluto: *Ex facto oritur ius*; os fatos são *fontes* de Direito, elementos *geradores* de regras e de soluções de Direito. Por exemplo, são fatos inelutáveis, para o jurista como para todo homem, que a paternidade não é suscetível de comprovação direta, pelo menos no estado atual da ciência;[317] que as coisas materiais se dividem em móveis e imóveis; que o homem é dotado de personalidade, que tem o instinto de sociabilidade; fatos inelutáveis que não deixaram de levar consigo consequências no campo da disciplina jurídica.

Mas mesmo quando se tratam de fatos dependentes da livre vontade dos homens, fatos de conduta sobre os quais o jurista pode atuar e tem poder por meio da lei, tais fatos continuam se reproduzindo e, por conseguinte, se impondo ao jurista em razão unicamente de sua existência: tanto se se adapta a eles e os aprova, como se se pretende retificá-los, corrigi-los ou reprimi-los, esses fatos *são* e, por tal título, há de contar-se com eles. Nesse sentido também é exato dizer, desta vez de modo relativo: *Ex facto oritur ius*. Não é que o Direito sempre tenha que se inclinar diante dos fatos da conduta, visto que, pelo contrário, sua missão é regê-los, mas que esses fatos, tal como são, atualmente, podem exercer uma influência sobre a decisão adotada pelo legislador. Assim é de modo especial para os fatos constitutivos do ambiente social, a saber, o ambiente de forças, ideias, interesses e necessidades sempre em movimento, frequentemente antagônicos, no seio do qual o Direito é chamado a evoluir. Sendo assim, na medida em que os fatos constitutivos do meio dependam da liberdade humana, é claro que o jurista, antes de tomar uma atitude com respeito a eles deve se esfor-

---

[316] Veja mais adiante nº 165ss.
[317] Faz-se alusão aqui aos progressos que podem resultar de certos métodos novos de investigação: grupos sanguíneos, traços corporais hereditários, etc.

çar por compreendê-los, o que supõe a ciência e a experiência do meio social considerado.[318]

127. Isto não é tudo. Os fatos que compõem o "dado" prévio do Direito, abrangem, além dos fatos puros e simples, objetos de ciência especulativa, todas as *regras de ação*, sem distinção entre o agir humano (*agere, agibilia*) e o agir técnico ou artístico (*facere, factibilia*). Existe toda uma multidão de técnicas relativas às mais variadas matérias: técnica das empresas, técnica dos bancos, dos seguros..., técnica da construção de máquinas, instrumentos e aparelhos; a técnica da navegação marítima ou aérea; técnica médica e cirúrgica; técnica da obra estética, científica, literária, até legislativa...; na esfera dos bens deleitáveis, técnica dos jogos e dos esportes... Para o jurista as regras estabelecidas e procedentes das diferentes artes ou técnicas são evidentemente dadas como fatos. Por conseguinte, desde o momento em que o Direito entra em contato com matérias técnicas o jurista está ligado pelo "dado" da técnica, que lhe proporcionará os elementos básicos para sua construção.[319]

A mesma observação se aplica às regras do agir *humano*: regra da *moral* ou regra do *Direito já estabelecido* (fatos de *sollen*). Para o jurista a regra moral está dada não só quanto aos primeiros princípios de Direito natural e de justiça, mas quanto às conclusões ulteriores e às determinações daqueles, produto do trabalho dos especialistas da moral. Ainda que essas determinações e conclusões sejam, em parte, construídas, o que é construído para o moralista se converte em "dado" para o jurista. A mesma coisa acontece com o Direito existente, em relação ao trabalho de elaboração de uma nova regra: o Direito existente, que foi construído em outro tempo, se converte agora para o jurista-construtor em "dado"

---

[318] Este é todo o alcance que convém atribuir à máxima *Ex jacto oritur ius*. Não se trata, de modo algum, de "canonizar" o fato ou de elevá-lo a Direito. Esse é o equívoco que encerra a ideia do "fato normativo" de Gurvitch, fato puramente empírico. Comp., Russo, *op. cit.*, p. 50ss

[319] Veja, especialmente, no que tange à técnica do seguro, Picard: "A debilitação contratual do contrato de seguro", en *Recueil Lambert*, § 146, t. III, pp. 161 e 162.

jurídico, enquanto realidade histórica. E é perfeitamente certo que, na confecção da regra, o jurista não poderia fazer abstração desse "dado" jurídico histórico, tanto se se limitar a completar ou a aperfeiçoar o Direito existente, como se quiser reformá-lo ou modificá-lo. Mas tenhamos em mente que estes últimos "dados", assim como os precedentes, são *pré--jurídicos*, tributários das ciências auxiliares: ciência do Direito natural e da moral, ciência do Direito existente ou da história do Direito. Ainda que ofereçam um interesse especial para a elaboração do Direito – o que proíbe que sejam chamados de "metajurídicos" – não formam, contudo, o "dado" jurídico da regra a construir; e isso é evidente para o Direito existente, visto que na hipótese se pretende sua modificação, também é verdade para o "dado" da regra moral, do Direito natural e da justiça. O jurista recebe a moral e suas soluções como "dado" em seu lugar e sobre seu plano específico: enquanto "dado" *moral*; não tem porque recebê-las enquanto "dado" *jurídico*, quer dizer, como "dado" completamente preparado por sua própria regra: neste novo plano fará uso delas segundo o prescrito pela norma da prudência, em relação com sua obra especial, a obra do Direito a elaborar. Sendo assim, a prudência logo prescreverá ou recomendará sancionar o "dado" moral, como aconselhará uma atitude inversa: negar a sua intervenção ou nova ordenação do "dado".

128. Este é o erro, e mais provavelmente o equívoco ou a má interpretação da concepção de Gény: os diferentes "dados" enumerados por ele: "dado" natural ou estritamente real, "dado" histórico, "dado" racional, "dado" ideal, que correspondem às variedades de "dados" aqui considerados, são anteriores não somente à construção, no sentido em que é entendida por Gény, mas à regra jurídica tomada em seu fundo substancial. Estes *dados* são na realidade *dados prévios*, correspondentes cada um a sua espécie: científicos, técnicos, morais. Figuram entre os elementos do problema a ser resolvido pelo jurista; não proporcionam o princípio da solução, que é necessário ainda eleger e construir totalmente.[320]

É verdade, que se invoca a *virtude normativa* desses dados: "as verdades morais e econômicas" imporiam "direções",[321] "a vida social é trabalhada por tendências, busca alcançar finalidades", de sorte que "a ciência social, estudo do dado positivo, é já em grande parte ciência de normas".[322]

Sem desconhecer o que pode haver de "finalidade natural" em certas realidades sociais, com as consequências que se seguem sobre o plano da conduta moral e econômica dos indivíduos,[323] a questão – sempre a mesma – é saber se a regra jurídica é transportável ao plano jurídico. Sobre esse ponto viu melhor Duguit quando distinguia a norma social – econômica ou moral – da norma jurídica e, requerendo desta o signo de uma "reação" em particular,[324] que para nós é o efeito do juízo prudencial do jurista. Fazer abstração desse juízo e preteri-lo por pensar que a norma estaria dada na realidade social é privar o sistema jurídico de toda existência e de todo valor específico.

---

[320] Isto é o que Gény reconhecia sem dificuldade, pelo menos para o "dado" natural ou estritamente real: ver *Science et technique*, t. II, n° 167, pp. 371 a 376. Acaso Gény não fala de "dados" do Direito positivo? (ver t. II, intitulado do cap. IX, n° 166, p. 371).
Veja de maneira mais explícita, todavia, em Renard: *Le droit, la logique et le bon sens*, Paris, 1925, p. 14; *Le droit, l'ordre et la raison*, p. 139: ("O Direito natural é apenas um dos dados de um problema que cabe ao Direito positivo resolver"); *La théorie de l'institution*, pp. 48 a 55, 65 e 66; *La philosophie de l'institution*, pp. 30 a 33, 103 e 104.

[321] Gény: texto citado acima p. 108.

[322] Fórmula de Russo: *op. cit.*, p. 51.

[323] Esta é a concepção que está na base da noção clássica do Direito natural, regra derivada da natureza das coisas, ademais, essa natureza entendida em um sentido que excede o puro empirismo; veja mais adiante n° 203 e 205.

[324] Duguit: texto citado acima, n° 107 e 108.

129. Mas o que está dado, sobretudo, além dos *fatos prévios* (de *sein* ou de *sollen*), subjacentes ou de ambiente, é um *método de elaboração do Direito*, consistente em certos princípios derivados pela razão filosófica ou filosofia do Direito. Diferentemente das *soluções* que para cada problema estão determinadas pela prudência (jurídica legislativa), o *método* está dado pela ciência, uma ciência encaminhada para a ação, visto que se trata de elaborar o Direito, mas uma ciência feita de princípios gerais, universais, que a prudência terá que executar, precisamente, na solução dos problemas particulares. Por definição, os princípios dessa ciência – que é uma ciência filosófica, pois implica uma filosofia do Direito – se impõem ao jurista construtor de modo necessário, absoluto, sem possibilidade de derrogação de nenhuma espécie. Na falta de Direito natural jurídico, existe, pois, um *método jurídico natural* que representa os princípios permanentes e invariáveis que, em todo o tempo e em todo lugar, presidem a elaboração do Direito.[325] Este método é o que o legislador deve seguir; e esse método é o que o juiz também deve seguir, na medida em que realiza o "ato legislador" (veja Cód. civil suíço, art. 1º), quer pela ausência de lei formal, quer no uso dos poderes discricionários que recebe da lei.

O Direito é prudência e, por conseguinte, na pessoa que faz a lei, é ação. Mas nem essa ação nem essa prudência são cegas. O conhecimento precede, sobretudo, o conhecimento do campo, do fim e das condições da ação. Nesse sentido foi possível escrever sem paradoxo: "O Direito não é uma ciência, mas há uma ciência do Direito";[326] do Direito estabelecido, evidentemente, mas também do Direito por estabelecer. Tendo que construir a regra, o jurista começará por receber

---

[325] Neste sentido – de método e não de solução – é como se deve entender o "Direito racional o científico" de LE FUR *(Les grandes problemes du droit,* Paris, 1937, p. 181, nota 1 e referências). Também para a "noção de Direito", de BONNECASE: "um princípio regulador, superior às contingências, que se encarrega de definir a harmonia social em sua essência, e de indicar os meios de obtê-la" *(Introduction au droit,* nº 138, pp. 217 e 218).

[326] CORNIL: estudo indicado acima nº 44 e nota.

o "dado" das regras que governam sua atividade própria: este é seu primeiro dever, preliminar à intervenção da prudência legislativa.[327]

Quais são agora as leis da elaboração jurídica? Isto é o que se estudará de modo sistemático no capítulo seguinte.

130. Uma última objeção se apresenta, que vai permitir determinar a extensão das conclusões do presente capítulo. Podemos enunciá-la da seguinte maneira: se a prudência do jurista deve tomar por guias o "dado" dos fatos sociais por um lado, o "dado" do método jurídico por outro, não se reduz à margem de indeterminação até um ponto em que a pretensão de "construído" fique quase e definitivamente em um "dado"? A objeção ainda parecerá mais forte se se observa que entre as vias deixadas à eleição da prudência há algumas mais indicadas, em razão de sua melhor adaptação, o que corresponde precisamente à prudência discernir. Sendo assim, discernir o mais indicado não é acaso conhecer?

É fácil responder, sobre o primeiro ponto, que a dupla determinação dos fatos e do método não suprime a indeterminação das soluções que, no plano traçado, são livremente aplicadas pelo prudente; e sobre o segundo ponto que, não obstante a existência de meios melhor adaptados e, por conseguinte, mais indicados, a liberdade de eleição está longe de ser eliminada, porque sempre se trata de "assuntos que implicam mais ou menos discussão e conselho".[328] Ao mesmo tempo, a arbitragem da prudência não é o arbitrário; uma solução eleita, construída, não é, todavia, uma solução desprovida de fundamento real: sempre, por hipótese, a

---

[327] Veja, no mesmo sentido, no que tange à prudência moral, SANTO TOMÁS: *Somme*, I³ II^ae, q 47, art. 3 *ad resp*. "*Nullus autem potest convenienter aliquid alteri applicari nisi utrumque cognoscat scilicet et id quod applicandum est et illud cui applicandum est. Operationes autem sunt in singularibus. Et ideo necesse est quod prudens et cognoscat universalia principia rationis, et cognoscat singularia circa quae sunt operationes*". Veja também art. 6 *ad resp.*, *in fine*.

[328] Comp. SANTO TOMÁS: *Somme*, I³ II^ae, q 47, art. 2 *ad 3^m*. "*Sed ad prudentiam non pertinet [nisi] applicationi rationis rectae ad ea de quibus est consilium. Et hujusmodi sunt in quibus non sunt viae determinatae perveniendi ad finem*". Veja também art. 4 *ad* 2^m.

eleição é razoável, objetivamente fundada. Unicamente se diz que em seu teor a solução não é dada de modo algum: discerni-la não é vê-la como verdadeira, como verdade especulativa; é julgá-la como boa, oportuna, e nesse sentido justa. Isto é o que oferece às conclusões da prudência um caráter de certeza simplesmente *relativa*: jamais é absolutamente seguro que a via escolhida pelo legislador, a norma adotada por ele, seja a boa ou a única boa, enquanto uma solução dada pela ciência participaria da certeza, senão absoluta, ao menos aproximada, que é o apanágio das verdades científicas.[329]

---

[329] Veja, neste sentido, para a prudência moral, SANTO TOMÁS; *op. cit.* I^a, II^{ae}, qu. 47, art. 3 *ad* 2^m; para as leis humanas, I^a, II^{ae}, q. 91, art. 3 *ad* 3^m; art. 4 *ad resp.* (*secundo*); q. 96, art. 1 *ad* 3^m. Comp., RENARD: *Le droit, l'ordre et la raison*, pp. 139 e 140.

Capítulo II

OS PRINCÍPIOS DIRETORES DA ELABORAÇÃO DO DIREITO

Introdução

131. Para descobrir os princípios diretores da elaboração do Direito é preciso se perguntar: 1º a que *fim* tende a regra do Direito; 2º por quais *procedimentos* ela é chamada a se realizar, – primeiramente em sua existência, e em seguida em sua execução. Esta é a consequência da ideia de construção. Se o Direito é uma obra construída não pode ser elaborada em si mesma e no que ela ordena, senão em vista de certo fim,[330] frente

---

[330] Veja, no mesmo sentido, Santo Tomás: *Somme*, Iª, IIae, q. 95, art. 3 *ad resp.*: *"Lex humana est aliquid ordinatum ad finem"* (igualmente, q. 96, art. 1 *ad resp.*).

ao qual o Direito desempenha o papel de meio,[331] e graças a instrumentos que têm suas propriedades de natureza técnica. A prudência jurídica está essencialmente submetida a estas considerações de fim e de instrumento, fora das quais a regra de Direito, como toda coisa construída, estaria desprovida de sentido. Por outro lado, não há nenhuma distinção a fazer segundo as fontes formais do Direito, ou segundo a qualidade das pessoas que participam na obra jurídica. O método de elaboração não modifica, quer seja formulada pela regra diretamente nos textos, quer se derive do trabalho criador dos tribunais; tanto se emana de especialistas, pela lei ou pela jurisprudência, como se emana do povo, pelo costume.[332] Em todas as partes sempre se impõe o respeito das leis à obra a realizar, sem o que a obra seria má ou deficiente.

132. Observemos, imediatamente: a função *instrumental* do Direito acusa uma diferença essencial entre este e a moral. Não obstante a definição clássica do ato bom (*conveniens medium quo perveniatur ad finem ultimum*) seria um erro apresentar a *regra moral*, inclusive a regra moral positiva ditada por uma autoridade, simplesmente como um meio com vistas a um fim: "uma técnica de obtenção de nossa plena beatitude", segundo a expressão de um autor. Na realidade, a lei moral, natural ou positiva, se limita a traduzir as exigências da una e única moralidade, e as traduz como verdadeira sem preocupação com finalidade extrínseca. "Uma coisa é a honestidade de um ato e outra sua 'utilidade', mesmo essa

---

Comp., IHERING: *Der Zweck im Recht*, 3ª. ed., 1898, trad. MEULENAERE, 1901, com o título (deformador) *L'évolution du droit*, vejamos a epígrafe: "O fim é o criador do Direito por completo". Outros falam de *valor* (entendido em sentido objetivo): assim, BONNARD: "A origem do ordenamento jurídico" em *Mélanges Maurice Hauriou*, p. 58ss.

[331] SANTO TOMÁS: *Comm. Polit.*, liv. IV, liç. 7: "*Leges enim sunt organa quaedam quaedam ad finem civitatis*".

[332] Há maus costumes, em relação ao fim do Direito, como pode haver leis más ou jurisprudências más. Também pode haver costumes inaplicáveis, por falta de adaptação ao instrumental técnico de aplicação.

utilidade espiritual pela qual nos vale a beatitude eterna".[333] Seguramente, ao conformar-se à lei o homem alcançará sua sorte: o *bene vivere* engendra a *beata vita*. Esse eudemonismo deve ser bem compreendido. O que constitui o valor da moral e, por conseguinte, o que a justifica e a impõe, não é imediatamente a beatitude a que conduz, como se essa beatitude fosse seu termo e sua razão de ser; o valor racional obrigatório da moral reside na própria moral enquanto declara o que está bem e o que está mal com respeito à natureza humana racional, estando concebida, ademais, em relação com o fim natural e sobrenatural do homem. A moral, falando de maneira exata, não *persegue* nenhum resultado, nenhum bem, nem sequer o bem moral: a moral se *confunde* com o bem moral, cujo ideal é expresso nos preceitos e nos conselhos.

Pelo contrário, a *regra jurídica* existe com vista a um fim distinto e superior, que muito bem poderia não alcançar, que também poderia ser alcançado por outras vias, de sorte que sempre pode se delinear a questão da utilidade de sua disposição ou até de sua intervenção no caso concreto. A regra de Direito têm valor enquanto meio, e enquanto realiza o fim, o fim do Direito. O Direito é utilitário, a moral não.[334] A regra jurídica está subordinada a um sistema que tem por si mesmo valor de instrumento: o sistema do bem público temporal, razão de ser e fim do Estado; enquanto que a regra moral, deduzida do homem, ao homem volta e se dirige, valor supremo ao qual indica e prescreve as condições necessárias de sua vocação de homem.

133. Tampouco depende a *regra moral* da técnica de um instrumental qualquer de formulação e de realização.

---

[333] J. Tonneau: em *Bulletin thomiste*, t. V, n° 9, 1939, p. 604. Veja também A. Valensin: *Traité de droit naturel*, t. 1: "Les principes", Paris, 1922, pp. 92-98: "Negamos que todo ato moralmente bom seja tal *somente* por sua utilidade".

[334] Sobre o "fim do Direito" comp., J. Delos: "O fim do Direito", em *Annuaire de l'Institute internacional de philosophie du droit et de sociologie juridique*, t. III, 1938, pp. 29 a 39.

É a natureza, conhecida pela razão, a que dita o dever em sua generalidade abstrata, e é a consciência de cada um que, à luz da prudência, interpreta para sua própria conduta, *in concreto*, os ditados da natureza.[335] Sendo assim, a voz da natureza, a voz da consciência não tem necessidade, para se revelar, da interpretação das "fontes formais", dos conceitos, das palavras; em suma, dos procedimentos indispensáveis para a manifestação clara e eficaz de uma regra exterior dada ao homem pelo homem. Por outro lado, o homem que transgride as leis da moral responde por sua falta diante de sua consciência e diante de Deus (foro íntimo), nunca diante de um tribunal humano que se conduz segundo certas regras indispensáveis de procedimento e prova. Disso se segue que, em matéria, de moral, jamais a forma falhou ao fundo, e que nenhuma condição de forma pode deter ou limitar o jogo da lei natural. E isso é assim caso o preceito tivesse sido o objeto de uma regra (moral) positiva. Jamais se admite que o sujeito possa arguir a imperfeição formal da lei positiva para considerar-se livre de toda regra; na falta de lei escrita, por hipótese obscura e com lacunas, existe a regra não escrita, que conserva o poder de obrigar.

Pelo contrário, a *regra jurídica* só existe e só obriga no plano de seu contexto, senão literal, pelo menos conceitual: fora desse contexto que, de uma maneira mais ou menos ampla ou por referência a uma norma de outra espécie, moral ou técnica, delimita o preceito, o sujeito, em Direito, conserva sua liberdade.[336] Isto porque, precisamente, as intervenções do Direito não poderiam ser úteis e eficazes senão sob a

---

[335] Isto não quer dizer que a lei moral natural não tenha legislador. Este é Deus, autor da natureza, que promulga sua lei *"ex hoc ipso quod [Deus] eam mentibus hominum inseruit naturaliter cognoscendam"* (Santo Tomás: *op. cit.*, I^a II^{ae}, q. 90, art. 4 *ad 1^m*).

[336] Isto não quer dizer – o que é outra questão – que todo conflito de interesse não previsto pela lei ou por outra fonte formal deveria ficar sem solução. Nas relações entre particulares, pelo menos, o juiz: não pode se negar a julgar (veja Código de Napoleão, art. 4). Por enquanto, trata-se da medida das obrigações jurídicas dos sujeitos.

condição de que elas respeitem as leis da estrutura e do mecanismo do aparelho jurídico pelo qual elas se realizam.

Secção I

O fim da ordenança jurídica: o bem público temporal

134. Se o Direito é consubstancial com a ideia de sociedade,[337] o fim da regra de Direito não poderá ser outro que o fim da própria sociedade: a saber, o *bem comum*. E como bem comum, no caso da sociedade-Estado, é o bem comum *público*, o fim da regra de Direito é o de determinar as condutas do ponto de vista do bem público (nacional no plano interno, internacional no plano internacional): *Lex est ordinatio ad bonum commune.*[338]

Sem dúvida alguma, esta definição convém, na doutrina filosófica tradicional da lei, a toda classe de lei que governe às criaturas, incluída a lei moral.[339] Mas enquanto na relação com a *lei moral* o bem comum em questão é o da natureza humana moral, comum a todos os homens,[340]

---

[337] Veja acima nº 6 a 13.
[338] Santo Tomás: *Somme...* Iª IIae, q. 90, art. 4: Lex *"nihil aliud est quam quaedam rationis ordinatio ad bonum commune ab eo qui curam ab eo qui curam communitatis habet promulgata".* Veja também art: 2. Este tema é motivo condutor de todo o tratado tomista da lei: muitas vezes é retomado como base de argumentação.
[339] Veja para a *lex aeterna*, que rege "a comunidade total que é o universo", q. 91, art. 1 *ad resp.*; q. 93, art. 1 *ad* 1m; para a lei natural, que está ordenada "*ad bonum commune naturae*", q. 94, art. 3 *ad 1m*.
[340] Veja a propósito da temperança, ordenada "*ad bonum commune naturae, sicut et alia legalia ordinatur ad bonum commune morale*" Santo Tomás, *op. cit.*, Iª IIae,

para as *leis de grupo ou de disciplina social*, como é o Direito, o bem comum em questão é aquele que determina o objetivo social do grupo considerado, e nesse caso o bem público.[341] Política e Direito se juntam, pois, no mesmo fim; mais exatamente, enquanto a política é a ciência e a arte do bem público,[342] a regra de Direito está a serviço da política, e a prudência que rege a elaboração do Direito ou prudência legislativa,[343] é uma parte da prudência política.

§ 1. Noção e caracteres do bem público temporal

135. Por indispensável que seja a noção de "bem público" não deixa de ser por isso difícil de definir em razão da variedade de seus aspectos, e da conexão quase inextricável do privado e do público.

Em primeiro lugar, no que interessa ao elemento "público", trata-se dos membros da sociedade estatal tomados em seu conjunto, abstração feita do bem próprio dos indivíduos e dos grupos que compõem aquela sociedade, ou até da soma desses bens próprios. O sujeito imediato, destinatário ou beneficiário do bem público, é o público em geral, quer

---

q. 94, art. 3 *ad 1ᵐ*. Sendo assim, o homem é animal político e por isso a lei moral não poderia fazer abstração deste caráter. Veja, neste sentido, SANTO TOMÁS, Iª IIᵃᵉ, q. 90, art. 2 *ad resp.*: o fim da lei que rege o homem é primeiramente a felicidade, mas também a felicidade *comum* (tomada da comunidade política), enquanto o homem é parte da comunidade.

[341] Veja, para a lei humana, SANTO TOMÁS, *op. cit.*, Iª IIᵃᵉ, q. 95, art. 4 *ad resp.* "Secundo est deratione legis humanae quod ordinatur ad bonum commune civitatis". Ademais, fala-se de "bem comum da multitudão" (q. 96, art. 3 *ad resp.*; de "bem comum", sem mais (q. 95, art. 3 *ad resp., in fine*; q. 96, art. 1 *ad resp.*; art. 3 *ad resp.*; IIª IIᵃᵉ, q. 58, art. 5 *ad resp.*), de "utilidade comum" (q. 97, art. 1 *ad resp.* e *ad* 3ᵐ; art. 2 *ad resp.*) de "saúde comum" (q. 95, art. 3 *ad resp.*; q. 96, art. 6 *ad resp.*). Mas segundo o contexto, se trata sempre do bem comum da cidade, do conjunto dos indivíduos agrupados na cidade (*communitas civitatis*).

[342] Frequentemente a política é tomada no sentido de jogo de forças políticas, quer dizer, das forças que lutam pela posse do poder. Neste caso é evidente que o Direito não está a serviço dessas forças, que, pelo contrário, têm por missão reger (veja; por exemplo, RUSSO: *op. cit.*, p. 161). Mas esta definição não é a definição filosófica e tradicional da política.

[343] Veja acima nº 124 e 125.

dizer, todo mundo, sem referência aos indivíduos, às categorias sociais e às comunidades particulares, levando em conta, por outro lado, às gerações atuais e às futuras.[344]

Assim como existe uma "opinião" pública, um "espírito" público, um "sentimento" público, que são a opinião, o espírito e o sentimento do público, também existe um "interesse" público ou um "bem" público, que é o interesse e o bem do público. Esse "todo" público não constitui, por outro lado, uma entidade separada dos indivíduos e dos grupos, nem de modo substancial, nem sequer de modo acidental; por isso mesmo não implica nenhuma unidade de ordem, nenhuma personalidade moral. O público representa, simplesmente, a massa confusa e variegada, a massa indeterminada e indiferenciada dos indivíduos e dos grupos, a multidão, por oposição aos indivíduos e aos grupos considerados um a um, ou por adição de suas unidades simples.

É preciso, por outro lado, não confundir esse público com o próprio Estado, que é a associação constituída pelos indivíduos com vistas, precisamente, ao bem do público. O Estado, enquanto associação, é pessoa moral;[345] o público, como tal, mesmo quando seu bem seja o fim do Estado, não é uma pessoa moral. Essa é a superioridade da expressão "bem público" sobre a de "bem comum": não só especifica perfeitamente que a comunidade de cujo bem se trata é a comunidade pública, quer dizer, plenária (em oposição às comunidades particulares), mas que não dá lugar ao equívoco resultante do emprego do termo "comunidade", que pode significar tanto a comunidade não organizada, quer dizer, o público, como a comunidade organizada, quer dizer, o Estado. O público não é o Estado, por que a sociedade estatal está a serviço do público; o público é a comunidade não organizada, ou melhor, ainda – porque a ideia de comunidade ainda é demais – é todo o mundo, no sentido da

---

[344] Comp., sobre a multiplicidade da comunidade, SANTO TOMÁS: *op. cit.*, I^a, II^{ae}, q. 96, art. 1 *ad resp.*

[345] Veja, sobre a personalidade moral do Estado, J. DABIN: *Doctrine générale de l'Etat*, n° 63ss.

massa global dos indivíduos afora toda ideia de agrupamento organizado (que se encontra realizado no Estado, que é o agrupamento organizado a serviço dessa massa).

Portanto, como o mundo está dividido entre públicos distintos, agrupados em estados distintos, o público, na expressão "bem público", se reduz à generalidade dos indivíduos e dos grupos submetidos a um determinado Estado ou pelo menos residente em seu território. Enquanto se refere ao bem da humanidade, quer dizer, ao conjunto dos públicos nacionais, a responsabilidade do mesmo corresponde em parte aos Estados, e em parte a uma formação social superior, logicamente uma sociedade ou uma federação de Estados. Observemos de qualquer maneira que, pelo fato das solidariedades de todo gênero que unem aos membros nacionais de Estados diferentes, o bem público, até o nacional, não poder ser concebido, hoje em dia, separado dos fatores, influências e correntes de ordem internacional.

136. Do ponto de vista *formal*, o que o público reivindica com seu bem próprio, o que é especificamente bem de todos sem distinção, é um conjunto e *condições gerais* mediante as quais a personalidade e as atividades legítimas de cada um, no público, possam se desenvolver e florescer comodamente. De modo imediato, a ação corresponde aos indivíduos particulares, que jamais estão dispensados da tarefa de prover eles mesmos, dentro do limite de suas forças – isoladas ou associadas – às necessidades de suas vidas em todas as esferas (caráter supletório do Estado com respeito à sociedade). Pelo menos os indivíduos particulares têm o Direito de reclamar do Estado, instituído para este fim, que ele vele por eles pela manutenção de um ambiente social – psicológico, moral, jurídico, técnico: ideias, costumes, instituições... – propício à ação e que garanta os resultados da ação. Assim, o bem público, como o próprio público, é essencialmente *intermediário*: o *ambiente* criado por ele é para os indivíduos e para os grupos, elementos substanciais do público, um *meio* para alcançar melhor seu fim. Sem o apoio de um ambiente favorável não alcançariam a "perfeita suficiência da vida":[346] entregues a si mesmos, teriam dificuldade para adquirir ou para guardar seu bem próprio. O Estado vem em sua ajuda, e lhes presta serviço mediante o bem público e mediante todas as instituições de "serviços públicos".

137. Interpretado deste modo, o bem público supõem, em primeiro lugar, o estabelecimento e a conservação, na sociedade, de certa *ordem* engendradora de segurança e de confiança. Como seriam possíveis as atividades, como a vida do público, se o ambiente social estivesse orientado para a violência, brutal ou insidiosa (sob a forma de abuso de poder), para a deslealdade e a fraude? Há obstáculos gerais prévios, cuja eliminação, por todas as vias apropriadas, corresponde à competência do Estado. Poderá fazê-lo, sobretudo, mediante a organização de uma polícia encarregada de prevenir e de reprimir as desordens; mediante a criação de tribunais encarregados de julgar as diferenças; mediante a promulgação de uma regra firme, na esfera das relações privadas e na das relações públicas. Fazer reinar a ordem, o Direito e a justiça no seio da comunidade: tal é o dever primordial do Estado, correspondente à necessidade primordial do público. Convirá, por outro lado, investigar como essa ordem, esse Direito e essa justiça devem ser concebidos para ir de acordo com a própria ideia do Estado e de uma regra procedente do Estado.[347] No momento nos limitamos a reter a necessidade, essencial para o público, de certa disciplina, inimiga da anarquia e da arbitrariedade, reguladora e protetora dos Direitos de todos e de cada um em particular.

A escola liberal pretendia deter-se nesse escalão de intervenção negativa,[348] negando-se a admitir que a liberdade dos indivíduos em suas

---

[346] SANTO TOMÁS, *Politique*, liv. I, liç. 1: "*Communitas civitatis instituta ad per se sufficientia vitae humanae*".
[347] Este problema será examinado mais adiante: veja n° 145ss.
[348] Seguindo uma fórmula que se diz inspirada na doutrina de Kant, em seus *Premiers principes métaphysiques de la doctrine du droit* (1797), o objetivo do Direito e, por conseguinte, da sociedade, é assegurar a coexistência da liberdade de cada um com a liberdade de todos.

atividades privadas não pudesse ser jamais tocada pelo Estado, quer na forma de consignas, quer na forma de subsídio. Não se deram conta de que, ante uma civilização mais complicada, às vezes mais progressiva, o bem público se encontrava com outros inimigos além da desordem exterior: a saber, a dispersão dos esforços em uma competência sem regra. Se se reflete, a vida dos homens, de cada homem em particular e da humanidade em geral, não é senão um perpétuo intercâmbio de serviços, submetido à lei do rendimento e, por conseguinte, do equilíbrio. Sendo assim, a dispersão diminui o rendimento, e traz consigo o desequilíbrio. Daí a necessidade de certa *coordenação racional* das atividades, de certo ajuste, que interessa à massa dos indivíduos e, por conseguinte, da competência do Estado, destinado a fomentar o interesse comum.[349]

Enfim, o Estado deve a agir de maneira que através de sua política todo serviço que possa ser visto em um dado momento como de interesse público (vias de comunicação, saneamento, instrução, cultura...), esteja assegurado efetivamente ao público. Para tal efeito estimulará e ajudará a iniciativa privada, se preciso mediante subsídios (até em matéria de serviços úteis ao público o papel do Estado só é subsidiário). E se a iniciativa privada faltar ou for insuficiente, o Estado instituirá e administrará por si mesmo o serviço público reconhecido como necessário.

Mas em todo caso, tanto se preside a ordem quanto se coordena ou assegura os serviços (aos indivíduos particulares às vezes), o Estado não tem como objetivo o bem particular de ninguém, de nenhum indivíduo, de nenhuma categoria ou classe; mesmo quando defende os Direitos e interesses de indivíduos ou de grupos determinados no seio da comunidade é o bem geral, impessoal, dos membros da comunidade, o que motiva, ou deve motivar, suas decisões.

---

[349] É preciso acrescentar que a realização deste programa, que implica evidentemente a colaboração dos sujeitos, não pode se desenvolver sem a educação do público? Educação moral, que depende especialmente das autoridades morais; educação técnica (por exemplo, com vistas à coordenação em matéria econômica; em matéria de circulação, etc.), na qual o papel do Estado será mais direto, se não exclusivo.

138. Do ponto de vista *material*, o bem público engloba, dentro do ângulo próprio, a universalidade dos valores de interesse humano. Tanto se se considera o bem dos corpos como o das inteligências ou das almas, as atividades econômicas ou extra-econômicas, as tendências egoístas ou as altruístas, a ordem, a coordenação, o serviço, estão sempre indicados, em uma medida variável e mais ou menos eficaz segundo as matérias. Só há uma exceção, por outro lado, capital: o bem religioso visto sob o aspecto propriamente religioso corresponde à competência de outra sociedade, igualmente pública em sua ordem, que é sociedade religiosa. Eis aqui porque se precisa o termo de bem público acrescentando-lhe *temporal*, para distingui-lo de um bem público espiritual ou religioso. Todavia, como a religião está necessariamente submergida no temporal, o Estado ainda encontra, em princípio, competência para organizar um ambiente temporal favorável ao bem especificamente religioso, público ou privado: neste sentido existe um bem público *religioso* da ordem *temporal*.

O bem público compreende, pois, segundo o gênero de interesse considerado, uma série de aspectos (por demais estreitamente ligados), dos quais os principais são os seguintes: o bem público *econômico*, referente à vida econômica (produção, distribuição e consumo de bens...); o bem público *moral*, referente à vida moral (virtudes e vícios); o bem público *intelectual*, referente à instrução e à cultura, o bem público *físico* ou *fisiológico*, referente à sanidade, à higiene, aos esportes...[350] De outro ponto de vista, se discerne, ao lado de um bem público *individual*, consagrado aos valores que aperfeiçoam ao indivíduo, um bem público *coletivo*, social, comunitário, que visa o desenvolvimento da população em número, em qualidade, em espírito de união e de sacrifício: trata-se desse elemento do bem público que faz referência aos valores coletivos, à grandeza e à prosperidade das nações.

---

[350] Os antigos distinguiam entre bens *honestos*, bens *úteis*, bens *deleitáveis*: o bem público cobre estas três classes. Comp., SANTO TOMÁS: *Somme*, I^a, II^{ae}, q. 92, art. 1 *ad resp.*

Ao serviço das diferentes categorias do bem público se coloca a título de instrumento realizador, sociedade civil ou o Estado, o que gera um novo aspecto do bem público – o bem público *propriamente político* – que se refere ao próprio Estado, à sua constituição, à sua organização e ao seu funcionamento. É evidente, com efeito, que o bem público será tanto melhor servido quanto o grupo fundado para este fim for o de melhor qualidade. Neste sentido a sociedade política e seu bem constituem, na ordem de execução (senão de intenção), o primeiro dos elementos do bem público, pelo menos em princípio.[351] Sendo assim, o valor eficiente do Estado implica uma série de condições de ordem moral e de ordem técnica, que dependem às vezes do povo, do qual o Estado obtém sua essência (tal povo, tal Estado), e do manejo mais ou menos feliz da autoridade pública, em primeiro lugar, dos poderes encarregados de ditar e de aplicar a regra de Direito.[352]

139. *Mutatis mutandis*, ao recordar que os estados não são mais que pessoas morais, e não seres substanciais, e que não constituem,

---

[351] Na ordem de execução, e não de intenção, posto que o Estado e, por conseguinte, o bem público político, é instrumento em relação com o bem público, que é o da comunidade subjacente. E, por outro lado, é bem claro que, em sua ação especificamente política, o Estado continua submisso aos princípios gerais da moralidade: o fim não justifica os meios.

[352] Se o Direito deve ser elaborado em função do regime *político* (no sentido de forma de governo: república ou monarquia, democracia ou aristocracia), isto é assim enquanto o regime político, tal como está estabelecido, constitui um dos elementos do bem público político e, por conseguinte, do bem público plano. Mas seria um erro fazer do regime o princípio diretor da elaboração, das leis, não somente políticas, mas também das civis (Comp., neste sentido, MONTESQUIEU: *L'esprit des lois*, livs. V a VII. Acrescente-se.: SANTO TOMÁS: *Somme*, Iª, IIᵃᵉ, q. 100, art. 2 *ad resp.*, onde o autor faz referência a ARISTÓTELES). Qualquer que seja o regime a norma do Direito é o bem público. O regime poderá influir perfeitamente sobre o modo de produção das fontes formais do Direito (este é todo o sentido do texto de SANTO TOMÁS: *op. cit.*, Iª, IIᵃᵉ, q. 95, art. 4 *ad resp., tertio*), mas não sobre seu conteúdo (salvo enquanto a manutenção do regime estabelecido é um dos elementos do bem público). Considera-se aqui, ademais, o regime *político*, não o regime *social*, que pode intervir legitimamente na determinação da justiça distributiva, que está constituída na base da igualdade *proporcional*: veja mais adiante, p. 241.

além disso, historicamente, mais que formações perecíveis, enquanto o homem tem uma vocação eterna, é possível transportar à ordem *internacional* as noções que acabam de ser expostas para a ordem *interna*.

Existe um bem público internacional que postula igualmente certa ordem nas relações entre os Estados, uma harmonização de seus esforços respectivos e uma ajuda mútua em todas as esferas desse bem público, que eles têm a missão de procurar, cada um por sua conta, a seus membros individuais. Igualmente deveria existir, a serviço do bem público internacional – preferentemente sociedade de Estados – que desempenhe um papel análogo (não idêntico) ao que desempenha o Estado a respeito do bem público interno.

140. Mas voltemos a esse bem público *interno*, cuja síntese é ao mesmo tempo menos difícil de esboçar que a do bem público internacional: a existência de um bem público especificamente político, que é o bem do Estado como órgão, não impede que a política tenha por objeto o bem público em geral, sem exclusão de matérias. Defender "separações" ou simplesmente distinções entre a política de um lado e a economia, a moralidade, a cultura, a sanidade..., de outro, sob o pretexto de que essas matérias, por serem de ordem privada, não correspondem à política é cometer um erro e um menosprezo. Em primeiro lugar, a economia, a moralidade, a cultura, a sanidade... não são exclusivamente de ordem privada: na medida em que as atividades individuais se manifestem no exterior, se refletem sobre a ordem pública, quer pela via da incidência, quer pelo exemplo; a economia, a moralidade, a sanidade, a cultura. Originariamente e por natureza valores privados, revestem-se então de um caráter público, dando assim entrada à competência da política, guardiã intitulada do bem público. Em segundo lugar, a separação ou a distinção, entre a ordem política e outras ordens que se supõem paralelas, destrói o conceito próprio da política ao abolir sua razão de ser. Com efeito, a política não tem outra razão de ser que reger, do ponto de vista do bem público, as atividades humanas exteriores para que se exerçam segundo seu próprio objeto, econômico, moral, sanitário, cultural... A política e o Estado, seu agente, só têm significação em vista da ordem, da coordenação, do serviço; numa palavra, do *ambiente* propício em todos os setores da esfera temporal.

O que é exato – já se observou – é que o Estado não há de tomar a seu cargo, diretamente ou por intermédio de organismos dos quais ele é o senhor (de Direito ou de fato), esses diferentes setores para desapossar os indivíduos e os grupos, precisamente porque seu papel, em princípio, só é de direção e de impulso, não de gestão. Não é o Estado quem tem que realizar a economia ou a cultura, como tampouco a moralidade ou a sanidade: estes bens só se realizam nos indivíduos e pelos indivíduos; ao Estado só lhe cabe a realização da *política* que, pelos meios específicos da política, permitirá aos indivíduos alcançar por sua própria conta os bens da economia, da moralidade, da sanidade, da cultura... Por conseguinte, o Estado se absterá de administrar a economia ou a cultura, que são assuntos dos indivíduos e dos grupos, não de seus governantes ou de seus funcionários; mas terá uma *política* econômica, uma *política* cultural, uma *política* da moralidade, e outra da sanidade, que supõem ao mesmo tempo um diagnóstico das exigências do bem público, em seus diferentes setores, um plano com um programa de realização.

141. Entre as ordens de valores humanos que cobrem o bem público a categoria de uns e outros não é igual, o que obriga o Estado a tomar partido por uns ou por outros, segundo os casos. Opção que seria supérflua se tivesse sempre meio de dar satisfação ao mesmo tempo e plenamente aos valores econômicos e morais, espirituais e corporais, individuais e coletivos, especificamente políticos e sociais. Sendo assim, na prática, esses valores são no mínimo antagônicos. Quem discutirá que preocupações demasiado exclusivas de riqueza material, de saúde ou de vigor físico, entram em conflito com o bem verdadeiro da pessoa humana? Que uma preocupação excessiva pelos valores coletivos corre o risco de comprometer as legítimas prerrogativas dos indivíduos? Que a busca sem moderação pelo poderio do Estado, enquanto organismo político, traz consigo um prejuízo para a economia nacional, para a cultura desinteressada e, sobretudo, para a honestidade na política?

Certamente, a síntese é possível, porque o homem é uno e único seu destino; mas mediante equilíbrios, e certas rupturas que às vezes supõem reconhecimento de uma hierarquia: o espírito está acima da matéria? O homem individual predomina sobre a coletividade, povo ou nação? O Estado é para a sociedade, ou é o inverso? Onde estão os valores que passam e aqueles que perduram? Porque há valores que não morrem, eles devem ocupar o primeiro lugar, mesmo na terra. A *Weltanschauung* (no sentido de uma concepção do mundo) está comprometida e a eleição influenciará necessariamente na política, em suas orientações, em seu conceito. Ver-se-á então que o Estado pratica uma política materialista ou uma política espiritualista, uma política coletivista ou uma política "personalista"; uma política que diviniza a cidade ou que a põe a serviço da sociedade.[353] Ainda que, a pretexto de neutralidade entre as doutrinas, o Estado afirmasse sua negativa em eleger, não deixaria por isso de eleger, sob pena de condenar-se à inércia e, em definitivo, de negar-se a si mesmo.

É verdade que os governantes, infiéis à lógica de seus princípios, não seguem sempre a política de sua filosofia; e há que felicitar-se disso quando esta é falsa ou demolidora. É verdade também que de ideologias diferentes podem sair às vezes soluções idênticas (ainda que de espírito diverso): assim, uma política favorável à família, baseada às vezes em considerações demográficas, "natalistas", tanto sobre argumentos de moral como de Direito. Daí a existência de convergências no terreno

---

[353] Em muitas ocasiões (*Ethic.*, liv. V, e *Polit.*, liv. III e V), ARISTÓTELES fala das cidades fundadas em vista da riqueza, do bem estar, da liberdade, do poderio; de maneira semelhante, SANTO TOMÁS opõe os regimes (ou seja, os Estados) orientados para o verdadeiro bem, que é o bem comum regulado segundo a justiça divina (= bem honesto), e os regimes orientados para o bem relativo, quer dizer, o útil, o deleitável, ou mesmo o bem contrário à justiça divina (*Somme*, Iª, IIae, 92, art. 2º *ad resp.*

imediatamente prático entre homens de sentido realista, apesar da divergência das concepções iniciais. Mas a eleição não pode ser indefinidamente iludida. Sempre chega o momento em que o Estado se vê forçado a se pronunciar, senão no ato pelo menos na palavra. Em que sentido?

142. A resposta, inspirada pela razão e conforme as tradições cristãs, pode ser resumida em três pontos: primazia do espírito sobre a matéria (e por "espírito" se entende não somente os valores intelectuais, mas também, antes de tudo, os valores morais: virtude e caráter); predomínio da pessoa humana individual sobre toda a coletividade; subordinação da sociedade-Estado à sociedade propriamente dita. Isso não quer dizer que só o espírito do homem contará; mas o espírito jamais deve ser sacrificado em favor da matéria, a qual, além disso, deve ser regida e sublimada pelo espírito.[354] Não que a pessoa humana individual esteja em situação de prescindir das diversas comunidades terrenas, privadas ou públicas; mas que essas comunidades não constituem fins últimos: todas elas estão, cada uma em seu gênero, ordenadas ao aperfeiçoamento das pessoas individuais.[355] Quanto ao Estado, é preciso mantê-lo em sua categoria de servidor do bem público, quer dizer, em definitivo, dos indivíduos e dos grupos, presentes e futuros, que formam o público: o Estado não existe senão por eles e para eles; sobre eles devem redundar, por via de distribuição, o bem público efetivamente alcançado.

143. Esta necessidade de relação com uma doutrina do homem ou, como se diz hoje, com uma filosofia dos valores (humanos), é a que confere à noção do bem público um caráter essencialmente *moral*, qual-

---

[354] Comp., neste sentido SANTO TOMÁS: *Somme*, Iᵃ, IIᵃᵉ, q. 92, art. 1: *"Utrum effectus legis sit facere homines bonos".*

[355] É assim que o bem público não prima sobre o bem privado salvo se é da mesma ordem: *"Ad tertium dicendum quod bonum commune potius et bono privato, si sit eiusdem generis; sed potest esse quod bonum privatum sit melius secundum suum genus. Et hoc modo virginitas Deo dicata praefertur fecunditate carnali"* (SANTO TOMÁS: *Somme*, Iᵃ IIᵃᵉ, 152, art. 4 *ad* 3ᵐ.

quer que seja a filosofia adotada, e por mais imoral que de fato possa ser. Apesar de seu papel *intermediário*, o bem público não é uma coisa simplesmente técnica, porque está em estreita relação, em todos os planos, com certa concepção dos fins humanos. O qual não equivale a dizer que não conheça soluções técnicas, porque entre as matérias a que se aplica há muitas que são técnicas: assim, por exemplo, a organização dos mercados, a fabricação dos produtos, as atividades esportivas...; e que, mesmo nas matérias morais, as medidas de bem público correspondentes podem tomar um caráter técnico: por exemplo, na luta contra a prostituição, a embriaguez, o jogo, a avareza e outras manifestações de imoralidade pública. Com efeito, quem diz bem não só diz fins, mas meios mais ou menos próximos, mais ou menos eficazes para alcançar estes fins. Sendo assim, os meios, como tais, possuem um caráter técnico.[356] Mas sempre resulta que a técnica, colocada a serviço do homem, põe em discussão princípios que se referem ao homem, à sua vida e ao seu bem supremo; e assim acontece com o bem público, meio técnico ordenado ao bem da vida humana.

Não se pretende, pois, extrair os argumentos do caráter formal dos elementos do bem público: se o bem público tende a introduzir na vida social, ordem, coordenação, ajuda, é claro que esses valores não são "úteis para todos os fins", e que supõem uma direção, determinada por sua vez por uma filosofia. De um lado, o bem público é *necessário* – como necessidade de meio – por que a ordem, a coordenação, a ajuda, são de qualquer maneira as condições indispensáveis para o progresso da sociedade. Por outro lado, toda política contém uma "mística", quer dizer, um *absoluto*; absoluto autêntico, ou relativo indevidamente elevado a absoluto.

144. Desta dupla observação não deve ser tirada a conclusão de que o bem público não esteja afetado pela *relatividade*. Pelo contrário,

---

[356] Comp., sobre a distinção entre os dois tipos de "construções" jurídicas (entenda--se: *soluções* jurídicas), umas éticas e outras técnicas, Russo: *op. cit.*, pp. 44 e 45.

ele está afetado em ampla medida, em suas aplicações concretas de fins e de meios, em razão das contingências psicológicas, históricas, geográficas... que fornecem o cenário e frequentemente a matéria para as soluções de bem público. Isto delineia o problema de uma *ciência* do bem público, do bem público *social* (em amplo sentido), do bem público *propriamente político*. Em que medida existe ou é possível tal ciência?

Existe, sem dúvida, uma ciência *geral* e abstrata do bem público, consagrada ao estudo do conceito do bem público; ciência filosófica, por conseguinte, que compõem a parte central da filosofia política: a esta ciência pertencem às exposições precedentes. Indo mais adiante, pelo lado das determinações, pode-se reconhecer a existência de uma ciência *especial* do bem público social e político, capaz de deduzir à luz da experiência e da história das sociedades humanas, certas exigências fundamentais do bem público, com as *soluções* que normalmente reclamam. Mas estas soluções não serão jamais senão elementares e muito mais elementares que aquelas que podem propor, para a conduta humana, a ciência do moralista partido dos princípios universais do agir. Por exemplo, é impossível afirmar, apoiando-se nas conclusões da ciência, que o bem público requeira esta ou aquela forma de organização econômica, esta ou aquela forma de regime político, válidos em si, em todas as partes e sempre, sem considerar as contingências. E à prudência política, mais que à ciência dos tipos abstratos, à qual se deve deixar a tarefa e a responsabilidade das soluções concretas de bem público.

Quanto mais o tempo pressiona, ou se ocorre um período de crise, ou se apresenta a escolha entre dois males... Todas essas circunstâncias que podem legitimar, ocasionalmente, certo transtorno na hierarquia de valores: será preciso se submeter à urgência, ao infortúnio dos tempos, ao mal menor; a ordem de execução se imporá frente à ordem de intenção. Sendo assim, se a intenção, quer dizer, a ordem dos fins depende da ciência (ainda que, por outro lado, estes fins não sejam em si mesmos intermediários), a execução, assim como a primazia que se tem de conceder, corresponde unicamente à prudência (salvo sempre os Direitos da moralidade), que só autoriza os meios honestos.

§ 2. O bem público temporal, norma do conteúdo positivo do Direito

145. Segundo seu objeto próprio, que é dispor de maneira geral e imperativa, o papel da regra de Direito é, pois, ordenar as relações dos homens entre si segundo as exigências especiais e mutantes do bem público em uma determinada sociedade.[357] Esta é a diferença fundamental entre o Direito e a moral, a que encerra todas as outras: enquanto a *moral* prescreve aos indivíduos humanos o que é o bem da natureza humana e, por conseguinte, seu próprio bem, na esfera da atividade humana, inclusive no setor da política, o *Direito* regula a conduta dos indivíduos, dos grupos, dos Estados, em função do fim da sociedade estatal (ou inter-estatal), a saber o bem público, em todas as esferas da ordem temporal, inclusive também no setor da moralidade.[358] Já

---

[357] Citamos ainda os textos que sintetizam o argumento: "*Et quia omnis utilitas humana finaliter ordinatur ad felicitatem, manifestum est quod secundum unum modum justa legalia dicuntur ea quae factiva felicitatis et particularum ipsius, id est eorum quae ad felicitatem ordinantur vel principaliter sicut virtutes, vel instrumentaliter sicut divinae, et alia hujusmodi exterior abona; et hoc per comparationem ad communitatem politicam ad quam respicit legis posito*" SANTO TOMÁS, *In Ethic.*, liv. V, lect. 2 *Adde*: *Somme*, Iª IIᵃᵉ, q. 90, art. 2 *ad resp. in medio*). *Somme théologique*, Iª IIᵃᵉ, q. 98, art. 1: o fim da lei humana é a tranquilidade temporal da cidade, à qual a lei existe para reprimir os atos exteriores que podem perturbar o estado pacífico da cidade. O fim da lei divina, pelo contrário, é conduzir os homens à felicidade eterna.

[358] Comp., PORTALIS: *Discours préliminaire* ao projeto do Código civil da Comissão, nº 26, em LOCRÉ: *La législation civile, commercial, et criminelle de la France*, Bruxelas, 1836, p. 161, col 2: "O que não é contrário à lei, é lícito. Mas nem sempre o que é conforme a ela é honesto, *por que as leis* se *ocupam mais do bem político da sociedade que da perfeição moral do homem*". Veja também MONTESQUIEU: *op. cit.*, liv. XXVI, cap. IX, ed. Garniel, p. 440. Para um estudo mais profundo, veja J. DABIN: "Regra moral e regra jurídica. Ensaio de comparação sistemática", nos *Annales de droit et de science politique* (de Lovaina), 1936, pp. 135 a 139. BONNARD se equivoca quando atribui como ideal à moral "a plenitude de ser individual", e ao Direito "a plenitude de ser social" ("A origem do ordenamento

se vêem as interferências: por um lado, a moralidade se converte em matéria para o bem público, enquanto a política está encarregada de prover, por medidas adequadas, sobretudo de ordem jurídica, à formação de um ambiente favorável à prática da virtude; por outro lado, o bem público se converte em matéria para a moralidade, enquanto a natureza política do homem o força a cumprir seus deveres frente ao Estado e ao bem público, sobretudo obedecer às leis e a colaborar com o bem público.[359] Mas resulta que: 1º a determinação das necessidades, utilidades e conveniências do bem público, na ordem dos fins como na dos meios, incumbe profissionalmente ao Estado e não à moral. 2º além disso, corresponde ao Estado e não à moral decidir as soluções jurídicas mais aptas para produzir resultados concretos de bem público, porque há uma política relativa à legislação – política e jurídica – que é uma das partes mais importantes da política em geral.

146. A norma do bem público domina todos os ramos do Direito privado e público, interno e internacional. Verdade evidente para o Direito público e administrativo, cuja matéria imediata é precisamente a coisa pública, *res publica*. Por um lado, o Estado, sua constituição, seu funcionamento, não poderiam ser regulados senão segundo o melhor rendimento do organismo estatal como instrumento do bem público. Por outro lado, quanto às relações entre o Estado e seus membros, não somente as contribuições e sacrifícios que impõem aos cidadãos a vida dentro do Estado não podem ter outra medida que esse bem público, que é sua razão de ser e a razão de ser do Estado, mas também as liberdades públicas, como são chamadas, encontram juridicamente seu fundamento no bem público. Mesmo a distribuição do bem público, a repartição de

---

jurídico", em *Mélanges Maurice Hauriou*, pp. 72-74. Por um lado, o Direito existe imediatamente para a sociedade, e não para o indivíduo, mesmo considerado como ser social; por outro lado, a moral não rege unicamente ao indivíduo ser individual, mas também ao indivíduo ser social.

[359] É o dever moral de justiça legal que se estudará mais adiante, nº 235ss.

seus benefícios entre os indivíduos membros do Estado, não pode ter lugar senão sob reserva do princípio do bem público, cujo império se estende à justiça distributiva assim como à legal ou social.[360] Do mesmo modo, o Direito internacional, pelo menos em seu conceito ideal, tem por base o bem público internacional, que engloba o bem dos Estados tomados em seu conjunto e o bem imediato de cada um deles, enquanto chamados a interagir internacionalmente.

147. O que importa sublinhar, de qualquer maneira, é que, apesar das aparências, a norma do bem público ordena também a elaboração do *Direito privado interno*. Certamente, o Direito privado é essa parte do Direito que regula as relações dos indivíduos e dos grupos privados entre si, que diz respeito a seus Direitos e interesses respectivos. Mas disso não resulta que essa definição deva ser concebida exclusivamente ou até primeiramente do ponto de vista do bem particular dos indivíduos ou dos grupos. Privados quanto à natureza das relações que rege, o Direito chamado privado é público, ou melhor – para evitar toda confusão com matéria de Direito público ou político – *social*,[361] não só quanto à sua função, mas também quanto ao seu conteúdo. Isso significa, sem dúvida, que na regulamentação das relações privadas o Direito chamado privado defenderá "a ordem pública e os bons costumes" (que representam na linguagem técnica dos juristas, certas exigências primárias do bem público); que, além disso, protegerá o interesse dos terceiros (que representam, por oposição às partes, o público, frequentemente interessado nas relações particulares), e mais ainda: que na determinação dos Direitos e das obrigações de cada um a ordenação será estabelecida por referência, primeiro ao bem de toda a comunidade, e não ao Direito próprio particular das partes interessadas. Em vista de uma relação qual-

---

[360] Sobre a subordinação da justiça distributiva, que é a justiça particular, à justiça legal, que é geral (relativa ao bem público), veja J. Dabin, *Doctrine générale de l'Etat*, nº 272.
[361] Veja acima, nº 87 e 88 nota da p. 87.

quer entre indivíduos a comunidade jamais é terceiro no sentido de ser estranho e mesmo interessado; a comunidade sempre é parte, enquanto as partes da relação em questão são membros dessa mesma comunidade.

Assim, pois, o papel do bem público, em Direito, não é simplesmente fazer barreira ou contrapeso ao jogo de um Direito individual afirmado *a priori*, "salvo a ordem pública ou interesse de terceiros"; seu papel é positivamente determinador, no sentido em que, para o jurista a consagração do Direito individual, a extensão e o modo dessa consagração na pessoa de todos, partes e terceiros, depende *a priori*, do bem público. Em outras palavras: os Direitos das partes estão determinados não segundo o "teu" e o "meu", considerados aparte, mas segundo o "nosso"; – o que compreende, acima das partes, o público, a comunidade total.[362] Tanto em suas relações com os outros indivíduos como em suas relações com o Estado, o indivíduo é tomado como membro do público (o Estado só se responsabiliza pelo público), e seus Direitos e obrigações são regulados em consequência dele.[363]

---

[362] Comp., RENARD: *La théorie de l'institution*, 1º vol., parte jurídica, Paris, 1930, que tem como lema esta fórmula de MAUSBACH (veja p. 329, nota 2): "O Direito não tem unicamente por objeto a distinção do "meu" e do "teu", mas o discernimento do "nosso". Também se disse: "A cada um o seu Direito, mas segundo a ordem do conjunto" (NATORP: *Vorlesungen uber praktische Philosophie*, 1925, p. 453).

[363] Veja, neste sentido, SANTO TOMÁS: *Somme*, Iª IIᵃᵉ, q. 90, art. 2 *ad resp*: "*Unde oportet quod, cum lex maxime dicatur secundum ordinem ad bonum commune, quodcumque aliud praeceptum de particulari opere non habeat rationem legis nisi secundum ordinem ad bonum commune*"; *ad 1ᵐ*: "*Ordo autem ad bonum commune, qui pertinet ad legem, est appliea bilis ad singulares fines. Et secundum hoc, etiam de particularibus quibusdam praecepta dantur*"; *ad 2ᵐ*: "*Operationes quidam sunt in particularibus: sed illa particularia referri possunt ad bonum commune, non quidem communitati generis vel speciei, sed communitati causa finalis, secundum quod bonum commune dicitur finis communis*"). Veja também art. 3 *ad* 3ᵐ. Já SANTO ISIDORO DE SEVILLA havia escrito: "*Nullo privato commodo, sed pro communi utilitate civium lex devet esse conscripta*" (Veja *Somme...* Iª, IIᵃᵉ, q. 90, art. 2 *initio*; q. 96, art. 1 *ad resp*.) Comp., PORTALIS: *Discours préliminaire*, nº 17, em LOCRÉ: *op. cit.*, p. 159: "A ciência do legislador consiste em encontrar em cada matéria os princípios mais favoráveis ao bem comum".

148. Essa doutrina deve ser chamada "socialista" ou "estatista"?[364] Socialismo seguramente, pelo menos socialismo jurídico, se se concebe que a regra dos juristas é por essência social, centrada sobre o bem público e não sobre o bem individual. Também se chamará estatismo se corresponder ao Estado – e como discutir esta competência? – e apreciar soberanamente as exigências do bem público em matéria de regra jurídica. Mas nem esse socialismo jurídico nem esse estatismo significam negação do Direito individual, ou recusa de reconhecimento. Pelo contrário, o bem público reclama esse reconhecimento: não foi, precisamente, com vistas a salvaguardar suas pessoas e seus bens que os indivíduos foram levados a agruparem-se em Estado? E como poderia derivar o bem público do que seria o mal dos indivíduos, partes componentes do público: *Totum non est praeter partes?* A experiência histórica está de acordo com a filosofia social para testemunhá-lo assim: o bem público é irrealizável, inconcebível fora do respeito ao Direito individual, na abolição das fronteiras entre o "teu" e o "meu".[365] Não se trata de uma volta ao individualismo: é verdade que a medida do Direito individual ou, mais exatamente, da proteção que o Estado lhe proporciona com o Direito, está determinada pelo bem público e não diretamente pelo Direito do indivíduo. E esta tese não carece de consequências práticas, como veremos nos exemplos seguintes.

149. Todos os países do ocidente conheceram, a partir da primeira guerra mundial (1914-18) e sem interrupção desde então, "leis sobre os alugueis", que prorrogaram os arrendamentos e limitaram seus preços.

---

[364] Comp., neste sentido, BONNECASE: *op. cit.*, nº 153, 155, 156, 157, especialmente o 157. BOISTEL: *Cours de phisosophie du droit*, t. 1, nº 40ss.; t. II, nº 383ss.

[365] Não é unicamente, como se disse, porque "a injustiça perturbaria a ordem da sociedade e levaria consigo o perigo da revolução", pelo que o bem comum exige a justiça, mas, de *modo* mais fundamental, e longe de toda ideia de perturbação ou de revolução, porque a própria ideia de bem comum é impensável sem a justiça (Comp., RADBRUCH: "O fim do Direito", no *Annuaire de l'institut internacional de philosophie du droit*, 1937-1938, p. 50. Veja, em compensação, p. 53, *in fine*).

Por causa da crise da habitação, foi preciso impedir que os inquilinos de condição modesta (ou os comerciantes) não fossem, com a expiração dos arrendamentos, postos na rua, situação que levou a algumas iniquidades e perturbações sociais. A solução era óbvia: os proprietários foram obrigados a prorrogar os arrendamentos além da data de sua caducidade, deixando a salvo a equação dos preços mediante uma porcentagem que, por outro lado, foi bastante inferior à desvalorização da moeda (50 ou 100% de aumento em relação a 1914, quando a moeda havia baixado na proporção de 4/5 ou mais). Evidentemente, esta legislação sacrificava o Direito do proprietário ao interesse do inquilino; do ponto de vista da justiça comutativa, no plano do "teu" e do "meu", o equilíbrio estava acabado. Por um lado, os proprietários perdiam a livre disposição de seus bens; por outro, não obtinham o preço justo pelo proveito cedido. É possível, até certo, que, no espírito de muitos, as leis sobre o arrendamento tinham se convertido em um ataque contra a propriedade ou, em outros casos, de uma manobra eleitoral: os inquilinos não representavam os "pequenos", e, por conseguinte, a massa eleitoral?

Todavia, objetivamente, a solução estava justificada, pelo menos em seu princípio, enquanto medida adequada para o bem público naquelas circunstâncias. É o bem público, no nosso caso a preocupação com a paz e a tranquilidade públicas, que reclamava do desprezo ao Direito do proprietário, a ruptura de equilíbrio em favor do inquilino. Pela falta de justiça comutativa, a justiça social recebia satisfação.[366] Visto que a justiça social pode pedir aos cidadãos o abandono de certos Direitos não só em benefício do Estado, na perspectiva do Direito público, mas também na perspectiva do Direito privado, em benefício de outros cidadãos ou

---

[366] Veja outro exemplo, menor, exposto por J. CARBONNIER em *La Revue trimestrielle de droit civil*, 1942, p. 365 (a obrigação de manter o assalariado em caso de redução da empresa).

de outras categorias sociais, desde o momento em que esses sacrifícios particulares são indispensáveis para o bem da comunidade total.[367]

150. Recusar-se-á este exemplo falando de legislação de "circunstância", excepcional e provisória, sob pretexto de que *normalmente* a determinação dos Direitos privados teria lugar na base da justiça comutativa estrita? A objeção não seria pertinente. Atualmente o Direito tem que enfrentar conjunturas às vezes normais e outras anormais, segundo as quais suas soluções estarão compostas, quer de princípios quer de exceções ao princípio. Sendo assim, filosoficamente, nem o problema nem o método variam: em toda hipótese é o bem público o que tem qualidade para servir de base, quer ao princípio, quer à exceção. Em tempos normais, quer dizer, de calmaria, o bem público coincidirá provavelmente com a consagração da justiça comutativa: em tempos anormais, quer dizer, agitados, e se se quiser, a título de política do mal menor, o bem público sugerirá derrogações mais ou menos graves à regra da justiça comutativa[368]. Que significa, além disso, a distinção? A calma e a agitação vão e vêm na sociedade, e é preciso tomar a vida assim como ela se apresenta na realidade, sem aferrar-se a categorias *a priori*, de uma consistência completamente relativa.

151. Queremos, todavia, raciocinar a partir de tempos *normais*? Não será difícil descobrir, nos códigos aparentemente mais individualistas, numerosas instituições do Direito privado nos quais a solução – solução com caráter de princípio – explica-se pelo predomínio do ponto de vista da justiça social (o "nosso") sobre o ponto de vista da justiça

---

[367] Aprox. a respeito da definição da justiça como virtude moral, CÍCERO, *De inventione*, 2, 53, 160: "*Iustitia est habitus animi*, communi utilitate conservata, *suam cuique tribuens dignitatem*", e o comentário de F. SENN *De la justice et du droit*, Paris 1927, pp. 44 a 47. Voltaremos a este ponto adiante, nº 238.

[368] Sobre a distinção entre tempos normais e tempos anormais, veja HAURIOU: *Précis de droit constitutionnel*, 2ª. ed., Paris, 1923, pp. 440 e 441.

comutativa (o "teu", o "meu"): tal é a regra da prescrição já aludida[369]. Já se procurou outras vezes alinhar a prescrição dentro do Direito individual, explicando-a como uma presunção de renúncia: a inação do titular durante um lapso de tempo bastante longo indicaria sua vontade de abandonar o Direito[370]. Histórica e racionalmente a explicação é fictícia. A verdadeira razão da prescrição deduz-se de certas necessidades ou conveniências da vida social. Importa ao bem público que ao término de um certo tempo sejam liquidadas as contas (prescrição liberatória dos créditos), que os Direitos reais desmembrados da propriedade e não utilizados em desuso desapareçam (prescrição extintivas dos usufrutos e servidões), que as aquisições ilegítimas de bens encontrem, não obstante, o vício originário, sua regularização (caso da prescrição aquisitiva da propriedade e dos Direitos reais). Portanto, estes resultados contradizem o Direito individual, operando uma transferência de valor, sem compensação, de um patrimônio a outro, além da vontade do titular (é um adágio de Direito e do sentido comum que "as renúncias não se presumem"). A justiça comutativa não pode aprovar a prescrição porque o Direito é por definição, imprescritível: não se concebe, segundo o Direito e a justiça entendidos no sentido filosófico, que o ladrão ou o usurpador possa chegar alguma vez a ser o legítimo proprietário da coisa roubada ou usurpada. *Res clamat domino*. E, no entanto, o Direito certo do proprietário é imolado ao bem público da segurança social[371].

Será dito que de fato a função normal da prescrição é consolidar situações regulares desresponsabilizando dela o beneficiário de uma prova frequentemente difícil? – Indiscutivelmente; mas a exatidão da observação não permite esquecer os casos, mesmo excepcionais, em que a prescrição consolida a injustiça, precisamente porque o Direito, na prescrição, tem em vista a estabilidade e não a justiça.

---

[369] Veja acima nº 120.
[370] Veja, por exemplo, BOISTEL: *Cours de philosophie du droit*, t. I, nº 244ss, p. 401ss.
[371] Para uma demonstração mais detalhada desta teses, veja J. DABIN: *La philosophie de l'ordre juridique positif*, nº 139 a 141.

152. Vejamos agora outros exemplos a respeito dos quais não se poderá alegar o caso excepcional. Seja o regime da propriedade e dos Direitos reais segundo o Cód. Napoleão. Acima das limitações, em certas formas externas, ditadas pelas leis e regulamentos, em interesse do Estado ou do público, será encontrado nele, ao acaso, como inspiradas pelo cuidado do bem público (compreendido de modo mais ou menos feliz), as seguintes regras: limitação do número dos Direitos reais (art. 543); proibição das cláusulas de inalienabilidade,[372] caráter vitalício do usufruto (art.617, al. 2); condição de uma mais-valia no fundo dominante para a existência da servidão (art. 686). Nenhum motivo deduzido da consideração do Direito alheio põe obstáculo à variedade ilimitada dos modos de utilização dos bens. Mas o legislador pensou que, socialmente, a limitação apresentava vantagens de simplicidade e de clareza que justificam as restrições à liberdade dos proprietários para onerar seus bens com todos os desmembramentos que lhes convirem. Considerações semelhantes, de ordem social, explicam a proibição das cláusulas de inalienabilidade: estas cláusulas não contradizem o Direito pessoal de ninguém, nem o Direito do estipulante (o qual pode impor condições à desalienação de seu bem), nem o Direito do obrigado (visto que deu sua aceitação). Mas pareceu ao legislador que a limitação à faculdade de alienar causava um prejuízo ao princípio econômico, de interesse social, da livre circulação dos bens. Do ponto de vista dos Direitos respectivos nada mais exigia o caráter vitalício do usufruto ou da condição da mais-valia para a servidão. Mas, do ponto de vista geral, o legislador se recusou a admitir que um desmembramento tão importante como o usufruto pudesse paralisar perpetuamente o exercício dos Direitos da propriedade plena em detrimento de uma boa exploração dos bens; que

---

[372] Solução deduzida pela via de interpretação: veja PLANIOL, RIPERT: *Traité pratique de droit civil français*, t. III, "Os bens", por PICARD, nº 223.

o serviço imposto a um fundo, com seu caráter real e permanente, não fosse compensado por um aumento de valor do fundo beneficiário[373].

Arrisca-se talvez esta interpretação: longe de derivar de uma ideia *social*, as regras supracitadas não seriam mais que a afirmação, levada ao paradoxismo, do Direito individual de propriedade, que o legislador queria manter absolutamente livre, apesar da vontade contrária do proprietário, de modo que a proibição dos compromissos para toda a vida é um testemunho em favor da concepção absoluta do princípio da liberdade pessoal. Mas, mesmo esquecendo o argumento da boa exploração dos bens, que foi invocado, contudo, observar-se-á que se o Cód. de Napoleão tivesse efetivamente por ideal a propriedade livre e plena, sem nenhum tipo de obstáculo, esse ideal estaria justificado aos seus olhos, menos pelo Direito do proprietário considerado em si mesmo que pelo interesse do público em geral. Se esquece com demasiada frequência que o liberalismo, diferentemente do anarquismo, se estabelece, com ou sem razão, como uma doutrina *social*, sob o mesmo título que o solidarismo ou o socialismo: para o liberal, a liberdade se confunde com o interesse geral e só ela está em condições de poder procurá-la.

153. É conveniente generalizar: em *todas as matérias do Direito privado* – Direito de família, de sucessões, de contratos – encontram-se regulamentações elaboradas diretamente em função do bem público mas

---

[373] Ainda há outros exemplos: assim, a regra da acessão por incorporação (art. 552). O cuidado do puro Direito individual exigiria a coexistência (que nada tem de impossível) dos dos Direitos, do proprietário da coisa acedida e do proprietário da coisa que acede. Todavia, como a coexistência suporia provavelmente conflitos e seria favorável apenas à utilização frutífera dos bens, o Código decreta, em interesse social, a expropriação do Direito do proprietário da coisa acessória, que vai aumentar a coisa principal, mediante indenização. O mesmo sistema rege em todos os casos de expropriação, total ou parcial, de um particular em benefício de outro, ou para os prejuízos excessivos causada dos pelos estabelecimentos industriais: o Direito dos proprietários é sacrificado, mediante indenização. Enfim, se dirá que é a justiça que impele o Direito das pessoas a reconhecer ao injusto invasor os Direitos de ocupante, Direitos não só no sentido de responsabilidade (como o de manutenção da ordem), mas não de benefícios (como nas aquisições)?

não do Direito individual. No Direito de família o fato não é estranho: a realização dos fins humanos e nacionais da família é radicalmente incompatível com o conceito do Direito do indivíduo como tal, e é por isso, por exemplo, que o casamento é decretado indissolúvel, pelo menos em princípio, – que a vida em comum dos esposos engendre sempre certa comunidade de patrimônios, mesmo em caso de separação de bens,[374] etc. A mesma nota social aparece em matéria sucessória, por que se a vocação hereditária pode legitimamente ser relacionada ao Direito próprio dos sucessores (também em sua qualidade de membros da família do defunto), a regulação do regime reflete preocupações de ordem familiar, de ordem social e até de ordem política: o modo de repartir as fortunas não afetam acaso o poder do Estado sobre seus súditos?[375] Até pouco tempo atrás, é verdade, o Direito dos contratos era construído, na sua essência, segundo as categorias clássicas da liberdade e da propriedade simplesmente temperados pelas leis, a ordem pública e os bons costumes. Mas como dar conta, com estes conceitos, de soluções como as do valor obrigatório dos preços impostos? Para chegar a razão adequada dos preços impostos, não é preciso exitar em abandonar os antigos quadros individualistas para se colocar na perspectiva de uma economia socialmente organizada, onde o comerciante de varejo não é considerado mais em sua qualidade puramente jurídica de contratante e proprietário, mas como investido de uma função econômica no mecanismo da distribuição dos produtos[376].

154. Mesmo regras técnicas como o *Direito das provas* e o *Direito dos procedimentos* (pelo menos em matéria civil) encontram-se muitas vezes separadas de seu fim normal e transferidas ao serviço de uma *polí-*

---

[374] Veja, neste sentido, R. Savatier, "L'évolution du regime de la séparation des biens", em *Le droit, l'amour et la liberte,* Paris, 1937, p. 70ss.
[375] Comp., CH. BEUDANT: *Cours de droit civil français,* 2ª. ed., publicada por R. BEUDANT e LEREBOURS-PIGEONNIÉRE: t. V, "As sucessões *ab intestat*", por LE BALLE, Paris, 1936, nº 62 a 85.
[376] Comp., R. HOORNAERT, *La politique des prix imposés,* Bruxelas, 1939.

tica, que buscam, mediante seus intermediários, o fim do bem público. Assim são instituídas presunções mais ou menos irrefragáveis que só possuem relações distantes com a verossimilhança de fatos presumidos; artificialmente suscitam dificuldades de prova quando a matéria não se opõe à demonstração nenhuma resistência especial.

Assim, em matéria de filiação, a lei multiplica os favores à legitimidade, presumido que se realizou o ideal que ela estima desejável, – enquanto ignora a filiação adúltera ou incestuosa, inconfessável a seus olhos, e se contenta, em poder impor obstáculos à filiação natural simples. Argumentos de ordem social (salvaguarda da paz das famílias, temor ao escândalo) levam a uma investigação objetiva e prudente da verdade no sistema probatório.[377] De maneira semelhante em matéria de responsabilidade civil, o emprego tendencioso das presunções legais permitiu à jurisprudência assegurar às vítimas de danos um regime de reparação especialmente favorável, que tem sua motivação em um sentimento de piedade pela vítima, sem dúvida, mas também, do ponto de vista social, em uma política de prevenção dos danos, pois quanto mais severamente são tratados os autores de acidentes – pressupondo-os culpados e declarando-os responsáveis – mais redobrarão a vigilância e precaução.[378] Por fim, na esfera do procedimento não é desejável que o legislador acumule formalidades e detalhes simplesmente com a intenção de desanimar o emprego de ações que não o agradem, mas que é obrigado a tolerar: assim, em matéria de divórcio por causa determinada e, sobretudo, de divórcio por mútuo consentimento? Os recursos da forma vêm auxiliar ao fundo; o Direito formal concorre para a realização do Direito material, no caso de um Direito material com tendência

---

[377] Veja sobre esta política, J. DABIN: *La technique de l'élaboration du droit*, Bruxelas-Paris, 1935, p. 89ss. *Ad.:* A. ROUAST: "As tendências individualistas da jurisprudência francesa em matéria de filiação legítima", em *La Revue trimestrielle de droit civil*, 1940-1941, p. 223ss.
[378] Veja, sobre este ponto, DABIN: *La philosophie de l'ordre juridique positif*, nº 155 e 156.

social, mais preocupado com a sociedade em seu conjunto que com os indivíduos particulares.

155. É preciso destacar, enfim, que o *Direito das sanções*, em particular o Direito penal, está diretamente colocado sob o império do bem público? Competente para decidir sobre o conteúdo das regras é lógico que o bem público está qualificado, também, para decidir sobre o modo e o grau das sanções. Mas ainda que sua finalidade primeira seja assegurar a observação dos preceitos, as sanções delineiam um novo problema em relação ao conteúdo do Direito. A execução do Direito não pode ser buscada, com efeito, "apesar de tudo", ou mesmo em consideração unicamente à eficácia das sanções. Regras excelentes podem estar acompanhadas de sanções bastante eficazes, mas cujo efeito social seria deplorável. Mesmo nas sanções que parecem naturais, como incluídas virtualmente no preceito, como as nulidades de atos que sancionam uma grave contravenção à lei, é preciso comparar com o mal social produzido pela irregularidade, e, em todo caso, pelo atentado contra o prestígio da lei, as repercussões sociais mais ou menos desastrosas, por sua intensidade ou por sua extensão, que provocaria a nulidade declarada: por exemplo, em matéria de matrimônio, de constituição de sociedades... Uma política restritiva das nulidades pode estar indicada e dar lugar a sanções de outra classe, menos lógicas, menos eficazes talvez, mas menos prejudiciais socialmente, que assegurem o prescrito pelo Direito.

A fortiori para as sanções de caráter mais adventício: resoluções de atos, ponderações de todos os tipos e, sobretudo, penas (o que explica o nascimento do Direito penal como ramo autônomo). Sendo assim, mesmo a questão da pena será resolvida por um juízo distinto, sempre de bem público, que traduzirá uma filosofia e uma política penal. Considerar-se-á então menos a imoralidade da falta que seu caráter anti-social: assim acontece com a imprudência que leve consigo a morte de um homem ser, por seu resultado, uma falta socialmente grave, apesar da ausência de intenção; e o adultério da mulher, nem mais nem menos grave que o do homem, é, todavia, mais nocivo socialmente... Uma vez admitida que só as faltas de uma suficiente anti-socialidade podem legitimar uma reação tão enérgica como a pena. Quanto à pena em si, será determinada, qualitativa e quantitativamente, segundo a justiça, sem dúvida, que exige de uma parte igualdade de tratamento para as mesmas faltas, e de outro lado, proporção entre a sanção e a falta, mas ainda mais segundo o bem público que atribui à pena uma função complexa, retributiva, exemplar e às vezes curativa. Uma vez perpetrada a infração, o interesse da sociedade está menos no exercício da vendeta, que restabelece a ordem violada, que na não repetição da falta, a individualização[379] da pena.

§ 3. O bem público temporal, norma do conteúdo negativo do Direito

156. Seria um erro chegar à conclusão de que por dever construir o Direito, mesmo o Direito das relações privadas, com vistas e, por conseguinte, em função do bem público, seja necessária a intervenção da regra jurídica para prescrever aos sujeitos, particulares ou funcionários, todas as soluções que sugere o bem público.

Norma do conteúdo *positivo* do Direito, o bem público é, pelo mesmo motivo, o critério de seu conteúdo *negativo;* dono do *sentido* da intervenção, ele decide igualmente, em cada caso, o *princípio* da intervenção.[380] Sendo assim, acontece que, vistas de outro ângulo – o

---

[379] Comp., P. Cuche: "A elaboração do Direito penal e o "irredutível Direito natural, em *Recueil Gény*, t. III, pp. 271 a 274. Comp., Santo Tomás: *Somme*, II^a, II^{ae}, q. 66, art. 6, *ad 2^m*: *Poenae presentis vitae magis sunt medicinales quam retributivae".* Sendo assim, a medicina é questão de arte. Sem dúvida o Direito natural requer que os malfeitores sejam castigados; Mas a determinação dos delitos e das penas, que é o objeto próprio do Direito penal, depende de uma apreciação do bem público (veja, neste sentido, Santo Tomás: *Somme*, II^a, II^{ae}, q. 85, art. 1 *ad 1^m*).

[380] Quando se define a lei *"ordinatio ad bonum commune"* (veja textos p. 206 e notas 13 e 14), isso significa sem dúvida que em primeiro lugar a lei prescreverá o que requer o bem comum, a utilidade dos homens, mas também se absterá desta prescrição caso o bem comum e a utilidade dos homens não encontrem aí pro-

do rendimento da regra ou de suas incidências – as exigências do bem público ordenam ao jurista uma abstenção mais ou menos completa. Já se compreende que não nos referimos à lacuna da fonte legal, que será suprida com a jurisprudência dos tribunais, ou com o voluntário desaparecimento da lei diante do poder discricionário do juiz, mas com a ausência premeditada de toda regulação jurídica, qualquer que seja a fonte, *a priori* ou *a posteriori*, numa palavra, um regime de liberdade mais ou menos completo que se impõe ao juiz e deve ser sancionado por ele. Aqui é onde aparece em seu pleno relevo a missão do jurista, que é preferir a prudência à justiça, mesmo social. O "prudente" não pensa exclusivamente na justiça; ele busca o realizável; na falta de obter o melhor, ele se contenta com menos, que é às vezes o mal menor.

Deixemos de um lado a hipótese das autonomias intangíveis. Há, com efeito, esferas de atividade, mesmo exterior, nas quais a vontade dos particulares tem a liberdade da decisão e da ação, salvo a responsabilidade diante da consciência e de Deus. Por mais universal que seja a esfera do bem público na ordem temporal, há zonas reservadas, proibidas à penetração do público e do Estado, pelo menos sob a forma de preceitos, já que não de conselho: são aquelas em que se julga o destino pessoal dos indivíduos nesta vida e na outra, numa palavra, a liberdade das vocações no mais amplo sentido. Esta liberdade não só é legítima, mas necessária, e deve ser protegida de todos, inclusive do Estado: nenhuma razão de bem público poderia motivar sua supressão ou sua limitação, por que brota da natureza do indivíduo humano, que não é simplesmente uma parte de um todo, mas uma pessoa, e nenhum atentado contra a natureza humana pode ser útil a um bem público que é, também, fundamentalmente humano.[381]

---

veito. Como disse Santo Isidoro de Sevilha, aprovado por Santo Tomás, é preciso que a lei *"saluti proficiat"*, *"expediat saluti"* (Somme théologique, Iª, IIᵃᵉ, q. 95, art. 3).

[381] Veja, quanto à relação do indivíduo humano com a sociedade e o Estado, J. Dabin: *Doctrine générale de l'Etat*, nº 217ss.

157. Mantenhamo-nos então no plano dos assuntos que pertencem diretamente à competência do Estado e do bem público. Sendo assim, não se pode dizer previamente que, na realidade concreta, a *regra* decretada pela autoridade será melhor instrumento de solução segundo o bem público que a *livre vontade dos particulares*, qualquer que seja a forma desta vontade (unilateral, bilateral, corporativa), e qualquer que seja o objeto da operação: ato material, ou ato jurídico gerador de regra particular. Aparentemente, só a regra, como emanada da autoridade pública – governantes ou o próprio povo em seu conjunto – é capaz de elevar-se ao nível do bem de todos, enquanto a vontade privada jamais se elevaria acima do interesse particular. Mas se a experiência condena a doutrina demasiado otimista de um bem público que surgisse de uma lei fatal do jogo das liberdades concorrentes,[382] seria um exagero pretender, em sentido inverso, que a liberdade só pode infligir danos ao bem público; dano positivo com frequência, e negativo em todo caso pela falta de coordenação e indisciplina da concorrência. Em nossas matérias, as teorias *a priori*, sempre extremas e simplificadoras, pesam menos que os fatos, porque se trata de registrar resultados e o único método conveniente para comprová-los é a estatística, ou mais modestamente, a experiência.

O dilema, portanto, não está entre a liberdade, de um lado, e o bem público, de outro, mas entre liberdade e a regra, ambos possíveis instrumentos a serviço do bem público. A liberdade, dos indivíduos ou dos grupos, tem seus perigos: a anarquia, a injustiça, a opressão, que são a razão de ser da regra; mas esta, por sua vez, não carece de inconvenientes. Quaisquer que sejam os benefícios da disciplina exterior do ponto de vista da educação da liberdade,[383] toda regra tem consigo, por

---

[382] Este é o momento de citar a fórmula típica de Eudore Pirmez na Câmara belga, em 1860, por causa da discussão relativa ao art. 494 do Código penal (repressão da usura): "Nós nos opomos ao abuso da proteção da liberdade!" (Citado por NYPELS: *Le Code pénal belge interpreté*, Bruxelas, 1878).

[383] Veja, neste sentido, SANTO TOMÁS: *Somme*, I^a, II^{ae}, q. 95, art. 1 *ad resp. e ad 2^m*.

seu efeito de inibição, certo atentado às energias individuais: o impulso espontâneo fica subjugado, contido. O excesso de disciplina mata o espírito de iniciativa: o regulamento muito detalhado dispensa de prever e de prover; e quando o regulamento se cala, o sujeito, desorientado, cai na inércia. Por outro lado, a disciplina, ao estatuir antecipadamente, peca sempre pela generalidade, o que a impede de adaptar-se às particularidades do caso, enquanto a liberdade, insegura e complacente, sabe inventar soluções bem ajustadas. Não esqueçamos, enfim, que a regra surgida da vontade oferece, sobre a regra ditada, a superioridade de acrescentar à força abstrata da obrigação o estimulante do compromisso pessoal, o que dobra sua eficácia.

158. Sendo assim, esses méritos, que nos apressamos em recordar, da liberdade, na ação como na regulação da ação, não deixam de se refletir sobre o bem público, a tal ponto que, às vezes, a liberdade poderá ser preferida à intervenção mesmo se no caso concreto de que a solução dada geralmente pela liberdade seja menos perfeitamente conforme o bem público que a solução da regra: hipoteticamente, as vantagens da liberdade representam um elemento do bem público mais apreciável, no todo, que aquele do qual se tem prescindido. Mais ainda: na eleição entre a liberdade e a regra, o Direito, obediente à lei da economia de forças, estabelecerá a *regra da liberdade*, pelo menos enquanto não se demonstre que na prática o uso da liberdade redunde geralmente em prejuízo ao bem público. Assim se explicam não só o grande princípio de Direito privado moderno de que "tudo o que é proibido é permitido", mas também o princípio da autonomia da vontade na regulamentação dos interesses privados. A lei tem mais confiança na liberdade que em si mesma para definir da melhor maneira para todos e para cada um as relações dos indivíduos particulares entre si. E se a lei formula a regra, não a impõe sempre, no sentido de que permite à liberdade derrogá-

-la de certa forma por disposição de vontade contrária: este é o caso da regra legal supletória.[384]

Naturalmente, a liberdade de regulamentação, pelos indivíduos ou pelos grupos particulares, não poderia ser absoluta, sem limite e sem controle, sob pena de negar a si mesma a utilidade e a disciplina social. Em primeiro lugar, a lei velará para que essa vontade, criadora de uma regulamentação particular, seja uma vontade autêntica, não infectada por vícios, pelo menos de alguns vícios mais característicos, ante o temor de quebrar a estabilidade das regulamentações e da segurança das relações; o bem público recupera nesse momento a primazia sobre a justiça individual, a qual não se tem em conta mais que um consentimento psicologicamente são e intacto. Também há matérias que devem que ser deduzidas imediatamente de sua regulamentação pela liberdade: interessando não só ao bem público, mas, à ordem pública, quer dizer, às mesmas colunas do edifício social, exigem uma medida comum, objetiva e uniforme, independentemente da vontade privada em geral, como de toda vontade particular dissidente. Enfim, mesmo na esfera deixada à liberdade sempre será preciso atender, com medidas adequadas, aos abusos, excessos ou carências desta, cada vez que, positiva ou negativamente – por exemplo, uma competência dispendiosa – ou não fazê-lo assim causaria ao bem público um dano superior ao que poderia supor intervenção.[385]

159. Assim se justifica, mesmo no quadro de uma concepção rigorosamente social do Direito, o amplo lugar concedido à liberdade

---

[384] Veja, sobre o sistema do Código Napoleão, J. DABIN: "Autonomia da vontade e leis imperativas, ordem pública e bons costumes, sanção à inobservância das leis, em Direito privado interno), nos *Annales de droit e de science politique* (Lovaina), 1940, p. 190ss.

[385] Veja L. JOSSERAND, "A 'publicização' do contrato", em *Recueil Lambert*, § 145, t. III, p. 143ss; G. RIPERT, "A ordem econômica e a liberdade contratual", em *Recueil Gény*, t. II, p. 347, e *Le regime démocratique et le droit civil moderne*, Paris, 1936, nº 137ss.

dos indivíduos e dos grupos, princípio denunciado muitas vezes como tipicamente individualista, quando sua aplicação moderada, equilibrada, prudente, é em definitivo tão benéfica para a sociedade como para os indivíduos.

Este benefício da liberdade, todavia, não é inspirado no setor do Direito privado. Na verdade, ele se manifesta no *Direito público e administrativo*, onde o bem público representa o único ponto de vista válido, sem consideração alguma ao bem privado. É que a boa gestão do Estado, assim como a dos interesses privados, não requer sistematicamente a regra: o espírito de iniciativa e a liberdade de decisão são tão indispensáveis aos governantes, funcionários e agentes, responsáveis pelo bem público, como aos simples particulares. E por isso, se em tal matéria ou em tais circunstâncias, o bem público pode exigir a submissão dos titulares da autoridade nos atos que realizam (legislativos, administrativos, materiais ou jurídicos) a uma regra mais ou menos rígida, outros casos surgirão em que o bem público reclamará em seu favor um poder mais ou menos discricionário: assim ocorrerá cada vez que o perigo da arbitrariedade parecer menos prejudicial ao bem público que uma norma demasiado estrita.

160. Os defeitos inerentes ao sistema regulamentar não são o único motivo de abstenção da regra. É preciso ter em conta também, em grande parte, a *psicologia dos sujeitos*.

Suponhamos, em primeiro lugar, que estes executem espontaneamente, de ordinário, o depósito deduzido do bem público: o resultado é obtido sem que a regra tenha tido necessidade de se apresentar.[386] Sendo assim, se o legislador pretendesse intervir, ainda que fosse apenas para apoiar com uma sanção o princípio já praticado de fato, o efeito de sua iniciativa poderia ser radicalmente diferente do que havia pensado: em

---

[386] Comp., no mesmo sentido, MONTESQUIEU: *Cahiers*, apresentado por B. GRASSET, 1716-1755, Paris, 1941, p. 95: "Não é preciso se fazer pelas leis o que se pode fazer pelos costumes"; "As leis inúteis debilitam as necessárias".

lugar de uma confirmação dos sujeitos em sua atitude poderia produzir-se uma reviravolta provocada por um sentimento de reação contra uma ingerência julgada indesejável. Há povos indisciplinados cujo temperamento crítico chega às raias da contradição: há povos desconfiados, que, no curso da história tiveram que sofrer muito com seus governos. Psicologia talvez penosa e não desejável, mas que se impõe como um fato ao homem de Estado desejoso de evitar equívocos. Tanto mais quanto a inoportuna proclamação de princípios comumente praticados corre o risco de despertar a dúvida, que pouco a pouco acabará por arruiná-los. Contrariamente à célebre frase, há coisas que "são melhores" quando não se fala delas.[387] Visto que nestes casos a liberdade já demonstrou sua eficácia: porque não fiar-se nela enquanto merece essa confiança?

Os códigos não são como catecismo ou como gramáticas, obrigados a dizer tudo sobre o que se deve ou não fazer. Só se incluem neles os preceitos que são úteis promulgar, porque os homens têm tendência a infringi-los. A menos que se trate de princípios de tal modo capitais que nem sequer as infrações isoladas possam ser toleradas. Por exemplo, a regra de Direito tem razão ao proibir a morte e o roubo, ainda que os assassinos e os ladrões sejam ultimamente raros. Nesse caso, também, a lei só dita o preceito sancionando-o através do Direito penal e da responsabilidade civil, enquanto é útil enunciá-lo por si mesmo: a lei não *proíbe* o assassinato, o *castiga*; e esta sanção implica naturalmente proibição, como toda sanção.

161. Deve-se prever a hipótese inversa: o povo não compreende as exigências do bem público; não as pratica e não está disposto a aceitá-las. Assim acontece especialmente quando estão em jogo as antigas paixões humanas da luxúria, intemperança, prodigalidade, avareza, orgulho, contra as quais o Estado tem o dever de lutar, por causa de sua nocivi-

---

[387] Este é um dos motivos pelos quais os ingleses são hostis ao sistema das "Declarações dos Direitos": por que proclamar o que é evidente? Os Direitos individuais não são menos reconhecidos e sancionados na Inglaterra.

dade social; ou ainda quando procura introduzir em uma sociedade de temperamento demasiado individualista princípios de cooperação ordenada: *Quid leges sine moribus?* Isto quer dizer pouco. O desacordo com os costumes pode levar consigo consequências piores que a vaidade das leis: perturbações de toda a classe, de ordem econômica, social, moral... Sendo assim, por mais justa que possa ser considerada sua disposição, em si mesma e quanto à intenção, o papel da lei não é acrescentar uma desordem real que, por hipótese, não poderia extirpar seu preceito, uma nova desordem, mais grave ainda que a precedente. A regra do Direito deixa de servir quando, no conjunto e avaliação de seus efeitos favoráveis e seus inconvenientes, produz mais prejuízo que bem.[388] Sem dúvida é o povo que está em falta quando com desprezo a uma posição formal fica obstinado em usos viciosos ou se nega ao legítimo sacrifício de um individualismo sem medidas; mas, por seu turno, a autoridade comete uma falta política quando, tendo se demorado em reagir, intervém fora de hora, sem procurar converter antes a massa da opinião descontrolada.[389]

A amplitude das exigências da lei tem, ademais, muitos graus. Pelo fato de, em razão do sentimento de opinião, não esteja o legislador em condições de prescrever o máximo, não acontece que não deva pres-

---

[388] Comp., SANTO TOMÁS: *op. cit.*, II^a, II^{ae}, q. 95, art. 3 *ad resp.*: *"Attenditur enim humana disciplina primum quidem quantum ad ordinem rationis, qui importantur in hoc quod dicitur "justa". Secundo, quantum ad facultatem agentium. Devet enim esse disciplina conveniens unicuique secundum suam posibilitatem, observata etiam: posibilitate naturae (non enim eadem sunt imponenda pueris quae imponuntur viris perfectis) et secundum humanam consuetudinem: non enim potest homo solus in societate vivere, aliis morem non gerens".* Especialmente no que diz respeito à repressão dos vícios, veja q. 96, art. 2 *ad resp.* e *ad 2^m*; q. 77, art. 1 *ad resp.* – Veja também MONTESQUIEU: *De l'esprit des lois*, liv. XIX; igualmente PORTALIS: *Discours préliminaire*, nº 5 em LOCRÉ, *op. cit.*, ed. Bruxelas, 1836, t. I, p. 154, col 2: "[O legislador] não deve perder de vista que as leis são feitas para os homens e não os homens para as leis, que devem ser adaptadas ao caráter, aos hábitos, à situação do povo para o qual são feitas".

[389] O próprio Deus procedeu deste modo progressivo, dando a Lei Antiga à humanidade ainda imperfeita, e outra Lei mais perfeita (a do Evangelho) para aqueles que já tinham sido conduzidos pela lei anterior a uma maior inteligência das coisas divinas (SANTO TOMÁS: *Somme*, I^a, II^{ae}, q. 91, art. 5, *ad* 1^m.).

crever nada:[390] prescreverá o mínimo ou, mais exatamente, o máximo do que a opinião esteja em condição de suportar. Por exemplo, uma vez criado o divórcio nos costumes, o legislador não irá necessariamente apagá-lo do código;[391] uma vez feito o mal, será aplicada unicamente até desaparecer a má solução com precauções de fundo, de prova, de procedimento, que se acham difícil usar.

162. Mas não confundamos as coisas: o silêncio ou a tolerância da regra de Direito não equivale de modo algum à *abstenção* da autoridade. Há muitas maneiras para o Estado de promover o bem público. Em geral, sem dúvida, só se poderá chegar a isso sem estabelecer o preceito: a existência própria do Direito e a abundância de suas disposições são uma prova disso. Os súditos têm necessidade de serem mandados e, formalmente, o Estado é poder de mando. Mas a ação do Estado pelo mando e pelo poder não é sempre o método mais eficaz. O Estado, como o chefe de família, como qualquer outra autoridade, pode se limitar a promover mediante a concessão de vantagens, a fechar a passagem mediante procedimentos "proibitivos". Do momento em que a moralidade está a salvo (por que o fim não justifica os meios), o Estado tem o Direito e o dever – de prudência política – de optar pelo meio que o conduza com mais segurança ao fim.[392]

Seja, por exemplo, a luta contra o alcoolismo, praga social indiscutível, nociva não somente para os indivíduos que se entregam ao álcool,

---

[390] Como disse S. Agostinho, aprovado por Santo Tomás: *Somme*, I^a, II^{ae}, q. 96, art. 2, *ad 3^m*); "*Neque enim non omnia facit* [lex] *ideo quae facit improbanda sunt*".

[391] Pode suceder que o divórcio tenha penetrado tanto nos costumes que, para conservar a faculdade de uma ruptura em caso de supressão do divórcio, o público renuncie ao matrimônio para viver na livre união, que é, sem dúvida, um mal pior que o divórcio. A mesma dificuldade constitui um obstáculo à proibição, do trabalho da mulher casada, fora do lar: poderia ocorrer que o desejo de independência, – às vezes por necessidade de completar os ganhos da família – se afaste do matrimônio e impulsione ao concubinato as mulheres que quisessem, apesar de tudo, trabalhar fora do lar.

[392] Comp., sobre a eficácia dos conselhos a respeito dos preceitos, Santo Tomás: *Somme*, I^a, II^{ae}, q. 95, art. 1, *ad resp.* e *ad 1^m*.

mas também para sua descendência e para toda a sociedade, visto que o abuso do álcool mata a raça. Sendo assim, ao invés de ditar uma proibição absoluta, ou mitigada, do consumo, eventualmente reforçada com uma pena, que é o modo mais direto e mais enérgico, o Estado pode intervir mediante regulamentações que tendam a restringir de fato esse consumo (proibição de abrir estabelecimentos em certos lugares mais frequentados; fechamento a certas horas do dia ou da noite; taxações fiscais proibitivas...); ou também, de um modo que já não é jurídico, favorecendo o consumo de produtos que competem com o álcool; organizando ele mesmo em suas escolas a propaganda anti-alcoólica; concedendo subsídios aos grupos privados anti-alcoólicos...; nestes casos o Direito cede seu posto à política geral. Trata-se de lutar contra a vida cara, outra praga social, mais precisamente contra a prática dos preços usurários? Além do meio direto da taxação de um máximo, que muitas vezes fica em letra morta ou só conduz à escassez de mercadorias,[393] o Estado tem à sua disposição muitos procedimentos, mais ou menos eficazes, mais ou menos radicais, para frear o apetite sem moderação da ganância: por exemplo, suscitando a concorrência de empresas administradas ou controladas pelos poderes públicos, ou até, em caso extremo, suprimindo o comércio privado (sistema de nacionalizações e dos monopólios do Estado).[394]

Para impedir os abusos do poderio econômico o Estado pode, em lugar de combater esse abuso por disposições preventivas e repressivas, estimular o agrupamento dos fracos que são as vítimas, ou ainda converter-se em mediador aproximando as partes: tal foi, finalmente, a política do Estado em fins do século XIX e XX na questão de proteção dos trabalhadores. Enquanto intervinha como autoridade mediante leis

---

[393] Sem esquecer este perigo especial, notado por Monstesquieu: *op. cit.*, liv. XXII, cap. XIX: "A usura aumenta nos países mulçumanos na proporção da severidade da proibição: o prestador se assegura do perigo da operação.

[394] Comp., para a criação de padarias municipais, Conselho de Estado francês, 24 de novembro de 1933, *Sirey*, 1934, 3, 105 e nota de MESTRE.

de salvaguarda ("legislação social" propriamente dita), levantava obstáculos ao sindicalismo operário, criava instituições de conciliação e de arbitragem, patrocinava os pactos coletivos e as comissões paritárias. Tal política, que tira partido do jogo das forças sociais, tem muitas vantagens: é econômica, posto que dispensa o Estado de uma tarefa policial incessante e sempre delicada; está de acordo com a ideia da dignidade humana, visto que devolve aos interessados o cuidado de defender seus próprios interesses; contribui para a paz social e a virtude, visto que, por um lado, inclina ao reconhecimento do laço de solidariedade que une entre si os trabalhadores e, por outro, aos diversos fatores da produção. Com a aplicação de métodos discretos os governos favorecem o estabelecimento de contratos-tipo com o efeito de introduzir certas reformas que não estejam suficientemente maduras para passar diretamente à lei: o Estado se serve da prática extra-judiciária como precursor do Direito dispositivo.[395] Enfim, para dar um exemplo bem concreto, é bem certo que o retorno da mulher casada ao lar, solução muito desejável socialmente, se obterá menos pelas proibições de trabalhar fora que por um conjunto de medidas destinadas a influenciar as causas exteriores e interiores, econômicas e psicológicas, que impulsionam as mães para fora de seu lar. É necessário acrescentar que com bastante frequência a autoridade se verá conduzida a pôr em ação simultaneamente todos os meios que tem a seu alcance, e que o recurso através do imperativo coercitivo não exclui o emprego de outros procedimentos indiretos e vice-versa?

163. O resultado destas explicações é que o bem público, norma de ordenança jurídica positiva, tem uma dupla face, que reveste, em certo sentido, de aspectos contraditórios: às vezes o bem público exige uma regra que transforma em preceito suas exigências; outras vezes ele reclama a liberdade, a abstenção da regra em relação a estas mesmas exigências. Existe o bem público *desejável*, que encarna o ideal, e o bem

---

[395] Comp., E.-H. KADEN: "Um exemplo da prática extra-judicial na Alemanha: o contrato uniforme de arrendamento", em *Recueil Lambert*, § 41, t. I, p. 511ss.

público *realizável*, que depende das contingências. Boa em seu dispositivo, a regra não obstante pode produzir, em razão de um meio social desfavorável, frutos contrários ao bem público. Todavia o que importa, é o resultado, o resultado final, a soma de bem público efetivamente realizado. A questão, para o legislador, não é tanto a de determinar o que os sujeitos devem ao bem público quanto o que ele é como medida de obtenção para eles mediante sua regra.[396]

164. Percebe-se ao mesmo tempo a relação que se estabelece, no sistema do Direito, e para todos os seus ramos – privado e público, interno e internacional – entre a noção de *bem público* e o fator da *opinião pública*, da "consciência coletiva", da "grande massa dos espíritos". A opinião, como tal, não é geradora de Direito, porque não é a que cria as exigências do bem público, nem as consequência que elas comportam com respeito ao Direito.[397] Mas ainda que as exigências do bem público sejam de natureza objetiva, a concepção, verdadeira ou falsa, que a opinião pública pode fazer dessas mesmas exigências constitui, por sua vez, um fato dotado de realidade objetiva. E este fato interessa ao Direito enquanto a opinião for um fator do rendimento da regra: enquanto a regra concorda com o sentimento popular tem assegurado o êxito ordinariamente, uma regra desautorizada pela opinião está perto de se condenar ao fracasso. Sendo assim, o fracasso da regra, por desobediência dos súditos, supõe não somente um dano para o Direito, mas afeta ao próprio bem público, de maneira que se delineará esta alternativa: ou a abstenção da regra com renúncia aos benefícios que devia teoricamente procurar, ou a intervenção ineficaz com as consequência fatais para o prestígio da autoridade.[398]

---

[396] Seguindo SANTO ISIDORO, SANTO TOMÁS ensina que a lei deve ser necessária, útil e beneficie ao bem público (*Somme*, I^a, II^{ae}, q. 95, art. 3 *ad resp.* e *ad 1^m*).
[397] Veja acima, n° 112 a 113.
[398] Comp., MONTESQUIEU: *Cahiers*, p. 96: "É preciso conhecer os prejuízos de seu século afim de não se chocar muito com eles, nem segui-los em demasia. "Não fazer nada que não seja razoável; mas, é preciso guardar-se bem de fazer todas as coisas que o são".

É verdade que, na realidade, o dilema raramente toma uma forma tão taxativa: o fracasso de uma regra nunca é tão completo; e ainda que seja completo nem sempre leva consigo a perda de prestígio da autoridade. Todavia, a necessidade de uma escolha subsiste, tanto mais que, além da eficácia prática, a verdade de uma regra, o ideal que ela se propõe defender também tem um interesse propriamente social. Aos olhos das pessoas honradas, e até das outras, o silêncio da lei, passa por indiferença ou cumplicidade, é suscetível de engendrar um escândalo, tão prejudicial para o prestígio da autoridade como o fracasso. Mas qualquer que seja a dificuldade da opção nos casos concretos, é suficiente assinalar o lugar exato da opinião entre os elementos que compõem o sistema jurídico: fator principal do êxito ou do fracasso de uma regra que, segundo os termos de sua própria natureza e segundo o desejo essencial do bem público, requer uma execução efetiva, a opinião pública condiciona de fato a elaboração do Direito.[399] Antes de aplicar uma disposição que possa chocar-se contra a opinião pública convirá esperar a conversão ou a neutralização dessa opinião: normalmente a ação social de educação, exercida de acordo mútuo pelo Estado e pela iniciativa privada, precederá a ação propriamente jurídica.

Evidentemente, sob o nome de opinião pública, entende-se uma força social suficientemente consistente e compacta. Frequentemente a opinião alegada é a de uma minoria mais ou menos brilhante e ruidosa cujas teses carecem de eco no público, ou ainda a opinião pretendida está dividida em correntes e contra-correntes hostis. Nada impede então que a autoridade se adiante, mediante uma decisão atrevida, de ditar as soluções que considera fundadas: sua intervenção terá muitas vezes por consequência atrair aos indiferentes, aos indecisos e até aos contrários.

---

[399] Esta reserva da lei humana a respeito de coisas que ela não é capaz de reger de modo eficaz, é também obra da lei eterna, como escreve SANTO TOMÁS: *Somme*, I^a, II^{ae}, q. 93, art. 3 *ad 3^m*. Em outros termos, essa impotência faz parte do plano divino.

165. Por todos estes aspectos a regra de *Direito* distingue-se da regra *moral*. Em moral não existe o "problema do intervencionismo". Enquanto, com relação ao bem público, a questão do rendimento da regra e, portanto, de sua utilidade, é primordial, o bem moral existe e proclama suas exigências independentemente de toda a consideração de êxito ou de oportunidade. É verdade que o legislador moral se guardará de prescrever ao povo um grau de perfeição que esteja acima de suas forças: para a parte puramente positiva das regras, e de modo igual para as conclusões deduzidas pelo trabalho racional dos moralistas, partindo das exigências da natureza, terá cuidado em adaptar seus preceitos às contingências, entre as quais figura, na primeira fila, o nível de consciência ou de formação moral da massa.[400] Esta é a margem deixada à "prudência legislativa" na esfera da moral. Mas, quanto aos primeiros preceitos, que resultam da mesma lei natural em seu dado imediato,[401] são o que são e obrigam a todo homem que vem a esse mundo, não obstante, a opinião do povo, e não obstante o próprio legislador da moral, cujo papel não é outro que o de traduzir o "dado" da natureza, sem alterar por modificação ou qualquer redução.[402]

---

[400] Veja o texto reportado acima, p. 163, nota 1, de Santo Tomás, que valem para a lei humana em geral, moral e jurídica.

[401] Comp., sobre a distinção entre a virtude *em geral*, prescrita pela natureza, e as *especificações* da virtude, que não estão prescritas sempre pela natureza, Santo Tomás: *Somme*, I^a, II^{ae}, q. 94, art. 3 *ad resp*.

[402] Sobre as *prescrições acrescidas* à lei natural *"ad humanam vitam utilia"*, veja Santo Tomás: *op. cit.*, I^a, II^{ae}, q. 94, art. 5 *ad resp*. e *ad* 3^m.

Secção II

Os meios: a utilidade técnica do Direito[403]

Introdução

166. Como toda regra de disciplina social (no sentido de societária), o Direito requer a realização efetiva, no sentido de que seus preceitos estão destinados a se cumprir na conduta dos súditos, ou pelo menos na generalidade destes. Esta necessidade convida a que se consulte o sentimento da opinião pública, cuja eventual hostilidade poderia causar o fracasso de uma regra mesmo excelente em si: é a hipótese, que acabamos de examinar, da falta de "realização material" do Direito. Mas além desta hipótese, que tem a ver com o fundo dos preceitos (de fim e de meios), a impotência de uma regra pode ser devida a outras razões que interessam à própria forma dos preceitos (caso da "realizabilidade formal" do Direito).[404] Com efeito, a regra de Direito está submetida à *aplicação*: isto quer dizer não só que deve receber obediência dos súditos, mas que sempre pode ser *posta em execução* por meio de órgãos *exteriores*, que são os funcionários e os juízes. Esta é a consequência do caráter societário da regra.

Diferentemente da moral, o Direito não se limita a prescrever, deixando a cada um a responsabilidade da aplicação do preceito ao seu caso. Pelo contrário, essa aplicação é suscetível de dar entrada à ação da promotoria; ela está garantida por sanções materiais cujo mecanismo não é automático; ela suscita ou pode suscitar processos, que se tramitarão ante um tribunal humano.

---

[403] Veja acima, n° 163 e 164.
[404] A fórmula da distinção entre as duas espécies de "realizabilidades" é de IHERING: *Esprit du droit romain*, t. 1, § 4, pp. 51-52 (Trad. de MEULENAERE).

167. Assim, pois, a verdade do Direito, resultado de sua adequação ao fim do bem público, não basta para preencher o ideal da boa regra. É preciso, além disso, que o Direito seja *aplicável, praticável e manejável*, como consequência das condições propriamente técnicas de sua execução.[405] Ainda que tenha sido objetado às vezes,[406] as duas ordens de ideias, complementares de fato, não deixam de ser por isso menos distintas, lógica e realmente. O valor teórico de uma regra é concebido perfeitamente fora de sua praticabilidade: uma regra impraticável não é uma regra intrinsecamente má, e uma regra intrinsecamente boa não é por necessidade uma regra praticável. Por mais essencial que seja a técnica jurídica formal, enquanto assegura a penetração do Direito na vida, não constitui de modo algum, por tal título, uma parte da justiça, não só da justiça do filósofo, mas da justiça do jurista (a nossa), porque o lado técnico, em Direito, está ordenado não pela ideia de "fundo do Direito", mas pela ideia de regra, de disciplina: independentemente de qualquer conteúdo, por ser a regra de disciplina social, é pelo que o Direito deve ser praticável e, por conseguinte, construído com vistas a essa praticabilidade.

Sendo assim, os dois aspectos entram frequentemente em competição, ao exigir da praticabilidade da regra certos sacrifícios, ou fazendo um eufemismo, certas "adaptações" da solução de fundo, deduzida unicamente da consideração do bem público. Sem dúvida, o Direito tal como

---

[405] Recorde-se do texto de SANTO TOMÁS, citado acima, p. 167, nota 2. "Do mesmo modo que uma peça de teatro deve ser "representável" ou uma peça musical "executável", o Direito deve ser aplicável".

[406] Assim, DJUVARA: "O fim do Direito", no *Annuaire de l'Institut international de philosophie du droit*, 1938, pp. 102 a 104, especialmente a conclusão: (O que se chama técnica jurídica tem, pois, sua lógica própria, *ordenada unicamente pelas necessidades da justiça*" (p. 104). Se encontrará a mesma tendência a "minimizar" a distinção na obra de RUSSO, já citada, *passim*, especialmente p. 31: "Demonstraremos até mesmo o contrário que a ordem e a clareza que aporta o estudo científico da vida social, quer dizer, a ciência social ou, concebida em sentido amplo, a sociologia, contribuem em grande parte para dar à realidade social os caracteres que lhe permitirão converter-se em realidade jurídica". Para a demonstração desta tese, veja p. 61ss. e a conclusão p. 108.

considerado pelo jurista, não se mantém no estado de ideal desencarnado: por definição e por função, o Direito só existe em referência à matéria vivente, pelo menos à vida normal, *ut in pluribus accidunt*,[407] quando não o é aos casos completamente singulares. Mas a realizabilidade formal do Direito responde a um conceito diferente, que é o da aplicação na *vida vivida*, quer dizer, o de execução efetiva e o das aplicações *vivas* da ideia de justiça. Mesmo com referência à vida, uma regra não se torna aplicável, realizável, do nosso ponto de vista, mas com a condição de respeitar certos princípios específicos, de natureza técnica, que governam a aplicabilidade nas regras.

Quais são esses princípios?

§ 1. A definição ou o conceitualismo jurídico

168. O primeiro fator da praticabilidade do Direito consiste em uma *definição suficiente*. Um Direito não definido, ou insuficientemente definido não é impraticável naquilo que sua aplicação dá lugar a dúvidas e a controvérsias geradoras de insegurança. Súditos e juízes se perguntarão qual é exatamente a regra, e mesmo se existe uma regra. Sendo assim, a insegurança nas relações, de qualquer causa que provenha – sobretudo quando esta causa é a incerteza do Direito – é um grave mal que paralisa as atividades e conduz à estagnação. Socialmente falando, a ausência total de regras onde seria necessária, ou uma regra imperfeita no fundo de sua disposição, frequentemente são preferíveis a uma regra incerta: essas soluções têm ao menos o mérito da clareza, e quando for preciso os acordos particulares permitiram preencher a lacuna, ou corrigir o vício; enquanto a incerteza do Direito acrescenta à desordem das condutas, ao que se quer remediar, uma desordem mais

---

[407] SANTO TOMÁS: *op. cit.*, I ͣ, II ͤ͂, q. 47, art. 3 *ad* 2ᵐ.

intolerável: a desordem na mesma ordenação que pretende estabelecer e fazer com que reine a ordem.[408]

169. Na falta de definição do Direito é possível encontrar, primeiramente, pelo lado das *fontes formais*, porque se o Direito, tal como se manifesta nas fontes, não é necessariamente o bom Direito, também é certo que não há mais Direito autêntico, dotado de força obrigatória, que aquele estabelecido ou aceito pela autoridade pública, e, em segundo lugar, que não pode haver bom Direito sem certeza, o que supõe a indicação das fontes de onde pode ser extraído. Sendo assim, a existência da regra pode ser duvidosa, ou porque no regime em vigor não está resolvido o problema das fontes, ou porque as fontes reconhecidas pequem, por sua vez, pelo vício de indeterminação.[409] A grande superioridade do sistema da fonte *legal* está em suprimir essas perplexidades: por um lado, a lei, somente pelo fato de a regra ser ditada pelo poder do Estado, tem necessariamente privilégio sobre as outras fontes, pelo menos em princípio; por outro lado, a lei surge num momento preciso do tempo, é publicada e é fácil de ser provada.[410]

É verdade que restam as dificuldades de interpretação; mas, neste caso, uma dúvida afeta o conteúdo da regra e não a sua existência; mal seguramente menor, e, por outro lado, inevitável e comum a todas as fontes. O sistema da fonte legal não é, todavia, universal e único. Alguns países ou certos ramos do Direito conhecem apenas o Direito consuetudinário: assim ocorrem nos povos pouco adiantados ou no Direito

---

[408] Comp., no mesmo sentido, as qualidades da lei positiva segundo S. Isidoro, aceita por Santo Tomás: *Somme théologica*, I^a, II^{ae}, q. 95, art. 3: "*Erit lex... manifesta quoque, ne aliquid per obscuritatem in captionem contineat*", et *ad resp, in fine*: "*Manifestatio vero, ad cavendum nocumentum quod ex ipsa lege possit provenire*". Acrescente-se Radbruch: "A segurança em Direito inglês", em *Archives de philosophie du droit*, 1936, n. 3 e 4, p. 86ss.

[409] Comp., sobre a necessidade social de uma "colocação à parte" do Direito entre as regras da vida social, Russo: *Réalité juridique et réalité sociale*, p. 164.

[410] Supõe-se, naturalmente, que as leis sejam bem "construídas", o que nem sempre acontece.

internacional; ou se estabelece entre as fontes legal, consuetudinária, jurisprudencial, nas quais nem sempre está reconhecida a primazia da lei. Em todo caso, a lei, obra de uma razão, de uma previsão humana essencialmente limitada, é incapaz de assumir sozinha toda a tarefa do ordenamento jurídico. A jurisprudência, eventualmente o costume, tem um papel a desempenhar, suplementar da lei. Sendo assim, a jurisprudência dos tribunais, cuja existência está subordinada ao acaso dos processos, só se fixa durante um período mais ou menos longo, durante cujo transcurso é incerta a regulamentação;[411] quanto ao costume, oriundo do uso habitual reconhecido como Direito, a dificuldade está em descobri-lo em um ou outro de seus elementos: o *usus* e a *opinio juris*.

Sem dúvida, seria vão esperar apagar completamente esse vazio, ainda mais porque a lei apresenta, frente à vantagem da segurança, o inconveniente de arestas fixas, que dificultam a adaptação do Direito às transformações da vida e à singularidade dos casos. Mas, na falta de segurança completa, não é proibido tender ao máximo de segurança compatível com a flexibilidade, tratando mediante a lei aquelas matérias que reclamam antes de tudo uma norma precisa. Não está excluída, por outro lado, uma divisão de competências entre a lei, por um lado, e a jurisprudência e o costume, por outro. Estas estão habilitadas a criar soluções precisas em certo quadro traçado previamente pela lei. É missão do jurista-sociólogo buscar a delimitação, segundo as matérias, dos campos de aplicação respectiva das diversas fontes do Direito, assim como as modalidades de sua colaboração.[412]

---

[411] Veja, sobre os inconvenientes da elaboração do Direito pelos tribunais, R. SAVATIER: "O governo dos juízes em matéria de responsabilidade civil", (história do art: 1384, § 1, na jurisprudência francesa), II, em *Recueil Lambert*, § 37, t. I, pp. 461 a 466.

[412] Comp., sobre este ponto, GÉNY: *Science et technique*, t. III, nº 199. pp. 83 e 84.

170. Outra causa de perplexidade, na esfera das fontes formais, procede da indeterminação muito frequente na *extensão da competência* da regra no tempo e no espaço.

Quando duas leis se sucedem *no tempo* e a segunda delas vem a derrogar ou a modificar a primeira, quais são as esferas de aplicação respectivas das duas regras? Não obstante a qualidade de verossimilhança superior da segunda, mais justa, mais adequada às realidades ou mais praticável, a segurança das relações sociais reclama que se mantenham os Direitos adquiridos sob a vigência da lei antiga. Mas a noção de "Direito adquirido", aparentemente clara, se obscurece quando está em presença de fatos, de atos ou de situações *permanentes*, pelo menos por seus efeitos. Daí a utilidade de "disposições transitórias" especiais, além da norma, essencialmente incerta, do Direito "transitório" ou "intertemporal", que se denomina principio da não-retroatividade das leis.

Quanto ao espaço, a questão está em saber, em razão da multiplicidade de Estados e da concorrência das legislações nacionais, qual é a regra competente no caso de relação jurídica formada por elementos que pertencem a nacionalidades diferentes: lugar de constituição da relação; lugar em que se encontram situados os bens; nacionalidade ou domicílio das partes. É o problema denominado conflito dos costumes, dos estatutos, das leis. Sendo assim, fora o caso dos convênios internacionais, a resposta não é a mesma em todos os países, e mesmo em cada país está longe de reinar a unanimidade, tanto sobre as soluções particulares como sobre o método geral de solução. Entregue quase por completo à doutrina e à jurisprudência (e às lutas dos interesses nacionais) a questão dos conflitos se debate em grande incerteza. Seja o que for esta anarquia, os conflitos não devem ser resolvidos, necessariamente, em favor da lei que por pura razão oferece mais títulos de competência, porque sucede que a lei competente segundo a razão não representa, em comparação com seus concorrentes, senão uma fonte bastante incerta: assim é como, por motivos de praticabilidade, pôde-se preconizar o recurso, em matéria de contratos, à lei do lugar em que se encontram situados os bens, mais fácil de determinar que a assinalada segundo o princípio de autonomia, pelo menos naqueles casos em que as partes não expressaram sua eleição.[413] Sem entrar no exame desta opinião, não seria possível, em todo caso, causar a ofensa de atribuir cuidados sem pertinência com respeito a uma exata filosofia do Direito.

171. A insuficiência de definição pode ser encontrada também no *contexto* do Direito tal como é transmitido pelas fontes. Hipoteticamente, a regra está ali, inegável em sua existência em sua competência, qualquer que seja sua origem, legal, jurisprudencial, consuetudinária; contudo, os termos são irregulares até o ponto em que se subtrai a um manejo fácil e seguro. Não se trata, insistamos nisso, de uma falta na determinação das "vias e meios", das múltiplas medidas – métodos, procedimentos, sanções de todos os tipos – chamadas a pôr em execução a ideia central de um sistema: como, por exemplo, uma organização incompleta da tutela, da polícia de tráfego, ou do regime das provas. Essas insuficiências, que interessam ao fundo do Direito, marcam mais ainda que um defeito de definição, uma lacuna no Direito: o que falta, nesse caso, são as "regras construtivas", as "vias de Direito", como disse DUGUIT; a instituição tomada em seu aspecto orgânico, sistemático, continua inacabada. Pelo contrário, no caso de indeterminação que consideramos aqui, a instituição pode estar perfeitamente acabada; mas os conceitos alojados na regra – qualquer que seja: de fim ou de meios, de fundo ou de prova – ainda sem chegar a ser inexequível à inteligência, por causa de obscuridade de pensamento ou de linguagem, não estão desenhados com traços bastante firmes, suficientemente reconhecíveis para o fim prático de pôr em execução as regras. Numa palavra, o vício está no *modelo conceitual*, na *configuração externa* do Direito.

Às vezes afeta à parte da regra que enuncia a *hipótese* ou as condições de aplicação do dispositivo: este é o caso da regra que colocasse sob

---

[413] Veja H. BATTIFOL, nota sobre Req. 24 de maio de 1933, em *Sirey*, 1935, 1, 257, especialmente pp. 259 e 260, col. 1.

o regime nitidamente determinado da tutela aos indivíduos "incapazes de administrar por si mesmos seus negócios" (como poderia ser definida ou discernida, na prática, essa incapacidade sem erro exagerado para cada indivíduo?); ou a regra que condenasse a uma pena nitidamente determinada de prisão aos indivíduos culpados de atos contrários à paz pública (como poderia ser definida ou discernida, na prática, a "contrariedade à paz pública" sem erro exagerado em cada ato?).[414]

Outras vezes, mais raras, a falta afeta à parte da regra que enuncia o *dispositivo*, preceito ou sanção: tal a regra que ditasse uma pena contra o autor de um ato determinado sem determinar nada sobre a natureza ou a duração da pena. As condições de aplicação da regra estão bem determinadas; mas a solução está abandonada, em cada caso, ao juiz, encarregado de arbitrar *ex aequo et bono*, segundo a equidade, a razão ou a oportunidade. Assim, pois, a regra não peca contra o bem publico nem contra a justiça, ao contrário; tampouco se pode impedi-la de ter uma lacuna, salvo, precisamente, a lacuna da indeterminação de seus conceitos, atribuível à imperícia do legislador, que não teria tido o cuidado de construí-la de forma manejável, ou à resistência de uma matéria naturalmente rebelde a essa formulação.

172. Seja o caso da luta contra a injustiça usuraria, pelo menos em certos gêneros de mercados e em certas épocas.[415] Feita abstração das reações da opinião entre os interessados (frequentemente nos dois campos: os vendedores ávidos por enriquecimento, e os compradores aficionados sem se importar com o preço), a dificuldade está em discernir de maneira

---

[414] Pode-se imaginar (e os períodos "revolucionários" efetivamente nos proporcionam) outros exemplos: lei que proíbe criticar os atos do Governo: lei que proíbe o luxo; lei que proíbe que as mulheres se dediquem a trabalhos próprios aos homens, etc. Que é essa crítica? Que é esse luxo? Que trabalhos são esses? Comp., MONTESQUIEU: *De l'esprit des lois*, liv. XXIX, cap. XVI.

[415] Pensa-se nos mercados de coisas indispensáveis para a vida, (alimentos, habitação, etc.) e nos períodos anormais, em que não funciona nenhum mecanismo regulador natural. Entende-se, ademais, a palavra "usura" em amplo sentido, sem se limitar à hipótese do empréstimo por interesse.

concreta, distinta à de uma forma filosófica, uma injustiça proteiforme, essencialmente diversa segundo as circunstâncias econômicas e sociais, segundo as localidades, segundo as semanas e às vezes os dias. Do ponto de vista do bem público não há dúvida alguma: a repressão civil e mesmo penal da usura, praga social, seria legítima e provavelmente, feitas todas as contas, oportuna. Mas caracterizar a injustiça usurária pelas notas da "ilegitimidade", do "excesso", ou até da "anormalidade" do ganho, como a estabeleceram muitas leis e jurisprudências recentes é, de fato, deixar de proporcionar um critério. Para poder apreciar esta injustiça seria preciso dar a medida, indicar o limite que, mais além de certa cifra, realiza *hic et nunc*, a ilegitimidade, o excesso, a anormalidade. Sendo assim, o que faz se contentar com uma definição verbal que, em outras palavras, reproduz a noção que se quer definir: é evidente, a priori, que a injustiça usurária é algo ilegítimo, excessivo e, suponhamos algo anormal. Todavia, deve-se levar em conta a razão educativa, que poderá aconselhar ao legislador inscrever em seus textos o dever da justiça contratual, conferindo-lhe assim a sanção de sua autoridade moral. Mas enquanto o preceito não tiver feito praticável graças a uma fórmula nítida, ele estará muito perto de parecer, senão um "espantalho",[416] pelo menos um simples convite à moderação, o que é pouco eficaz.

173. Outro caso típico da dificuldade é o da injúria grave transformada pelo Cód. de Napoleão em causa "determinada" de divórcio. Ainda que se leve em conta que o texto se refere a uma injúria *direta* "de um dos cônjuges contra o outro" (art. 231) e não a qualquer injúria indireta, mediante repercussão, o legislador não teria podido, pelo que

---

[416] Essa é a palavra empregada por RIPERT: *Le régime démocratique e le droit civil*, Paris, 1936, nº 147, p. 291. Nos Estados Unidos existem Comissões de Estado encarregadas de regulamentar as tarifas das companhias de eletricidade. Mas elas se chocaram com a dificuldade de determinar a "justa remuneração" do "justo valor" das empresas. No conseguiram, nem tampouco os tribunais, estabelecer os princípios nítidos, de tal modo que a regulamentação buscada está fadada ao fracasso.

parece, usar uma expressão às vezes mais exata para expressar a ideia colocada por ele na base da instituição do divórcio, tal como ele a concebia. Porque o que legitima a ruptura do laço conjugal na doutrina do código, e merece, portanto, ser causa de divórcio, é, com efeito, toda a falta de certa gravidade aos deveres oriundos do matrimônio, da classe que for, morais ou legais: tal falta constitui uma injúria que pode servir de base à queixa do cônjuge ofendido. Mas na prática, a quantos transbordamentos e abusos devia conduzir tal fórmula! E se o legislador teve a intenção de não autorizar o divórcio, considerado por ele como um mal necessário, senão a título de remédio último – este é o caso indiscutível do Código de Napoleão – aí pode ser medida a distância que na prática pode separar a *ratio legis* do resultado efetivo. Enquanto o divórcio não devia ser admitido senão por "causa determinada", a quem suponha que ele era: a "injúria grave", sem mais precisão, funciona de fato como uma causa indeterminada do divórcio.[417] Carente de uma determinação nítida, o mecanismo de segurança não julga nada: o sistema legal do divórcio, no que tem de restritivo, conduziu ao fracasso. Terá por responsável disso o intérprete? Porque estender até o infinito uma regra de interpretação estrita? Mas o intérprete é o que é, inclinado a interpretações livres ou tendenciosas. Ao legislador a quem corresponde prevenir, com um aumento de precisão, o abuso que pudesse ser feito de suas fórmulas.[418]

174. Será citado, enfim, como exemplo de definição delicada, senão impossível, o da guerra de agressão. Recordar-se-á que se discutiu em Genebra a questão de "ilegalidade" ao Estado culpado de agressão contra outro Estado, membro ou não da sociedade de nações. Ideia excelente, plenamente conforme as exigências do bem público internacional, ainda

---

[417] Veja PLANIOL: *Traité élémentaire de droit civil*, 12ª. ed., t. I, nº 1158. Comp., sobre a injúria grave do art. 955, 2º, SAVATIER: em *Revue trimestrielle de droit civil*, 1940-1941, pp. 307-308.

[418] A fórmula geral do Código civil alemão (o ataque profundo ao laço matrimonial) não é mais satisfatória, com a diferença de que o legislador alemão não pretendeu "determinar" as causas do divórcio.

que, dado o Estado psicológico nacional dos diversos países a realização da ideia pudesse parecer naquele tempo quimérica. Mas faltava "construir" uma definição do agressor. A quais atos, atitudes ou iniciativas se deveriam unir a nota característica da agressão? Por um lado, há modos dissimulados de atacar ou de preparar o ataque, e estas formas dissimuladas, que revelam uma técnica perspicaz, são inumeráveis; por outro lado, sem mesmo invocar a guerra chamada preventiva, na qual se ataca para se defender, há atos aparentes de agressão cuja significação real está longe de corresponder sempre ao que parece subjetiva ou até objetivamente. Matéria equívoca, portanto, cheia de sombras e de emboscadas: a experiência destes últimos anos nos mostrou muito bem. Sendo assim, para ser válida, a definição das coisas feita pelo jurista deve satisfazer a dupla condição da verdade e da praticabilidade: 1º que o aspecto eleito seja revelador, com efeito, da ideia que se pretende evocar, pelo menos na maioria dos casos. 2º que seja fácil identificar sem necessidade em cada caso de pesquisas e discussões o que enervaria a força da regra ao retardar indefinidamente sua aplicação.[419]

175. Muitas coisas são compreendidas melhor que definidas: assim, as realidades ou valores da ordem espiritual e moral, que são do gênero qualitativo. Para captá-las, mesmo no abstrato, o sentimento e a consciência se mostram instrumentos mais refinados que a razão lógica, armada de suas categorias, sempre rudes. Por isso, é, como se viu,[420] pelo que essa classe de coisas se prega menos facilmente que as realidades ou valores quantitativos à regra jurídica. Isso pouco importa à regra *moral*, cujo jogo não requer nenhuma aplicação, no sentido

---

[419] O Protocolo de Genebra, de 1924, quis reconhecer o agressor no Estado que se recusasse a submeter o litígio a um processo pacífico. Outros projetos apareceram, onde não que se esforçavam por enumerar os atos de agressão, diretos ou indiretos. Um problema da mesma ordem se apresenta diante da Conferência do Desarmamento sob os auspícios de Genebra: o da distinção entre armamentos ofensivos, sujeitos à proibição, e armamentos defensivos, que seriam autorizados.

[420] Veja acima pp. 90 a 92.

mecânico e externo: a consciência e Deus apreciarão, livremente e sem intermediários. Mas quanto ao *Direito*, disciplina social socialmente aplicada sancionada, as regras que em razão da incerteza da definição façam um chamado demasiado amplo ao poder de apreciação do intérprete, não deixam de oferecer perigo: a inteligência, guiada e de certa maneira, ligada pelas categorias, corre menos perigo de se desviar que o juízo, sempre mais ou menos subjetivo, sobretudo em certos períodos da vida dos povos onde a exatidão do sentimento está mais fora do eixo que a lógica dos espíritos.[421]

Seja, por exemplo, a repressão dos espetáculos obscenos, causa indiscutível de imoralidade pública: como realizar a separação entre o espetáculo obsceno e o que não é? Questão de tato, sem dúvida muito mais do que de conceito. Mas, qual será o sentimento do juiz? Um tribunal dará mostras de lassidão, e outro de rigor; na falta de critério lógico, a precisão e, por conseguinte, a uniformidade de jurisprudência, são impossíveis. O problema – de prudência política – consiste então em saber onde está o mal menor; na indeterminação de uma regra que, na prática, está exposta a pecar por excesso ou por falta, introduzindo a perturbação em um ramo da indústria socialmente útil; ou na licença concedida aos empresários de espetáculos desonestos para corromper impunemente o seu público.

Uma exata compreensão da hierarquia dos valores incitará sem dúvida a preferir a segunda hipótese dessa alternativa: tanto pior para a atividade socialmente útil dos espetáculos se seu funcionamento está relacionado a alguma maneira à desmoralização do povo. Não por isso se lamentará menos a falta de uma definição categórica que permita

---

[421] Sobre o perigo da arbitrariedade dos juízes, veja Santo Tomás: *Somme*, I[a], II[ae], q. 95, art. 1 *ad 2[m]*, cuja conclusão é esta: *"Quia igitur justitia animata [viva] judicis non in multis invenitur, et quia flexibilis est, ideo necessarium fuit, in quibuscumque est possibile, legem determinare quid judicandum sit, et paucissima arbitrio hominum, committere"*. Especialmente quanto aos perigos do sistema das diretrizes *(standard)*, veja J. Maury: "Observações sobre os modos de expressão do Direito: regras e diretrizes", nº 10s., em *Introduction a l'étude du droit comparé; Recueil Lambert*, § 35, t. I, p. 425ss.

conciliar todos os interesses legítimos, e atacar somente aos espetáculos realmente obscenos.[422] Nada diz, ademais, que o obstáculo seja insuperável: jurista tem o dever de aperfeiçoar sem cessar seu instrumental de conceitos, e à luz da ciência e da experiência buscar a fórmula que se ajuste o mais possível à verdade, e que ofereça por sua vez o máximo de praticabilidade.

176. Por mais típico e necessário que seja o caráter definido das regras jurídicas é, em seu conjunto, assunto de justo meio, e para cada regra que tenha que ser elaborada, assunto de espécie: a definição, portanto, só é necessária até certo grau: aquele que, se falta, faz com que a regra, decididamente muito fluida, escape pelos dedos. Tanto mais que a definição não deixa de ter seus inconvenientes. Um Direito definido de maneira bastante exata, sobretudo por aspectos de pura forma, é um Direito insuficiente, porque deixa fora de seus limites as hipóteses não previstas formalmente, apesar da identidade do fundo.[423] Além disso, com frequência está mal adaptado pela ausência de margem para os casos singulares que derrogam o normal. Não realiza o ajuste senão na hipótese considerada, e com a condição de que o caso concreto não se aparte em nada da hipótese. Mas a vida social, infinitamente múltipla, complexa, mutante, não pode ser conduzida e reconduzida a uma coleção de hipóteses *a priori* às quais o Direito teria proporcionado de

---

[422] É vão pretender que o Direito natural dê uma resposta (Comp., P. CUCHE: *Conférences de philosophie du droit: le mirage du droit naturel*. Paris, 1928, pp. 30 a 32). O Direito natural só dá os elementos mais fundamentais da moralidade: veja mais adiante n° 204.

[423] Um exemplo significativo é o da repressão da usura no empréstimo em dinheiro. O empréstimo é uma categoria determinada por aspectos formais: juridicamente existe empréstimo quando uma parte entrega a outra certa quantidade de dinheiro a ser restituído em uma data determinada. Mas muitas operações equivalem ao empréstimo, economicamente falando, por seu resultado final. Assim, a repressão só afetará ao empréstimo em sentido jurídico, a menos que a lei, vendo o fundo das coisas, empregue uma fórmula geral, como a de "provisão de valores" mediante um interesse: Comp., sobre o caráter realista do Direito penal em relação ao formalismo conceitual do Direito privado, HUGUENEY, nota no *Sirey*. 1942, 1, 149, sobre sent. Criminal, 9 de outubro de 1940 (§ 2).

outras tantas soluções uniformes. Instituído para disciplinar a matéria vivente, o Direito está obrigado a desposar-se com a plasticidade da vida, enquanto não se oponham a ele as exigências da segurança. Daí que em todo o tempo, e em especial em nossa época, enamorada do realismo, tanto em ciências sociais como em ciências positivas, se tenha concedido favor ao método das amplas definições, cuja maleabilidade permite, às vezes, abraçar a todos os casos, previsíveis ou não e atribuir a cada um deles o tratamento apropriado.

177. O exemplo mais destacado deste método, *em Direito privado*, é o da ordem pública. Há aqui uma noção que, salvo em algumas de suas aplicações, não está definida em nenhuma parte, nem pela lei, nem pela jurisprudência, nem pelo costume. Percebe-se imediatamente que a "ordem pública" sintetiza os princípios normativos essenciais da vida social e política; mas nada está manifesto quanto à determinação de seus princípios essenciais. Sendo assim, o papel da "ordem pública", em Direito, é completamente capital, não só como um dos critérios das leis denominadas imperativas, que se proíbe derrogar, mas também em si mesmo, como barreira infranqueável para a autonomia das vontades: tudo é lícito à vontade dos particulares, exceto atentar contra a "ordem pública".[424] Desta "ordem pública", mais ou menos variável segundo os tempos e os lugares, o árbitro definitivo é o juiz, sob o controle da Corte Suprema, intérprete da "ordem pública" na falta de lei. Com efeito, como admitir que fora os casos relativamente pouco numerosos em que a lei chegou a precisar esta ou aquela exigência da "ordem pública", tenham os sujeitos liberdade de infringir um princípio qualquer da "ordem pública", ainda que não esteja escrito nem previsto? O princípio de um Direito certo, ainda que seja em si mesmo requerido pelo bem público, está obrigado a ceder ante um princípio do bem público superior, a saber,

---

[424] Veja, sobre a "ordem pública", J. DABIN: "Autonomia da vontade e leis imperativas, ordem pública e bons costumes," em *Annales de droit et de science politique* (Lovaina); 1940, p. 190ss.

a conservação da vida social e política, ligada ao respeito de todos os valores que compõem a "ordem pública".[425]

Outro exemplo de definição ampla nos é fornecido pelo art. 1382 do Cód. Napoleão: "qualquer feito de um homem que cause dano a outro está obrigado a fazer reparação." "Qualquer feito de um homem", que seja indenizável e também culposo, por faltar a qualquer regra de moral, de Direito, de conveniências sociais ou de técnica (mecânica ou social): diferentemente de outras legislações, o código não enumera nem especifica de modo algum os atos ou as abstenções culposas. "Reparar": a lei não indica nem o modo nem a extensão da reparação, soma em dinheiro ou outro valor equivalente. A regra se limita a estabelecer o princípio geral e abstrato da reparação dos danos culposos; o juiz é quem realizará a determinação do princípio segundo os casos. Desse modo, encontra-se garantida a plenitude de aplicação de uma regra julgada verdadeira e útil e sua própria generalidade, cujo jogo seria obstruído por um sistema de definição mais ou menos estrito.

178. O mesmo método prevalece, com muito mais frequência, em Direito público, constitucional e administrativo, para as normas diretrizes das atividades *legislativa, governamental* e *administrativa*. Se a autoridade pública não tem Direito de competência, indiscutivelmente, a não ser dentro da esfera do bem público,[426] é impossível fixar de antemão de modo rígido, como se faria para as relações privadas, a linha de conduta a seguir em cada caso: a vida pública, especialmente a vida administrativa, está cheia de imprevistos aos quais é preciso atender e prover com soluções exatamente adaptadas a eles.[427] Daí a atribuição de

---

[425] Considerações semelhantes podem ser feitas sobre a noção de "bons costumes": veja as observações de SAVATIER: em *Revue Trimestrielle*, 1940-1941, pp. 303-305.

[426] Quanto ao grau de influência do Direito sobre a política, veja acima nº 95 e 96.

[427] É possível generalizar a conclusão e estendê-la às regras que tenham por sujeitos a quaisquer autoridades, públicas ou privadas (como o pai de família). O exercício da autoridade não só supõe certa margem de imunidade, mas mesmo no campo da atividade submetida à regra a norma não poderia ser rígida.

amplas regras em cujo quadro a autoridade pode se mover com comodidade, sob o eventual controle da legalidade de suas decisões.[428] Os mesmos argumentos valem, todavia, mais nas relações entre estados, em Direito internacional público, com a diferença de que o controle da legalidade não está nelas juridicamente assegurado.

179. Todavia, o método das "diretrizes" não convém indistintamente a todas as matérias. Há entre elas algumas nas quais a necessidade de segurança prevalece de modo absoluto sobre as considerações de verdade e de oportunidade: desse modo, cada vez que o Direito dita as penas, caducidades e outras medidas de caráter punitivo.[429] Em uma sociedade que respeita os Direitos do homem, seria intolerável que os bens humanos mais preciosos – vida, honra e liberdade – dependessem da livre apreciação de um ou mais homens, ainda que fossem estes funcionários públicos qualificados, como um juiz ou o alto cargo público. *Nulla poena sine lege. Odiosa sunt restringenda.* É preciso que a regra determine o fato que será castigado com a pena, e a natureza desta.[430] Esta é a consequência do princípio do Estado de Direito.[431]

---

[428] Controle eventual ou controle efetivo jamais foi instituído; assim ocorre para as leis ordinárias com o controle de sua "constitucionalidade", e mesmo em certos países para as sentenças com o controle de sua legalidade.

[429] Por exemplo, a ingratidão do donatário que dá lugar à revogação da liberalidade (Código Napoleão, art. 955), ou a indignidade do herdeiro que dá lugar à exclusão da sucessão (art. 727).

[430] O que não quer dizer que o Direito penal não utilize apenas conceitos rigorosamente definidos. É assim que nos delitos habituais (usura, etc.) a lei deixa de determinar o número de fatos necessários para constituir o hábito: comp., LEBRUN: nota ao *Dalloz critique*, 1941, Jur., p. 7ss., sobretudo pp. 80 e 81. Todavia, às vezes, a lei assinala uma cifra (veja lei belga de defesa social, de 1930, art. 25, § 2, onde se exigem três infrações "para manifestar uma tendência persistente à delinquência"). Por outra parte, há, em Direito penal uma multidão de conceitos psicológicos não suscetíveis de determinação *a priori* (assim, o vocábulo "maliciosamente").

[431] Todavia, o Estado de Direito nem sempre existiu (veja algumas referências em DEL VECCHIO: "Ensaio sobre os princípios gerais do Direito", § VI, em *Justice, Droit, Etat*, p. 140, nota 2). Hoje, novamente, esse princípio é discutido não só na prática, mas também na teoria.

Assim também, em matéria contratual, onde o princípio da observância pontual dos compromissos tem como contrapartida necessária uma definição pontual dos Direitos e das obrigações respectivas – pelo contrato, pelos cursos, pela lei – e onde a segurança do credor exige, correlativamente, a segurança do devedor.[432] Igualmente acontece em questão de repartição de competência entre as diversas autoridades, legislativa, administrativa e judicial, onde o critério determinador deve ser, antes de mais nada, claro e prático, de sorte que cada autoridade saiba o que fazer e os cidadãos saibam a quem se dirigir. E assim, enfim, em matéria de procedimentos ou de formas, que supõem e não só a indicação das etapas a percorrer, ritos a cumprir, mas também uma sinalização nítida, do ponto de vista conceitual, dos detalhes do procedimento e das formas...

180. A precisão do Direito responde a uma tendência tão natural que, mesmo nas matérias submetidas ao sistema das "diretrizes", os juízes, os peritos em Direito, se esforçam por eliminar o vazio dos conceitos mediante a busca de conceitos especificadores. De tal sorte que acaba por estabelecer-se uma divisão do trabalho entre a lei, que desde cima formula a "diretriz", e as outras fontes, mais próximas ao concreto, que com uma menor autoridade e, por outro lado, variável, vão detalhando as determinações.

Vê-se aparecer, no caso do art. 1382, os catálogos dos atos culposos, e as valorizações dos danos: é "de doutrina e de jurisprudência" que tal atitude seja repreensível, do ponto de vista moral ou social, ou do da habilidade técnica, – que tal espécie de dano às pessoas ou bens, materiais ou morais, dá abertura à cifra de indenização de perdas e danos, ou ao modo de reparação em espécie.[433]

---

[432] Comp., neste sentido, MAURY: "Observações sobre os modos de expressão do Direito: regras e, diretivas", nº 12, em *Recueil Lambert*, § 35, p. 426.

[433] Veja, no que concerne à tarifação dos danos, as tabelas de PIRSON e DE VILLÉ: *Traité da responsabilité civile extra-contraetuelle*, Bruxelas 1935, t. I, nº 186 a 219, *passim*, pp. 416 a 529.

Outro caso célebre, extraído do Direito administrativo, é o do Conselho de Estado francês, ao racionalizar e disciplinar ele mesmo seu poder discricionário, por meio de categorias mais ou menos estritas.[434] O espírito humano, assim como a vida social, tem sede de precisão: quando o Direito não a satisfaz, ele a cria; a diretriz evolui para a regra.[435]

181. Há, no entanto, matérias nas quais o Direito se vê obrigado a renunciar a toda definição, e por esse motivo a toda intervenção: quando a própria ciência destas matérias se mantém reservada. As realidades que estão na base das regras têm sempre um caráter científico, no sentido de que, sendo algo "dado" pela vida, eles são, em primeiro lugar, objeto de conhecimento científico; por intermédio da ciência, captadas e definidas pela ciência, é como chegam ao jurista,[436] tendo este que reelaborá-las logo em função das exigências de seu próprio ofício sobretudo no que se refere à praticabilidade das regras.

Sendo assim, ocorre às vezes que a matéria não foi ainda esclarecida cientificamente, em que a ciência não transmite ao jurista nenhum dado certo. Este caso se dá na esfera das responsabilidades profissionais, especialmente na responsabilidade médica se os tribunais que têm competência legal para conhecer toda falta indenizável de qualquer um, do gênero de atividade que for, não se negam a julgar a falta cometida pelos médicos ou cirurgiões, ainda que seja de técnica propriamente médica,[437] é condição, em todo caso, de que a ciência dê para esse caso concreto a norma indiscutível que permita apreciar a falta. Em outro caso o Direito

---

[434] Veja, sobre este ponto, HAURIOU: "As fontes do Direito", em *Cahiers da Nouvelle Journée*, nº 13, 1933, p. 147ss.

[435] Veja, no mesmo sentido, J. MAURY: *op. cit.*, nº 16 e 17, em *Recueil Lambert*, § 35, t. I, pp. 428 a 430.

[436] Já se entende que por "ciência" considera-se aqui, em amplo sentido, não somente as ciências propriamente ditas, mas a filosofia, as artes e as técnicas; Veja acima nº 126 e 127.

[437] Veja a exposição de SAVATIER: *Traité da responsabilité civile em droit français*, 2ª ed., t. 11, nº 777 e 790.

reprovado não poderá ser qualificado de culposo. Sendo assim, a ciência dos médicos não está sempre de acordo consigo mesma, quer sobre o valor em geral, quer sobre a oportunidade de um tratamento concreto no caso particular, ou de uma operação cirúrgica: *Grammatici certant.* Como pode o legislador ou o juiz decidir em outro sentido questões disputadas entre profissionais? A prudência proíbe sem mais ao jurisprudente a aventurar-se em questões em que a ciência – supostamente a única competente – hesita em pronunciar-se. A impossibilidade de uma definição científica sobre a qual construir uma solução justa condena assim o jurista a uma atitude de abstenção.[438]

Em outros casos semelhantes, é verdade, o jurista intervém em vez de abster-se, mas sem tomar partido: assim acontece na esfera da propriedade artística e literária indiscutivelmente, por motivos lógicos, como do ponto de vista social, só a obra de caráter artística confere Direitos ao seu autor: uma obra carente desse caráter não interessa ao jurista, como tampouco para o público; não vale a pena dedicar-lhe um esforço de proteção. Mas o problema está em julgar sobre o caráter artístico da obra. Os cânones diferem, e os princípios da estética ainda são mais hesitantes que os da arte médica: *De coloribus non disputandum.* Todavia, o jurista intervém nestes casos porque a negativa de intervir levaria à consequência inadmissível de privar de proteção o autor da verdadeira obra de arte: este sofreria injustamente de um desinteresse por princípio. Por isso, a lei se atém, para a determinação da obra de arte, a um critério puramente superficial: juridicamente pertence à arte a obra que se apresenta com a pretensão de ser uma obra de arte esteja ou não justificada. Com base nesse critério o Direito estende sua proteção a toda

---

[438] Esta abstenção não é, ademais, a recusa de julgar (negação de justiça, proscrita pelo Código Napoleão, art. 4). Simplesmente o juiz faz constar o estado incerto das conclusões da ciência que não permitem condenar como culposa a conduta de um praticante. A solução dos tribunais se justifica, por outro lado, igualmente por motivos de fundo, quer dizer, de política social: uma intervenção intempestiva ofereceria o risco de prejudicar a liberdade de ação indispensável à prática da medicina: o temor de uma condenação causaria hesitação nos casos em que fosse necessário assumir responsabilidades.

a criação, artística ou pseudo-artística, abandonando aos competentes e ao público o cuidado de separar o trigo do joio.

182. Os métodos de definição utilizados pelo Direito aos fins de "praticabilidade" são mais ou menos radicais. Desde o primeiro momento, e de um modo geral, o jurista utiliza a simplificação fazendo caso omisso dos casos excepcionais, preocupando-se pouco com os matizes, atendendo preferentemente ao aspecto exterior e sensível das coisas. Comparem-se, a este respeito, as definições dadas respectivamente pelo jurista e pelo especialista nas noções de "trabalhador" ou de "empregado", que figuram na base do Direito do trabalho e do Direito social; ou da noção dos "vícios do consentimento" tomados como causa de nulidade dos contratos de atos jurídicos. Enquanto os sociólogos se esforçam por revelar, mediante pesquisas minuciosas e complicadas, os aspectos distintivos dos tipos sociais do "trabalhador" e do "empregado", o jurista se limita simplesmente a estabelecer, se é possível dizer assim, que o trabalhador é o homem que profissionalmente se entrega a um trabalho manual, pelo menos de modo principal, e que o trabalho do empregado é, por outro lado, de natureza principalmente intelectual.[439] Enquanto que o psicólogo e o moralista se esforçam cientificamente por revelar as numerosas causas de alteração da vontade capazes de influenciar sobre a validade dos atos de um capítulo correspondente à psicologia jurídica (Código Napoleão art. 1109ss) se caracteriza por um esquematismo rígido e pobre, no qual só se encontram certos vícios elementares, designados de maneira limitada: a incerteza das definições prejudicaria a estabilidade dos contratos.

Sem dúvida, o Direito moderno, mesmo Direito civil, se preocupa cada vez mais com a psicologia e a sociologia, e as categorias herdadas

---

[439] Este é, ademais, um dos escolhos de toda legislação "pluralista", que diversifica o estatuto segundo as categorias ou as classes sociais: a dificuldade de uma definição suficientemente exata e cômoda dos tipos. Veja sobre este ponto, DABIN: *Doctrine générale de l'Etat*, nº 271, p. 438

dos institutos continuam atenuando felizmente ao contato de uma ciência mais rigorosa e mais adiantada.[440] Mas, por mais que se faça e por mais que se deseje a definição jurídica sempre continuará sendo mais ou menos aproximativa, expeditiva e sumária. Captar os fenômenos em sua plenitude e em sua continuidade, lógica ou histórica; e *a fortiori* penetrar na essência das coisas, não é nem será nunca o forte do jurista, porque sua tarefa não é estabelecer definições cientificamente corretas, mas elaborar regras aplicáveis; e a praticabilidade do Direito exige definições relativamente simples, fáceis de manejar.[441]

183. A tendência à simplificação resulta, em particular, do emprego de certos meios que não tem outro papel manifestamente que o de eliminar toda ambiguidade na aplicação do Direito: por exemplo, o procedimento da "cifragem", para os conceitos que representam conceitos quantitativos, e o da enumeração das espécies, para os conceitos que representam valores qualitativos. Quando, por exemplo, o jurista decreta que a prescrição é de 30 anos, esta cifra é fixada, não em razão de sua verdade visto que é arbitrária, mas em razão da certeza que confere à regra da prescrição pelo efeito do tempo. Quando a lei redige a lista dos atos submetidos à forma de uma ou outra classe ou a dos estabelecimentos perigosos, incômodos ou insalubres sujeitos à autorização administrativa, sacrifica a plenitude da ideia, expressa pelo gênero, à comunidade das especificações.[442]

---

[440] É assim que há lugar para fazer constar a introdução de categorias novas em matéria de psicologia jurídica, como a noção de abuso das debilidades, das paixões das necessidades, da ignorância do co-contratante. Veja, por exemplo, o § 138, alínea 2, do Código civil alemão, o art. 1907 (decreto real nº 148 de 18 de março de 1935) do Código civil belga. – Veja, de modo geral, sobre a tendência do Direito contemporâneo a "socializar-se" e, neste sentido, a "individualizar-se", RADBRUGH: "Do Direito individualista ao Direito social, em *Archives de philosophie du droit*, 1931, nº 3.4, pp. 387 a 398.

[441] Comp., num sentido bastante diferente, F. RUSSO: *op. cit.* p. 65ss.; 99ss., 109, 110 e 192ss.

[442] Veja, sobre o processo da "redução ao quantitativo", por cifra ou enumeração, J. DABIN: *La technique de l'élaboration*, p. 121ss.

Mais ainda: quando se delineia o problema de uma determinação precisa, estimada às vezes indispensável como garantia contra interpretações bizarras, irrealizável pela via normal da "redução ao quantitativo", o jurista não hesita em substituir o conceito incômodo por um substituto menos exato no fundo, mas mais fácil de captar, normalmente seu índice ou seu signo: assim a idade ou duração da existência física do indivíduo (valor quantitativo suscetível de ser decifrado a partir da data de nascimento), tomada como signo indubitável da maturidade de espírito que justifica a plena liberdade e a capacidade jurídica, – o caráter imobiliário de uma operação (segundo a natureza do objeto desta), tomado como signo irrefragável do nível de gravidade dos atos jurídicos que justificam, em proveito dos incapazes, o reforço do sistema de proteção, – o dispositivo da vida do contribuinte revelado por certos indícios (tipo de habitação e serviço doméstico...), tomado como signo irrefragável da importância, sempre difícil de avaliar, dos ingressos do ponto de vista da percepção fiscal.[443]

Em virtude da lei da repetição – ou da verossimilhança – é permitido supor que o signo eleito traduz fielmente, no caso, a realidade subjacente. Mas do momento em que é possível o contrário, e que se fundando em uma presunção irrecusável, não se admite jamais a prova deste contrário, a substituição leva consigo o sacrifício consciente e deliberado da verdade, ao menos enquanto as hipóteses que derrogam ao *quod plerumque fit*. Para os outros casos, em compensação, que formam a maioria, a regra funcionará seguramente, de modo quase automático sem faltar à verdade. Esta é a vantagem de um pagamento judiciosamente calculado: na maioria dos casos, reúne as vantagens da verdade do Direito de sua praticabilidade.[444]

---

[443] Isto no sistema de percepção fundado sobre indícios exteriores. Todavia, também no sistema da declaração controlada subsiste o sistema: salvo o risco de um controle, ademais, pouco efetivo, a percepção tem lugar na base da declaração, que tem o caráter de índice.

[444] Veja, sobre o sistema das substituições de conceptos, DABIN: *La technique de l'élaboration du droit positif*, p. 144ss.

§ 2. A atitude para a prova dos fatos submetidos à regra

184. Um segundo fator da praticabilidade do Direito consiste na *aptidão para a prova* dos fatos levantados em condições de aplicação das regras.[445] Fator distinto da definição, destaquemo-los: as condições de aplicação das regras podem estar perfeitamente definidas em seu conceito sem que o problema da prova seja resolvido. Para que as regras encontrem aplicação, não basta, com efeito, que suas condições de aplicação sejam de fato realizadas; é preciso, além disso, que essa realização seja *provada*, quer dizer, demonstrada objetivamente por elementos que engendram uma confecção, quer a respeito da parte obrigada a executar, quer no caso de discussão a respeito dos órgãos de aplicação do Direito. A parte obrigada, que tem conhecimento da realização das condições pode, sem dúvida, – e na maior parte das vezes têm moralmente esta obrigação – cumprir espontaneamente; mas na falta de execução espontânea, entra em jogo a necessidade da prova, que toda a organização deve manter sob pena de instaurar uma justiça "impressionista", parcial e arbitrária. A parte, privada ou pública, que reclama a atuação de uma regra de Direito ou, o que vem a ser o mesmo, o jogo da sanção por trás da violação de uma regra, tem a responsabilidade de estabelecer a existência, na hipótese, das condições de aplicação do dispositivo da regra; normalmente, esta prova cabe a ele e ela desenvolverá por suas próprias forças ou com a ajuda mais ou menos ativa do juiz;[446] e se fracassa, sua pretensão, normalmente, deve ser rejeitada.

185. Todavia, nem todos os fatos são igualmente aptos à prova. Há entre eles alguns que se deduzem da demonstração por falta de meios

---

[445] Veja, sobre a técnica da prova, J. DABIN: *La technique de l'élaboration du droit positif*, p. 77ss.

[446] Isto depende dos sistemas: alguns procedimentos atribuem ao juiz, na instrução dos assuntos, mesmo civis, um papel ativo; outros estabelecem, em princípio, o sistema da passividade (mal denominada "neutralidade") do juiz.

de investigação suficientemente seguros.[447] Como sair da dificuldade neste caso? Sem dúvida, o Direito pode suprir essa dificuldade não só mediante a exigência de um certo formalismo que torne tangíveis as coisas, ou pela pré-constituição da prova (quando a matéria se presta para isso), mas mediante as presunções simplificadoras.

É assim que a lei dispensa da prova da paternidade, condição de aplicação das obrigações e efeito da paternidade, a criança nascida da mulher casada durante o matrimônio: a seus olhos, e por conseguinte aos olhos de todos, o marido da mulher é o pai da criança, pelo menos até que se prove o contrário por uma parte que discuta essa paternidade,[448] sobre a qual recai tal prova. Ainda é preciso, para que se justifique racionalmente a presunção, que tenha seu apoio nas verossimilhanças. A lei não pode presumir, mesmo sob reserva de prova contrária, senão aquilo que é o normal, pois se não for assim a presunção degenera em ficção: o legislador presume o que deseja ou o que prefere além do que é na realidade; prejulga, e ao fazê-lo assim se insubordina contra o real, fantasia.

Mas, em geral, a matéria rejeita às presunções de Direito; a realidade variada e singular não obedece a nenhuma constante, o que explica o caráter excepcional das presunções legais. Em tal caso reaparece o dever da prova. Sendo assim, supostamente, esta é impossível de se realizar, senão de modo absoluto sempre, pelo menos segundo o modo de se produzir judicialmente diante dos órgãos de aplicação do Direito: por exemplo, os fatos a serem provados, ainda que exteriores ou exterioriza-

---

[447] Limitamos-nos a esta hipótese, que é a mais frequente. Mas existem também casos em que a prova do fato (ou o método de investigação) seria muito escandalosa. Assim se explica em Direito francês a eliminação da impotência como causa de nulidade do matrimônio, ou mesmo de negação da paternidade (Código Napoleão, art. 313, *initio*). Entre o escândalo da prova e o escândalo do silencio da lei, esta escolhe o silêncio.

[448] Fala-se aqui da presunção simples, admitindo a prova contrária (*juris tantum*), porque, as presunções indiscutíveis (*iuris et de iure*) não regulam uma questão de prova, já que excluem a prova contrária. Pertencem, ou à esfera das regras dispositivas, ou à esfera das construções jurídicas chamadas a motivar, logicamente, certas regras. Veja sobre este ponto, DABIN: *La technique de l'élaboration du droit positif*, p. 241ss.

dos, podem ser de tal natureza que se produzem sem testemunhas, ou não deixam rastros, ou se prestam ao disfarce, ou estão acobertados pelo segredo profissional, valor que socialmente se estima superior à manifestação da verdade; ou ainda, tratando-se de apreciar a significação, a importância, o alcance ou a influência *in casu* de certos fatos sutis (o que também é provar), a estima é praticamente irrealizável. O jurista não tem outro recurso se não eliminar esses fatos como condições de aplicação das regras, e no caso em que tivessem de ser a condição única – como acontece com a repressão penal ou pela percepção fiscal – sacrificar a própria regra chamada a regê-las: lógica e socialmente é impossível assentar um regulamento qualquer, um mandamento ou um processo, sobre fatos que por natureza ou em razão de circunstâncias desfavoráveis, escapam a todo controle.

186. Esta é a atitude adotada pela unanimidade das legislações, mesmo nos países de política "natalista" brutal, com respeito ao neo-malthusianismo.[449] Independentemente da desmoralização que é às vezes a consequência e o agente, o neo-malthusianismo constitui um mal social essencial, sinônimo de extinção da raça, da sociedade e do Estado. Por outro lado, o conceito não oferece, em sua definição, nenhuma dificuldade: sabe-se em que o neo-malthusianismo e tais práticas consistem. O único obstáculo técnico reside na prova. Impedir a propaganda, a circulação de aparatos ou o aborto é algo que não excede as possibilidades da investigação normal:[450] basta que os tribunais se decidam por isso. Mas, como descobrir as práticas anticoncepcionais? Por isso o Direito renuncia desde o primeiro momento à luta, pelo menos sob a forma

---

[449] Todavia, PLATÃO, em as *Leis* (liv. VI 783*ds*.) previa a existência de inspetoras dos matrimônios, encarregadas de vigiar aos esposos e, em caso de necessidade, de levá-los diante dos magistrados. Intrusão que só é explicável no quadro de uma concepção pagã do amor (Veja P. LACHIÈZE-REY: *Les idées morales, sociales et politiques de Platon*, Paris, pp. 216-18).

[450] Veja, para a propaganda, a lei francesa de 31 de julho de 1920, *Dalloz périodique*, 1921, 4, 167.

direta da intervenção proibitiva. Semelhante obstáculo de prova, que se soma ao da definição, vem impedir a repressão da usura: o usureiro emprega a simulação e a dissimulação ("usura encoberta"); suas vítimas, envergonhadas e reconhecidas, às vezes, se abstêm de reclamar, o que torna muito delicada o processo. Em Direito civil o legislador se nega levar em conta o dolo como causa de nulidade do matrimônio, em parte porque em tais matérias os elementos constitutivos do dolo são difíceis de captar, de estimar e de provar.[451]

187. Por outro lado, o jurista separa no complexo dos fatos situados na base da disposição legal o elemento rebelde à prova, não retendo se não as circunstâncias suscetíveis de serem determinadas. Assim se vê o legislador do Direito fiscal proclamar sua vontade de aplicar tais operações de "caráter especulativo" (no sentido de produtora de benefícios), depois abandonar essa condição de prova demasiado difícil, para aplicar finalmente as operações tomadas em sua materialidade, abstração feita do elemento de especulação: isto só subsiste no plano lógico, por efeito de uma construção jurídica, como presunção irrecusável de especulação; no âmbito da condição de aplicação, a especulação retrocedeu ao nível de motivo explicativo da regra, incapaz de influenciar, por esse título, ao jogo do preceito: *finis legis non cadit sub praecepto*.[452]

De maneira semelhante, na atribuição da responsabilidade do dano oriundo de causas múltiplas, entre as quais uma falta, negligencia-se o caráter mais ou menos determinante da falta em relação com outras causas de dano: o indivíduo em falta se torna responsável, pelo total, desde que sua falta contribuiu, ainda que só parcialmente ou mesmo mediatamente, mas de modo necessário, à produção do dano. Esta

---

[451] É o temor às fraudes o que tem conduzido a limitar aos descendentes as pessoas que têm Direito aos subsídios familiares; veja RODIERE: "A quais pessoas são devidas os subsídios familiares?", em *Dalloz hebdomadaire*, Crônica, 1939, p. 25.

[452] O caso tomado como exemplo é o de uma lei belga de 14 de junho de 1937, segundo a interpretação da Corte Suprema, em suas sentenças de 6 de março de 1940, (*Pas.* 1940, I, 290), etc.

solução, denominada de a "equivalência das condições", pode parecer injusta, porque na repartição da responsabilidade do dano, ela não respeita a justiça distributiva; mas se defende dizendo que é "a única que parece capaz de resolver, na prática, o problema da relação causal".[453] Em outros termos, o Direito verdadeira em teoria cede diante da consideração prática da prova.

O mesmo abandono se nota em numerosas regras do Direito civil, às vezes do Direito penal, de onde se faz abstração do estado psicológico do agente, da intenção com que ele agiu, por sua boa ou má fé... Porque se a investigação psicológica é sem dúvida desejável enquanto praticável (e sob reserva de não prejudicar a outros, partes ou terceiros, que teriam podido fiar-se legitimamente nas aparências criadas), ela é sem dúvida desejável. Mas, do momento em que tropeça com alguma impossibilidade de prova, isso não é cair em um objetivo materialista ao renunciar à psicologia; é simplesmente dar mostras de um realismo são e consciente dos fins práticos do Direito.

§ 3. A concentração da matéria jurídica

188. Um terceiro fator da praticabilidade do Direito consiste em *certa dose de redução e de concentração da matéria jurídica*. Ainda que este fator tenha menos importância (e de longe) que os dois precedentes, não por isso é menos interessante enquanto a concentração facilita a manutenção do Direito.

Em pura lógica e segundo a pura justiça, mesmo social, cada caso particular deveria ter sua solução particular, moldada sobre o mesmo caso. Quer tomada do ponto de vista do indivíduo quer do ponto de vista da sociedade, a justiça sempre é individual, na medida do caso. Mas esta "individualização", que é possível num foro íntimo, não é praticável no

---

[453] H. De Page: *Traité élémentaire de droit civil belge*, t. II, 2ª. ed., nº 958, p. 904. Veja, não obstante, G. MARTY: "A relação de causa e efeito como condição da responsabilidade civil", em *Revue trimestrielle de droit civil*, 1939, p. 685ss.

externo. As regras são necessárias, quer dizer, são disposições *gerais*, que formulam de maneira geral a *hipótese*, sobre a base de uma presunção de conformidade dos casos singulares à norma, de modo geral também a *solução*, não obstante as diferenças mais ou menos sensíveis entre os casos.[454]

Esta primeira simplificação, por outro lado, mais essencial, por ser congênita ao Direito, todavia se mostra insuficiente: a mesma soma das regras não deve exceder um certo limite. Daí, sobretudo, as *classificações* de hipóteses e de soluções sob certos predicados comuns, transformados em outros tantos princípios de divisão. O papel das classificações em Direito é diminuir o número de regras, de maneira que o intérprete não se sinta invadido por um pulular de prescrições apenas diferenciadas. Com efeito, quanto mais abundantes são as regras que prevêem e resolvem de maneira especial quantidades indefinidas de *hipóteses*, mas o instrumento a ser movido torna-se pesado, e fica mais difícil encontrar a regra aplicável ao caso concreto.[455] Assim se explicam as classificações taxativas, de alcance exaustivo: os bens são móveis ou imóveis; os atos a título oneroso ou a título gratuito, os Direitos patrimoniais ou extra-patrimoniais; os interesses são públicos ou privados; os participantes de uma infração são autores ou cúmplices...; os casos intermediários ou mistos se incluem de modo forçado em uma das duas classes;[456] da mesma

---

[454] Comp., neste sentido, Santo Tomás: *Somme*, I^a, II^{ae}, q. 96, art. 1 *ad resp.*: "*Bonum commune constat ex multis. Et ideo oportet quod lex ad multa respiciat, et secundum personas et secundum negotia, et· secundum tempora*". Igualmente, art. 6 *ad resp.*, (*in* médio) e *ad 3^m*. Mas, veja quanto ao motivo deduzido do bem comum nossas observações acima n° 57.

[455] É sabido que o texto das leis do Estado de Nova Iorque ocupava, em 1911, 2751 págs.; em 1912, 1377 págs., e em 1913, 2220 págs.; que as decisões judiciais, nos Estados Unidos, ocupam provavelmente de 12.000 a 13.000 volumes (em 1928); – que no *American Digest* encontram-se resumidas um milhão de sentenças (de acordo com R. Valeur: *Deux conceptions de l'enseignement juridique: les Facultés françaises des sciences sociales, les écoles professionnelles de droit aux Etats-Unis*. Tese, Lyon, 1928, pp. 137 e 138).

[456] Comp., sobre os contratos mistos, meio onerosos, meio gratuitos, M. Boitard: *Les contrats de services gratuits*, pp. 159 e 160, 171 a 175.

maneira, as *soluções* são repartidas em classes limitadas: os sistemas de proteção dos incapazes se dividem em representação e em assistência ou em autorização; as nulidades que sancionam os atos irregulares são absolutas ou relativas levando consigo cada uma dessas categorias um conjunto de consequências mais ou menos inseparáveis.

Sem dúvida, e mais uma vez, a perfeição reside em um justo meio. As classificações demasiado simples engendram um Direito inadequado e, portanto, injusto. Aqui também, o espírito realista, científico, dos juristas contemporâneos se inclina para amenizar as regras de classificação de modo que Direito se aproxima da vida, que é toda gradação. Mas as exigências da maneabilidade do Direito opõem seu *veto* à uma multiplicação excessiva das rubricas, que teria por efeito, no caso extremo, arruinar a utilidade e até o princípio da classificação. Assim, pois, quando o jurista julgar oportuno realçar suas divisões, o faz de ordinário mediante o recurso das exceções, que é uma maneira de manter a classificação rígida, pelo menos com princípio. Às vezes o jurista vai mais longe: da mesma maneira que altera as definições mediante a substituição ou amputação, ele força as classificações, quer pela extensão às categorias que são estranhas, quer pela inversão da ordem natural de relacionar-se: assim, a classificação móveis-imóveis estende-se aos Direitos de crédito e aos Direitos intelectuais; ou a inclusão de certos móveis, denominados imóveis por seu destino, à classe dos imóveis... Qualquer que seja o valor no caso concreto, ou mesmo, em geral, a oportunidade de tais alterações, tende sempre a esse fim de realizar uma economia, pelo menos aparente, na temível profusão das regras jurídicas.[457]

189. O método denominado das "construções jurídicas" se refere à mesma preocupação pela concentração. Entende-se por isso uma sistema-

---

[457] Sobre o sistema das classificações veja J. Dabin: *La technique de l'élaboration du droit positif*, p. 163ss: Acrescente-se, a propósito dos tipos classificados de conflitos de lei, veja, Lerebours-Pigeonnière: *Précis de droit international privé*, 3ª ed., nº 219, p. 253.

tização do Direito pela via dialética, a partir de uma ideia representativa, e se é possível evocadora, cujas consequências derivadas se refletem em seguida sobre toda a matéria para uni-la e eventualmente fecundá-la.[458] É que a sistematização na base da explicação *real* das regras está longe de ser sempre satisfatória para o espírito, por causa do caráter demasiado frequente ou complexo da *ratio legis*, misturada com considerações de Direito e de fato, de razão e de oportunidade; sem se esquecer a história que, por seus acidentes ou suas sobrevivências, influi muitas vezes na explicação do Direito atual. Daí o recurso a um princípio ideal – noção vulgar ou categoria jurídica – mais ou menos artificial com respeito à explicação real, mas cujo valor sintético trará simplicidade e clareza no difuso amontoado das regras: assim, a ideia de que o herdeiro continua a pessoa do defunto; a ideia de uma ordem conferida tacitamente pelo marido à mulher para a direção e administração da casa... Acrescentamos que a *ideia,* que tem o papel da hipótese na ciência, constitui um meio de desenvolvimento do Direito, naquilo que pode sugerir como soluções a pontos novos e não previstos pela regra existente. Portanto, ainda que a construção não leve consigo materialmente uma diminuição da soma de regras, e mesmo se é por virtude fecundante da ideia sucede que o aumento no número delas, a redução se opera, todavia, intelectualmente, por virtude do princípio unificador, do qual as regras já não são mais que as determinações ou os corolários *lógicos.*

Mas é preciso dizer imediatamente que o método das construções é perigoso, na medida em que a ideia, apartando-se das realidades sociais, morais e jurídicas que condicionam ou governam o Direito, correm o risco de sacrificar a substância deste a uma unidade fictícia: a coerência lógica das regras é uma facilidade para o intérprete, e também para os sujeitos; portanto, em certos aspectos, é uma qualidade secundária que

---

[458] A "construção jurídica" difere-se da "construção" do Direito no sentido determinado precedentemente (Veja acima nº 98ss.). Em que aquela procede a partir das regras dadas, em vista de uma sistematização, enquanto a construção do Direito elabora as mesmas regras.

não pode prevalecer sobre o essencial, a saber, a verdade, a oportunidade e a imediata praticabilidade do Direito.[459]

190. Semelhantemente, insistiu-se, seguindo a IHERING, GÉNY e os teóricos da técnica no Direito, sobre a ideia da praticabilidade, sobretudo no aspecto da definição dos conceitos e de sua aptidão à prova, mas não para sugerir que o cuidado por essa praticabilidade deva paralisar todo esforço para o ideal teórico que é a regra conforme o bem público segundo as possibilidades do meio.

Em primeiro lugar, não se quis estabelecer outra coisa a não ser um princípio, a saber, a necessidade de considerar, em Direito, a praticabilidade das regras. Os exemplos escolhidos só o têm sido a título de documentos, de modo a subtrair os obstáculos, sem pretender imediatamente com isso que sejam invencíveis, mesmo nos casos invocados. Além disso, assinalou-se que o princípio da praticabilidade estava sujeito a amenizações. Poderá bastar uma menor praticabilidade naqueles casos em que a virtude intrínseca do preceito, apoiada sobre a autoridade moral do legislador, será de natureza que possa conduzir a uma obediência espontânea. Mais ainda: toda consideração de praticabilidade deverá ser apagada naqueles casos em que o silêncio da lei tomar a aparência de um escândalo, mal social mais considerável que a falta de praticabilidade.

Tampouco deve se esquecer que a impraticabilidade de hoje pode desaparecer amanhã, graças aos progressos da ciência na definição de seus conceitos, graças ao aperfeiçoamento dos meios de prova, graças a uma distribuição melhor ordenada das matérias do Direito. Assim pode acontecer, por exemplo, que a incerteza no campo da falta médica pode dar lugar a apreciações mais firmes e seguras; que o recurso aos métodos estatísticos podem conduzir à uma medida mais exata dos fatos sociais que a descoberta do método conhecido como grupos sanguíneos per-

---

[459] Veja sobre as "construções jurídicas", J. DABIN: *La technique de l'élaboration du droit positif*, p. 186ss.

mitiu reduzir, já que não eliminar, o mistério da paternidade; e que o sistema das leis orgânicas e das codificações diminui os inconvenientes da multiplicidade das regras, etc.

Conclusão sobre o método jurídico e corolários

§ 1. Dualidade de aspectos da técnica no Direito

191. Ao final desta exposição detalhada do método jurídico tem-se em mãos a demonstração, de alguma maneira experimental, de quão bem fundada estava a tese, desenvolvida anteriormente *a priori*, de que tudo na regra jurídica, qualquer que seja sua fonte, inclusive o costume, é construção e, nesse sentido, obra da técnica.

Como já se observou esta técnica é de duplo aspecto. Com relação ao *fundo*, quer dizer, o conteúdo das regras, a técnica competente é de natureza *social* e *política*; de natureza *social* por que o Direito tem por matéria ordenar as relações sociais entre os indivíduos e os grupos, entre os Estados; de natureza *política* porque essa ordenação deve ter lugar sob a inspiração e dentro do quadro da política interna e internacional. Com relação à *forma* do Direito a técnica competente é de natureza lógica, de uma lógica especial, por outro lado, com finalidade propriamente utilitária, a saber, a praticabilidade das regras.

192. Foi possível censurar GÉNY por ter omitido a distinção entre esses dois compartimentos, e ter unido todo o lado técnico do Direito à ideia da praticabilidade.⁴⁶⁰ Não corresponde à ciência social,⁴⁶¹ ou melhor, à política, que rege o social, decidir sobre tudo o que interessa ao bem público, e sobre o valor e a oportunidade das medidas, jurídicas ou não, que este pode exigir, recomendar ou suportar? Entre o Direito natural, tal como o concebe GÉNY, reduzido a um *minimum* de princípios econômicos ou morais, que dão as ideias básicas, e o trabalho da colocação em forma praticável, se intercala a fase do desenvolvimento orgânico e adaptado dos primeiros princípios, fase manifestamente a mais importante ao mesmo tempo em que a mais original e a mais típica da elaboração. É nisto que o Direito está essencialmente subordinado à ciência social e à política, no que todos os que contribuem para sua edificação cumprem tarefa de sociólogos e de políticos. Concorda-se, além disso, que para designar essa tarefa a expressão "técnica" foi mal escolhida. Só é admissível – e assim aceitamos aqui⁴⁶² – em um sentido completamente relativo, por oposição à ciência. Na realidade, como já foi explicado,⁴⁶³ a determinação do conteúdo do Direito, por ser assunto do governo de outros e, portanto, do agir moral, corresponde não a uma técnica, nem a uma arte, mas, antes de qualquer coisa, a uma das espécies da *prudência*, a prudência *política*, e mais especialmente ainda à prudência *jurídica*. Esta prudência jurídica é que elege as soluções do Direito – na ordem dos fins, dos meios, das sanções, das provas⁴⁶⁴ – sem

---

[460] Veja, quanto a esta crítica, J. DABIN: *La technique de l'élaboration du droit positif*, p. 348. No mesmo sentido, RUSSO: *Réalité juridique et réalité sociale*, pp. 31 e 32, 61ss.

[461] "Ciência social": algumas vezes se falará de "sociologia"; os dois vocábulos são tomados como sinônimos.

[462] Veja acima nº 99.

[463] Veja acima nº 124.

[464] Sobre sugestões que parecem fundadas (veja J. P. HAESAERT: "A técnica jurídica", em *Archives de philosophie du droit et de sociologie juridique*, 1939, nº 3, caderno 1-2; F. RUSSO: *op. cit:*, pp. 69 e 70), separa-se aqui a matéria das sanções e das provas da técnica jurídica formal para ligá-la à técnica política e social (veja J. DABIN: *La technique de l'élaboration du droit positif*, p. 58ss.).

excluir o concurso, a título subordinado, de uma certa *arte* social e política que vem a aperfeiçoar e estilizar as conclusões do juízo prudencial.

Em compensação, a praticabilidade do Direito não delineia outro problema que o de um "bem-acabado" da regra em seu aspecto conceitual, que a torne apta para sua aplicação pelos sujeitos em primeiro lugar, e pelos juízes e funcionários em segundo. Sendo assim, esse problema é, por si, estranho à ciência social e à política que, sem dúvida, ordenam a praticabilidade do Direito como princípio, mas deixam ao técnico da forma regulamentar o cuidado de obtê-la. Daí que, para designar esta última fase da construção do Direito se escolha a denominação de "técnica jurídica formal", ou de "técnica jurídica propriamente dita": técnica *formal*, visto que se refere à sua colocação em forma praticável; técnica jurídica, *sem mais*, propriamente *dita*, porque nada deve imediatamente nem à sociologia nem à política. E desta vez a expressão é adequada porque já não se trata de *agir* (no sentido moral), mas de *fazer* (no sentido técnico).

Indiscutivelmente, por outro lado, a sociologia e a política têm primazia sobre a colocação em forma, pelo menos na ordem da intenção: antes de pensar em tornar praticável a regra o jurista deve se esforçar por fazê-la boa socialmente e oportuna. O fundo prevalece sobre a forma, e o valor da regra sobre sua execução. Por isso vale mais para o prestígio do próprio legislador uma regra *impraticável* que uma regra francamente *má* (se não imperfeita). Mas já se compreende que descobrir no Direito um ponto de vista social e político subjacente ao ponto de vista formal da praticabilidade, deixa ao Direito *construído*, mesmo no nível social e político, que se trata, *também a esse nível*, de técnica (no sentido de prudência) e não de ciência.

193. Em uma obra notável, já citada muitas vezes,[465] quis apoiar GÉNY nessa descoberta precisamente para sustentar o contrário. Enquanto

---

[465] Veja acima nº 81, texto e notas; nº 105, texto e nota; nº 110, nota; nº 117, nota; nº 128, texto e nota.

este autor ao notar a parte da técnica do Direito, só a descobre do ângulo estreito da praticabilidade, e não da sociologia e da política, F. Russo[466] sublinha por outro lado e em sentido inverso (com admiração) o papel da sociologia no Direito (onde não fala da política), mas só quer vê-la sob o aspecto da ciência, e não da técnica.

Sem negar que o Direito acrescente alguma coisa à realidade social, sobretudo um elemento de estrutura, pretende, com efeito, que o Direito seja essencialmente *ciência*, não só pelo conteúdo de suas disposições, mas também em sua praticabilidade, que se deduziria da ciência social e não de uma técnica propriamente jurídica ou regulamentária. Desse modo, o Direito seria "dado" quase por completo, um dado da ciência social, e, a técnica teria perdido quase todas as suas posições. Mas esta tese contradiz o *processus* da elaboração do Direito tal como se acaba de rastrear. O Direito é algo construído e, nesse sentido, realização de técnica, posto que é o produto da combinação, em proporções variáveis, de pontos de vista diversos que devem entrar todos em equilíbrio na composição das regras. Nenhum destes pontos de vista tomado isoladamente impõe solução alguma como dada pela ciência, e tão pouco *a fortiori*, o equilíbrio satisfatório desses pontos de vista. Depois das análises precedentes, é fácil mostrar de novo, de modo mais "concentrado" e mais convincente.

Em primeiro lugar, ao determinar o que o bem público pode requerer, aconselhar ou tolerar em relação às regras jurídicas em tais ou quais circunstâncias de lugar e de caso, não é um assunto de comprovação, mesmo reflexiva, de uma realidade social anterior, objeto de conhecimento científico ou filosófico; é assunto de *razão prática, prudencial*, que formula, a partir dos fatos e dos princípios, à luz da experiência, as conclusões que postula efetivamente o bem público em tais circunstâncias. Sem dúvida, como faz observar Russo, a realidade social não se limita a fatos puramente empíricos (ainda que estes constituam uma

---

[466] F. Russo: *Réalité juridique et réalité sociale*, Paris, 1942.

parte, de modo algum desdenhável, e, por outro lado, suscetíveis de serem referidos a leis); estudada mais a fundo, às vezes, à luz de uma ciência superior à ciência dos fatos empíricos, a saber, a filosofia social, a realidade social manifesta tendências e orientações, e deduz valores e normas.[467] Mas, primeiramente, mesmo supondo que sejam autênticos[468] estes valores são de diversas espécies: morais, econômicos, psicológicos, propriamente técnicos, e frequentemente entram em concorrência; em segundo lugar, não são verdadeiros, a maior parte das vezes, e não em um sentido de verdade geral e abstrata; enfim, ainda admitindo que proporcionem ao sociólogo e ao moralista certas soluções, falta apreciar – e esta é a missão do jurista – em que medida a transmutação em regras jurídicas dessas soluções socialmente boas é capaz de aumentar a soma real do bem público.

194. Isto não é tudo. Determinar, depois dessa primeira eleição, se a solução positivamente vantajosa para o bem público é *praticável* e eventualmente levar para essa solução modificações que a tornem praticável do ponto de vista da definição ou da prova nunca é assunto de ciência; é, por outro lado, exclusivamente assunto de técnica. RUSSO objeta, é verdade, que os métodos técnicos usados pelo jurista para efeito de tornar praticável o Direito "não modificam radicalmente a realidade social que serve de base à elaboração jurídica, mas unicamente lhe imprimem certas deformações que deixam inalterados seu conteúdo essencial".[469] Mas no momento em que se reconhece a deformação se confessa a diferença entre o método jurídico, que deforma, e o método

---

[467] Veja F. RUSSO: *op. cit.*, sobretudo, p. 55: "O esforço de conhecimento das realidades sociais não pode ser terminado senão pela afirmação de finalidades e valores". Em outros termos, a *ciência* social deve completar-se com uma *filosofia* social.

[468] Veja F. RUSSO: *op. cit.*, p. 54; segundo o qual se deve distinguir entre a constituição do valor e o juízo sobre o valor; em muitos casos "(o juízo sobre o valor não será produzido senão após a separação dos valores de sua relação primordial com os fatos" (GURVITCH: *L'expérience juridique*, p. 125).

[469] F. RUSSO: *op. cit.*, p. 103, sobre o conceitualismo; e a sequência imediata do texto (al. 2), sobre as presunções.

científico que se esforça para não deformar. O jurista simplifica, esquematiza, presume. Em um sentido não vai contra o real: a simplificação, a esquematização, a presunção se realizam no *prolongamento da realidade*. Portanto, na medida em que o real sofre deformação, ainda que não essencial, a definição ou concreção do jurista se distancia, mais ou menos, da do cientista.

Russo ainda objeta que o cientista também se utiliza de conceitos e de presunções: "não é raro que mesmo nas ciências exatas se contente com um resultado provável obtido por meios indiretos quando se está na impossibilidade de fazer uma observação direta".[470] Mas a questão não está em saber quais métodos são usados; a questão é saber em que condições e com que fim são usados. Sendo assim, há esta diferença capital, assinalada no princípio das observações sobre o problema do "dado" e do "construído" em Direito,[471] que o cientista não deixa de ter diante de si a ciência, quer dizer, o conhecimento exato e completo da realidade; e que se utiliza métodos aproximativos – e deformadores – é por falta de instrumentos melhores e, por conseguinte, do estado imperfeito da técnica de sua ciência. Pelo contrário, a deformação operada pelo jurista nada tem de necessário, do ponto de vista científico. Assim resultará que a realidade, plenamente captada ou pelo menos captável pela ciência, se encontra deformada pela regra do Direito, que vem a simplificar ou a alterar as mesmas conclusões da observação científica. Este é, pois, o motivo da deformação que é decisivo.

A deformação *científica* acusa impotência, pelo menos momentânea, do cientista e requer, por outro lado, corretivos que este se apressa a apresentar. A deformação *jurídica* é artifício técnico, método desejado com o fim de obter a praticabilidade do Direito. Sendo assim, não é *científico*, mas *técnico*, sacrificar, por pouco que seja, a verdade científica com fins puramente práticos.

---

[470] F. Russo: *op. cit.*, p. 104.
[471] Veja acima nº 98.

§ 2. Certeza relativa e variabilidade do Direito

195. Sendo esta a natureza da disciplina jurídica – prudência, arte e técnica de ponta a ponta – como se admirar do caráter de certeza simplesmente moral, ou até relativo, que se dá às soluções jurídicas? Apreciar exatamente as situações de fato que podem dar lugar a uma regulamentação; discernir a propósito dessas situações e em relação com essa regulamentação as exigências concretas do bem público; reconhecer na regulamentação, considerada o sentimento da opinião; pôr em forma praticável a solução finalmente admitida são outros tantos problemas que não se resolveram com força de certezas de ordem matemática ou científica. Foi ARISTÓTELES, aprovado por SANTO TOMÁS, que escreveu que em tais matérias é preciso levar em conta as "proposições indemonstráveis e as opiniões dos peritos, dos anciãos ou dos homens prudentes, não menos que as verdades demonstráveis".[472] Sendo assim, se existem soluções de Direito que podem ser autorizadas com uma certeza suficiente pelo juízo das pessoas de juízo, há outras, não somente de detalhe, mas de princípio, que são discutidas apoiando-se em opiniões mais ou menos prováveis.

196. O estudo do método jurídico permite, por outro lado, compreender melhor porque, na realidade, o Direito é necessariamente *variável* segundo os tempos e os lugares e porque também a autoridade qualificada deve realizar sua mudança, não somente quando é má ou imperfeita desde a origem, mas quando suas disposições já não concordam com aqueles elementos diretores da elaboração que são variáveis por natureza.

O Direito é chamado a mudar, em primeiro lugar, por causa das variações da matéria sujeita à regulamentação. *Ex facto oritur ius.* Toda regra impõe sem dúvida sua forma a certa matéria, que vem a deter-

---
[472] SANTO TOMÁS: *Somme*, Iª, IIae, q. 95, art. 2 *ad* 4m; Acrescente-se os textos citados acima nº 130, nota.

minar; mas esta reage sobre a forma enquanto a regra está obrigada a imprimir à matéria a forma que lhe convém.[473] De modo mais preciso, as relações, as condutas não podem ser submetidas à lei salvo na dependência da constituição da matéria, que impõe assim seu "dado" – um "dado" inevitável de fato – à lei. Por conseguinte, se o "dado" da matéria é diverso ou se modifica, as soluções jurídicas correspondentes sofrerão, logicamente, o contragolpe.[474]

A segunda causa de variação reside no bem público, norma fundamental do sistema jurídico cujas exigências são mutantes no espaço e no tempo.[475] Ainda que possam ser descobertos princípios comuns de bem público, ou de ordem filosófica, científica ou técnica, válidos para toda a sociedade, qualquer que seja a fisionomia histórica (clima, solo, aptidões físicas, intelectuais ou morais de seus membros),[476] por outro lado, as aplicações encontram plena justificação na frase de PASCAL: "O que é verdade deste lado do Pireneu, não é do outro". Os diferentes grupos políticos têm seus aspectos particulares, que influenciam necessariamente as aplicações: por isso é que as exigências do bem público não são as mesmas em quantidade, qualidade e procedimentos nas sociedades rudimentares como são na civilização refinada: em uma sociedade de tipo agrícola, o bem público da agricultura, representa, no seio do bem público total, um valor mais considerável que o bem público industrial, e vice-versa.

---

[473] Veja acima nº 127 a 129.
[474] Veja, no mesmo sentido, SANTO TOMÁS: *op. cit.*, I^a, II^{ae}, q. 97, art. 1 *ad 2^m*: "... *mensura debet esse permanens quantum est possibile. Sed in rebus mutabilibus non potest esse aliquid omnino immutabiliter permanens. Et ideo lex humana non potest esse omnino immutabilis*". Veja, também, q. 95, art. 2 *ad 3^m*.
[475] Veja, no mesmo sentido, SANTO TOMÁS: *op. cit.*, I^a, II^{ae}, q. 97, art. 1 *ad 3^m*: "*Rectitudo legis dicitur in ordine ad utilitatem communem, cui non semper proporcionatur una eademque res... Et ideo talis rectitudo mutari potest, ut apparet*".
[476] Este é o problema de uma "ciência" do bem público, evocado acima, nº 144. Comp., sobre o universal e o nacional em Direito, F. RUSSO, *op. cit.*, pp. 129 a 132; G. DEL VECCHIO, "A comunicabilidade do Direito e as doutrinas de G. – B. VICO", em *Recueil Lambert*, § 111, t. II, p. 591ss.

Refletindo essa diversidade, o Direito adotará em um lugar um caráter primitivo ou campesino, e em outro um caráter urbano, mercantil, industrial, segundo o modo de vida da população enquadrado no Estado. Esse mesmo Estado, encarregado da missão do bem público, é mais ou menos "forte", está melhor ou pior organizado e perpetrado, politicamente falando, de sorte que suas intervenções no terreno do Direito não poderão exceder, razoavelmente, o nível de suas faculdades de mando e de execução.

Também são essencialmente variáveis as reações da opinião pública em relação às regras: favoráveis em tal meio ambiente ou em tal época, são hostis em outras partes ou em outros tempos. Sendo assim, esta variedade de reação deve levar consigo regimes jurídicos diferentes, às vezes muito radicalmente; de um lado, liberal ou tolerante; de outro lado, mais ou menos regulado e em sentidos mais ou menos divergentes. O estado de opinião pesa, além disso, sobre a "praticabilidade" do Direito (no sentido formal), na medida em que as dificuldades de definição ou de prova são suscetíveis de agravar-se como consequência da negativa do público em colaborar na colocação em prática das regras.

197. Estes são os motivos pelos quais o Direito, o Direito chamado positivo, não é sempre e em todas as partes o mesmo: a matéria muda, o bem público e a relação do Direito ao bem público mudam, a opinião pública muda e se modifica.[477] Nenhuma parte ou ramo do Direito

---

[477] Este é o tema fundamental da obra de MONTESQUIEU: *De l'esprit des lois*, cujo esquema é apresentado no lib. I, cap. III, pp. 8 e 9, ed. Garnier. Para o contraste deve-se comparar à crítica do liv. XXIX dessa obra feita por CONDORCET *(Oeuvres,* ed. Arago, t. I, p. 378): "Como a verdade, a razão, a justiça, os Direitos dos homens, o interesse pela propriedade, pela liberdade, pela segurança, são iguais em todas as partes, não se vê por que todos os Estados não terão as mesmas leis penais, as mesmas leis civis e as mesmas leis mercantis. Uma boa lei deve ser boa para todos os homens, como uma proposição verdadeira o é para todos". (Acrescente-se: os extratos dos trabalhos preparatórios do Código Napoleão, citados por TAULIER: *Théorie raisonnée du Code civil,* t. I, pp. 251 a 253). No entanto, CONDORCET confunde verdade especulativa com verdade prática (Veja, sobre esta distinção, SANTO TOMÁS: *op. cit.*, I^a, II^{ae}, q. 94, art. 4).

escapa a esta necessidade, nem sequer as regras mais fundamentais do Direito público ou do Direito privado, com a reserva, no entanto, de que os fundamentos têm de ordinário uma estabilidade maior que as superestruturas.

Sendo assim, quando se produzem mudanças, e *a fortiori* transtornos sociais, o Direito está obrigado normalmente, senão a seguir o movimento, pelo menos a revisar sua atitude à luz do novo fato.[478] Por isso é inexato, ou pelo menos equívoco, falar de uma função conservadora do Direito. [479] O Direito não tem nem que se conservar, no sentido de uma manutenção do *statu quo* jurídico, nem de lutar contra a vida, no momento em que a mudança (supondo-a dependente da vontade dos homens) não ofereça nada de irrepreensível socialmente. Melhor seria falar, pelo contrário, de um dever de adaptação e, portanto, de renovação do Direito.[480]

O que na verdade é exato, é que os órgãos encarregados de interpretar e aplicar o Direito nem sempre tem faculdade para modificá-lo, nem ainda aos fins da readaptação: especialmente no que concerne à *lei*, a missão dos tribunais e seu dever constitucional, é conservá-la e mantê-la tanto contra deformações como contra simples e puras violações. Mas a conservação da *lei* por aqueles que têm a missão de fazê-la respeitar não supõe necessariamente a estagnação do *Direito*: corresponde à autoridade dona do Direito estabelecido, que se trata do Direito legal ao legislador, reformá-la por iniciativa própria, melhorá-la quando é imperfeita, é colocá-la em dia quando estiver defasada com respeito à vida. Também é exato que toda modificação do Direito, seja para fins

---

[478] Veja, neste sentido, Santo Tomás: *op. cit...*, I^a, II^{ae}, q. 97, art. 1. *ad resp.*: "*Ex parte vero hominum, quorum actus legi regulantur lex recte mutari potest propter mutationem conditionum hominum, quibus secundum diversas eorum conditiones diversa expediunt*".

[479] Veja G. Renard: *Le droit, la justice et la volonté.*, Paris, 1924, p. 211ss.

[480] Comp., sobre a estabilidade e movimento em Direito, Russo: *op. cit.*, pp. 147 a 150, 183.

de seu aperfeiçoamento, seja para fins de sua readaptação, devem se efetuar *segundo a norma da prudência*.

198. A prudência ordena, previamente, conservar o que se tem enquanto não se esteja seguro do valor do que se terá. Toda mudança, comprometendo o porvir, encerra uma incógnita: qual será o efeito real do novo Direito? Melhor ou pior que o antigo? As suposições mais verdadeiras podem ser destruídas pela intervenção dos famosos "imponderáveis". É verdade que o risco é inseparável da ação, e que o temor ao risco impediria que se mudasse alguma coisa. Mas o risco que se deve correr não dispensa o emprego da prudência, pelo menos no cálculo das probabilidades de êxito.[481]

A prudência ordena, em seguida, notar que toda mudança nas leis, ainda justificada em si, provoca uma crise e, por conseguinte, o mal: os hábitos jurídicos ficam transtornados, as previsões dos negócios desbaratadas, os interesses mais ou menos respeitáveis, e em todo caso adquiridos, lastimados. E a crise será tanto mais grave quanto mais fundamentais forem as regras em questão, dotadas de valor "constitucional", de Direito ou de fato.[482] Tratar-se-á então, como sempre, de comparar o ativo e o passivo, as vantagens que se esperam e os inconvenientes que se deduziriam da mudança, para buscar seu equilíbrio. Se os inconvenientes pesam mais que as vantagens, será preciso conservar o *statu quo*, apesar de sua insuficiência ou seus defeitos. Ainda que a perfeição seja o ideal a aspirar, não é sempre recomendável procurar realizá-la *hic et nunc*, apesar de todos os obstáculos: na prática o melhor é, frequentemente, inimigo do bem.

---

[481] Comp., MONTESQUIEU: *Cahiers*, p. 120: "As coisas são de tal natureza que o abuso é frequentemente preferível à coerção, pelo menos, que o bem estabelecido é sempre preferível a um bem melhor que não está".

[482] Esta é a razão que explica o sistema das "constituições rígidas", em que a revisão das disposições chamadas constitucionais está submetida a um procedimento especial mais complicado que o normal. Veja sobre esse procedimento, J. DABIN: *Doctrine générale de l'Etat*, nº 99ss.

Por isso não se mudam as leis senão em caso de "utilidade muito grave e absolutamente evidente". Em caso de "necessidade extrema" para abolir uma injustiça manifesta ou uma regra prejudicial.[483] Mas mesmo nestas hipóteses a prudência poderá conciliar certas precauções, certas temporizações ou "medidas transitórias", com finalidade de atenuar a brusquidão do choque e acostumar os espíritos à novidade.

---

[483] Esta é a fórmula de Santo Tomás: *op. cit.*, I^a, II^{ae}, q. 97, art. 2. Veja, no mesmo sentido, Portalis: *Discours préliminaire*, n° 5, em Locré: *op. cit.*, ed. Bruxelas, 1836, t. I, pp. 154 e 155. – É preciso acrescentar, por outro lado, que em nossos dias a vida muda e se renova muito mais rapidamente que em outros tempos, e que por isso o reajuste do Direito será mais frequente.

Terceira Parte
DIREITO NATURAL, JUSTIÇA E REGRA DE DIREITO

Introdução

199. Na realidade, a questão das relações entre o Direito natural e a justiça, por um lado, e o Direito, por outro, já foi mencionada em diversas ocasiões. Desde o princípio desta exposição nos deparamos com a tese que pretende partir, no estudo da noção do Direito, da ideia da justiça e não da ideia de regra, método que dá, antecipadamente, a solução ao afirmar a identidade fundamental, quanto ao conteúdo, do Direito e da justiça.[484]

Ulteriormente, a propósito do problema do "dado" e do "construído" no Direito, fomos levados a contradizer a concepção de um dado jurídico natural, ou Direito natural, definido como o justo objetivo, que representaria o elemento substancial da ordenação jurídica.[485]

Enfim, tratando do método da elaboração do Direito, foi evocada e analisada a noção do bem público,[486] que, apesar de ser distinta do Direito

---

[484] Veja acima nº 8 a 12.
[485] Veja acima nº 109.
[486] Veja acima nº 134.

natural da justiça não pode menos ter com essas últimas noções laços estreitos: concebe-se o bem público dando as costas ao Direito natural e à justiça? Mas esses laços, evidentes *a priori*, são os que devemos examinar agora de maneira mais detalhada.

O problema se delineia da seguinte maneira: que lugar ocupam no "complexo" do Direito as noções de Direito e de justiça? Se não se situam nem no ponto de partida nem no centro do sistema, como e a que título elas figuram no sistema? Qual é seu papel como fatores da elaboração do Direito, no sentido precedentemente definido de regra estabelecida pela sociedade civil?[487]

200. É inútil discutir esse problema se não se começar por reconhecer um sentido às noções de Direito natural de justiça como norma de *razão*, dotadas de caráter *objetivo*. Alguns pretendem, é verdade, que os homens – indivíduos ou coletividades – não se deixem mover em seu comportamento por nenhum princípio ideal, desligado de suas paixões, de seu interesse egoísta;[488] de modo especial em suas relações com os demais homens, só obedeceriam à "lei da selva": *Homo hominis lupus*. De acordo com isso, as leis e costumes que compõem o Direito positivo não seriam senão o produto da superioridade física ou econômica dos atuais detentores do poder ou, pelo menos, a expressão do equilíbrio das forças antagônicas em um momento determinado da história.[489]

Para outros, o Direito natural e a justiça existem realmente enquanto ideias-forças que impulsionam a humanidade, ou como último recurso contra o Direito estabelecido: mas esse ideal seria um "mito", ou pelo menos uma hipótese gratuita.[490] Sendo assim, e se isto é assim, tudo se

---

[487] Veja acima nº 6 a 14.
[488] Faz-se alusão aqui aos sistemas de HOBBES, de NIETZSCHE e outros. Comp., com as teorias já refutadas por PLATÃO, na exposição de P. LACHIÈZE-REY, *Les Morales, sociales et politiques de platon*, Paris, pp. 39 a 49.
[489] Veja acima nº 109.
[490] Veja, entre outros, neste sentido, H. DE PAGE: *L'idée de droit naturel*, Bruxelas, 1936, e *Droit naturel et positivisme juridique*, Bruxelas, 1939.

funde ao mesmo tempo: o Direito natural e a justiça sem dúvida, mas também a norma de um bem público com primazia sobre o interesse particular e o próprio princípio de uma sujeição do Direito chamado positivo a um método racional de elaboração. O Direito estabelecido é o que é, nada mais; tem valor por si mesmo, pelo poder daqueles que o ditaram. O despotismo do legislador domina e desloca o despotismo do indivíduo.

A imensa maioria dos homens, no entanto, ignorantes ou sábios, comunga no culto ao Direito natural e à justiça, e crêem em ambos como em uma realidade, da ordem filosófica e moral já que não da ordem propriamente científica. Infelizmente, salvo uma unanimidade de princípios sobre o caráter *ético* nas suas noções, reina o desacordo entre os especialistas sobre a definição exata de uma e de outra, por isso, um estudo que se proponha a descobrir a utilização que o jurista pode e deve fazer de sua construção dos materiais do Direito natural e da justiça, deve começar, logicamente, com uma tentativa de esclarecer totalmente a esses dois conceitos que, além disso, tem importância suficiente, na esfera das ciências morais, para que o jurista não se sinta nem creia ter perdido o tempo consagrado à sua análise, independentemente mesmo de seu papel no plano propriamente jurídico.

Capítulo I

A NOÇÃO DE DIREITO NATURAL

§ 1. A concepção tradicional

201. Segundo a concepção em geral mais admitida em nossos dias, o substantivo "Direito", na expressão "Direito natural", é sinônimo de "lei", no sentido de certa regra de conduta dirigida ao *homem*, que é seu sujeito, e que se impõe em sua realização de modo *categórico*; mas não no de lei *científica*, nem tampouco de regra *técnica*. Por isso será excluída imediatamente a ideia de um Direito natural constituído pelas leis econômicas,[491] que são leis científicas, suscetíveis, além disso, de

---

[491] Veja, neste sentido, E. LAMBERT: *Um parère de jurisprudence comparative*, Paris, 1938, ou mesmo a definição de GÉNY, reproduzida acima, nº 110, onde se trata de um "fundo de verdades morais e *econômicas*", ainda que "principalmente" morais.

aplicações técnicas; e de modo semelhante a ideia de um Direito natural comum aos homens e aos animais (enquanto o homem é animal),[492] e mesmo a todas as criaturas, animadas ou inanimadas.[493]

202. De modo semelhante, a matéria da regra de conduta humana, que constitui o Direito natural, não está especificada *a priori*: *ius naturae* e *ius naturale*, por um lado, e *lex naturae* e *lex naturalis*, de outro, são fórmulas intercambiáveis.

É certo que, às vezes, a expressão "Direito natural" é empregada, a exemplo da palavra "Direito", no sentido do *justo* natural: assim, ao tratar da virtude da justiça, Santo Tomás definia a justiça como a virtude que tem por objeto o Direito de outro (*ius suum*),[494] que pode ser natural (*ius naturale*), ou positivo (*ius positivum*).[495] Direito significa então o que os juristas chamam *Direito subjetivo* ou Direito com um *d* minúsculo, em oposição ao *Direito objetivo* ou norma de Direito, com um D maiúsculo.[496] Por extensão, o Direito, *hoc sensu*, designa não só a coisa justa, mas também a própria regra da justiça. Todavia, ao final do mesmo artigo 2º, Santo Tomás evoca um *ius divinum* que, semelhante ao *ius humanum*, decreta preceitos que tem por objeto coisas boas moralmente (*bona*), e proibições que tem por objeto causas moralmente más (*mala*), de onde resulta que o *ius divinum* em questão não é outra coisa que a *lex divina* sem distinção de matérias (a palavra se encontra ali).[497]

---

[492] Veja, por exemplo, Ulpiano: *Dig.*, 1, 1, 1, 3. Comp., Santo Tomás: *op. cit.*, I^a, II^{ae}, q. 94, art. 2. *ad resp.* e art. 3 *ad 2^m*; Sobre o *ius naturale* comum aos homens e aos animais, veja F. Senn: *Da justice et du droit*, pp. 59 a 73.

[493] Santo Tomás: *Somme*, I^a, II^{ae}, q. 91, art. 2 *ad 3^m*: a lei é alguma coisa da razão, somente a participação da lei eternal na criatura razoável merece o nome de lei.

[494] Santo Tomás: *op. cit.*, I^a, II^{ae}, q. 57, art. 1.

[495] Santo Tomás: *op. cit.*, I^a, II^{ae}, q. 57, art. 2. Veja também, no mesmo sentido, Cícero, *De inventione*, 2, 53, 161: "*Natura jus est quod non opinio genuit...*"; igualmente 2, 22, 65.

[496] Veja A. Colin e Capitant, *Cours élémentaire de droit civil français*, t. I, 9ª. ed., por Julliot de la Morandière, 1, p. 1.

[497] Santo Tomás: *op. cit.*, I^a, II^{ae}, q. 57, art. 2, *ad 3m*.

No artigo seguinte, ao buscar classificar o *ius gentium*, SANTO TOMÁS considera a hipótese de ajuste ou adequação que são completamente estranhas ao Direito alheio, como o ajuste (*commensuratio*) do marido à mulher com a finalidade de procriação e mais ainda à ideia de um *ius naturale* comum aos homens e aos animais (não existe dever de justiça algum entre os animais),[498] de sorte que o *ius naturale*, o *ius positivum* acabam por fundir-se nos conceitos completamente gerais, da *lex naturalis*, de *lex divina*, de *lex humana*. O mesmo acontece com a expressão *ius civile*, que engloba as disposições da lei civil, e não somente aquelas que interessam à justiça. Pois se no Tratado da lei SANTO TOMÁS usa preferentemente o vocábulo *lex naturalis*, também no mesmo tratado usa a expressão *ius* não somente como um dos possíveis objetos da lei (regra do justo), mas como sinônimo da lei, abstração feita de seu conteúdo.[499] Enfim diversos textos denominam *universalia principia iuris* aos primeiros princípios da lei natural. O que justifica a afirmação de um dos comentadores mais autorizados do pensamento tomista: "Conforme o uso do tempo, SANTO TOMÁS emprega indiferentemente esses dois termos (lei natural e Direito natural)".[500] Esse costume daquele tempo se manteve, além do mais, em épocas posteriores; na moderna entre os teóricos da Escola do Direito da natureza e dos povos,[501] assim como em DOMAT;[502] na época contemporânea, em muitos tratados de filosofia moral e de Direito natural.

---

[498] Veja, sobre as discussões deste assunto na antiguidade, F. SENN, *op. cit.*, pp. 70 a 73.
[499] Veja SANTO TOMÁS: *op. cit.*, I^a, II^{ae}, q. 95, art. 4: "*Videtur quod inconvenienter Isidorus divisionem legum humanarum ponat, sive juris humani*". No curso do artigo, a *lex humana* ou *jus positivum* está dividida em *jus gentium* e *jus civile*, "*secundum duos modos quibus aliquid derivatur a lege naturae*".
[500] O. LOTTIN: *Le droit naturel chez saint Thomas et ses prédécesseurs*, Bruges, 1926, p. 52 e notas 34 e 35.
[501] Tal como resulta dos textos reproduzidos abaixo, nº 208, texto e notas 2 e 3.
[502] DOMAT: *Traité des lois*, cap. XI, 9, *initio*, 33, *in fine*; *Les lois civiles dans leur ordre naturel*, lib. prelim., tit. I, secção I, 2 e 3.

203. Como já o indica, sem demasiado equívoco, o adjetivo "natural", a regra da conduta humana denominada Direito natural está deduzida da *natureza do homem* tal como esta se revela nas inclinações fundamentais dessa natureza sob o controle da razão,[503] independentemente de toda intervenção formal de um legislador qualquer, divino ou humano. O Direito *natural* se diferencia assim de outro Direito denominado *positivo* (ou voluntário, ou arbitrário), que supõe algo estabelecido pela vontade de Deus ou dos homens. O Direito natural domina, ademais, o Direito positivo no sentido de que se o Direito positivo pode *acrescentar* algo ao Direito natural, e mesmo em certa medida e em certas circunstâncias, *limitá*-lo, está vedado contradizê-lo:[504] como poderia ter o legislador, pelo menos o legislador humano,[505] poder de se levantar contra o "dado" da natureza humana?

Dos caracteres da natureza humana se deduzem os *caracteres* do Direito natural. Como a natureza humana, em sua essência, é evidente em todos os homens, e não varia, seus preceitos tem valor *universal* e *imutável*, apesar da diversidade das condições individuais dos meios históricos e geográficos, das civilizações e das culturas. E, por outro lado, como a natureza não pode se enganar nem nos enganar, seus preceitos, contanto que sejam autênticos, tem um valor *certo* e seguro, não admitindo nem dúvida nem discussão. [506]

204. Quanto à *extensão* do "dado" da natureza e do que, portanto, é preciso atribuir ao Direito natural, as opiniões estão divididas. Enquanto

---

[503] Não é este o lugar de expor o processo de conhecimento da lei natural, sobretudo o mecanismo da sindérese. Observemos somente que a razão também é, no homem, "da natureza": veja Santo Tomás: *op. cit.*, I^a, II^{ae}, q. 94, art. 4 *ad resp.* e *ad* 3^m.

[504] Veja Santo Tomás: *op. cit.*, I^a, II^{ae}, q. 94, art. 5. *ad resp e ad* 3^m.

[505] Para o legislador *divino* discute-se o problema de saber se Deus mesmo poderia mudar ou derrogar a lei natural da qual é autor. Na doutrina católica a resposta é negativa: Deus não poderia querer duas coisas contraditórias.

[506] Esta é a ideia que assinala Cícero em sua célebre definição: "*Natura ius est quod non opinio genuit sed quaedam innata vis inseruit.* (*De inventione*, 2, 53, 161 e 2, 22, 65).

a escola tradicional reserva o nome de naturais, com os caracteres de universalidade, de imutabilidade e de incertezas inerentes a essa qualidade, aos "primeiros princípios", completamente gerais e necessários, distinguindo-os até dos "princípios segundos" ou "conclusões particulares imediatamente próximas aos primeiros princípios",[507] outras interpretações posteriores no tempo englobam no Direito natural não só os primeiros princípios, mas as conclusões mais ou menos próximas deduzidas dos primeiros princípios por via de argumentação racional.[508] De tal sorte que existe, pelo menos historicamente, uma concepção "minimalista" do Direito natural, limitada ao dado escrito e Direito das inclinações da natureza, e outra maximista que o estende às soluções que são obra própria da razão partindo do estado do "dado" natural,[509] sem que sejam traçadas nitidamente as fronteiras entre as zonas sucessivas dos primeiros princípios, os princípios segundos e suas conclusões mais ou menos próximas.

O inconveniente da concepção *estrita* está, evidentemente, em reduzir a generalidades bastante vagas o conteúdo concreto do Direito natural, o que dá lugar a objeção (por outro lado, injusta) de inútil verbalismo; o risco da concepção *extensiva* está em dar valor de Direito natural, quer dizer, autoridade absoluta a soluções dotadas simplesmente de verdade relativa, segundo os casos. A tendência atual é a concepção *mínimum*:[510]

---

[507] Veja Santo Tomás: *op. cit.*, I^a, II^{ae}, q. 94, art. 5 *ad resp.*, com referência ao art. 4, e art. 6 *ad resp.*; q. 95 art. 2 *ad resp.*, art. 4 *ad resp.*

[508] *"Per rationis inquisitionem"*, disse Santo Tomás: *op. cit.*, I^a, II^{ae}, q. 94 art. 3 *ad resp*. Esta interpretação extensiva se encontra não somente em autores dos séculos XVII e XVIII (Grocio, Domat, Pufendorf), mas também em muitos tratados modernos de Direito natural; assim, por exemplo, Leclercq: *Les fondements du droit et da société*, 2ª ed., nº 11, pp. 58 a 60.

[509] Comp., Leclercq: *op. cit.*, nº 11, segundo o qual o Direito natural é tudo que a natureza social do homem comporta, nem mais nem menos. Mas a questão é de saber o que a natureza social do homem comporta, até onde vão as exigências da natureza. Ou, senão, o Direito natural se confunde com a ciência das normas da vida social, o que é um aspecto da ciência social *sensu lato*.

[510] Veja, neste sentido, sobretudo, Gény: *Science et technique en droit prive positif*, t. II, nº 159 e 176, Igualmente H. Capitant: *Introduction a l'étude du droit civil*, 4ª. ed., nº 9, pp. 35 e 36.

de um lado, teme-se não poder dar conta da "legítima variação" das regras positivas; por outro lado, desconfia-se do apriorismo lógico na esfera das ciências morais e sociais.

205. Naquilo que interessa à *matéria* do Direito natural, abrange este, assim como a lei natural da qual é sinônimo, todas as ordens e deveres impostos pela natureza, e, por conseguinte, não só o dever de justiça (*suum cuique tribuere*), ou de maneira mais ampla os deveres *ad alterum*, mas os deveres para com Deus, os deveres para consigo mesmo, os deveres deduzidos da ideia de família (dando origem ao conceito de Direito natural *familiar*), os deveres de ordem política, que sobrecarregam tanto aos súditos como aos governantes, no interior como no exterior (Direito natural *político*).

Adotando outros princípios de divisão, Santo Tomás classifica do seguinte modo as "inclinações naturais das que surge a ordem dos princípios da lei natural": a inclinação comum a todas as substâncias, à conservação do ser segundo sua própria natureza; inclinação, comum aos homens e aos animais, à união de macho e fêmea, à educação dos filhos e a outras coisas semelhantes; inclinação própria do homem, para os bens conforme sua natureza de ser racional, como o desejo de conhecer a Deus e de viver em sociedade, o que o impulsiona a evitar a ignorância, a não causar dano ao próximo com o qual deve manter relações, e outras coisas desse gênero.[511] Não é difícil reconhecer nessa classificação os princípios que correspondem à totalidade dos deveres do homem: consigo mesmo, com relação à família, a Deus, ao próximo e à sociedade.

206. Contrariamente ao que se disse, às vezes, alguns teóricos do "estado de natureza" evitaram excluir de seu Direito natural os deveres *sociais*. Não se esqueceram que a natureza humana não é somente indi-

---
[511] Santo Tomás: *op. cit.*, I\ª, II\ᵃᵉ, q. 94, art. 2 *ad resp. in fine.*

vidual, mas que é, além disso, social e política. Sob o nome de "estado de natureza" pretendiam apenas fazer abstração (também no plano dialético) de todas as instituições positivamente estabelecidas, econômicas, sociais, jurídicas, procedentes do funcionamento atual e concreto das diversas sociedades particulares.[512] Sendo assim, se observa uma tendência, precisamente na Escola do Direito da natureza e dos povos, a ressaltar, como fonte do Direito natural, junto à natureza racional do homem, sua "natureza social" com os deveres *ad alterum*, inter-individuais e propriamente sociais que são sua consequência.[513]

Sem dúvida, o Direito natural continua abrangendo, como a lei natural, todas as ordens de deveres incluídos os para com Deus e para consigo mesmo; mas hoje se acentuam os deveres da vida em sociedade, e, por conseguinte, os Direitos correlativos a esses deveres. Assim é como, pouco a pouco, nascerá o hábito de restringir o conceito de Direito natural a essa parte da lei natural que tem por objeto o Direito (*ius*). Aparece um Direito natural *sensu stricto* no que a palavra Direito tomou um sentido específico com respeito ao Direito natural *sensu lato,* ou lei natural. Acaso será preciso ver nessa especificação (bastante incerta, em resumo) o começo de um desvio em relação com a ideia primeira do Direito natural, que insensivelmente seria indiferente no plano da ciência *moral e social*, em que se havia instalado em princípio, ao plano vizinho da ciência especificamente *jurídica*?

---

[512] Veja, neste sentido, PUFFENDORF: *Le droit de la nature et des gens,* trad. de BARBEYRAC, ed. de Basileia, 1771, lib. II, caps. II e III, § XXII e nota 1 de BARBEYRAC, e § XXIV. Em geral, e em relação à concepção do "estado de natureza", veja PH. MEYLAN: *Jean Barbeyrac,* Lausanne, 1937, pp. 189s e 202s.

[513] Veja, neste sentido, GROCIUS: *Le droit da guerre et de la paix:,* trad. de BARBEYRAC, ed. de Basileia, 1768, *Discours préliminaire,* §§ VIII e IX. PUFENDORF: *op. cit.,* lib. II, cap, III, § XV, art. 3 e livro I, cap. VI, § XVIII. – De modo geral, sobre a Escola do Direito da natureza, veja PH. MEYLAN: *op. cit.,* pp. 189 e 190.

§ 2. Há um Direito natural jurídico?

207. Enfim, eis aqui o equívoco no qual não cessou de estar envolvido o conceito de Direito natural desde o dia em que os grupos sociais, especialmente o Estado, se propuseram a legislar: a que classe de regulamentação corresponde o Direito natural? À regulamentação que, visando o aperfeiçoamento moral dos homens, impõe-lhes diante da consciência e diante de Deus evitar o mal e praticar o bem, ou seja, em uma palavra, à *regra moral*? Ou à regulamentação de origem societária, ditada pela autoridade pública (interna ou internacional) com vistas ao bem público temporal (dos indivíduos ou dos Estados), ou seja, à *regra jurídica*? Ou às duas classes de regras ao mesmo tempo, ainda que consideradas como distintas pelo menos na forma, ou tidas por inseparáveis, pelo menos até certo ponto? Numa palavra: o Direito natural é o princípio diretor da *moral* ou do *Direito*?

A questão tinha menos importância sem dúvida em épocas de civilização menos complicada, em que a lei civil se contentava frequentemente com o papel de servidora e executora da moral, podendo bastar em geral à prática da virtude para o bem público. Mas em nossos dias, com o fenômeno do crescimento das necessidades e do progresso das técnicas, a lei civil se vê obrigada a formular muitas prescrições que não tem nada a ver, salvo uma relação indireta, com a moralidade. Daí o interesse atual do problema da ordem de regulamentação a que pertence a regra de conduta denominada *Direito natural*.

208. Na falta da terminologia, que, como já se notou,[514] não oferece nenhuma fonte de argumentação, visto que a palavra "Direito", como a palavra "lei", pode significar de maneira indiferente a regra moral e a regra jurídica, é a história que contribui para a resposta: o que sempre foi pedido ao "Direito natural" ou à "lei natural" são princípios de con-

---
[514] Veja acima nº 202.

duta *moral*, entendido que o homem é um ser social e político, e que, moralmente, tem deveres sociais e políticos. A lei natural ou o Direito natural, nos diz a Escola, dita ao homem o que deve fazer para alcançar o fim último de sua vida humana, a saber, a felicidade; ela é a regra e a medida das ações propriamente humanas; seu primeiro princípio e seu primeiro preceito é a necessidade de praticar o bem e evitar o mal.[515]

A escola do Direito da natureza e dos povos repercute no ensino tradicional; para GROCIUS, por exemplo, o Direito "obriga ao que é bom e leal, e não simplesmente àquele que é justo, porque o Direito, segundo a ideia que lhe atribuímos aqui, não se limita aos deveres da justiça, mas abrange também aquilo que constitui a matéria de outras virtudes",[516] e daí essa definição: o Direito natural "consiste em certos princípios da reta razão que nos fazem saber que uma ação é moralmente honesta ou desonesta segundo a conveniência ou a inconveniência necessária que possui com uma natureza racional e social".[517] A ligação é clara: o Direito natural figura entre as noções *primeiras* da filosofia moral, ou moral *geral*, no capítulo das leis, ao lado da teoria do ato humano; e os tratados de Direito natural, onde se encontram expostas e discutidas as *aplicações* às diferentes matérias da lei natural, não são outra coisa que tratados de moral *especial*.

209. Pouco importa, além disso, que a moralidade dos atos requeira um elemento de intenção reta sem a qual não possa ter no sujeito nem bem nem virtude. Aqui só se leva em conta a materialidade objetiva dos preceitos, fora as disposições da alma. Sendo assim, materialmente, Direito natural e moral especial ditam as mesmas regras, fundamentam

---

[515] Veja SANTO TOMÁS: *op. cit.*, I^a, II^{ae}, q. 90, art. 1 *ad resp. e ad 1^m*: *ad 1^m*: art. 2 *ad resp.*; q. 94, qrt 2 *ad resp.*
[516] GROCIUS: *op. cit.*, liv. I, cap. I, § IX, 1.
[517] GROCIUS: *op. cit.*, liv. I, cap. I, § X. Veja, de modo geral, sobre a Escola do Direito natural, PH. MEYLAN: *op. cit.*, p. 52: "O que era em definitivo esse Direito natural ao que BARBEYRAC queria consagrar diante do mais vivo de suas forças? Uma filosofia moral...

as mesmas instituições ou, segundo a concepção restritiva da Escola, o Direito natural proporciona à moral especial seus primeiros princípios.

De fato, jamais se delineou nenhuma diferença entre o *Direito natural* inter-individual e a *moral* inter-individual, entre o *Direito natural* da união dos sexos, da geração e educação dos filhos, e a *moral familiar*, entre o *Direito natural* político e a *moral* política, salvo a de que, falando em termos rigorosos, o Direito natural, ao expressar exigências da natureza, representa a *fonte* de onde derivam soluções da moral nas diversas matérias.

Não há por que distinguir na moral duas partes: uma moral das *regras da ação*, que seria a moral propriamente dita, e uma moral das *instituições*, ou "institucional", que regeria as relações dominadas por uma ideia propriamente social, e que se chamaria de *Direito*. Não só seria nova esta interpretação, que levaria consigo a condenação das expressões "moral familiar", "moral política", e até "moral social"; a dissociação, mesmo formal, do Direito (*hoc sensu*) e a moral não só ofereceria o perigo de conduzir a uma separação, mas que a própria distinção é na realidade fictícia e, apesar das aparências, superficial. A moral, com efeito, rege de maneira direta e sem intermediários, todo o humano, inclusive o humano social; e se, a propósito do social e em razão do humano, a moral se vê levada a estabelecer *estruturas institucionais* de natureza objetiva e de caráter rígido[518] – como o matrimônio monogâmico e indissolúvel; a autoridade na família; o poder no Estado – essas estruturas que, por outro lado, são resolvidas finalmente nas regras de conduta,[519] têm o mesmo caráter moral e natural que as disposições que ordenam, proíbem ou permitem diretamente. É possível concluir, portanto, do modo mais nítido que o Direito natural não é outra coisa que a lei moral tomada em sua totalidade homogênea, sem excetuar a parte orgânica, mas limitada à indicação da natureza, em espera dos desen-

---

[518] Neste sentido, e só nesse sentido, é que falamos anteriormente, nº 119 de uma "parte institucional da moral".
[519] Veja acima nº 46.

volvimentos buscados pela lei moral positiva e pelo trabalho científico dos moralistas.

210. Certamente, o Direito natural, no sentido que acabamos de definir: de lei moral natural (pelo menos quanto aos primeiros princípios), não carece de relações com o Direito, no sentido de regra estabelecida pelo Estado. Sob o nome de "lei humana", SANTO TOMÁS nos mostra a *lei civil*, que vem em auxílio Direito natural "para constranger por força e por temor aos homens perversos entregues ao vício a absterem-se do mal, de maneira que, pelo menos, ao deixar de praticar o mal permitam aos outros uma vida pacífica".[520] Por outro lado, as leis civis são chamadas a *completar* o Direito natural, quer por meio de conclusões que se derivam dos primeiros princípios; por exemplo, o preceito de não matar, como conclusão do princípio de que não deve causar mal a ninguém (este é o *ius gentium*); quer por meio de determinações concretas dos primeiros princípios: por exemplo, quando a lei de natureza prescreve que aquele que comete uma falta seja castigado, e que a lei civil defina o gênero da pena (este é o *ius civile*).[521]

A mesma análise se encontra nos autores da Escola do Direito da natureza: o papel da lei civil é sancionar o Direito natural, sobretudo, enquanto prescreve o justo. Não é, acaso, o fim primeiro do Estado e, por conseguinte, da lei estabelecida pelo Estado garantir "o gozo pacífico dos Direitos"?[522] É o Direito natural, além disso, o que, tanto segundo a concepção da sociedade política necessária (o homem é "animal político") como segundo a teoria do contrato social (princípio da fidelidade às promessas), dá o fundamento às leis civis e justificam o dever de obediência

---

[520] SANTO TOMÁS, *op. cit.*, Iª IIae, q. 95, art. 1 *ad resp.*
[521] SANTO TOMÁS, *op. cit.*, Iª IIae, q. 95, art. 2 *ad resp.*
[522] GROCIUS: *op. cit.*, liv. I, cap. I, § XIV, 2. Veja também PUFENDORF, *op. cit.*, liv. VII, cap. IX, § VIII, e, sobretudo, liv. VIII, cap. I, §§ 1 a 5, *passim*. VATTEL: Dissertação sobre a questão: "A lei natural, pode levar a sociedade à perfeição, sem ajuda das leis políticas?", na obra *Le droit des gens par Vattel*, ed. Pradier-Fodéré, tomo I, p. 35ss, Paris, 1863.

dos súditos.[523] Enfim, todo mundo admite que as leis civis contrárias ao Direito natural são leis más e que não respondem ao conceito de lei.[524]

211. Mas, que conclusão tirar desses laços necessários, de dependência e de derivação, da lei civil com relação ao Direito natural?

Destaquemos primeiro que o laço não é especial à lei civil. Todas as regras, instituições e prescrições positivas de qualquer classe, humanas e mesmo divinas, dependem e derivam de certa maneira do Direito natural: a *lei civil*, sem dúvida, de Direito privado e de Direito público, interno e internacional; também na esfera religiosa e eclesiástica o *Direito canônico* (assim para o culto que deve render-se a Deus em aplicação da virtude natural de religião). E, em primeiro lugar, as *leis morais positivas* ditadas pela autoridade competente – Deus e a Igreja –, que têm por missão determinar e completar o "dado" da lei moral da natureza.

Desse modo, a lei civil não poderia pretender o monopólio do Direito natural como princípio de sua disciplina especial; ao contrário, o Direito natural se encontra sempre na base de toda norma reguladora da conduta humana, pois tal norma não pode ser concebida senão dentro da linha da natureza. Mas enquanto a influência do Direito natural é direta no caso da moral, só é *indireta* no caso da lei civil. E isto é lógico: só a moral se coloca imediata e exclusivamente sobre o plano da natureza humana; só suas soluções retêm, para os primeiros princípios, a universalidade, a imutabilidade e a certeza que caracterizam as exigências da natureza; só a regra moral pode ser denominada, nesse sentido, natural. Quanto às outras disciplinas reguladoras da conduta, só participam da natureza

---

[523] Veja, por exemplo, segundo a teoria do contrato social, GROCIUS: *op. cit., Discours préliminaire*, § XVII: "A razão do Direito civil é a obrigação que se impôs por seu próprio consentimento, obrigação que, tirando sua força do Direito natural, dá lugar a considerar a não natureza como bisavó, por assim dizer, do Direito civil". Veja também § XVI.

[524] Veja, por exemplo, SANTO TOMÁS, *op. cit.*, I^a II^{ae}, q. 92, art.1 *ad 4^m*; q. 93, art 3 *ad 2^m*; q. 95, 2 *ad resp., initio*; q. 96, art. 4 *ad resp.*; II^a II^{ae}, q. 60, art. 5 *ad 1^m*.

por intermédio da moral, a qual lhes confere o título de legitimidade, e somente em seu princípio, não em suas soluções concretas.

Que importa, além disso, que a lei civil tome emprestados muitos de seus preceitos do Direito natural? Disso não se segue nem que o Direito natural deixe de pertencer à categoria da moral e para converter-se no "dado" primário ou berço da lei civil, nem que a lei civil tenha perdido sua natureza para converter-se na imitação ou "suplemento" do Direito natural. Apesar das interpretações ou da ajuda mútua, as essências continuarão sendo distintas enquanto subsistam as diferença de fins e de funções. Sendo assim, se o fim e a função do Direito natural são, explicado desenvolvido e fecundado pelo legislador da moral e pela ciência do moralista, definir o bem e o justo em conformidade com o "dado" da natureza, o fim e a função da lei civil são contribuir para o bem público, que compreende, sem dúvida, por um lado, a defesa salvaguarda do bem e do justo (com a reserva, além disso, das possibilidades do meio e da técnica), mas, além disso, muitas outras medidas que visam a "coisas úteis à vida humana", *inventadas* pela razão humana e *dadas* pela natureza.[525]

212. É verdade que, com frequência, a noção do Direito natural recebe uma extensão que chega a incluir, precisamente, essas coisas "úteis", estranhas em si mesmas à categoria do bem e do justo, o que permite atribuir um "dado" de Direito natural à lei civil como um todo, mesmo naquelas disposições que se referem de modo mais ou menos próximo à "utilidade da vida humana". Por exemplo, GROCIUS evoca uma "jurisprudência natural", comum a todos os tempos e a todos os lugares, separada de tudo o que depende de uma vontade arbitrária, ciência suscetível de

---

[525] Comp., SANTO TOMÁS, *op. cit.*, I^a II^{ae}, q. 94, art. 5 *ad resp.* e *ad 3^m*, que se refere e atribui ao Direito positivo e, por conseguinte, à razão inventiva dos homens, as soluções acrescidas ao Direito natural "*ad humana vitam utilia*". Sem dúvida, trata-se nestes textos de coisas úteis para o bem viver *moral (ad bene vivendum:* q. 94, art. 3 *ad resp. in fine)*, mas ainda que orientadas para a moralidade, estas coisas não deixam de pertencer à categoria do útil, por seu objeto, em primeiro lugar, que pode ser uma utilidade econômica ou social, logo, por sua qualidade de meio em relação ao bem e ao justo absoluto.

formar um corpo completo no qual se encontrariam tratados das leis, dos tributos, dos deveres dos juízes, das conjecturas (ou presunções da vontade), das provas e das presunções, etc.[526]

Por este ponto de união, com efeito, o *hiato* é preenchido. O Direito natural já não representa mais – ou não representa já *unicamente* ou *principalmente* – os primeiros princípios da *moralidade*, do bem, do justo; representa – ou representa *igualmente* – os primeiros princípios da *legislação civil* no cuidado de quaisquer valores que esta tem sob sua responsabilidade, quer dizer, não só os valores morais, mas os valores propriamente econômicos ou sociais, ainda que fossem de natureza técnica, e indiferentes, em si mesmos, moralmente. Segundo esta concepção, é o Direito natural, no sentido de *lei civil natural*, que indica ao jurista em que medida e de que maneira deve intervir com sua regra, ou pelo menos que lhe proporcionará os primeiros princípios de sua ordenação, de maneira semelhante ao Direito natural, no sentido moral, entrega ao moralista os primeiros princípios de sua moral especial.[527] Desta maneira, chega a colocar sob o Direito natural não só a instituição da propriedade privada, ainda que "a distinção das posições seja

---

[526] GROCIUS: *op. cit., Discours prélimaire.*, § XXXII. – Comp., quanto à concepção das "Leis imutáveis ou naturais", DOMAT: em seu *Traité des lois*, cap. XI, com o comentário de R.-F. VOETZEL: *Jean Domat, 1625-1692*, Tese, Nancy, 1936. Para DOMAT, as leis naturais foram recolhidas no Direito romano, que representa a "razão escrita", pelo menos em geral *(op. cit.,* cap. XI). Outros autores falaram de "razão jurídica natural, de "justiça natural" (veja, por exemplo, DEL VECCHIO: "Ensaio sobre os princípios gerais do Direito", §§ 9 e 11, em *Justice, Droit, Etat*, pp. 157 e 170).

[527] A grande obra de PUFFENDORF se intitula "*Le droit de la nature et des gens ou systeme général des principes les plus importantes da morale, da jurisprzulence et da politique.* – Para DOMAT: *op. cit:.,* cap. XI, 34, encontram-se igualmente leis naturais tanto entre as "leis da polícia" (quer dizer, o Direito do Estado), como entre as "leis da religião" (que compreendem, segundo ele, as regras relativas à fé e aos costumes, à celebração do culto e à disciplina eclesiástica; numa palavra, as leis morais e as leis canônicas). A mesma vacuidade aparece em PORTALIS, em seu *Discours préliminaire du project de Code civil*, em LOCRÉ: *op. cit.*, ed. Bruxelas, 1836, t. I, pp. 156, 159 e 160.

imposta pela natureza",[528] mas soluções mais contingentes, tais como a instituição da prescrição, as disposições concernentes à prova, e outras semelhantes, destinadas a procurar, não obstante certos sacrifícios da *justiça*, às vezes,[529] a *segurança* das relações sociais; coisa indiscutivelmente "útil à vida humana".[530]

213. Mas esta interpretação ampliada repousa sobre uma dupla contradição.

O que significava primitivamente o *Direito natural*? Uma regra inscrita na natureza humana que visava ao bem e ao justo absolutos, à honradez. Que significa o Direito natural "novo estilo"? Um conceito completamente distinto: uma regra inventada pelo homem, que visa às coisas úteis à vida humana em um estado social dado. Sem dúvida, a natureza do homem é racional e, por conseguinte, inventora de coisas *úteis*; também é sociável e, portanto, cuidadosa com as coisas úteis não só ao homem individual, mas à *sociedade dos homens*. Todavia, no princípio, desejava-se opor, precisamente, a razão inventiva à natureza, e distinguia-se entre o bem e o justo, por um lado, e o útil, por outro. Não se excluía o social, muito pelo contrário; mas no social continuava-se a buscar o bem e o justo absolutos, não o útil contingente. Que o útil, uma vez estabelecido, ofereça ocasião para que a regra do bem e do justo se mostre obsequiosa com as consequências desse estabelecimento[531]

---

[528] Veja quanto à propriedade privada SANTO TOMÁS, *op. cit.*, Iª IIªᵉ, q. 94, art. 5 ad 3ᵐ. GROCIUS: *op. cit.* liv. I, cap. I, § X, 4. PUFFENDORF: *op. cit.*, liv. II, cap. III, §§ XXII e XXIV.

[529] Veja acima nº 115, 116, 149ss.

[530] Veja, quanto à prescrição, GROCIUS: *op. cit.*, liv. II, cap. IV, § IX. PUFFENDORF: *op. cit.*, liv. II, cap. III, § XXII, e liv. IV, cap. XII, §§ I e VII a IX. Igualmente DOMAT: *Traité des lois*, cap. XI, 8. Por outro lado, existe a questão de saber se todos os povos praticaram a prescrição aquisitiva.

[531] Comp., GROCIUS: *op. cit.*, liv. I, cap. I, § X, 4: "Também é bom saber que o Direito natural não atua somente sobre coisas que existem independentemente da vontade humana, mas que também tem por matéria muitas coisas que são consequência de algum ato dessa vontade. Assim, por exemplo, a propriedade dos bens, tal como está em uso hoje em dia, foi introduzida pela vontade dos homens; mas desde

em nada muda a situação: por exemplo, a prescrição e outras regras de segurança social continuam sendo o que são, a saber, soluções *úteis* e *inventadas*, ainda que o Direito natural ordene se submeter a elas, como a toda decisão tomada pela autoridade para o bem público. Que, por outro lado, o útil *nada tem de contrário* ao Direito natural é coisa evidente,[532] mas não legitima nenhuma confusão: o que pertence ao Direito natural é o que está previsto por ele como regra do bem fazer moral, não aquilo que desde o primeiro momento escapa ao seu conceito à categoria do útil.

Dir-se-á, pois, que pelo menos na esfera social, o *útil* alcança ao *bom* e ao *justo*, e, desse modo, ao Direito natural? A moral social e política mandam, com efeito, aos governantes que disponham de tudo, e aos súditos que se conduzam em tudo, segundo o bem público, antes mesmo de toda intervenção da lei positiva.[533] Sendo assim, o bem público, que é ele mesmo um bem com caráter de meio ou intermediário ordenado finalmente ao bem dos indivíduos, cobre tudo aquilo que é *útil à comunidade*. Donde se segue que uma atitude, em si mesmo indiferente moralmente pode adquirir valor obrigatório, em nome da justiça social, em virtude somente de sua utilidade: o bem socialmente útil se confunde com o bem justo, moral, honesto. Mas esta argumentação esquece um ponto capital: que o útil, no caso concreto, não está prescrito simplesmente como útil, mas, em primeiro lugar, como justo, moral, honesto. É justo, moral, honesto e, por conseguinte, de Direito natural, que os governantes cumpram seu dever de Estado, que é dispor ele todo com

---

o momento em que foi introduzida tem sido uma regra do Direito natural, que ninguém pode se levantar contra sua vontade, sem cometer um delito". Comp., SANTO TOMÁS, *op. cit.*, Iª II^{ae}, q. 94, art. 5 *ud 3ᵐ*.

[532] Comp., GROCIUS: *op. cit.*, liv. I § X, 3: "Para se fazer uma ideia justa do Direito natural é preciso destacar que há coisas, que se dizem ser de Direito natural, e que não pertencem propriamente a ele mas por redução, como se diz na Escola, quer dizer, enquanto o Direito natural não lhe é contrário: do mesmo modo temos dito que se chamam justas as coisas nas que não há justiça". No mesmo sentido, SANTO TOMÁS, *op. cit.*, Ia IIae, q. 94, art. 5 *ud 3ᵐ*; Cf. para a crítica deste ponto de vista, PUFFENDORF: *op. cit.*, liv. II, cap. III, § XXII.

[533] Voltaremos a este ponto ao falarmos mais adiante da justiça legal, nº 239.

vistas ao bem público, quer dizer, para a utilidade geral; é justo, moral, honesto, por conseguinte, de Direito natural, que os súditos, membros do todo social, colaborem para essa utilidade geral. O útil só se converte no justo porque previamente o justo natural, humano, ordena a dedicação de cada um, governantes e súditos, à comunidade.[534] Pois bem, o Direito natural se detém aí: deixa à razão inventiva dos governantes e dos súditos o cuidado de descobrir as soluções e atitudes socialmente úteis. Assim, de nenhum lado a distinção cede entre *Direito natural* e a *invenção útil*.

Sendo assim, aqui essas premissas foram invertidas, de sorte que, com o pretexto de "derivação" do Direito natural, ou simplesmente de "conformidade" com o Direito natural, as regras de Direito positivo que consagram soluções de utilidade social são *anexadas* ao Direito natural, como oriundas em definitivo da natureza racional e social do homem.

214. Não é unicamente a noção de Direito natural, no sentido de regra procedente da natureza, o que no sistema criticado se encontra alterado e pervertido. Já se mostrou anteriormente como e em que choca-se com a própria noção da *lei civil*[535] a concepção de um Direito natural de espécie jurídica, que afasta do legislador civil o conteúdo, pelo menos geral, de seus preceitos. Há uma contradição ao se falar de "jurisprudência natural" por que a "jurisprudência" até em suas regras mais gerais, e seja o que for a que se refira – não só o útil, mas também o justo e o bom –, corresponde à prudência e a prudência é assunto de apreciação racional segundo os casos, e não de inclinação da natureza. Mesmo quando se disser, por exemplo, que o Direito natural prescreve à lei civil que castigue a toda falta,[536] pelo menos toda falta contra a vida

---

[534] Da mesma maneira, por outro lado, que a beneficência continua pertencendo à categoria da moral, ainda que o benfeitor se proponha a ser *útil* a outro (bem útil) ou a lhe proporcionar *prazer* (bem deleitável).

[535] Veja acima nº 114ss.

[536] Comp., SANTO TOMÁS, *op. cit.*, Ia IIae, q. 95, art. 2 *ad resp. in fine;* cujo texto deve ser interpretado menos no sentido de uma *obrigação* de punir em cada caso, que

social, que é o primeiro cuidado da lei civil, corresponde ao juízo prudencial decidir não só o modo da repressão, mas sobretudo sua utilidade social no caso. Responde-se a isto que ao abster-se da repressão no caso suposto a lei civil se limita a amparar-se no Direito natural sem causar-lhe nenhuma mudança,[537] será observado que aí está o papel próprio do jurista ao estabelecer a lei civil: discernir o que convém reter no que convém deixar ao Direito natural segundo as exigências do bem público, da oportunidade e das possibilidades da lei civil no caso.[538] Assim, pois, o Direito natural não dita ao jurista nenhuma decisão, salvo, negativamente, que não estabeleça preceito contrário ao Direito natural *moral*, e positivamente que o regule todo em função do bem público possível e realizável, primeiro princípio do Direito natural *político*.[539]

215. Em resumo: 1º existe um *Direito natural moral* que constitui o princípio da conduta moral dos indivíduos, assim como da regra moral positiva em todas as esferas, inclusive na esfera social (moral social), e sem distinção entre os atos externos e os internos. Esta regra só obriga no foro íntimo e não diante do Estado, sua polícia e seus tribunais. 2º existe também um *Direito natural político* que, sobre a base do instinto político do homem, funda a sociedade política e tudo o que nela é essencial, sobretudo a autoridade pública e a lei civil, considerada esta não em suas disposições concretas, mas no princípio de sua existência e o método de sua elaboração.

---

de um Direito natural de punir se há lugar para isso. GROCIUS: *op. cit., Discours préliminaire,* § VII, que reduz todo o Direito natural propriamente dito a estes quatro preceitos: respeitar o bem alheio; fidelidade às promessas; obrigação de reparar o dano causado por uma falta, e "toda violação destas regras merece castigo, mesmo infligido pelos homens".

[537] Comp., SANTO TOMÁS, *op. cit.*, Iª IIae, q. 94, art. 5 *ad resp.*
[538] Veja acima nº 131ss., com suas referências.
[539] Comp., VICO: *De uno universi iuris principio et fine uno,* cap. LXXXIII: *"Ratio civilis quum dictet publicam utilitatem, hoc ipso pars rationis naturalis est, non tota autem ratio est".* Assim, a razão natural está *na base* da razão civil ou política, mas é *distinta* desta.

Este Direito natural político depende, sem dúvida, do Direito natural moral, visto que a moral reina sobre todo humano; mas, por sua vez, constitui o ponto de partida de um novo sistema de instituições e de regras propriamente sociais, ou melhor, societárias, inspiradas pela ideia, às vezes moral, utilitária e técnica, do bem público, e que rege no homem, membro do grupo, apenas os atos exteriores. 3º não existe um *Direito natural jurídico*, no sentido de soluções ou mesmo de simples diretrizes dadas antecipadamente à autoridade encarregada do estabelecimento da lei civil segundo o bem público. Com toda segurança há princípios comumente recebidos nas leis dos países de tradição semelhante e do mesmo nível de civilização: *ius gentium* (no sentido dos romanos), "princípios gerais do Direito", ou "Direito comum legislativo". Mas não poderiam, sem equívoco e sem perigo, atribuir-se ao Direito natural princípios que, por um lado, são muito heterogêneos, já que se encontram misturados neles regras de moral, de sentido comum e de utilidade social e, por outro lado, carecem dos caracteres de necessidade e universalidade inerentes à ideia de natureza: a prática corrente nos países civilizados, (ou entre países civilizados), mesmo apoiada na prudência e na experiência, não equivale à inclinação *natural*.[540]

216. Se estas ideias são exatas, deduz-se delas uma consequência importante, relativa ao próprio enunciado do problema aqui debatido. Já não é necessário falar de relações entre o Direito natural e o Direito positivo (pelo menos quando se entende por Direito positivo, segundo é corrente o Direito dos juristas, a lei civil, e não a lei positiva moral). É preciso falar de relações entre a moral, não só natural, mas positiva, e a lei civil, quer dizer, o Direito. Este enunciado corresponde, com efeito, à realidade: por um lado, através do Direito natural é a moral

---

[540] Veja, em sentido contrário para os "princípios gerais do Direito", entendidos, ademais, no sentido de "dados do *Direito natural* ou *da naturalis ratio*" (p. 156), DEL VECCHIO: "Ensaio sobre os princípios gerais do Direito", em *Justice, Droit, Etat*, p. 114ss, especialmente p. 155ss.

que é discutida;[541] por outro lado, o Direito tem relações com outras classes de valores que não são os valores éticos[542] enquanto o enunciado tradicional peca, às vezes, por imprecisão e por confusão, já que omite determinar que o Direito natural signifique, antes de tudo, a moral, e deixa crer, ao mesmo tempo, que o Direito natural cobre os valores que interessam ao jurista.

---

[541] Veja, no sentido contrário, GÉNY: "O laicismo do Direito natural", *Archives de philosophie du droit,*, 1933, nº 3 e 4, p. 8, nota l. Mas não há necessidade de um Direito natural *jurídico* para responder às perguntas que apresenta GÉNY. A primeira (sobre quais bases estabelecer o Estado e os poderes que o constituem) encontra resposta no Direito natural *político*, ou se se quiser, na ciência política; a segunda e a terceira (ideal inspirador do Direito positivo e algumas deste) encontram sua resposta, não precisamente na moral social, mas no método de elaboração do Direito positivo; a quarta (como proteger os súditos contra leis injustas) submete à discussão conjuntamente o Direito natural político e o método de elaboração do Direito (sendo este último consequência daquele). Quanto ao Direito dos povos, as regras necessárias serão constituídas, por sua vez, seguindo o mesmo método de elaboração do Direito, levando-se em conta a diferença entre os Estados, pessoas morais e os indivíduos humanos, pessoas físicas.

[542] Comp., neste sentido, RUSSO: *op. cit.*, pp. 44 e 45.

Capítulo II

A NOÇÃO DE JUSTIÇA

§ 1. As concepções enfrentadas e especialmente a concepção de Aristóteles e de Santo Tomás de Aquino

217. Para quem busca definir as relações entre Direito natural e a justiça, por um lado, e o Direito no sentido de lei civil, por outro, a noção da justiça exige um esclarecimento.

Talvez a dificuldade em tornar clara a noção de justiça seja ainda mais considerável, apesar de certas aparências, que a noção de Direito natural. Esta última, pelo menos, tem um caráter técnico bastante censurado, e apresenta-se em certo contexto já tradicional. E se dá lugar a discrepâncias não é impossível localizar as correntes doutrinárias de onde procedem as interpretações divergentes. Em compensação, com respeito à justiça, cujo nome é invocado por todos – pelo homem atual, ignorante ou culto, privado ou público, como pelos especialistas das diversas ciências morais: filósofos, moralistas, juristas, historiadores –, como descobrir o elo condutor que nos põe no caminho da interpretação aceitável?

Ao se ler a muitos juristas-filósofos parece que a noção de justiça está essencialmente ligada às noções de sociedade e de leis. Não consultando senão sua disciplina particular, estes autores só percebem a justiça através da sociedade, através das leis. A justiça para eles é a substância, o objetivo, o ideal do Direito, entendido este como organização jurídica positiva. Este é, portanto, o ponto de vista de Gény: "As regras de Direito visam necessariamente, e creio que exclusivamente, realizar a justiça, que concebemos pelo menos sob a forma de uma ideia, a ideia do justo... No fundo, o Direito só encontra seu conteúdo próprio e específico na noção do justo, noção primária, irredutível e indefinível, que implica essencialmente, me parece, não só os preceitos elementares de não causar prejuízo a ninguém (*neminem laedere*) e dar a cada um o seu (*suum cuique tribuere*), mas o pensamento mais profundo de um equilíbrio que deve se estabelecer entre os interesses em conflito, com vistas a assegurar a ordem, é essencial para a manutenção e o progresso da sociedade humana. Sendo assim, esta noção se distingue facilmente, tanto das noções do belo e do verdadeiro, que respondem outros conceitos muito distintos, como mesmo das noções do dever e do bem, que sugerem as regras, ou da religião, ou da moral".[543]

Para de Tourtoulon, a justiça forma a substância do Direito; mas esta substância, heterogênea, se compõe de três elementos: um elemento individual o *suum cuique tribuere*, (justiça individual); um elemento social, o fundo mutante de pré-juízos sobre o qual descansa em um dado momento a civilização (justiça social); e um elemento político,

---

[543] Gény: *Science et technique*, t. I, nº 16, pp. 49 e 50

que tem por base a razão do mais forte, representada neste caso pelo Estado (justiça do Estado).[544]

GURVITCH, por sua vez, opõe, de certa forma, a justiça à ideia moral. "Diferentemente do ideal moral, que sempre excede ao valor de realização, a justiça é chamada a realizar-se pela instituição de um equilíbrio efetivo entre as pretensões de uns e os deveres de outros. A justiça, enquanto transição entre as qualidades puras e certo grau de quantidade; enquanto substituição de regras gerais e tipos comuns à individualidade absoluta do ideal moral; enquanto estabilização esquemática de seu movimento criador; numa palavra, enquanto é logicização do ideal moral estabelece precisamente a segurança e a "ordem social" como meios indispensáveis para garantir a realização desse ideal. Assim, a paz, a segurança, a ordem estabelecida, são imanentes à Justiça, que exige a positividade de todo o Direito.[545]

218. Mas esta visão de uma justiça como valor especificamente social e jurídico, que, sem excluir a moral (o ideal moral), a confunde e a tempera com fatores estranhos em si mesmos à moral (prejuízos sociais, positividade e eficiência, a razão de Estado...) e não é a prisão primária da justiça. Assiste-se, neste caso, ao próprio deslizamento, do plano moral ao jurídico, visto em matéria de Direito natural, (Direito natural *moral* degenerado em Direito natural *jurídico*),[546] com a circunstância agravante de que a justiça "jurídica" vem a fazer-se sinônima, não da *solução* jurídica essencial para um equilíbrio de interesses (GÉNY), mas simplesmente dos elementos formais que é preciso levar em conta para elaborar as regras, em suma, do *método* jurídico (TOURTOULON, GURVITCH). Isto não quer dizer que esse método seja mal deduzido e,

---

[544] P. DE TOURTOULON: *Les trois justices,* Paris, 1934.
[545] G. GURVITCH: "Direito natural ou Direito positivo intuitivo?", em *Archives de philosophie du droit et de sociologie juridique,* 1933, Cahiers, nº 3 e 4. Acrescente-se, do mesmos autor: *L'idée du droit social,* Paris, 1932, p. 93ss.
[546] Veja acima nº 207ss.

sobretudo, que a justiça jurídica não exigiria a paz, a segurança, a ordem estabelecida, a positividade, a eficiência: a exposição que precede e testemunha expressamente o contrário.[547] Limita-se a observar que antes que existissem sociedades organizadas e leis que as regessem, havia uma justiça; e que mesmo hoje em dia existe uma justiça que não é necessariamente a justiça das leis. Na prática dos povos, como na história das doutrinas, a justiça é, em primeiro lugar, virtude *moral*, que põe em jogo o aperfeiçoamento moral do sujeito, sem que implique a vida em sociedade política. Esta pode acrescentar ao dever da justiça moral especificações ou até orientações novas, de caráter propriamente social;[548] mas não faz *nascer* a justiça, nem a título de causa eficiente nem a título de condição de existência. Numa palavra, a justiça é contemporânea, não da ideia de sociedade política e de lei civil, mas da ideia de bem, da que constitui uma das categorias essenciais, entre as mais elevadas: nenhum homem pode pretender ser bom e honesto se não respeitar "com vontade firme e perdurável" a justiça.[549]

219. Qual é, pois, o *lugar* da justiça no seio da moral e qual é seu *objeto* próprio?

Encontram-se aqui muitas acepções. No mais amplo sentido a justiça se confunde com a própria moralidade: a ela corresponde o cumprimento de todos os deveres prescritos pela honestidade, sem distinção de esfera ou de virtude, na vida privada, individual ou familiar, e na vida social, pública ou política. Neste sentido, o homem honesto, o homem de bem, o santo é um "justo". Esta acepção aparece não só nas Escrituras, onde o justo é o homem obediente, fiel à fé e à toda lei (natural e positiva, moral e jurídica),[550] mas também muitos filósofos, pagãos e

---

[547] Veja acima nº 131ss.
[548] Determinar-se-á este ponto ao falar da justiça *legal* ou *social:* veja adiante nº 235ss.
[549] Comp., SANTO TOMÁS, *op. cit.*, I^a II^{ae}, q. 95, art. 3 *ad resp.*, art. 10 *ad 1^m*.
[550] Os "justos", do Antigo Testamento; São José o "justo"; a "justificação do pecador, etc.

cristãos, antigos e modernos,[551] e mesmo no Digesto, com o título preliminar *de iustitia et iure*.

Tendo notado que o nome *ius* deriva de *iustitia*, ULPIANO definiu o *ius*, segundo CELSO, *"ars boni et aequi"* (*Dig.* 1, 1, 1 princ.). De maneira semelhante, PAULO: "Ius pluribus modis dicitur: uno modo cum *id quod semper aequum et bonum est* ius dicitur, ut in ius naturale, altero modo quod omnibus aut pluribus in quaque civitate utile est, ut est ius civile" (*Dig.*, 1, 1, 1, 1). Deste modo, o *ius* abrange não só o *aequum*, mas também o *bonum*, quer dizer, o bem moral;[552] em todo caso, o *aequum* é inseparável do *bonum*. Mais adiante, o próprio ULPIANO, depois de ter definido a justiça pelo *"ius suum cuique tribuere"*, enumera como segue os *"praecepta iuris"*: *"honeste vivere, alterum non laedere, suum cuique tribuere"* (*Dig.* 1, 1, 10, 1). Deste modo, o primeiro preceito do Direito é a honestidade, quer dizer, a observação à lei moral. E se se faz notar que "frequentemente uma definição se caracteriza primeiramente pelo enunciado da esfera mais vasta a que pertence o objeto, que se define para chegar logo ao enunciado da esfera própria desse objeto",[553] sempre resta que a justiça é parte integrante e especialmente nobre do *honestum*.[554]

Isto não significa que os jurisconsultos tivessem ignorado a distinção entre o Direito e a moral, visto que PAULO, frente a um caso cuja solução buscava, assinala: *"Non omne quod licet honestum est"* (Dig. 50, 17, 144, *princ.*): há coisas permitidas ou toleradas pelo Direito que não

---

[551] Veja sobre esta matéria textos e referências em DEL VECCHIO: *Justice, Droit, Etat*, 1ª. parte: *La Justice*, §§ 2 a 4, pp. 5-19, Paris, 1938.

[552] F. SENN: *De la justice et du droit*, p. 29, traduz *bonum* por bem *comum*, sendo tomado este como o fim da justiça. Mas esta interpretação não está apoiada em nenhum raciocínio. *Bonum*, sem outra especificação, significa, antes de qualquer coisa, o bem *moral*.

[553] F. SENN: *op. cit.*, pp. 40 e 41 e nota l. Mas, no caso, trata-se menos de uma definição por gênero próximo e diferença específica que de uma *enumeração* dos preceitos incluídos na justiça.

[554] F. SENN: *op. cit.*, pp. 41 e 42.

estão, todavia, de acordo com a honestidade.[555] Mas os problemas do Direito, da justiça e da lei foram discutidos, em primeiro lugar, pelos *filósofos*, que os consideraram do ponto de vista do bem da alma (moralidade) e também do ponto de vista do bem da cidade (política), pois na Antiguidade, sobretudo, não se concebia que o homem fosse honesto se não fosse ao mesmo tempo, e em primeiro lugar, bom cidadão,[556] o homem-cidadão. Assim, em suas definições de filosofia do Direito, os jurisconsultos se contentaram em reproduzir as ensinos dos mestres da filosofia, sem se preocupar em corrigi-los ou em modificá-los do ponto de vista de sua própria disciplina.

220. Todavia, existe uma acepção mais restrita – moral sempre – da justiça, que limita esta virtude à esfera das *relações com outros*. Segundo uma classificação herdada dos estóicos, o *honesto* se compõe de quatro partes principais: a justiça, a prudência, a temperança e a fortaleza. Diferentemente das três últimas, que se definem em relação com o próprio sujeito cujas paixões tendem a regular e a medir as paixões, a justiça tem por função ordenar a conduta do homem nas coisas que são relativas ao outro. A justiça supõe essencialmente a alteridade (*alietas*); só é possível falar de injustiça para consigo mesmo de maneira metafórica.[557] Daí as duas definições clássicas, a de Ulpiano: "*Iustitia est constans et perpetua voluntas ius suum cuique tribuendi*" (Dig., 1, 1, 10, *princ.*); e a de Cícero: "*iustitia est habitus animi, communi utilitate conservata, suum cuique tribuens dignitatem*" (*De inventione*, 2, 53, 160). A justiça atribui a cada um seu Direito, sua dignidade.[558] Mas imediatamente se delineiam duas questões: o que deve ser enten-

---

[555] Veja, também, Paulo: *Dig.*, 50, 17, 197: "*Semper in conjonctionibus non solum quid liceat considerandum est, sed et quid honestum est*".
[556] Comp., Lachieze-Rey: *op. cit.*, p. 30ss.
[557] Veja F. Senn: *op. cit.*, pp. 39 a 43 e nota 1 p. 43. Acrescenta-se, Santo Tomás, *op. cit.*, I^a II^{ae}, q. 57, art. 1, q. 58, art. 1, 2 e 11; q. 106, art. 3 ad *1^m*.
[558] Termos sinônimos segundo F. Senn: *op. cit.*, pp. 19-20. Veja, todavia, Renard: *La théorie de l'institution*, t. 1, pp. 25 a 29, especialmente nota 1, p. 28: Ulpiano

dido por esse "outro", e se "cada um" (*cuique*)? Qual é esse Direito (ou essa dignidade) (*ius dignitatem*), que é seu (*suum*) e que por este título corresponde a cada um? Mais adiante estudaremos a significação da reserva: *communi utilitate conservata*.[559]

221. Seguindo uma primeira interpretação, que representa, segundo disse SENN, "a grande lição tradicional da justiça",[560] desde os estóicos até os Pais da Igreja, passando por CÍCERO e pelos jurisconsultos, a justiça abrangeria tudo aquilo que é devido ao outro, sem distinção entre situações iguais e desiguais, e mesmo quando fosse impossível ao devedor entregar o equivalente do que ele deve; sem distinção tão pouco entre a dívida denominada "legal", quer dizer, exigível, e a dívida simplesmente "moral", não suscetível de ser exigida. Nesse sentido será colocado sob a justiça não só o dever de não causar dano e de respeitar o *cuique suum* entre pessoas iguais e independentes, mas uma série de outros deveres que implicam dívida com respeito a outros seres, mesmo colocados em planos diferentes: a *religião*, pela qual o homem presta culto e homenagem a Deus, o culto em homenagem que lhe são devidos; a *piedade*, pela qual se venera e serve a todos aqueles que são nossos parentes e, por extensão, à pátria; o *reconhecimento*, pelo qual se reconhece o benefício e se corresponde a ele; a *vindicatio*, pela qual se rejeita toda violência ou injustiça procedente de outro: o *respeito* (*observantia*), que se impõe em relação aos homens superiores em

---

se referiria à justiça individual, e CICERO à institucional. Outras definições de CÍCERO poderão ser encontradas, semelhantes no fundo, em DEL VECCHIO: *Justice, Droit, Etat*, p. 37, nota 3.

[559] Veja mais adiante n° 238 e 239.
[560] F. SENN: *op. cit.*, pp. 5 a 7 e 47. Acrescente-se, do mesmo autor: "Das origens e do conteúdo da noção de bons costumes" [em Roma], em *Recueil d'études sur les sources du droit em l'honneur de François Gény*, t. I, p. 53ss., especialmente pp. 57, 60 a 63.

mérito ou em dignidade. A *verdade*, enfim, que diz o que realmente é e mantém suas promessas.[561]

Todas essas virtudes, acima da diversidade de condições respectivas e das circunstâncias nas quais se produzem, realizam, com efeito, o *aequum*, essa igualdade ou ajuste proporcionado a título alheio, que é o aspecto essencial e característico da justiça. De modo que se as partes enfrentadas são *desiguais* em dignidade, como na religião, na piedade e no respeito, a dívida será medida e adequada a essa desigualdade das pessoas, quer dizer, reduzida às possibilidades do devedor; e que se a dívida não é, por sua natureza, *exigível*, em caso de necessidade por coação, como acontece no reconhecimento, na *vindicatio* e na verdade, não por isso deixa de ser verdadeira dívida, requerida pelo princípio formal da igualdade de proporção.

222. Seguindo outra interpretação, desenvolvida por ARISTÓTELES e recebida por SANTO TOMÁS DE AQUINO, seria preciso introduzir na categoria da justiça, o sentido geral de virtude que dá a cada um o devido,[562] certas classificações, que façam ressaltar algumas particularidades essenciais obtidas na sistematização um pouco amorfa da interpretação precedente.

Como nas outras virtudes, SANTO TOMÁS DE AQUINO distingue na justiça "partes integrantes", que são a justiça "verdadeira e principal"[563] e "partes potenciais", ou virtudes anexas, que no essencial, respondem ao conceito da justiça, mas que não se separam deles em um ou outro

---

[561] Tal é a lista de CICERO, em *De inventione*, 2, 53, 161 e 2, 22, 65; lista da qual alguns elementos são tomados do *Dig.*, 1, 1, 2 (Pomponius: religión e *pietas*) e 1, 1, 3 (Florentino: *vindicatio*). Serão encontrados textos e comentários em F. SENN: *op. cit.*, pp. 21 a 22.

[562] SANTO TOMÁS dá muitas definições, da justiça; mas, entre elas admite e declara boa a do *Digesto*: veja SANTO TOMÁS, *op. cit.*, Ia IIae, q. 58, art. 1.

[563] SANTO TOMÁS: *op. cit.*, IIa, IIae, q. 80, art. único *ad. resp.* e *ad* 4m.

ponto.[564] As "partes potenciais" ou virtudes anexas da justiça estão divididas em dois grupos: de um lado, a religião com respeito a Deus, a piedade com respeito aos parentes e com respeito à pátria, o *respeito* ao superiores, por outro lado, a *verdade*, o *reconhecimento*, a *vindicta*, a *liberalidade* e a afabilidade ou amizade.[565]

Em que pontos as virtudes anexas da justiça abandonam a virtude principal? Essas virtudes se aproximam e mesmo realizam a principal, enquanto visam dar a outro o que é seu, seguindo o princípio de certa igualdade. Mas esta realização é *imperfeita*, às vezes, pelo lado da igualdade: este é o caso das virtudes anexas do primeiro grupo; e, outras vezes, pelo lado da dívida: este é o caso das virtudes anexas do segundo grupo.[566]

223. *Lado da igualdade*: como dar a Deus, a nossos pais, à nossa pátria, o equivalente do que lhes é devido? Sem dúvida é um dever de justiça para a criatura prestar ao seu criador homenagem e culto por sua inteira submissão. Deus tem Direito sobre o homem, visto que ele é seu o autor, e porque sendo Deus não pôde criá-lo senão para a sua glória. O amor gratuito que Deus outorga à sua criatura, o plano que Ele concebeu de associar-lhe à sua vida íntima, não modifica em nada essa posição fundamental de dependência. Neste sentido o dever de religião é dever de justiça para com Deus.[567] Mas, precisamente, por causa dessa dependência, como o homem poderia restituir a Deus algo

---

[564] Não se fala da equidade no sentido da ἐπιείκεια, definida por ARISTÓTELES como "a retificação da lei por causa de geralidade", porque essa equidade intervém como moderadora de todas as leis positivas, quaisquer que sejam, não só as leis estabelecidas com vistas ao bem comum e que criam um dever de justiça legal, mas todas as demais, inclusive as leis da moral positiva. Comp., SANTO TOMÁS: *op. cit.*, q. 120.

[565] Veja SANTO TOMÁS, *op. cit.*, Iª IIae, q. 80, art. único; q. 81, *prol.* Será observado que SANTO TOMÁS reproduz textualmente a enumeração e as definições de CÍCERO, exceto nas duas últimas virtudes que ele acresce à lista com certa hesitação. Veja o texto citado mais adiante, p. 232 e nota 6.

[566] Veja SANTO TOMÁS, *op. cit.*, Iª IIae, q. 80, art. único.

[567] Sobre a virtude da religião, veja SANTO TOMÁS: *op. cit.*, IIª, IIae, q. 82ss. – Não é preciso confundir a virtude natural de religião, cujas exigências estão determinadas

que fosse igual ao que dEle recebeu? O que quer que fosse que ele lhe restituísse não teria deixado de pertencer a Deus, a começar pelo próprio princípio de sua atividade, que Deus continua dispensando liberalmente cada dia ao sustentá-lo em sua existência. É verdade que o homem foi criado livre, livre mesmo para não prestar homenagem a Deus. Mas, por um lado, essa liberdade continua estando, de um modo indireto e misterioso, nas mãos do Soberano Senhor de todas as coisas; por outro lado, a homenagem total dessa liberdade, ao que está obrigado o homem em justiça, não é o equivalente exato. "Eis aqui porque a lei divina não é propriamente *ius*, mas sim *fas*: basta a Deus que cumpramos, com respeito a ele, o que pudermos."[568]

A mesma argumentação pode ser feita, em menor grau, no que interessa à piedade para os pais e para com a pátria. De nossos pais, de nossa pátria, temos o ser e toda a nossa formação física, intelectual e moral:[569] como igualar nossas prestações de culto e de assistência à altura dos benefícios recebidos? A esta imperfeição na igualdade se acrescenta, no caso dos pais e dos filhos, uma imperfeição do lado da alteridade: entre os pais e filhos não é absoluta a distinção das pessoas pelo fato da geração e da educação. O filho é "algo do pai"; em "certo modo é uma parte" dele, física, intelectual e moralmente. Sendo assim, enquanto existe esta solidariedade, e nas matérias em que deve ser levada em conta,[570] a

---

pelo Direito positivo divino e humano, com as virtudes *teologais* de fé, esperança e caridade. Estas últimas nos fazem chegar a Deus diretamente, enquanto que a *virtude* natural de religião nos inclina a atos para com Deus para honrar-lhe.

[568] Santo Tomás, *op. cit.*, Iª IIae, q. 57, art. 1 *ad 3ᵐ*; q. 80, art. único; Comp., F. Senn: *op. cit.*, p. 26, nota 2.

[569] Veja, de modo geral, para os pais e para a pátria, como princípios de ser do indivíduo, Santo Tomás, *op. cit.*, Ia IIae, q. 101, art. l, 2 e 3, *passim*. Especialmente, para a pátria, veja IIª, IIae, q. 101, art. 3 *ad 3ᵐ*; "*Pietas se extendit ad patriam secundum quod est nobis quoddam essendi principium*". Acrescente-se, no mesmo sentido, Del Vecchio: *Justice, Droit, Etat*, pp. 63 e 64.

[570] Enquanto indivíduos humanos, o filho e o pai permanecem evidentemente distintos e nesse plano, suas relações correspondem à justiça propriamente dita: veja Santo Tomás, *op. cit.*, Iª IIae, q. 57, art. 4 *ad 2m*.

perfeição da justiça padece, porque não há justiça perfeita senão entre homens independentes entre si por natureza (senão por função).[571]

Enfim, o respeito devido às pessoas constituídas em dignidade (e por extensão a todos os que são maiores: em virtude, em espírito, em idade...), tampouco pode ser elevado ao nível de sua qualidade, em razão do papel quase paternal que é o de toda autoridade.[572]

224. A deficiência com respeito à justiça perfeita pode ser encontrada, em segundo lugar, no *caráter da dívida*: deve-se algo e a equivalência não é realizável; mas o título do credor está simplesmente consagrado por moral (*debitum morale*), não pela lei positiva (lei propriamente dita ou costume) (*debitum legale*), de tal sorte que o credor carece de Direito de *exigir a execução*. Pois bem, este efeito de exigibilidade resulta menos da falta de consagração pela lei que da própria natureza das coisas, que quer que as dívidas desta espécie fiquem sendo dívidas simplesmente morais. Não por isso deixam de ser devidas do modo mais rigoroso: o homem que as desconhece já não é um homem *honrado*. Mas, como *forçar* aquele *que recebeu benefício pelo dever de reconhecimento*? Não só carece esse dever de um objeto preciso, mas a intervenção da coação lhe privaria de todo valor moral e de sua própria significação de ato gracioso. Por definição, a dívida de reconhecimento é daquelas que só podem ser pagas espontaneamente.[573]

O mesmo acontece com uma vindicta (privada) que, rejeitando um dano injusto, deve proceder de um ato de livre determinação[574] para continuar sendo virtude. Idêntico raciocínio é aplicável no que diz respeito à verdade, enquanto se deve a outro, e a fidelidade às promes-

---

[571] Veja Santo Tomás, *op. cit.*, I ͣ II ͣᵉ, q. 57, art. 4; q. 58, art. 7 *ad 3ᵐ*: entre pai e filhos, esposo e esposa, senhor e escravo, só há uma justiça "econômica" (= familiar).
[572] Veja Santo Tomás, *op. cit.*, I ͣ II ͣᵉ, q. 102, art. 1.
[573] Veja Santo Tomás, *op. cit.*, I ͣ II ͣᵉ, q. 106, art. 1 *ad 2ᵐ*; art. 4 *ad 1ᵐ*; art. 5 *ad resp.*; art. 6' *ad resp. e ad 3ᵐ*.
[574] Veja, também, Santo Tomás, *op. cit.*, I ͣ II ͣᵉ, q. 108, art. 2 *ad resp. e ad 1ᵐ*.

sas, forma especial da verdade: por si, nem da manifestação da verdade, por quem tem o Direito de conhecê-lo nem o cumprimento do que se prometeu engendram uma dívida exigível a outro. A deslealdade não é em sentido próprio injustiça, e o homem desleal, mentiroso ou infiel é chamado simplesmente de vilão.[575]

Enfim, no último escalão da dívida segundo a probidade coloca-se um grupo de virtudes que correspondem antes à educação e à decência, que contribuem para certa *perfeição* da honestidade sem ser-lhe, não obstante, indispensável: tais são a liberalidade, a afabilidade ou a amizade, e as virtudes de natureza semelhante, que CÍCERO não cita pelo motivo de terem "pouca natureza de dívida".[576] Neste ponto extremo, ademais, a analogia quase toca a antítese: assim é que a afabilidade, dívida de pura probidade, tem seu princípio muito mais no sujeito obrigado a tratar aos demais como devem ser tratados, que em que a outra parte tivesse algum Direito a isso;[577] que a liberalidade, longe de dar a outro o que a este pertence, como faz a justiça, que dá algo de quem o dá,[578] em consideração do bem de sua própria virtude, mais que pelo bem de outro.[579] A diferença predomina de tal maneira sobre a semelhança que em definitivo SANTO TOMÁS duvida: *"Et ideo liberalitas a quibusdam ponitur pars iustitiae, sicut ei annexa ut principali".*[580]

225. Quaisquer que sejam as objeções de detalhe que possam ser feitas a estas análises, o esforço aristotélico-tomista em vista apertar em limites mais estreitos a noção de justiça, merece aprovação já que se

---

[575] SANTO TOMÁS, *op. cit.*, Iª IIae, q. 109, art. 3 *ad resp.* Acrescente-se no que se refere ao ponto de vista propriamente social: mais adiante nº 257, texto e nota.
[576] SANTO TOMÁS, *op. cit.*, Iª IIae, q. 80, art. único; q. 117, art. 5 *ad 1ᵐ*, in fine.
[577] Veja SANTO TOMÁS, *op. cit.*, Iª IIae, q. 114, art. 2 *ad resp.*
[578] SANTO TOMÁS, *op. cit.*, Iª IIae, q. 117, art. 5 *ad resp.*
[579] SANTO TOMÁS, *op. cit.*, Iª IIae, q. 58, art. 12 *ad 1ᵐ*.
[580] SANTO TOMÁS, *op. cit.*, Iª IIae, q. 117, art. 5 *ad resp. in fine.*

inspira em uma distinção não fictícia, mas baseada na realidade.[581] Sem desconhecer o laço que une as virtudes anexas à justiça; sem desprezar o valor moral, superior ao da justiça no aspecto da delicadeza e da "interioridade", ou seu valor propriamente social, em razão da sociabilidade que elas favorecem,[582] a virtude que dá a cada um seu Direito ou sua dignidade merece ser definida, em sentido estrito, não simplesmente pela ideia lassa de equidade (*aequum et bonum*), mas pela ideia matemática de igualdade (*aequalitas*). Neste sentido, a justiça *iguala* a atitude do sujeito ao que é o Direito rigoroso de outro, indivíduo ou coletividade, Direito que cobre e protege a um *bem*, inato ou adquirido, e que é para seu titular, em certa maneira, *seu*; De onde resulta que pode exigir seu respeito, e se necessário pela força. Se se carece do "seu" não há Direito exigível, não há igualdade a realizar, e, em consequência, não há justiça. Se o "seu" existe, mas sem possibilidade de igualação por causa da incapacidade fundamental do devedor, a dívida não será uma dívida de justiça, ao ficar fora da igualdade postulada pela justiça. O que não quer dizer que não seja possível dar lugar a efeitos de Direito, por exemplo, sob a forma de obrigação natural, ou mesmo diretamente a uma obrigação civil: isto é outra questão que concerne à determinação do conteúdo da lei civil, mas não à definição da justiça.[583]

---

[581] Por isto é que DUGUIT (*Traité de droit constitutionnel*, 3ª ed., Paris, 1927, t. 1, § 11, pp. 120 a 122) critica expressamente as definições tomistas da justiça comutativa e justiça distributiva: Veja acima nº 128. Acrescente-se J. BONNECASE: *La notion du droit en France au XIXe siecle*, Paris, 1919, pp. 104 e 105.

[582] Veja, sobre este ponto, R. BERNARD: Apêndice II a SANTO TOMÁS, *Somme Théeologique, As virtudes sociais*, trad. J.-D. FOLGHERA, p. 434.

[583] Parece que esta confusão é a origem da desconfiança manifestada por F. SENN sobre a doutrina tomista da justiça. F. SENN parece crer que só a justiça pode ser alegada na legislação (veja, *op. cit.*, p. 47, nota 1). Mas a norma de elaboração do Direito é o bem público e não a justiça como tal, de qualquer maneira que seja entendida, ampla ou estrita. Voltaremos a este ponto: veja mais adiante nº 259ss.

226. Vê-se, portanto, aquilo em que pode ser censurada a concepção de muitos autores modernos,[584] segundo a qual a justiça seria um *equilíbrio* que tende a harmonizar interesses antagônicos. A justiça, em seu primeiro sentido, que é o sentido dos moralistas e dos filósofos, não é um equilíbrio *qualquer*, um simples *modus vivendi*, feito por aproximação e por compromisso. O equilíbrio da justiça tem seu princípio e sua regra, que é a igualdade: trata-se de atribuir a cada um dos interesses enfrentados aquilo que lhe corresponde de maneira exata, nem mais nem menos. Nisto consiste o "justo meio" próprio da virtude da justiça: este justo meio é objetivo, enquanto o justo meio de outras virtudes reside no mesmo sujeito e é determinada de forma puramente racional (*medium secundum rationem quoad nos*).[585] A temperança e a fortaleza retificam, medem, proporcionam as paixões do homem, que são interiores, segundo as indicações da prudência (moral) em cada caso, o que pode dar soluções que variam com os estados de vida, das vocações e das disposições dos sujeitos. A justiça, pelo contrário, retifica, mede e proporciona a "operação exterior", quer dizer, a realização do sujeito, a um Direito que se encontra em outro, qualquer que seja, por outra parte, o seu objeto (*res, personae, opera*), que, portanto, reclama a satisfação somente pelo fato de existir, aparte toda consideração de circunstâncias ou disposições referentes ao sujeito devedor: "*Et ideo medium justitiae consistit in quadam proportionis aequalitate rei exteriores ad personam exteriorem*" (quer dizer, ao outro).[586]

227. Resta ainda compreender bem a objetividade da justiça e não exagerá-la referindo-se sempre a uma igualdade "de coisa para coisa"

---

[584] Veja, entre outras, a definição de Gény, transcrita adiante, nº 217.
[585] Santo Tomás, *op. cit.*, Iª IIae, q. 53, art. 10. Acrescente-se: art. 57; art. 1 *ad resp.;* q 58, art. 8 e 9; q. 60, art. 1 *ad 3ᵐ*; q. 61, art. 2 *ad 1ᵐ*.
[586] Santo Tomás, *op. cit.*, Iª IIae, q. 53, art. 10 *ad resp.* Veja, também, art. 11, *ad resp.;* q. 61, art. 3 *ad resp.*

calculada segundo uma "proporção puramente aritmética".[587] Desse modo, far-se-ia abstração não só do sujeito da virtude, o que requer o *medium rei*, mas também "do outro", como se o que é devido a esse não pudesse nunca ser proporcionado à pessoa individual de outro e, por conseguinte, diversificar-se segundo as pessoas. Na realidade o devido será estabelecido *de coisa para coisa* quando a matéria, com efeito, o permitir: assim, aquele que recebeu uma coisa a título de depósito ou de empréstimo deve restituir essa mesma coisa ou seu contra-valor; de maneira semelhante, nos intercâmbios o Direito das partes é medido pelo valor das coisas intercambiadas, que é objetivo. Mas em outras matérias o devido será proporcionado à condição *subjetiva* do credor. Os títulos e as qualidades variam, e, por conseguinte, variam também os Direitos e as dívidas correlativas aos Direitos; o que se deve a um de acordo com a igualdade não é, necessariamente, o que se deve a outro segundo a mesma igualdade. E assim, o justo meio *objetivo* está longe de sempre ser confundido com a proporcionalidade aritmética. A proporcionalidade da justiça será, às vezes, aritmética, outras geométrica, sem que, não obstante, o justo meio deixe de ser objetivo.[588] Isto é o que Santo Tomás esclarece a propósito de um exemplo concreto. À objeção de que ao justo meio é chamado racional por se diversificar em relação às pessoas, e que o mesmo fenômeno é observado na justiça, por não se castigar de modo semelhante a quem ataca a um rei como a quem ataca a uma pessoa particular, responde Santo Tomás: que não sendo igual a proporção da injúria não poderia ser a pena a mesma em ambas as

---

[587] Santo Tomás fala, com efeito, do justo meio das outras virtudes que *"non accipitur secundum proporcionem* unius rei ad alteram, *sed solum comparationem ad ipsum virtuosum"* (II^a, II^{ae}, q. 58, art. 10 *ad resp.)* Também cita, *sed contra*, Aristóteles, segundo o qual o meio da justiça se define *"secundum proporcionalitatem arithmeticam".* Mas estas fórmulas só valem (sob reserva de explicação).

[588] Não é este o erro cometido por F. Senn quando declara (*op. cit.* p. 47, nota 1, e p. 52) que Aristóteles e depois Santo Tomás colocou o justo meio da justiça "em certa igualdade proporcional, não entre dois seres (como anteriormente), mas entre a coisa exterior que devemos e a pessoa exterior à que devemos"? Como suprimir o objeto ao construir a relação de justiça? Assim, este objeto não é coisa puramente exterior: está ligado às *pessoas*.

hipóteses: o que prova perfeitamente, acrescenta, que a diferença está nas coisas e não é só racional.[589] Assim mesmo, a justiça denominada distributiva, que como forma especial da justiça está obrigada a reproduzir a definição geral da justiça, não está submetida a um princípio de proporcionalidade simplesmente geométrica?[590]

Não nos esqueçamos, por outro lado, que, mesmo no caso em que a igualdade tem lugar de coisa para coisa, a justiça põe em relação *pessoas* humanas: o que se deve a um é o "seu", quer dizer, um bem que depende de uma maneira mais ou menos próxima da pessoa do credor; o que o devedor deve, por sua parte, é um ato, prestação de coisa ou de serviço ou também uma abstenção, que compromete à pessoa do devedor. Por outro lado, o valor dos bens, mesmo nas mercadorias, não poderia ser apreciado fundamentalmente se não por referência ao seu valor *humano*, enquanto meios de que o homem possa prover as suas necessidades de toda classe; de modo que a igualdade da justiça, ainda nos casos em que seja aritmética, continua sendo de natureza moral.

§ 2. As classes da justiça

228. ARISTÓTELES e SANTO TOMÁS não se limitaram a distinguir a justiça de suas virtudes anexas. Seguindo suas análises, dividem a justiça em muitas espécies, que correspondem a formas diversas da igualdade. Sem nos determos no sistema particular de ARISTÓTELES, que só tem um interesse histórico, ainda que tenha influenciado grandemente as soluções tomistas, as classes da justiça são três, na doutrina da Escola, segundo o gênero de alteridade dos sujeitos.

---

[589] SANTO TOMÁS, *op. cit.*, I³ II^ae, q. 53, art. 10 *ad 3^m*.
[590] Veja SANTO TOMÁS, *op. cit.*, I³ II^ae, q. 61, art. 2 *ad 2^m*: "*Generalis forma justitiae est aequalitas, in qua convenit justitia distributiva cum commutativa. In una tamen invenitur aequalitas secundum proporcionalitatem geometricam in alia secundum arithmeticam.*"

Quando estas são pessoas independentes umas das outras, a justiça que as relaciona chama-se *comutativa*. Quando os sujeitos são uma coletividade e seus membros, especialmente o Estado e os cidadãos, a justiça é chamada *distributiva* no que é devido pela coletividade a seus membros, e *legal* naquilo que os membros devem à coletividade.

Diferentemente da justiça legal, que tem por termo imediato a coletividade, a justiça comutativa e a distributiva, que tem por termos imediatos particulares, se denominam *particulares*; mas a justiça distributiva, ainda que particular, não deixa de ser, por isso, de tipo coletivo e *societário* como é a legal – trata-se do Estado (ou da sociedade de Estados) de tipo *político* –, visto que está na base da coletividade organizada, enquanto que, por si, a justiça comutativa pertence ao tipo *individual* ou inter-individual.[591]

229. A forma mais simples de justiça, a mais elementar, a única que leva em conta, ao que parece, as definições de CÍCERO e de ULPIANO[592] é a justiça *comutativa*. Basta, com efeito, para que apareça, que tenha dois homens considerados individualmente, pertençam ou não ao mesmo Estado (dois concidadãos, ou duas pessoas de nacionalidade diferente) ou mesmo (hipótese teórica) que não façam parte de nenhum Estado, de nenhuma comunidade: assim, por exemplo, Robson em sua ilha diante de um segundo imigrante. Ainda é preciso, como se viu,[593] que esses dois homens não sejam fisicamente solidários, como pai e filho, ou solidários familiarmente, como marido e mulher; porque esta

---

[591] Veja, em geral, quanto a estas distinções, SANTO TOMÁS, *op. cit.*, I^a II^{ae}, q. 58, art. 5 *ad resp.* e art. 7; q. 61, art. 1.

[592] Veja acima n° 220, texto e nota. Mas isto não quer dizer que a noção de bem comum, com os deveres que leva consigo, permaneceu desconhecida da tradição estóica. A mesma definição de CICERO, não faz uma reserva de utilidade comum, o que evoca justiça legal? Sobre este último ponto, veja mais adiante p. 244.

[593] Veja acima n° 223.

solidariedade é em parte um obstáculo à alteridade.⁵⁹⁴ Pouco importa, ademais, que as partes relacionadas sejam pessoas *físicas* ou pessoas *morais*. Do ponto de vista da razão da dívida, já que não do ponto de vista da moralidade,⁵⁹⁵ a justiça comutativa liga, ativa e passivamente, tanto às coletividades como aos indivíduos, sem distinção entre o plano interno e o internacional. Assim, as relações entre os indivíduos e as coletividades públicas, mesmo aquelas das quais são membros, visto que esses indivíduos não figuram na relação em qualidade de membros⁵⁹⁶ da mesma, como as relações entre coletividades independentes, como no caso de duas sociedades privadas ou de dois Estados, correspondem à justiça comutativa.

Todavia, as coletividades consideradas devem ser da categoria das *sociedades organizadas*, que gozam por esse título da personalidade moral, na falta da qual a relação de justiça carecerá de sujeito de Direito, ativo ou passivo. Fora da personalidade moral, com efeito, ou a coletividade não é nada, ou não é mais que uma coleção de indivíduos, pessoas físicas, que seriam elas mesmas os sujeitos do Direito. Disso se segue que a família, que não é uma pessoa moral, não pode ser, como tal, parte na relação de justiça, tanto com respeito àqueles que se chamam seus membros como com respeito aos estranhos: só as pessoas físicas membros da família – cônjuges, pai e mãe, filhos e outros parentes – podem ser titulares de Direitos e de obrigações, levado em conta, evidentemente esse estado de família, que determina em sua pessoa um estatuto especial, em suas relações recíprocas, em suas relações com terceiros e em suas relações com o Estado.⁵⁹⁷

---

[594] Isto não quer dizer que as faltas entre membros de uma mesma família seriam de menor gravidade que a injustiça em relação a um estranho, porque os atentados contra a *solidaridade* são mais graves que os atentados à *alteridade*.

[595] Veja acima nº 40.

[596] Veja, quanto a esta distinção, SANTO TOMÁS, *op. cit.*, Iª IIᵃᵉ, q. 61, art. 4 *ad* 2ᵐ.

[597] Veja acima nº 10, nota.

230. O *objeto* do Direito alheio, na justiça comutativa, é aquele que pertence a cada um originalmente e que volta a ele como efeito de alguma comutação.[598] O que pertence a cada um *originalmente*: seu ser físico e moral, as propriedades e as faculdades de seu ser; suas relações, situações e qualidade de toda classe, familiares, econômicas, comerciais; as obras materiais ou intelectuais de que é autor; os bens externos sobre os quais adquiriu Direito de propriedade ou de uso. Esse *suum* imediato, que se impõe a respeito de todos, só faz nascer uma obrigação geral de abstenção (é o *neminem laedere*). Todavia, no caso de entrega a outro de uma coisa a título precário (empréstimo, depósito...) o respeito do *suum* originário se vê acompanhado de uma obrigação pessoal positiva de restituição da coisa ao seu proprietário.

O *suum* compreende também aquilo que, sem pertencer a outro originalmente, vem a ele ulteriormente pelo jogo das comutações (comunicações e contatos), voluntárias ou não: assim, a coisa ou a prestação devida, quer a título de intercâmbio quer a título de reparação do dano causado, ou a título de compensação por um enriquecimento sem causa à custa de outro. Numa palavra, os créditos (*jura in persona*) representam o equivalente do *suum* originário. [599]

Diferentemente deste, os créditos não engendram um Direito senão em relação a uma pessoa determinada, o beneficiado (caso do intercâmbio) ou o autor da comutação (caso do dano), obrigados positivamente a restabelecer o equilíbrio rompido (este é o *tribuere cuique*).[600] Coisa curiosa, a justiça comutativa toma seu nome desta segunda hipótese, provavelmente porque é a que se acha na base da ação, enquanto a primeira se resolve com uma abstenção. Mas é claro que a segunda hipótese

---

[598] Comp., quanto às diferentes espécies de intercâmbios que regula a justiça comutativa, Santo Tomás, *op. cit.*, Iª IIae, q. 61, art. 3: *ad resp.* Acrescente-se: q. 62, art. 1 *ad 2ᵐ*.

[599] Sobre a restituição em caso de violação da justiça comutativa, Santo Tomás, *op. cit.*, Iª IIae, q. 62, art. 1 *ad resp.* e *ad 2ᵐ*.

[600] Comp., sobre as partes integrantes da virtude da justiça, Santo Tomás, *op. cit.*, Iª IIae, q. 79, art. 1.

é a consequência lógica da primeira: não haveria lugar para devolver ao outro o que se devolve para si, antes de toda comutação, não tivesse o senhorio de certos Direitos aos quais ninguém pode tocar sem seu consentimento. Já se entende, ademais, que os conceitos de Direito (*ius*) e mesmo de pertença ou de domínio (*suum*) só tem sentido em uma relação com outro, que representa o eventual oponente.

231. Se este é o objeto da justiça comutativa, é preciso concluir que, nesta espécie de justiça, a igualdade foi tomada de coisa para coisa ou, segundo a terminologia aristotélica, que seu meio justo determina-se seguindo uma proporção aritmética, de natureza puramente quantitativa. O credor da justiça tem Direito ao que lhe pertence ou lhe corresponde, simplesmente porque a coisa é sua, e é sua abstração feita de toda consideração de qualidade em sua pessoa.[601] A consideração da pessoa só intervirá ali onde a condição da pessoa produzir uma diferença *nas coisas*; e Santo Tomás volta ao exemplo da injúria: a injúria às pessoas é mais ou menos grave segundo a condição da pessoa prejudicada. Mesmo nesse caso, todavia, a proporção continua sendo aritmética, por que a condição da pessoa é um elemento que vem *quantificar* a injúria (*conditio personae facit ad quantitatem rei*).[602] Pelo contrário, a condição das pessoas é simplesmente indiferente quando se trata, por exemplo, de determinar o que deve restituir o usuário da coisa alheia, ou o que o comprador deve pagar.

232. Com a justiça *distributiva*, que é particular também como a comutativa, chega-se ao plano *societário*, e especialmente com a Sociedade-Estado, no plano *político*. Não é que não existe o problema da distribuição entre indivíduos ou grupos particulares independentes: essa distribuição volta a ser encontrada toda vez que há indivisão

---

[601] Santo Tomás, *op. cit.*, I^a II^{ae}, q. 61, art. 2 *ad resp.* e *ad 2m*; art. 3 *ad resp.*; art. 4 *ad resp.*
[602] Santo Tomás, *op. cit.*, I^a II^{ae}, q. 61, art. 2 *ad 2^m*.

e procede-se a divisões de capital ou de gozo, assim como em casos de repartição do produto ou dos benefícios de um trabalho efetuado em comum, com base em um contrato de sociedade ou de colaboração.[603] Mas estes casos de distribuição geralmente se ligam à justiça *comutativa*, e com razão, porque não se trata de outra coisa, em definitivo, que dar a cada um o seu segundo uma proporção rigorosamente aritmética: o valor dividido e correspondente à sua cota indivisa, o valor em dinheiro ou em espécie de sua parte na colaboração.

Para que surja a justiça distributiva em sua forma específica é preciso considerá-la nas relações entre uma sociedade que forma um *corpo*, por um lado, e seus membros, de outro lado, tomados estes desde o primeiro momento não como indivíduos particulares, mas como *membros do corpo*.[604] Ainda que a noção de justiça distributiva esteja em seu lugar no quadro de qualquer sociedade, privada ou pública, interna ou internacional (do momento que constitui um corpo),[605] de ordinário é tomado no quadro da sociedade política interna, o Estado, onde faz par com a justiça *legal*, que só se encontra com seus caracteres típicos[606] na sociedade suprema, eminentemente legal, que é o Estado.

233. A *matéria* da justiça distributiva está constituída pelas diversas espécies de distribuições que todo corpo é chamado a efetuar entre seus membros. E, em primeiro lugar, quando a sociedade é de fim interessado e estabelecido com vistas ao bem de seus membros, ou seja, a distribuição dos benefícios sociais: o que se traduz, no caso do Estado, na participação do bem público resultante da ação do Estado e de seus serviços, proteção dos Direitos, ajuda aos interesses, etc.[607] Depois, a

---

[603] Comp., com o antigo adágio: "A igualdade é a alma das partições", entendido em uma igualdade matemática que não tolera lesão.

[604] Veja SANTO TOMÁS, *op. cit.*, Iª II^{ae}, q. 61, art. 1 *ad resp.*

[605] Comp., SANTO TOMÁS, *op. cit.*, Iª II^{ae}, q. 61, art. 1 *ad 3^m*, *in fine*, onde o princípio se aplica (equivocadamente) à sociedade familiar.

[606] Sobre estes caracteres, veja mais adiante nº 235ss.

[607] Sobre o bem público e seus elementos constitutivos, veja acima nº 135ss.

distribuição das funções e empregos que estão à disposição do corpo: este, com efeito, só se realiza *por meio* de indivíduos. Enfim, a repartição das contribuições de toda classe indispensáveis à vida social, porque o corpo só vive através das contribuições de seus membros. Sendo assim, estas distribuições, no ativo e no passivo, só podem ter lugar seguindo um princípio de igualação dos Direitos e das faculdades de cada um, que é uma regra de justiça.

Ao reivindicar frente à sociedade sua justa parte dos *benefícios* sociais, o membro reclama o que lhe é devido como seu em sua qualidade de membro. Antes da distribuição estes benefícios são, sem dúvida, propriedade do corpo social que os produziu, enquanto na justiça comutativa o bem devido é, desde o princípio propriedade pessoal do credor, diretamente ou por equivalente.[608] Mas como, hipoteticamente, o corpo não existe salvo para seus membros, os benefícios que produz correspondem de Direito, estatutariamente, a seus membros. O corpo social não pode, sem injustiça, retê-los, ou desviá-los de seu destino, ou distribuí-los de modo parcial; por isso, Santo Tomás disse que "quando algo dos bens comuns é distribuído entre os membros, cada um destes recebe de certa forma o que é seu".[609] Idêntica é a solução para as *responsabilidades*: quando a sociedade reclama a um dos seus membros uma contribuição mais forte que a que lhe corresponde em justiça, viola, senão o Direito próprio do membro (o que nos levaria ao terreno da justiça comutativa), pelo menos seu Direito à justa repartição das responsabilidades.

---

[608] Veja Santo Tomás, *op. cit.*, I^a II^{ae}, q. 61, art. 1 *ad* 5^m: "*Alio modo debetur alieni id quod est commune, alio modo id quod é proprium*".

[609] Veja Santo Tomás, *op. cit.*, I^a II^{ae}, q. 61, art. 1 *ad* 2m. – Mas se é assim, a doutrina comum dos moralistas equivoca-se ao tirar um argumento da ausência de Direito privativo atual do membro sobre os bens comuns para rejeitar *a priori* a restituição em caso de violação da justiça distributiva. Se essa restituição deve ser rejeitada (e sempre, de qualquer maneira), só pode ser por outros motivos, porque quando um bem é sujeito a distribuição, os membros têm um Direito estrito a essa distribuição, e na medida que corresponde à sua parte. Comp., no mesmo sentido, me parece, q. 62, art. 1 *ad* 3m.

234. Todavia, a posição do membro com respeito ao corpo social não é a mesma que a do indivíduo independente com respeito a outro. Em primeiro lugar, seu Direito é, por definição, o de um *membro*, quer dizer, de uma *parte* em relação ao *todo*, e, em consequência, o seu Direito à justiça distributiva fica inteiramente subordinado às exigências do bem do corpo em seu conjunto. Assim é pelo que, se o bem do corpo pedir, os benefícios nas sociedades privadas serão deduzidos da distribuição, afetando às reservas ou a outros destinos,[610] o que entre os candidatos das funções públicas não é sempre preferido como o mais apto; o que nas cotizações do imposto pode sofrer certas atenuações da justiça fiscal. Numa palavra, a justiça distributiva está diretamente submetida à justiça *legal*, que expressa o Direito supremo do corpo social.[611]

Depois, o Direito do membro em relação com o corpo não pode ser medido logicamente senão seguindo igual proporcionalidade à dignidade, ao âmbito do membro dentro do corpo social. Sendo assim, os âmbitos não são iguais. "Por isso na justiça distributiva o justo meio não está tomando segundo uma igualdade de coisa para coisa, mas segundo uma proporção de coisa para pessoas, de sorte que se uma pessoa é superior à outra, o que se dá àquela deve exceder ao que se dá a esta. Por isso, ARISTÓTELES diz que esse equilíbrio segue uma proporção geométrica, na qual a igualdade não é de quantidade, mas de proporção".[612]

Qual é então o princípio determinador da hierarquia? É múltiplo e dependente, por outro lado, da diversidade de regimes sociais e políticos. Nos estados modernos é preciso contar entre os critérios da justiça distributiva, além do mérito e dos serviços prestados, a debilidade, entendida

---

[610] Comp., sobre a moderação que se impõe na distribuição, SANTO TOMÁS, *op. cit.*, Iª IIae, q. 61, art. 1.0 *ad 1ᵐ*.

[611] Veja SANTO TOMÁS, *op. cit.*, Iª IIae, q. 96, art. 4 *ad resp.*: as leis são justas *"Secundum aequalitatem proportionis imponuntur subditis onera in ordini ad bonum commune. Cum enim homo sit pars multitudinis, quilibet homo hoc ipsum quod est et quod habet est multitudinis: sicut et quaelibet pars id quod est est totius. Unde et natura aliquod detrimentum infert parti ut salvet totum".*

[612] SANTO TOMÁS, *op. cit.*, Iª IIae, q. 61, art. 2 *ad resp.* veja, também, art. 4 *ad resp. in fine.*

esta não só no aspecto físico, que sempre foi um título de privilégio,[613] mas também no aspecto econômico. Não é legítimo que na comunidade pública os mais débeis gozem de uma proteção e uma ajuda especial por parte do Estado?[614] Quanto à justiça das responsabilidades, igualmente regida pela regra da proporcionalidade, o princípio determinador é o das faculdades contributivas, de sorte que o mais rico contribua com maior cifra que o menos rico. Desse modo, em todos os aspectos, ativa e passivamente, as participações de cada um são calculadas na medida de cada um; mas como o cálculo sempre tem lugar segundo o mesmo princípio, a igualdade constitutiva da justiça fica salva.

235. A terceira forma de justiça e a mais complicada, é a chamada justiça *legal*.

O contrário da justiça distributiva, que vai da sociedade para os membros, a justiça legal (ou social) vai dos membros para a sociedade, e neste caso, como indica a palavra "legal",[615] à sociedade política. Além disso, a justiça legal é virtude moral enquanto diz respeito ao homem e não aos grupos, porque "é impossível que um homem seja bom se não estiver bem ajustado ao bem comum":[616] não é a vocação do homem viver e aperfeiçoar-se na sociedade política e através dela? O sujeito de Direito não é aqui, indistintamente, a comunidade ou o público, mas o Estado, quer dizer, todo um conjunto de organização que enquadra à comunidade nacional (ponto de vista cívico ou político, que responde a um aspecto do bem público *político*), e essa mesma comunidade incorporada (ponto de vista social, que responde a um aspecto do bem público

---

[613] Assim para os menores, os dementes e os fracos.
[614] Veja, neste sentido, LEÃO XIII: Encíclica *Rerum Novarum*: "*Quocirca mercenarios cum in multitudine egena numerentur, debet cura providentiaque singulari complecti respublica.*
[615] Trata-se, com efeito, no pensamento de ARISTÓTELES e de SANTO TOMÁS, não da lei em geral, mas da lei positiva do Estado.
[616] SANTO TOMÁS, *op. cit.*, I^a II^{ae}, q. 92, art. 1 *ad 3^m*.

social).⁶¹⁷ Os *devedores* da justiça legal são os indivíduos e os grupos privados, obrigados em sua qualidade de membros, e qualquer que seja seu âmbito no Estado, de governantes ou de governados, a dar a todo social o que lhe corresponde por parte de seus membros. A "ordenação ao bem comum" que é o objeto da justiça legal se refere, portanto, ao respeito pelos membros do Direito estrito da comunidade com respeito a eles: esta ordenação das partes ao todo se deve à comunidade como um Direito provido de exigibilidade.

236. Ao Estado, como organização, o indivíduo-cidadão deve, em primeiro lugar, o que é necessário para sua existência, para sua defesa e para a constituição e bom funcionamento de seus órgãos: os impostos, o serviço militar, certa participação nas funções públicas, em suma, os "auxílios e subsídios" que o Estado, pessoa moral, só pode obter de seus membros, pessoas físicas; o indivíduo também deve ao Estado, se é governante, o cumprimento exato e fiel de suas funções; e se é governado, a obediência às leis e às ordens legítimas das autoridades. Estas são outras tantas exigências propriamente societárias, válidas para qualquer sociedade, privada ou pública.

237. Mas isso não é tudo. Isso é, em certos aspectos, até mesmo secundário, se se leva em conta que a organização estatal é um *meio* a serviço da comunidade. À comunidade de indivíduos associados no Estado o indivíduo-membro deve, além disso, sua correta conduta pri-

---

[617] SANTO TOMÁS atribui como termo à justiça legal o *bonum commune* (veja, em especial, IIª IIᵃᵉ, q. 58, art. 5 *ad resp.*). Mas, primeiramente, este bem comum é o bem, de uma comunidade *organizada*, posto que se trata do todo e da parte (*loc. cit.* e art. 7 *ad 2ᵐ*), de príncipe e súbditos (q. 58, art. 6 *ad resp.*); e em segundo lugar, essa comunidade organizada é aquela que engloba a *multidão* (art. 6, obj. 3), em uma palavra, o Estado (veja, por outro lado, art. 7 *ad 2ᵐ*: *bonum commune civitatis*). Portanto, o *bonum commune* é o bem da comunidade integrada no Estado, o que compreende ao mesmo tempo o bem *extra-político* dessa comunidade e seu bem político, o qual é o bem do Estado como instrumento de realização do bem comum extra-político.

vada, a submissão de seu bem particular ao bem comum do público tal como foi definido mais acima em seus elementos de ordem, de coordenação, de ajuda, que brilham sobre a universalidade dos valores de ordem temporal.[618] É nisto que o Estado se diferencia das sociedades *privadas*. Estas só perseguem finalidades especiais, particulares, limitadas; seus membros não são partes do todo, e não têm deveres com respeito ao todo social senão no aspecto desses fins especiais: nas outras coisas conservam sua autonomia e independência. Por outro lado, no caso do Estado, cujo fim é absolutamente geral, confundindo-se com o bem de todos nos diversos setores do temporal, o indivíduo está ordenado, por completo, quanto ao temporal, à comunidade dos membros do Estado: não basta que cumpra seu dever cívico, político, societário para com a organização estatal; é preciso que cumpra seu dever *social*, subordinando tudo o que lhe pertence e corresponde, tanto em sua realização pessoal como em seus bens, ao bem da comunidade agrupada no Estado.[619]

Nesse sentido é possível se dizer que o indivíduo no Estado jamais termina moralmente de cumprir seu dever, visto que, depois de ter "contribuído" para a manutenção do Estado e de ter se submetido às leis, continua obrigado, em justiça, a tomar como norma de sua conduta exterior e mesmo de seus pensamentos e emoções[620] no plano temporal, a regra suprema do bem público. Isto é o que se expressa ao destacar que a justiça legal é virtude *geral* (daí seu outro nome: justiça *geral*): por sua matéria compreende o exercício de todas as virtudes; das virtudes *ad alterum*, sem dúvida (justiça particular, comutativa ou distributiva e virtudes anexas, inclusive a liberalidade),[621] mas também das outras virtudes: assim, a religião e as virtudes concernentes ao próprio sujeito (temperança, fortaleza, prudência...). É evidente, com efeito,

---

[618] Sobre a noção e os elementos do bem público, veja acima nº 135ss.
[619] Veja SANTO TOMÁS, *op. cit.*, Iª IIae, q. 96, art. 4 *ad resp.*, texto reproduzido acima p. 241 nota 1.
[620] Comp., para as paixões interiores, SANTO TOMÁS, *op. cit.*, Iª IIae, q. 58, art. 9 *ad 3m*.
[621] Sobre as virtudes anexas à justiça, veja acima nº 222ss.

que a consequência do fenômeno da interdependência do "privado" e do "público", o exercício de qualquer virtude é mais ou menos útil ao bem público (*referible ad bonum commune ad quod ordinat iustitia*), como, em sentido inverso, todo vício, toda falta moral, tem repercussões mais ou menos nocivas ao bem público.[622] A justiça legal permanece, todavia, distinta das virtudes particulares enquanto as ordena para o que é seu objeto próprio, a saber, o bem público.[623]

238. Esta "ordenação" não se limita a uma simples recepção. A justiça legal não só prescreve os atos de todas as virtudes, mesmo que tivessem por objeto imediato o bem privado do sujeito ou de outra pessoa; não só prescreve essas virtudes a serviço do bem público,[624] mas também chega a influenciar os elementos determinadores do justo meio virtuoso. Assim acontece, pelo menos, com as virtudes em que o justo meio é "real", exterior ao sujeito,[625] quer dizer, às duas justiças particulares, a comutativa e a distributiva. Com efeito, segundo o bem público, e considerando que as partes permanecem membros de um todo,[626] assim será fixada a extensão do Direito do particular frente ao particular na justiça comutativa, e do cidadão frente ao Estado na justiça distributiva.[627] Como diz expressamente a definição de CÍCERO (talvez sob influência de ARISTÓTELES), a atribuição a cada um de sua dignidade só tem lugar

---

[622] Veja SANTO TOMÁS, *op. cit.*, Iª IIªᵉ, q. 58, art. 5 *ad resp.*; Comp., Iª, IIªᵉ, q. 92, art. 1 *ad 3ᵐ*.

[623] Veja SANTO TOMÁS, *op. cit.*, Iª IIªᵉ, q. 58, art. 6 *ad resp.* e *ad 4ᵐ*.

[624] Veja SANTO TOMÁS, *op. cit.*, Iª IIªᵉ, q. 96, art. 3 *ad resp.* e *ad 3m*. É assim, por exemplo, que a virtude de força pode ser posta a service da pátria assim como de um amigo.

[625] Sobre o "meio real" veja acima nº 226

[626] Veja SANTO TOMÁS, *op. cit.*, Iª IIªᵉ, q. 61, art. 1 *ad resp.*

[627] Para a subordinação necessária da justiça distributiva a justiça legal, veja acima nº 234. Quanto à justiça comutativa pode-se acrescentar que o Estado, que é, por outro lado, o *autor* dos Direitos enquanto garante a aquisição e conservação, tem, por tal título, qualidade para limitá-lo em função do bem público. 245 Veja o comentário de F. SENN: *op. cit.*, pp. 44 a 47 e notas.

commune utilitate conservata, o que pode supor circunstancialmente, certos sacrifícios do Direito próprio diante do altar do bem público.[628] Também acontece, e com mais frequência, que a justiça legal ordene ou proíba atos que afetam diretamente a algum Direito ou interesse particular, que por si não corresponde a nenhuma virtude nem vício, cujo valor moral afeta exclusivamente a sua referência ao bem da comunidade como um todo: trata-se, em suma, de valores *técnicos* – de técnica *social* – aos que só o seu fim reveste de moralidade. Nesse caso, como no caso de deveres propriamente societários,[629] a justiça legal deixa de ser virtude *geral* para encontrar uma matéria *especial*, que lhe é própria, ordenada diretamente ao bem do todo.

239. É certo que corresponde ao Estado determinar as obrigações dos súditos não só para consigo, enquanto organização, mas também para com a comunidade associada, da qual ele é o gerente responsável. Por isso, nossa justiça é chamada *legal*.[630] Mas seria um erro chegar à conclusão de que a justiça legal se confunde simplesmente com a obediência às leis do Direito público, do Direito fiscal, do Direito privado e do Direito penal que determinam essas duas séries de obrigações.

---

[628] Veja, para o comentário da fórmula, F. SENN, *op. cit.*, pp. 44 a 47 e notas.

[629] É impossível pretender, como se tem feito, às vezes, uma aplicação exagerada da ideia da "generalidade" da justiça legal, que a prestação do imposto constitui, por si, uma *liberalidade* para com o Estado, mas correspondendo à justiça legal por sua relação ao bem comum, enquanto o Estado é o instrumento necessário do bem comum. Tanto mais que essa liberalidade não seria gratuita em razão dos serviços que rende o Estado aos contribuintes, e que vêm a ser a contrapartida do imposto. Também é por esse motivo que quem defrauda os impostos está obrigado à restituição: ele viola a justiça comutativa exatamente como no caso em que o membro de uma sociedade privada não paga sua cota e se aproveita dos serviços sociais. Em compensação, a restituição ou a reparação não se concebe mais quando a violação da justiça legal consiste na recusa de ajuste da conduta privada ao bem público. Resta então as sanções de pena ou nulidade.

[630] Veja SANTO TOMÁS, *op. cit.*, Iª IIae, q. 58, art. 5 *ad resp.* Acrescente-se, a observação feita acima p. 242, nota 1.

Com efeito, as leis[631] estão longe de cobrir a totalidade das exigências do bem público. Por múltiplas razões, de oportunidade ou de técnica, o legislador – como já se viu – acha-se frequentemente obrigado a abster-se ou a reduzir sua ação mesmo na esfera das obrigações propriamente societárias: ao não se atrever a reclamar pelo pleno imposto, o Estado recorrerá, por exemplo, à contribuição voluntária, sob a forma de emissão de Dívida. Sendo assim, nos casos em que as exigências do bem público se manifestem sem ambiguidade, o súdito está obrigado pela justiça legal, não obstante o silêncio ou a discrição da lei. Quando esta não expressa e contém senão uma parte da justiça legal, a virtude *moral* da justiça legal entra em funções suplementares.

Nada impede, por outro lado, aos súditos, quando a lei dá satisfação ao bem público, ir *mais além* de seu dever de justiça legal e mostrar-se generosos em seus serviços e em seus bens com relação à comunidade. O Estado não pode reclamar de seus membros em justiça senão naquilo que o bem público requer; em tudo o que exceder essa medida, o Direito comum das virtudes particulares *ad alterum*, sobretudo da liberalidade, recobra seu império em benefício das coletividades, como em benefício dos particulares.

§ 3. Justo natural e justo positivo

240. Delineia-se uma última questão que, na realidade, interessa à justiça *em geral*, mas cuja solução parecerá mais fácil depois de estudadas as diversas classes de justiça.

A justiça tem por objeto o Direito de outro, indivíduo ou coletividade: quem realiza a *determinação* desse Direito, qualitativa ou quantitativamente? A Escola responde que o Direito de outro é, às vezes, *natural* e, outras, *positivo*. É *natural* quando, não só em seu princípio, mas também em sua medida e em sua forma, está fixado pela natureza

---

[631] Por "leis" entendem-se aqui todas as regras positivas, qualquer que seja a fonte formal.

própria das coisas, tal como resulta da relação considerada, aparte de toda intervenção da vontade do homem, pessoa privada ou autoridade pública. É *positivo* quando em sua determinação, já que não em si mesmo, resulta da vontade do homem, procedendo segundo os diversos modos do pacto, do juízo ou da arbitragem, do costume ou da lei.[632] Quando surge o pacto, do juízo ou da arbitragem, a determinação positiva é particular, válida unicamente para o caso concreto. Quando surge do costume ou da lei, tem valor geral para todos os casos.

241. Contrariamente a certas aparências, as duas classes do justo, natural e positiva, encontram-se em todas as classes de justiça. Em matéria de justiça *comutativa* é a natureza a que, imediatamente, determina o Direito de cada um com relação à sua vida, às suas obras, à sua propriedade legítima, à restituição da coisa entregue em depósito ou à soma em dinheiro dada como empréstimo. De nada é necessário nestes casos um acordo qualquer da vontade para determinar a medida exata do Direito de um e, correlativamente, a obrigação de outro. Em compensação, é o pacto das partes, o juízo e, mais raramente, o costume ou a lei (sistema de taxas) que determinam o preço das coisas ou dos serviços ou o valor das devidas reparações.

Em matéria de justiça *distributiva* e de justiça *legal*, ainda que a determinação dos Direitos dos particulares frente ao Estado (ou à Comunidade) e do Estado frente aos particulares seja, normalmente, obra do próprio Estado, especialmente da lei, pode ocorrer, não obstante, que a natureza opere essa determinação: assim, é a própria natureza a que, na falta de lei, concede a todo cidadão o Direito à proteção da polícia e o Direito de acesso aos tribunais (matéria da justiça distributiva); e é a natureza a que, também na ausência de lei, obriga ao cidadão a defender seu país mesmo com o sacrifício de sua vida (matéria de justiça legal). Evitar-se-á, portanto, confundir a hipótese do *justo legal* com a catego-

---

[632] Veja, neste sentido, SANTO TOMÁS, *op. cit.*, Iª IIae, q. 60, art. 5 *ad resp.*

ria da *justiça legal*. O justo legal existe toda vez que a lei determina o justo, ainda que seja em matéria de justiça comutativa, enquanto a justiça legal é aquela espécie de justiça que estabelece os Direitos do Estado e da sociedade frente aos cidadãos, estejam determinados ou não esses Direitos pela lei.

242. Todavia, a determinação positiva, quando existe, não é puramente arbitrária. Em matéria de justiça *comutativa* a medida dos valores, ou ponto de vista da mudança, ou do ponto de vista da reparação, se estabelece segundo os motivos complexos da moral, da economia, da sociologia, entre os quais figura, em primeiro lugar, a estima comum. De modo semelhante, em matéria de justiça *distributiva* a apreciação dos títulos na repartição dos benefícios, das vantagens e das responsabilidades da vida coletiva tem lugar de acordo com os critérios objetivos e imparciais. Enfim, na *justiça legal* são as exigências do bem público em cada circunstância que proporcionam o princípio da solução.

De modo que se o justo convencional, o justo judicial, o justo consuetudinário ou legal se apartam das bases do justo natural tal como acabamos expor, longe de servir à justiça, estabelecem a injustiça. Não é possível, portanto, proclamar com FOUILLÉE: quem diz contratual diz justo. Nem tampouco com os legalistas: quem diz legal diz justo. O contrato e a lei, não dizem o justo senão enquanto *determinam* o justo; nem aquele nem esta poderiam *criar* o justo contra o justo natural, nem sequer *à margem* deste.[633]

É verdade que existem, além de coisas ordenadas por que são justas (*proecepta quia bona*), outras coisas justas porque são ordenadas

---

[633] Comp., de modo geral, SANTO TOMÁS, *op. cit.*, Iª IIae, q. 57, art. 2 *ad 2ᵐ*; especialmente para a justiça nos intercâmbios, q. 77, art. 1 *ad 1ᵐ*. Quando nada é devido em justiça ou ainda para aquele que exceda a dívida de justiça, nem a lei, nem o pacto têm poder para "fazer" justiça. A igualdade constitutiva da justiça é objetiva, e tem sua medida (qualquer que seja a proporção, aritmética, geométrica), ou não. (Em sentido contrário, uma observação de TONNEAU: *Bulletin thomiste*, t. V, p. 447, 1938).

(*bona quia praecepta*).⁶³⁴ Mas isto não significa de modo algum que o preceito, por si só, tenha a virtude que engendrar o justo. Cria-se justiça enquanto se determina de certo modo algo justo que é preexistente. Por si, o objeto do preceito é por hipótese indiferente à justiça, e daí a necessidade do mandato legal para torná-lo obrigatório. Mas esse mandamento não pôde ser reproduzido, por sua vez, senão por que esse objeto era, supostamente, referível à justiça. Este é, propriamente, o caso da justiça *legal* no aspecto em que se chama *geral*: o ato alheio à justiça particular, ou mesmo o ato da virtude, reveste o caráter da justiça enquanto exigido pelo bem público e prescrito, por este título, pela lei.⁶³⁵ É verdade também que corresponde à justiça legal modificar, eventualmente, a igualdade natural das duas justiças particulares, comutativa e distributiva, com a finalidade de relacioná-las à norma suprema do bem público.⁶³⁶ Mas, também aqui, a lei, que rompe a igualdade, não opera como se tivesse poder sobre a justiça natural. Não faz outra coisa que traduzir uma justiça superior, igualmente natural em sua superioridade, que implica subordinação do bem particular ao bem geral, e, por conseguinte, da justiça devida aos particulares, à justiça devida à coletividade.

243. Em resumo, o *justo legal* não é mais que a determinação, pela lei, do *justo natural*, quer dizer, o Direito de outro, sob estas três formas da justiça comutativa, da distributiva e da legal. Assim como não o é em matéria de justiça comutativa nem de justiça distributiva, tampouco em matéria de justiça legal é a lei criadora da justiça; limita-se a determinar seu conteúdo segundo as circunstâncias e contingências. É preciso reconhecer, todavia, que a justiça legal deixa uma margem de indeterminação muito mais ampla que a justiça comutativa, e até

---

[634] Santo Tomás, *op. cit.*, Iª IIᵃᵉ, q. 57, art. 2 *ad 3ᵐ*. Assinalamos, por outro lado, que tanto no texto de Santo Tomás como na fórmula, trata-se do *bem* em geral, e não especialmente do *justo*.
[635] Sobre a "generalidade" da justiça legal, veja acima nº 237 e 238.
[636] Veja acima nº 238.

mesmo que a distributiva, chegando ao extremo de tirar seu nome da determinação que lhe suscita a lei. O papel da sociedade instituída com o fim de realizar o bem público, quer dizer, o Estado, redescobrir e definir as exigências concretas desse bem público que constitui matéria da justiça legal. A norma geral do bem público está "dada", mas não suas aplicações.[637] Além disso, ainda resta apreciar em que medida essas aplicações devem passar à lei. E esse é todo o problema do Direito, que nos põe em presença de uma justiça propriamente *jurídica*, cujo conteúdo não coincide necessariamente com a justiça *legal*: se o bem público tem suas exigências, a lei civil também tem as suas, que não são as de toda norma de conduta qualquer.

---

[637] Veja acima nº 144.

Capítulo III

O "DADO" DO DIREITO NATURAL E DA JUSTIÇA NA ELABORAÇÃO DO DIREITO

244. Após esse longo preâmbulo, já estamos em condições de definir o papel exato dos fatores, Direito natural e justiça, na elaboração do Direito.

Em resumo, o *Direito natural* representa a categoria da regra moral; e ainda que, tecnicamente, a noção se limite aos primeiros princípios da moralidade (além de todas as esferas, sem excluir nem o institucional, nem a política), essa limitação carece de interesse para o jurista, obrigado a receber a moral inteira como "dada", não só os primeiros princípios, mas também as conclusões e as determinações ulteriores deduzidas pela ciência moral e, circunstancialmente, pela lei moral positiva.

Por isso, se falará adiante de Direito natural no sentido da norma moral e vice-versa. Quanto à *justiça*, representa uma das regras principais da moral, a que visa o Direito de outro que deve ser respeitado e satisfeito, ou na pessoa dos particulares (justiça particular: comutativa e distributiva), ou na pessoa da comunidade pública (justiça legal), primando e retificando, eventualmente, esta última forma de justiça sobre as justiças particulares, enquanto está ordenada ao bem do todo social.

Sendo assim, a elaboração do Direito tem lugar na consideração:[638] 1º do bem público da comunidade considerada. 2º dos recursos e "possibilidades" dos instrumentos do Direito,[639] a questão proposta se reduz ao estudo das relações entre o Direito natural (igual moral) e a justiça, de um lado, e de outro o elemento social-político do bem público e o elemento técnico da regulamentação. Assim, pois, não se deve esperar dessa confrontação nada novo, por que os princípios se delineiam no capítulo do método da elaboração do Direito, pelo que agora se trata apenas de ressaltar certos aspectos.[640]

§ 1. Moral e bem público temporal

245. Um primeiro ponto que não pode delinear uma controvérsia: uma regra jurídica *positivamente contrária* à moral deve ser condenada como contrária ao bem público, porque não obstante a diferença das ideias e dos planos, nenhum divórcio é concebível entre as exigências da moral e as do bem público. Não há bem público *contra* a moral, porque a moral é a lei do homem, e o público é composto de homens. De que modo aquilo que é mal para o homem poderia se transformar em bem para o público? Não importa que o bem público só seja bem

---

[638] Veja acima nº 134ss.
[639] Veja acima nº 166ss.
[640] Para um estudo mais detalhado relativo à utilização do dado moral (Direito natural e justiça) na elaboração do Direito, veja J. DABIN: *La philosophie de l'ordre jurudique positif*, nº 121ss.; nº 129 a 187. pp. 456 a 632.

intermediário, consistente simplesmente em um *ambiente* favorável ao aperfeiçoamento do indivíduo e dos grupos. Como poderia ser útil ao homem esse ambiente não só do ponto de vista moral, mas também do material, se é a resultante de medidas reprovadas pela moral? A vantagem só seria ilusória ou passageira, e em definitivo é o homem quem sofrerá as consequências da política imoral.

Pouco importa também que o bem público tenha aspecto puramente material ou técnico: a moral não reina somente sobre a virtude, ou ainda, tudo é matéria de virtude, incluídas as atividades de ordem puramente material ou técnica, que estão submetidas, como as demais, à norma do humano. Antes a primeira condição do bem público em todas as esferas é a observância da lei moral, preceitos e conselhos, na eleição dos meios como na dos fins. E nada pode ser distinguido segundo as ordens de relações: trata-se de relações de ordem privada, ou de relações de ordem política, no plano interno ou no internacional, toda regra de Direito que viole a moral, viola, ao mesmo tempo, o homem público. Nenhuma solução que seja má moralmente é boa solução política: uma concepção imoral ou amoral da política é uma concepção politicamente falsa pelo motivo de sempre: a política corresponde ao humano e todo o humano é, se não moral, pelo menos regido pela moral.

Especialmente no que se refere à justiça, seu conflito com o bem público é tanto mais inconcebível quanto a justiça, sob a forma da *justiça legal*, em todo caso, se define pelo bem público: a justiça legal é aquela que reclama o bem público, um bem público concebido, por outro lado, de modo honesto, sem contradizer a lei moral. Portanto, toda disposição legal que prescreva qualquer atitude ordenada pelo bem público está de acordo com a justiça, sem mais exigências. E se presumirá que o que está prescrito é, com efeito, exigido pelo bem público, porque a prerrogativa da autoridade competente é gozar de "obediência prévia":[641] enquanto não há prova contrária julga-se que o titular da autoridade está com a razão.

---

[641] Veja Hauriou, *Principes de droit public*, 2ª. ed. Paris, 1916, Apêndice, pp. 804 e 806.

246. Pela aplicação destes princípios será possível dizer, em primeiro lugar, que o Direito não pode nem ordenar o que a moral proíbe, nem defender o que a moral condena. O exemplo clássico, ainda que se refira a um preceito particular, e não a uma lei, é o de Antígona. O Edito de Creonte proibindo dar sepultura ao cadáver do irmão de Antígona era imoral e injusto, como contrário à *pietas* (εὐσέβεια) para com os mortos da família e os deuses infernais (Sófocles: *Antígona*, versos 745, 749, 924). Mas há outros exemplos, históricos ou imagináveis: leis que forçam a sacrificar aos falsos deuses ou que proíbem que se cultue ao verdadeiro Deus; leis que ordenam (ou declaram legítimas) a apostasia, o suicídio, o duelo, o aborto, a eutanásia, a prostituição...; leis que proíbem os atos de liberalidade ou de beneficência. Não é preciso que a contradição seja imediata: basta que a lei, por sua disposição, tenda a desanimar o ato virtuoso pondo obstáculos ao mesmo (formalidades, adiamentos, Direitos fiscais...) incrementando o ato vicioso concedendo-lhe vantagens. Também basta que a lei deixe de realizar aquilo que a moral se limita a aconselhar, ou que promova aquilo que a moral qualifica de imperfeição: a moral sofre de todas essas maneiras.

Outras leis são imorais por contradizer os princípios da "moral institucional", ou seja, essa parte da moral que regula as estruturas sociais naturais:[642] assim acontece com as leis que admitem a livre união em lugar ou ao lado do matrimônio; ou aquelas que negam a autoridade do pai e da mãe sobre os filhos. Enfim, existem leis imorais por atacar os princípios da moral política; leis opressivas, que privam aos indivíduos, nacionais ou estrangeiros, de suas liberdades essenciais, como o Direito a casar-se ou não casar-se, a pretexto do bem da comunidade ou do Estado; leis parciais, que desconhecem a justiça distributiva em detrimento ou em favor de uma fração do público (partido, classe, raça, ou qualquer categoria social.).

---

[642] Sobre a "moral institucional", veja acima pp. 113 e 214.

Normalmente, o legislador que dita uma regra imoral crê que ela é moral, simplesmente se equivocando sobre o que a moral prescreve ou proíbe; mas também acontece que se crê autorizado a seguir certo fim do bem público, por exemplo, um aumento de poderio do Estado, sem se preocupar com o aspecto moral do meio empregado, ou se persuadindo de que todo meio útil é necessariamente moral: nestes casos é a concepção amoral ou imoral da política que repercute sobre o Direito.

247. Mas é preciso compreender bem a hipótese, e não qualificar de "contrária à moral" uma política ou um Direito que não mereça essa censura. Nem tudo o que é permitido pela moral, quer como indiferente por seu objeto quer a título de uma faculdade de opção deixada ao indivíduo, deve receber necessariamente a consagração do Direito. É Direito e dever do legislador declarar ilícito o ato moralmente indiferente que, nas circunstâncias reais, seria prejudicial ao bem público; por essa mesma proibição o ato moralmente indiferente se converte em moralmente mal, porque o ato contrário ao bem público, denunciado como tal pela lei encarregada de velar por esse bem, é, no mesmo momento, um ato imoral.[643] De modo semelhante, uma *faculdade* reconhecida pela moral, mas que nas circunstâncias do momento fosse prejudicial ao bem público, poderia ser legitimamente proibida pela lei, e esta supressão obrigaria em consciência.

Com maior razão, não poderia ser chamada imoral uma legislação que regulasse os Direitos de cada um, tanto frente aos outros particulares como frente ao Estado, em função do bem *da comunidade total* antes do Direito de cada um, tomado isoladamente. Se desta regulamentação resultasse alguma diminuição do Direito de um correlativo a um aumento do Direito de outro. Mas essa modificação nada tem de imoral, porque é a própria moral a que prescreve a submissão do bem

---

[643] Veja acima nº 242.

particular ao bem geral (virtude *moral* de justiça legal).⁶⁴⁴ A condição, em todo caso, de que a lei deixe ao particular beneficiado com sua disposição a liberdade de renunciar a essa vantagem ou de restabelecer de algum modo o equilíbrio, porque as soluções de bem público não são incompatíveis com a prática das virtudes de moderação e de equidade; pelo contrário.⁶⁴⁵

248. Isto quer dizer que cada vez que a moral *ordena* ou *proíbe* algo, o Direito teria a obrigação de seguir e sancionar a prescrição da moral? De maneira nenhuma. A proibição de contradizer não supõe a obrigação de consagrar, e o bem público, que não se acomoda a nenhuma espécie de lei imoral, não exige necessariamente a intervenção da lei ao efeito de obrigar a que se respeite a moral. Sem dúvida, todo ato virtuoso é proveitoso, e todo ato vicioso danoso, não só ao seu autor, mas também a toda comunidade, enquanto contribui para a formação de um ambiente público, virtuoso ou vicioso. Este ambiente não pode resultar, com efeito, senão dos atos dos indivíduos particulares, os quais sempre estão na origem do que é público. Mas a questão não está em saber se a prática de toda virtude ou de todo vício influencia o público. Está em saber se é bom para o público que qualquer virtude dê lugar a um imperativo jurídico, e todo vício a uma censura ou repressão. Sendo assim, em primeiro lugar, a moral imposta sob ameaça de coação já não é moral. Objetiva, materialmente, o preceito talvez seja obedecido e, nesse sentido, a moral terá satisfação; mas em razão da coação e enquanto seja esta a única causa da obediência, a observância da regra terá perdido todo valor moral. Agora podemos perguntar se a lei serve ao bem público quando sua intervenção tem por efeito sacrificar, na moral, o elemento

---

⁶⁴⁴ Veja acima nº 238.
⁶⁴⁵ Esta preocupação poderá ser traduzida, mesmo em Direito, pelo estabelecimento de uma "obrigação natural": veja, sobre este ponto, J. Dabin: *La philosophie de l'ordre juridique positif,* nº 186 e 187.

subjetivo ao elemento objetivo; numa palavra, com o pretexto de salvar a *moral*, suprimir a *moralidade*.

249. É verdade, que se invoca a necessidade de uma "disciplina" para a perfeição da virtude, e a ação *educativa* das leis que engendraria um costume favorável ao cumprimento espontâneo do dever.[646] Mas isto é assunto de experiência, que depende da mentalidade dos povos. Na verdade, é preciso frequentemente, pelo menos em nossos tempos modernos, que o resultado da intervenção seja negativo. Quando a virtude pretende impor-se à força, ainda que seja a força da lei, corre o risco de suscitar um estado de espírito hostil à lei e à virtude, o que é duplicar o prejuízo para a moralidade e para a legalidade: neste caso a lei *moralizadora* se converte em todos os aspectos em *desmoralizante*.[647]

Sem dúvida, o efeito de toda lei, mesmo a lei civil, é tornar os homens bons, não só enquanto obedecem à lei (pois é uma virtude obedecer à lei justa), mas enquanto lhes prescreve o que é reclamado pelo bem público.[648] Mas não se deriva disso que a lei, pelo menos a lei civil, tenha qualidade para proibir todos os vícios e para ordenar todas as virtudes. Cabe à lei *moral* tornar o homem bom em todas as virtudes, visto que sua competência, em matéria de virtude, é direta e geral. Quanto à lei *civil* "estabelecida para reger as cidades",[649] seu efeito moralizador limita-se à virtude que concerne ao bem público, a saber, a justiça legal. A lei civil torna os homens bons na virtude da *justiça legal*, cujas exigências lhes

---

[646] Veja, neste sentido, Santo Tomás, *op. cit.*, Iª IIae, q. 95, art. 1 *ad resp.* (Deve se notar, todavia, que Santo Tomás tem em vista especialmente aos vícios anti-sociais, aqueles que "perturbam a paz de outros"). Cf. q. 92, art. 1 *ad 1ᵐ*, que se refere a Aristóteles: *"Legislatores assuefacentes faciunt bonos".*

[647] Isto é o que bem notou Santo Agostinho em uma passagem reportada na *Summa*, Iª IIae, q. 91, art. 4 *ad resp.* (I quarto). Veja também texto citado abaixo nº 249 nota sobre Agostinho.

[648] Veja Santo Tomás, *op. cit.*, Iª IIae, q. 92, art. 1 *ad resp.*

[649] Santo Agostinho, citado e aceito por Santo Tomás, *op. cit.*, Ia IIae, q. 96, art. 2 *ad 3ᵐ*: *"Lex ista quae regendis civitatibus fertur, multa concedit atque inpunita relinquit, quae per divinam providentiam vindicantur".*

mostram e fixam, pelo menos na medida do que ela está em condição de obter dos sujeitos e, por consequência, de impor-lhes. Assim, a lei civil não torna os homens bons na *totalidade* da justiça legal; só o faz na parte dessa justiça traduzida em regras, segundo o *possível*, e levada em conta, dado o nível moral do povo[650] e o sentimento da opinião pública, da condição de eficiência própria da lei civil. Por isso, o que importa de nosso ponto de vista é menos o *efeito* da lei que seu *fim*; ou se se quiser assim, o efeito não pode ser buscado legitimamente se não no quadro do fim. Sendo assim, o fim da lei civil não é imediatamente moralizar ao homem; seu fim é procurar o bem público, quer dizer, um *ambiente*, um bem *intermediário* e, além disso, um bem público *efetivo*, por conseguinte, calculado na medida das realidades.[651]

250. A mesma máxima deve guiar à lei no manejo do estatuto jurídico dos *agrupamentos naturais*, sobretudo da *família*. Por exemplo, a moral institucional não se contenta, como regra da união dos sexos, com um matrimônio qualquer que implique certa estabilidade; sua ideia é a do matrimônio uno e indissolúvel, único que se adapta perfeitamente aos fins individuais e sociais do matrimônio. Mas onde os costumes não estão ainda, ou deixaram de estar à altura desse ideal, como pedir que se ignorem as realidades: proscrever a poligamia nos povos poligâmicos, ou restaurar a indissolubilidade do matrimônio[652] nos povos habituados ao divórcio? A própria igreja, transigente com a "dureza dos corações", não contemporizou durante longos séculos antes de pôr em vigor por completo e para seus fiéis sua legislação matrimonial? Convém repetir a

---

[650] Veja, sobre este último ponto, Santo Tomás, *op. cit.*, Iª IIae, q. 96, art. 2 *ad resp.*; IIª, IIae, q. 77, art. 1.0 *ad resp.*

[651] Veja, neste sentido, em seu conjunto, Santo Tomás, *op. cit.*, Iª IIae, q. 96; art. 3 *ad resp.*; q. 98, art. 1 *ad resp*. Igualmente, Barbeyrac: "Discurso sobre a permissão das leis", 1715, em *Les devoirs de l'homme et du citoyen*, trad. de Puffendorf por Barbeyrac, nova ed. Amsterdam, 1756, t. II, p. 291ss. Acrescente-se, Ph. Meylan: *Jean Barbeyrac*, pp. 203 e 204.

[652] Veja, sobre esta paciência da Igreja, A. Esmein: *Le mariage en droit canonique*, 2ª. ed., por Génestal, 2 vol., *passim*.

propósito da moralidade o que se disse a propósito do bem público em geral: o Direito não pode ser obtido se não pelo preço de certa harmonia com as ideias dos costumes do meio ambiente, por mais imperfeitas que sejam.

251. Em definitivo, o problema das relações entre o Direito e a moral encontra sua resposta na seguinte fórmula: o jurista reterá aquelas regras da moral cuja recepção pelo Direito se revele de fato e segundo as circunstâncias, útil com respeito ao bem público, praticável à vista do instrumental técnico do jurista.

Por um lado, nem uma das divisões ou parte da moral, nem uma de suas regras de suas virtudes está deduzida à possibilidade da recepção; por outro lado, esta não se produzirá senão no caso em que o bem comum obtenha alguma vantagem, e em que a técnica não lhe oponha nenhum obstáculo. A "ordenabilidade" ao bem público sob suas diferentes formas – bem público *político* para o Estado, bem público *social* para a comunidade enquadrado no Estado – é assim a primeira condição essencial da "subsunção" da moral pelo Direito,[653] implicando esta primeira condição a segunda realidade, relativa à *técnica*, por que uma regra inaplicável tecnicamente, e portanto inútil, dificilmente vantajosa para o bem público. Já se destacou: o critério não é unicamente a conformidade do bem público das *atitudes* dos sujeitos, mas também, e, sobretudo, a conformidade com o bem público da intervenção da lei com efeito de prescrever aos sujeitos tais atitudes, mesmo conforme o bem público. É preciso considerar, portanto, além disso, o conteúdo da lei, o princípio próprio de sua intervenção.

---

[653] Veja SANTO TOMÁS, *op. cit.*, Iª IIae, q. 96, art. 3 *ad resp., in fine:* "*Non tamen de omnibus actibus omnium virtutum lex humana praecipit: sed: solum de illis qui sunt ordinabiles ad bonum commune, vel immediate sicut cum aliqua directe propter bonum commune fiunt* (= bem comum *político*), *vel mediate, sicut cum aliqua ordinantur a legislatore pertinentia ad bonam disciplinam per quam cives informantur ut commune bonum justitiae et pacis conservent*". Sobre esta distinção entre o político e o social, veja acima, nº 138 e 139, 237 e 238.

§ 2. A Justiça, matéria normal da regra jurídica

252. Quais são, pois, os preceitos morais "ordenáveis" ao bem público por meio das leis? Aqui é onde intervém a *prudência política*, especialmente, a *prudência legislativa*, cuja função é, precisamente, discernir soluções mais adequadas às circunstâncias de tempo, lugar e caso. Ainda que essas soluções, em concreto, sejam variáveis, não é impossível atribuir ao trabalho prudencial, se não o método inflexível, pelo menos uma ordem de marcha dotada de valor geral, ainda que provisória.

Entre as regras da moral, o jurista construtor da lei civil começará por realizar uma separação entre as regras que regem as relações *com o outro* e os outros – e as regras que se referem aos deveres *para com Deus* e os deveres *para consigo mesmo*. Por um lado, os deveres para com Deus e os deveres para consigo mesmo existem independentemente de toda a vida social; por outro, a regra jurídica é a regra social, que supõe, por conseguinte, outras pessoas. É claro que o bem público, fim da regra de Direito, está mais diretamente interessado nas relações dos homens entre si que nas dos homens com Deus, ou a conduta do homem com respeito à sua própria pessoa. Estas duas últimas ordens de deveres só podem afetar o público de um modo indireto e por via de incidência.[654] Sendo assim, a lógica requer que se dedique, em primeiro lugar, ao que compõe a matéria direta e imediata do Direito, deixando para examinar ulteriormente a matéria jurídica por "incidência". O jurista distribuirá imediatamente entre as regras de moral que regem as relações dos homens entre si, aquelas que implicam um *devido exigível*: dívida de justiça em suas três formas, comutativa, distributiva e legal. E também as dividas que podem ser chamadas *familiares*, entre cônjuges, entre pais e filhos, entre parentes, em que consiste a instituição necessária na família. Quanto aos preceitos morais diferentes dos da justiça, o interesse que o jurista lhes presta está na medida de seu grau de proximidade com a

---

[654] Veja acima, nº 70 a 73.

justiça: interesse mais próximo para as virtudes anexas da justiça, pelo fato da analogia com a virtude principal interesse distanciado naqueles casos em que a razão da dívida vem a se reduzir ou a desaparecer, como no caso da beneficência ou da liberalidade.

253. A *justiça* é a matéria em certa forma *natural* do sistema jurídico por muitos títulos. Em primeiro lugar, porque o dever moral da justiça é aquele cujo cumprimento é *mais indispensável* ao *bem público*. Se se trata da injustiça *entre particulares*, é como reação contra esse "mal comum" pelo que nasceu a ideia de um bem público cujo primeiro elemento seria a ordem e a paz garantidas pela força da comunidade organizada no Estado. Em todos os tempos a justiça foi colocada na primeira fila dessa "*ratio qua societas hominum inter ipsos et vitae quase communitas continetur*".[655] O bem público não seria realizado e, portanto, o Estado não cumpriria sua missão, se a justiça entre os indivíduos não fosse respeitada.[656] Trata-se da justiça *legal* e da justiça *distributiva*? A questão nem sequer se delineia. A justiça *legal* é a virtude mais necessária ao bem público, porque tem por finalidade o bem público (do Estado e do público). É na justiça legal que o Direito e a moral se encontram até o ponto de quase se confundir: não é acaso o objeto do preceito moral da justiça legal o que fixa a lei, pelo menos normalmente? O mesmo acontece com a justiça *distributiva*: o Estado se esforçaria em vão por produzir um bem público mais abundante, e seu esforço conduziria à guerra civil, quer dizer, ao mal público, se o distribuísse contrariamente à equidade.

---

[655] CÍCERO: *De officis*, 1, 7, 20; e outros textos aludidos por SENN: *op. cit.*, nº 47, nota.

[656] Veja SANTO TOMÁS, *op. cit.*, Iª IIae, q. 96, art. 2 *ad resp.: a* intervenção da lei só é exigida para efeito de impedir os atos *"quae sunt in nocumentum aliorum, sine quorum prohibitione societas humana conservari non posset"*, como os homicídios, os roubos e coisas semelhantes. Acrescente-se, *ad* lm. Veja, também, Iª, IIae, q. 95, art. 1 *ad resp.*, onde são consideradas, de modo especial, as faltas que perturbam a *"quieta vita"* do próximo, a "paz entre os homens"; e Iª, IIae, q. 93. art. 1 *ad resp.*, onde são examinados os atos exteriores, *"quantum ad illa mala quae possunt perturbare pacificum statunt civitatis"*; IIª, IIae. q. 77, art. 1 *ad resp.:* "Et ideo lex humana non potuit prohibere quidquid est contra virtutem, sed ei sufficit ut prohibeat ea quae destruunt hominum convictum".

Por outro lado, a lei civil não pode se separar da justiça distributiva, visto que esta é a norma moral à qual estão submetidos profundamente os governantes, autores da lei civil.

É verdade que as duas justiças, a comutativa e a distributiva, que se referem ao bem particular, estão, como toda virtude particular, *subordinadas* à justiça legal, que tem a faculdade de moderar seu conteúdo, quer dizer, o Direito particular de cada um, segundo as exigências do bem público. Mas esta subordinação não é a obra da lei civil; provêm da mesma moral,[657] que reclama a subordinação na ordem temporal, do bem particular ao bem público, de sorte que, neste ponto, a conjunção das regras é completa.

254. Seria um erro crer, todavia, que as soluções dadas pela justiça comutativa e pela distributiva, com base unicamente no Direito particular, exijam sempre, ou até frequentemente uma *retificação* por parte da justiça legal. Não só não há necessariamente oposição entre o bem público e as justiças particulares, mas essa oposição é relativamente excepcional: na maior parte das vezes o bem público exigirá, pelo contrário, o respeito das justiças particulares.[658] Não nos esqueçamos que os indivíduos estão na origem e no fim do Estado e do bem público; e que, por conseguinte, deles deve partir como é a eles a quem é preciso voltar finalmente. Eis aqui porque, no plano do método, o jurista construtor do Direito irá diretamente às soluções da *justiça particular*: comutativa para as relações dos particulares entre si, distributiva naquilo que é devido pelo Estado aos cidadãos, consagrando assim *a priori* o Direito particular segundo o título de cada um individualmente considerado. E não realizará retificação alguma a título de bem público se não depois de ter comprovado, de maneira indubitável, que a consagração do Direito do indivíduo, segundo a medida da justiça particular,

---

[657] Veja acima nº 239.
[658] Veja acima nº 148 e 149.

causaria no caso concreto ou um prejuízo ao bem público, ou impediria de obter um benefício que compensasse com excesso o mal inerente à toda retificação da justiça.

Por conseguinte, quando se pede ao jurista que tome por matéria de suas regras à *justiça* em suas *três formas*, este terá que determinar com a distinção complementar: nas relações dos particulares entre si a justiça que deverá considerar em primeiro lugar é a comutativa; no que concerne aos Direitos dos cidadãos com respeito ao Estado, será a distributiva; ficando a esfera da justiça legal limitada provisoriamente às obrigações do cidadão com respeito ao Estado (justiça societária). Enquanto a justiça *geral*, que domina as outras virtudes, mesmo as duas injustiças particulares, a justiça legal só será chamada em segundo lugar e, depois de ter demonstrado a insuficiência em relação ao bem público, das soluções das justiças particulares: normalmente o bem público está mais bem servido quando cada um dos membros do público obtém a consagração, do modo mais exato, do que constitui seu Direito próprio.

255. A justiça é a matéria preferida da ordem jurídica, por um segundo motivo, que se refere a sua *estrutura particular*. Com efeito, a justiça se distingue pelos caracteres de objetividade, de exterioridade e de clareza, que a tornam eminentemente captável ao imperativo jurídico. Por um lado, diferentemente das virtudes que importam às paixões, a justiça regula a ação do sujeito com respeito ao Direito alheio.[659] Sendo assim, decretar o respeito ao Direito alheio, ao mesmo tempo em que assegurar o cumprimento de tal preceito, é, sem dúvida, menos difícil que prever e prescrever o justo meio conveniente da virtude, em matéria de paixões. Logo, a lei civil não poderia chegar a este último senão através dos atos que se traduzem ao exterior,[660] enquanto que somente a operação – de comissão ou de omissão – satisfaça à justiça, pelo menos

---

[659] Veja, sobre o "meio real próprio da justiça, nº 226,
[660] Sobre a incompetência do Direito em matéria de atos internos, veja nº 65 a 68.

materialmente. Além disso, o objeto da justiça, a saber, o Direito alheio, é algo dado na realidade externa, enquanto que as virtudes que regulam as paixões têm seu assento no próprio sujeito. Em razão dessa *objetividade* que a solução de justiça tem, como a regra de Direito um valor geral, que obriga a todo mundo de modo uniforme, sem consideração do sujeito devedor, enquanto que a justa medida nas paixões é matéria de cada caso, dependendo das situações individuais e das circunstâncias.

Por outro lado, diferentemente das outras virtudes *ad alterum*, a justiça oferece a particularidade de uma *nítida determinação* quanto às pessoas e quanto às coisas. Seu beneficiário é a pessoa determinada, indivíduo ou coletividade, na qual reside o Direito; o devedor é todo mundo ou certo indivíduo ou coletividade. De modo semelhante, o objeto do Direito está determinado ou é determinável: é tal coisa, tal atitude; só isto é devido porque só isto é "seu". Sendo assim, esta nitidez se presta ao mecanismo lógico e preciso da regra jurídica. É verdade que a determinação está longe de ser tão acabada nas duas justiças de ordem política, legal e distributiva, como na comutativa. Há nelas lugar para certo jogo na apreciação do que é devido a um Estado e o que se deve ao público (justiça legal), e do que corresponde a cada um na distribuição do bem público (justiça distributiva).[661]

Todavia, os princípios segundo os quais deve operar a prudência na determinação concreta estão traçados de modo objetivo; além disso, a razão de ser do Estado e da lei é colocar um termo à indeterminação original de tudo que pertence ao político.

256. A justiça é a matéria indicada da ordem jurídica por um terceiro motivo, a saber, a *exigibilidade* da dívida da justiça. Visto que tem por objeto o Direito alheio, e que esse Direito alheio é próprio de seu titular, este último tem o Direito de exigir seu respeito, e se preciso pela força. Moralmente, e por sua natureza, a justiça implica o Direito de

---

[661] Mesmo na justiça comutativa, a determinação do Direito alheio é mais delicada quando o valor em jogo é de ordem moral, extra-pecuniário: veja acima nº 93 e 94.

rechaçar a agressão injusta: este é o caso da *vindicta*, que pode ser lícita e que, às vezes é virtude, segundo as circunstâncias.[662] Sendo assim, de modo semelhante, e por sua natureza, a regra jurídica está dotada de exigibilidade e funciona pela via da coação: aquilo que é exigido pelo bem público ou decidido de acordo com este requer que seja executado, de modo voluntário ou pela força. Portanto, quando o Direito volta a tomar em seus códigos o preceito moral da justiça, a coação que lhe acompanha não constitui uma inovação: especialmente quanto à justiça comutativa, a consagração da lei não faz se não substituir, de modo muito insuficiente (imortal para o bem público) da coação privada, pelo modo regulado da coação pública. A mudança só afeta a forma da coação, não o seu princípio.

Pelo contrário, os deveres morais *não exigíveis* rejeitam por si a coação, que é estranha a eles, e que até os desnaturaliza: a beneficência ou a liberalidade impostas pela coação ainda que sejam materialmente benefícios, deixam de serem virtudes. Será preciso um título de justiça legal para legitimar um mandamento que as faça exigíveis, por esse novo título.

257. Em razão mesmo do fato de participar da justiça, *as virtudes anexas da justiça*,[663] pelo menos aquelas delas que realizam mais a estrutura objetiva da justiça, participam da predisposição da virtude principal à consagração pelo Direito. Visa-se aqui, especialmente, a *fidelidade às promessas*. Não só a parte que viola sua promessa comete uma falta em relação à outra parte contratante, à qual deve a fidelidade prometida, mas a vida social seria impossível se as promessas feitas não fossem mantidas. A confiança, o crédito, tem por única base a razão de ser à fidelidade; e à infidelidade às promessas é, sem dúvida, tão prejudicial ao

---

[662] Veja SANTO TOMÁS, *op. cit.*, Iª IIªᵉ, q. 108, art. 1 *ad 4ᵐ*: a injúria puramente pessoal deve ser suportada com paciência, *"si expediat"*. – segundo as circunstancias.
[663] De modo geral, sobre as virtudes anexas à justiça, veja acima nº 222 a 224.

bem público como os atentados contra o Direito alheio.⁶⁶⁴ Por esse lado a situação é clara: a intervenção da lei com efeito de sancionar a fidelidade às promessas está não só justificada, mas imperiosamente exigida.

Do lado da realização formal da intervenção, a situação não é menos clara e nítida: o objeto da fidelidade às promessas está "captável" como objeto da dívida de justiça comutativa, e mais ainda visto que a promessa determinou previamente a forma e a quantia da mesma. A única diferença está do lado da exigibilidade: ao contrário daquilo que é devido em justiça, o que se prometeu a outro não corresponde a esse como se lhe pertencesse, diretamente ou por equivalente; e, portanto, a exigibilidade estrita da justiça não pode entrar em jogo aqui.⁶⁶⁵ Todavia, a fidelidade às promessas é de tal modo exigida pelo bem público que não será de admirar ver que a lei lhe confere a exigibilidade que não possui em si. Desta maneira, a dívida *moral* de probidade que engendra a fidelidade às promessas transforma-se em dívida *legal*, exigível a título de justiça legal.

258. Contar-se-á, enfim, entre os princípios morais cuja recepção está marcada no Direito, as *regras constitutivas da família*, àquela pelas quais a família se define como instituição as relações familiares – entre cônjuges, entre pais e filhos, e mesmo entre parentes – revestem o duplo aspecto segundo o que são consideradas do interior ou do exterior. Vistas em sua *interioridade* em sua "intimidade" as relações familiares correspondem antes de tudo a essa parte da moral que regula os sentimentos e os atos consecutivos aos sentimentos. Na primeira fila desse sentimento se encontra o amor, um amor especial de caráter familiar, que se diferencia por outro lado, segundo as categorias psicológicas e morais diversas do amor conjugal, do amor paternal e maternal do

---

[664] Veja SANTO TOMÁS, *op. cit.*, Iª IIᵃᵉ, q. 109, art. 3 *ad 1m*: "*Quia homo est animal sociale, naturaliter unos homo debet alteri id sine quo societas humana conservari non posset. Non autem possunt homines ad invicem convivere nisi sibi invicem crederent, tanquam sibi invicem veritatem manifestantibus*". Veja também q. 114, art. 2 *ad 1ᵐ*.

[665] Veja acima, nº 224, texto e nota.

amor familiar, do amor fraternal, etc. Mas o Direito é impotente frente ao dever do amor e mesmo em certa medida frente ao dever de piedade familiar enquanto este implica o amor.[666] Por outro lado, com respeito aos aspectos mediante os quais se estabelece a família como *instituição* e que pertencem à parte institucional da moral, desaparece a impotência do Direito.[667] Já não é impossível para a lei decretar que só a união legítima, quer dizer, o matrimônio, estará dotado de efeitos de Direito, que essa união será una e indissolúvel pelo menos em princípio; que suponha deveres recíprocos de coabitação, fidelidade, socorro e ajuda que o pai e a mãe devem dar a seus filhos durante o tempo de sua formação. O alimento e educação; que os filhos por seu lado estão obrigados à docilidade. Que o grupo familiar terá por sua cabeça um chefe, o marido e pai dotado de autoridade – e de responsabilidade – com respeito à mulher e os filhos.

Em que medida os princípios constitutivos do Direito da família se aproximam do tipo da justiça? Na falta de justiça com respeito à família *como corpo* (por que a família ainda que formem um grupo e comunidade não é pessoa moral)[668] não é proibido falar de uma espécie de justiça entre cônjuges que lhes dá Direito exigíveis de um ao outro; de uma espécie de justiça *entre pais e filhos* que lhes torna credores (ou devedores) da educação, de alimentação, de docilidade etc.[669] Mas pouco importa isso para nosso propósito. Basta que os princípios constitutivos da família interessem ao "público". Sendo assim, a resposta afirmativa não pode ser duvidosa: o bem público está interessado em que se mantenha a família, pelo menos tanto como está com respeito à justiça, e de modo tão evidente e direto. Não é a família a única base da ordem social e política de um país? Não está colocada na raiz da vida e, portanto, da população

---

[666] No que se refere à piedade familiar, anexa à justiça, veja acima nº 229 e 230.
[667] Veja, sobre esta definição, acima nº 94.
[668] Veja acima nº 229 e 230.
[669] Veja, neste sentido, DEL VECCHIO: "A justiça", § 12, em *Justice, Droit, Etat*, pp. 62 e 63.

dos agrupamentos e dos estados? Não está associada em todas as partes à sorte, feliz ou infeliz, dos indivíduos e membros sujeitos à justiça? Por essas razões concederá o Direito sem titubeios seu apoio à instituição familiar de modo que vem em apoio e reforço dos indivíduos particulares na justiça comutativa e distributiva e do Estado e do público na justiça legal e social.

259. Chegou-se, entretanto, ao resultado de que o Direito não está a serviço da justiça nem da família. Como tais, mas a serviço da sociedade. Sendo este o ponto de vista do jurista, é possível que a ordem de marcha precedentemente traçada de maneira teórica, partindo *de eo quod plerumque fit*, deve sofrer na prática alguma modificação, de sorte que as regras morais que, normalmente, requereriam a consagração do Direito deveriam passar-se por alto, enquanto outras que, normalmente, a exigiriam não deveriam obtê-la.

Não pode se tratar aqui de estabelecer um detalhado sistemático desses casos excepcionais, tanto mais por que a teoria geral já foi apresentada. Limitemo-nos a algumas indicações reduzidas ao Direito das *relações privadas*, visto que, nas relações de Direito público ou político é a mesma lei a que por ordem da moral se encarrega de determinar as exigências da justiça legal e da justiça distributiva.

260. Já se observou, apoiando-se em exemplos, que frequentemente a justiça comutativa (e de modo semelhante sua anexa, a fidelidade às promessas) tenha que desaparecer diante de considerações mais ou menos urgentes de ordem social: econômicas, políticas, psicológicas (como o cuidado da *segurança*).[670] Predomínio normal e mesmo em moral, da justiça geral sobre a justiça particular. Mas aqui há uma série na qual o Direito *renuncia* sancionar a justiça comutativa: ou ainda se remete,

---

[670] Veja o nº 147ss. Acrescente-se, os nº 114 a 122. Por isso é que alguns autores de Direito natural, como MEYER: *Institutiones juris naturalis*, pp. 92s., 104s., propõem combinar o *Direito, natural* com as conveniências do *bem geral*.

para a determinação de seus Direitos respectivos à regulamentação que convém entre os interessados, ainda que isso possa não estar sempre conforme a justiça natural:[671] ou ainda deixa campo livre às atividades individuais, ou ainda por que habitualmente são exercidas espontaneamente no sentido da justiça,[672] ou por que, ainda que injustas, a prudência política ou insuficiência dos instrumentos jurídicos aconselha tolerá-las no todo ou em parte.[673]

261. Ademais, e em troca, o Direito vai *mais além* da justiça comutativa sancionando regras morais diferentes da regra da justiça. Põe a contribuição em primeiro lugar, essas virtudes *ad alterum* anexas à justiça nas quais a dívida só é *moral*: não só a fidelidade à palavra dada tão indispensável para a vida social como justiça estrita, mas também, por exemplo, a gratidão às vezes a beneficência e a liberalidade.[674] A legislação chamada social está cheia de preceitos que impõe aos patrões obrigações aos que não corresponde nenhum Direito estrito na pessoa dos operários, que às vezes, mesmo correspondem à assistência gratuita.[675] Mas essas virtudes são eminentemente "sociais", mais sociais em certos aspectos que a justiça, por que se a justiça é a condição necessária da vida em sociedade, enquanto dá a cada um o seu, *as virtudes sociais*, por seu caráter altruísta, desinteressado, fortalecem positivamente o laço social.

Compreende-se, portanto, que o Direito cuidadoso da concórdia e da fraternidade entre os membros do grupo, se encontre conduzido a promulgar leis "de solidariedade social", nas quais as condutas orde-

---

[671] Veja acima os n° 157 e 158.
[672] Veja o n° 160.
[673] Veja o n° 161ss.
[674] Veja o n° 224.
[675] E é assim mesmo no caso em que se tomou partido pela ideia de *empresa*, – comunidade ou instituição. Mesmo no quadro dessa concepção há auxílios que excedem as exigências da justiça comutativa ou institucional, porque a empresa só integra em seu sistema o homem enquanto operário, empregado, colaborador, mas não como homem enquanto tal.

nadas se convertem em justiça legal em razão de sua "ordenação" ao bem público.[676] Sendo assim, as relações sociais não se estabelecem unicamente entre iguais: existe também a base da *autoridade*. Por isso, o Direito prescreve a obediência às autoridades não só no Estado, mas também nos grupos privados e, em primeiro lugar, na família. Ainda que a obediência só seja uma virtude anexa da justiça,[677] compreende-se que a lei civil preste apoio às diversas hierarquias que formam a unidade orgânica da vida social.

Mas o Direito não se fecha no campo das virtudes *ad alterum*. Franqueando o círculo da justiça e das virtudes sociais, é visto reagindo por meio das sanções civis ou penais contra algumas faltas aos deveres para consigo mesmo (tentativa de suicídio, embriaguez, cordialidade, certas alienações de Direitos ou de liberdades essenciais), contra certas faltas aos deveres para com Deus (blasfêmia, sacrilégio, falso juramento), contra os atos de crueldade para com os animais. Porque? Não porque a justiça comutativa ou qualquer outro dever para com o próximo esteja em jogo, mas porque essas faltas afetam o público causando perturbação ou prejuízo ao ambiente social.[678]

Seria preciso notar, enfim, mais além da justiça e mesmo da moral, as inumeráveis medidas de *prudência* ditadas pelo Direito com a finalidade de prevenir a violação, dos preceitos morais tomados e sancionados pelo Direito: assim a polícia de circulação de indústria e do trabalho do comércio, cuja finalidade complexa é salvaguardar interesses bastante variados materiais e morais, individuais e sociais, comprometidos nessas atividades da circulação. Sendo assim, por si, mesmo nas medidas preventivas ordenadas para salvaguarda à justiça não são outra coisa que *meios* indiferentes à justiça.

---

[676] Veja, no mesmo sentido, Russo: *op. cit.*, p. 54, *in fine*. Sobre as aplicações jurídicas do dever de assistência, veja A. Rouast: "O risco profissional e a jurisprudência francesa", em *Recueil Gény*, t. III, p. 228s.

[677] Veja, sobre a obediência, Santo Tomás, *op. cit.*, Iª IIae, q. 104, art. 1 e 2.

[678] Veja, neste sentido, Santo Tomás, *op. cit.*, Iª IIae, q. 59, art. 3 *ad 2m:* para a temperança, Iª IIae, q. 94, art. 3 *ad 1m*.

262. Em definitivo, deve ter-se cuidado em não confundir a *lei justa* e a *lei que consagra a justiça*. A lei é justa quando prescreve o que está em sua missão prescrever. Nesse sentido a lei justa é a lei *ajustada* ao seu fim, o bem público, aos seus meios próprios de realização, em suma, a lei conforme o *método* jurídico. Tal é deixando a salvo a lei natural *regula rationis* em matéria de Direito positivo.[679] Sendo assim, ainda que normalmente a lei justa seja a lei que consagra a justiça, nem sempre é assim.

Esta é toda a diferença que há entre a justiça do jurista, que é a tarefa da *prudência*, e a justiça do moralista, que é a tarefa da verdade ou da ciência.

---

[679] Comp., Santo Tomás, *op. cit.*, Iª IIae, q. 95, art. 2 *ad resp.*: *"Sicut Augustinus dicit: "non videtur esse lex quae justa non fuerit". Unde inquantum habet de justitia, intantum habet de virtute legis. In rebus autem humanis dicitur esse aliquid justum ex eo quod est rectum secundum regulam rationis. Rationis autem prima regula est lex naturae... Unde omnis lex humanitatus posita intantum habet de ratione legis, inquantum a lege naturae derivatur.* Veja também q. 95, art. 3 *ad resp.*: *"Attenditur enim humana disciplina primum quidem quantum ad ordinem rationis, qui importatur in hoc quod dicitur justa".*

Índice Analítico

PRIMEIRA PARTE – NOÇÃO DE DIREITO, 19

Introdução, 20
1. Justificação do título, 20
2. Escolha de um ponto de partida, 21
3. Adoção da ideia de norma: considerações filológicas, 22
4. Trata-se aqui do Direito no sentido objetivo ou normativo, não no sentido subjetivo, 23
5. Segundo o uso a norma denominada "Direito" trata das relações dos homens entre si, 25
6. Definição da regra do Direito, 26
7. Plano desta primeira parte, 26

Capítulo I – Definição formal da norma de Direito, 28
§ 1. *O Direito, a regra da sociedade civil,* 28
8. O Direito implica vida societária, 28
9. Porque a regra societária requer o Direito, 29
10. As diversas espécies de sociedades, 31
11. Cada espécie de sociedade tem seu sistema de Direito, 32
12. Lugar aparte, eminente, do Direito da sociedade civil, 33
13. O Direito da sociedade civil continua sendo Direito societário, 34
14. As outras regras da vida social (moral, costumes) não são societárias, 35
15. O Direito consuetudinário tem caráter societário, 37
§ 2. *O poder, fonte da regra do Direito,* 38
16. Só o poder está facultado a estabelecer a regra de Direito, 38
17. Os tribunais, criadores de jurisprudência, são o poder, 40
18. O costume tem necessidade de ser reconhecido pelo poder, 42
19. Diversidade e hierarquia das regras segundo o órgão criador, 44
20. As regras estabelecidas pela vontade privada não constituem Direito, 46
21. Transformação da lei privada no Direito do Estado, 47
§ 3. *O Direito e a coação pública,* 48
22. O Direito em sua execução está garantido pelo Estado, 48
23. O Direito não obedecido não perde seu valor de Direito, 49
24. Caso de derrogação da lei por costume contrário, 50
25. Caso especial do desuso, 51
26. O Direito é obedecido no geral, 52
27. Sanção e coação, 53
28. Pena e coação, 54
29. Variedade de forma da coação, 55
30. Caracteres específicos da coação jurídica, 56
31. Casos especiais das regras jurídicas sem coação, 57
32. Insuficiência da fórmula "tendência à coação", 58
33. A coação jurídica monopólio do Estado, 59

34. Casos especiais de coação privada, 59
35. O poder disciplinar dos grupos privados, 60
Objeções contra esta definição, 61
36. Caso das regras de Direito público pelas quais são constituídos o Estado e a autoridade, 61
37. Caso das regras de Direito público que regulamentam a atividade dos titulares da autoridade, 63
38. Caso do Direito internacional público: a falta de coação, 64
39. ... a ausência de sociedade pública internacional, 65
40. O costume internacional pertence à categoria do Direito, 66

CAPÍTULO II – CARACTERES DA REGRA JURÍDICA, 69
41. Plano deste capítulo, 69
§ 1. *O Direito, regra de conduta preceptiva, categórica,* 70
42. Os dois elementos constitutivos de toda regra: hipótese e solução, 70
43. A solução jurídica é norma, 71
44. Crítica da opinião contrária (ZITELMANN), 72
45. A regra jurídica sempre é norma de conduta, 73
46. Crítica das opiniões contrárias (JÈZE, Burckhardt, R. CAPITANT), 74
47. A regra do Direito impõe um preceito, não é um conselho, 75
48. As regras dispositivas, as regras permissivas cobrem um preceito, 76
49. Caso das leis supletórias, 78
50. Caso das "diretivas" ou "standard", 79
51. O caráter imperativo do Direito não exclui toda faculdade de renúncia, 79
52. O imperativo do Direito é categórico, não condicional ou técnico, 80
53. A sanção não transforma o categórico em hipotético, 83
54. O imperativo continua sendo categórico também no caso de "legislação-risco", 84
55. O imperativo categórico do Direito liga-se ao foro externo e ao interno, 85

§ 2. *O Direito, regra geral,* 87
56. Exposição da tese dos partidários da regra de Direito individual, 87
57. Crítica desta teses, 89
58. A objeção do contrato com força de lei, 91
§ 3. *O Direito, regra sistemática: as instituições jurídicas,* 92
59. Instituição-regra e instituição-Estado, 92
60. Definição da instituição jurídica, 93
61. Hierarquização das regras agrupadas na instituição, 94
62. Reagrupamento das instituições em sínteses superiores, 95
63. As instituições jurídicas e a lógica, 96

Capítulo III – Matéria regida pelo Direito, 98
64. Perspectiva geral, 98
§ 1. *Exclusão dos atos interiores, – dos deveres para com Deus e dos deveres para consigo mesmo,* 99
65. Os atos interiores estão submetidos à moral, 99
66. Não estão submetidos ao Direito, disciplina social, 100
67. Aplicação desta ideia salvo a "função pedagógica da lei", 101
68. Em que sentido o Direito se interessa pelas intenções, 102
69. Da prudência requerida na investigação da intenção, 103
70. As relações do homem com Deus escapam por si da competência do Direito, 104
71. ... salvo as incidências do espiritual sobre o temporal, 105
72. O Direito conhece somente os deveres do homem para consigo mesmo, 107
73. ... salvo o princípio da incidência *ad alterum,* 107
§ 2. *As relações sociais e a noção de relação de Direito,* 109
74. Chamado do caráter societário estatal da regra de Direito, 109
75. Competência universal da regra de Direito no campo das relações humanas de ordem temporal, 110
76. ... com exceção, em todo caso, das relações de natureza espiritual, 110

77. De que maneira o Direito se interessa pela amizade, 112
78. Necessidade de determinar o sentido do concepto de "relações sociais, 114
79. Quadro resumido das diversas espécies de relações sociais, 115
80. Ensaio de classificação destas relações, 116
81. Atitude e papel do Direito com respeito às relações sociais voluntárias, 117
82. ... e com respeito a outras categorias de relações, 119
83. As duas interpretações, objetiva e subjetiva, da "relação de Direito", 120
84. Crítica da interpretação subjetiva, 121
85. O mundo do Direito não se limita uma rede de laços entre determinadas pessoas, 123

§ 3. *Os diferentes tipos de relações sociais e os ramos correspondentes do Direito,* 124

86. O princípio fundamental da divisão está dado pela existência do Estado, 124
87. Relações públicas e Direito público, 124
88. Porque a expressão "político" é preferível à de "público", 125
89. Relações internacionais e Direito internacional, 126
90. O Direito penal e os processos só são Direitos de acompanhamento, 127
91. Relações privadas e Direito privado, 127
92. O esforço máximo realizado pelo Direito nesta matéria se produz na esfera das relações econômicas, 128
93. Esforço menor na esfera dos valores pessoais, 130
94. ... assim como na da família, 131
95. Causa da relativa impotência do Direito na esfera das relações políticas, 133
96. Pretendida irredutibilidade da nação à regra de Direito, 133
97. A ilusão da suficiência da ordem jurídica, 134

SEGUNDA PARTE – O MÉTODO JURÍDICO, 137

Capítulo I – O Direito é "dado" ou "construído", objeto de "ciência" ou de "técnica"?, 138

§ 1. Delineamento do problema e teses sobre o mesmo, 138

98. Explicação dos termos "dado" e "construído", 138
99. Extensão de aplicação da ideia de "construído", 140
100. Enunciado da questão, 141
101. Em sua existência histórica o Direito é "dado", 142
102. Mas, e em sua essência?, 143
103. Atitude do positivismo jurídico e crítica, 144
104. Todo mundo reconhece que, por um lado, o Direito é "construído", 145
105. Parte direta do "construído": as fontes formais, os mecanismos, as determinações cifradas, 146
106. Divergências de opiniões quanto à natureza e a origem do "dado", 147
107. Exposição da opinião de Duguit, 148
108. As doutrinas que buscam o "dado" do Direito no sentimento popular, 149
109. O "dado" do Direito, produto da força, 151
110. O "dado" do Direito, oriundo da natureza (doutrinas do Direito natural), 151

§ 2. Exame das teses do "dado" (Duguit, Gény...), 153

111. Volta ao problema: há um "dado" jurídico?, 153
112. Crítica das doutrinas do "dado" popular, 154
113. Crítica das doutrinas da força, 156
114. Quanto ao Direito natural, a questão não se apresenta senão em relação com o Direito natural *jurídico*, 157
115. A natureza não proporciona ao jurista nenhum "dado" jurídico, nenhuma regra necessária, 158
116. Extensões indevidas e ilógicas da ideia do "dado" jurídico natural, 161

117. Diferença entre o pretendido "dado" jurídico e o "dado revelado" dos teólogos, 162
118. Eleição de exemplos concretos, 163
119. O respeito da propriedade como "dado" jurídico, 163
120. A propriedade está longe de sempre se beneficiar com a proteção do Direito, 165
121. A liberdade dos pactos, como "dado" jurídico, 167
122. A reparação dos danos culposos, como "dado" jurídico, 169

§ 3. *O Direito é "prudência" e, por conseguinte, construído*, 170
123. Conclusões sobre o "dado" jurídico, 170
124. A operação do jurista corresponde à razão prática, especialmente à prudência, 172
125. Quem diz prudência não diz arbitrário, 174
126. O que se impõe ao jurista: os fatos prévios a sua regra, 175
127. ... fatos de *sein*, mas também fato de *regra*, preceitos morais ou técnicos, mesmo Direito existente, 177
128. Os "dados" enumerados por GÉNY são "dados" prévios, 178
129. O que se impõe, sobretudo, ao jurista: o "dado" do método de elaboração do Direito, 180
130. O "dado" dos fatos e do método de elaboração não suprime a ideia de "construído", 181

CAPÍTULO II – OS PRINCÍPIOS DIRETORES DA ELABORAÇÃO DO DIREITO, 183

Introdução, 183
131. Caminho a seguir: consideração do fim do Direito e de seus procedimentos de realização, 183
132. O caráter instrumental da regra de Direito a diferencia da regra moral, 184
133. A regra moral não precisa se preocupar com os procedimentos de realização, 185

Secção I – O fim da ordenança jurídica: o bem público temporal, 187
134. Lex est ordinatio ad bonum commune, – no caso do Direito, o bem público, 187

§ 1. Noção e caracteres do bem público temporal, 188
135. Definição do adjetivo "público": o que diz respeito ao público, 188
136. Em que consiste o bem do público do ponto de vista formal, 190
137. Os elementos constitutivos do bem público: ordem, coordenação, serviço, 191
138. O bem público cobre todos os valores humanos da ordem temporal, 193
139. Bem público interno e bem público internacional, 194
140. Rejeita-se a separação entre a política e os outros valores da ordem temporal, 195
141. Necessidade de uma filosofia dos valores para julgar as exigências do bem público, 196
142. Nossa filosofia dos valores, 198
143. Caráter principalmente moral da noção de bem público, 198
144. Relatividade das aplicações da ideia de bem público, 199

§ 2. O bem público temporal, norma do conteúdo positivo do Direito, 201
145. Diferença com a moral, ordenada para o bem da natureza humana e interferências, 201
146. A norma do bem público rege todos os ramos do Direito, 202
147. ... mesmo o ramo do Direito privado, 203
148. A concepção social do Direito privado e a preocupação pelo Direito individual, 205
149. O exemplo das "leis sobre os arrendamentos", 205
150. A objeção da "legislação de circunstâncias" não é pertinente, 207
151. Exemplos extraídos do Direito comum das instituições privadas: a prescrição, 207
152. ... muitas regras do regime da propriedade segundo o Código Napoleão, 209

153. ... igualmente no Direito de família, ou de sucessões mesmo no contratual, 210
154. O ponto de vista do bem público intervém até na matéria das provas e do procedimento, 211
155. O mesmo ponto de vista é determinante em Direito penal, 213

§ 3. O bem público temporal, norma do conteúdo negativo do Direito, 214

156. Frequentemente o bem público ordena ao jurista a abster-se mesmo diante da justiça social, 214
157. O dilema: liberdade ou regra jurídica?, 216
158. Às vezes, a liberdade deve ser preferida, mas não sem limites ou controle, 217
159. Benefícios da liberdade, até na esfera do Direito público e administrativo, 218
160. A psicologia dos sujeitos: hipótese em que o bem público está satisfeito fora da intervenção da lei, 219
161. ... hipótese em que a fixação do bem público se depararia com resistências, 220
162. A intervenção da regra jurídica não é a única política possível, 222
163. O bem público desejável e o bem público realizável, 224
164. Bem público e opinião pública como fatores da elaboração do Direito, 225
165. O "problema do intervencionismo" não se apresenta em moral, pelo menos em moral natural, 227

Secção II – Os meios: a utilidade técnica do Direito, 228
Introdução, 228

166. A "realizabilidade formal" ou "praticabilidade" do Direito, 228
167. O valor teórico das regras é distinto de sua "praticabilidade", 229

§ 1. A definição ou o conceitualismo jurídico, 230

168. Inconvenientes de um Direito não definido de maneira suficiente, 230
169. Falta de definição pelo lado das fontes formais do Direito, 231

170. Indeterminação da competência do Direito no tempo ou no espaço, 233
171. A imprecisão do Direito em seu conteúdo formal, 234
172. Exemplos: a injustiça usurária ou especulação ilícita, 235
173. ... a injúria grave, causa de divórcio, 236
174. ... o agressor, em Direito internacional público, 237
175. Dificuldade especial de definição quando se trata de valores qualitativos, 238
176. Os sistemas de definições amplas: vantagens e perigos, 240
177. Exemplos: a ordem pública, o art. 1382 do Cód. Napoleão, 241
178. ... na esfera do Direito público e administrativo, 242
179. Mas nem todas as matérias se prestam a essas amplas definições: o Direito penal, 243
180. Mesmo no quadro das definições amplas, o jurista não deixa de buscar a definição estrita, 244
181. Caso em que o Direito está obrigado a renunciar a toda definição: todavia a ciência não está acabada, 245
182. Apreciação dos sistemas técnicos de definição: a simplificação, 247
183. Alguns artifícios de simplificação, 248
§ 2. *A atitude para a prova dos fatos submetidos a regra,* 250
184. A necessidade social da prova, 250
185. As dificuldades inerentes à prova, 250
186. Às vezes estas dificuldades podem conduzir a uma abstenção total do Direito, 252
187. O Direito intervém a outras, mas eliminando o elemento rebelde à prova, 253
§ 3. *A concentração da matéria jurídica,* 254
188. A redução da massa de regras pelo sistema das classificações, 254
189. O sistema das "construções jurídicas", 256
190. Necessidade de guardar a justa medida na avaliação do elemento de "praticabilidade", 258

Conclusão sobre o método jurídico e corolários, 259
§ 1. Dualidade de aspectos da técnica no Direito, 259
191. Para o fundo, técnica social e política; para a forma, técnica de natureza lógica, 259
192. É um equívoco reduzir a técnica em Direito unicamente à ideia de praticabilidade, 259
193. O Direito não é unicamente ciência social, 261
194. Na medida em que o jurista deforma conscientemente a realidade, faz obra de técnica, 263
§ 2. Certeza relativa e variabilidade do Direito, 265
195. Produto da prudência, as soluções do Direito só estão dotadas de uma certeza relativa, 265
196. As diferentes causas de variação do Direito, 265
197. A pretendida "função conservadora" do Direito, 267
198. Necessidade da prudência na mudança, 269

TERCEIRA PARTE – DIREITO NATURAL, JUSTIÇA E REGRA DE DIREITO, 271

Introdução, 272
199. Enunciado do problema, 272
200. Valor objetivo das ideias de Direito natural e de justiça, 273

Capítulo I – A noção de Direito natural, 275
§ 1. A concepção tradicional, 275
201. O Direito natural, norma de conduta humana, 275
202. "Direito natural" e "Lei natural" são termos sinônimos, 276
203. Características do Direito natural: norma oriunda da natureza, universal e imutável, 278
204. Extensão do "dado" da natureza: primeiros princípios e preceitos segundos, 278

205. Matéria do Direito natural: a totalidade dos deveres homem, 280
206. Todavia, tem tendência a acentuar os deveres *ad alterum*, 280
§ 2. *Há um Direito natural jurídico?*, 282
207. O equívoco que envolve a noção de Direito natural, 282
208. Historicamente, o Direito natural estabelece normas de conduta *moral*, 282
209. Direito natural e moral especial, 283
210. Relações entre o Direito natural, no sentido de lei moral natural, e a regra jurídica, 285
211. Todavia, essas relações não levam confusão às disciplinas, 286
212. Extensão do concepto de Direito natural no sentido de uma "jurisprudência natural", 287
213. Mas essa extensão contradiz a noção original do Direito natural, 289
214. Também contradiz a noção da regra jurídica, 291
215. Existe um Direito natural *moral*, um Direito natural *político*, mas não um Direito natural *jurídico*, 292
216. O binômio Direito natural-Direito positivo deve ser substituído pelo de moral-Direito, 293

CAPÍTULO II – A NOÇÃO DE JUSTIÇA, 295
§ 1. *As concepções enfrentadas e especialmente a concepção de* ARISTÓTELES *e de* SANTO TOMÁS DE AQUINO, 295
217. A concepção moderna da justiça, valor especificamente social e jurídico, 295
218. Segundo a tradição, a justiça é primeiramente virtude moral, 297
219. A justiça no amplo sentido do bom e do justo, 298
220. A justiça em sentido estrito de virtude que atribui a cada um o seu Direito, 300
221. A interpretação ampla de dívida de justiça "os estóicos" CÍCERO, 301
222. Distinção entre a virtude principal (justiça em sentido estrito) e as virtudes anexas (ARISTÓTELES, SANTO TOMÁS DE AQUINO), 302

223. Virtudes anexas da justiça deficientes pelo lado da razão de igualdade, 303
224. Virtudes anexas deficientes pelo lado da razão de dívida (dívida moral, e não legal), 305
225. A justiça no sentido estrito deve ser definida pela *aequalitas* e não pelo *aequum*, 306
226. No caso da justiça o "justo meio" constitutivo de toda virtude é real ou objetivo, 308
227. Confusão que é preciso se evitar na interpretação da noção de "justo meio", 308

§ 2. *As classes da justiça,* 310
228. Enumeração e classificação, 310
229. A justiça comutativa: seus sujeitos possíveis, pessoas físicas ou pessoas morais, 311
230. Objeto da justiça comutativa: o *suum* em suas diversas formas, 313
231. Na justiça comutativa a igualdade é determinada de coisa para coisa, 314
232. Com a justiça distributiva chega-se ao plano societário, 314
233. Matéria da justiça distributiva, as diversas classes de distribuição, 315
234. Diferença entre a justiça distributiva e a comutativa, 317
235. A justiça legal: noção geral, 318
236. O que o cidadão deve ao Estado, como organização, 319
237. O que o indivíduo deve à comunidade organizada no Estado: generalidade da justiça legal, 319
238. Em que a justiça legal ou geral é especial, podendo mesmo adquirir uma matéria própria, 321
239. Sentido e alcance do adjetivo "legal" na expressão "justiça legal", 322

§ 3. *Justo natural e justo positivo,* 323
240. O Direito alheio é às vezes natural e outras positivo: sentido destas expressões, 323
241. A distinção é encontrada em todas as classes da justiça, 324

242. Todavia, a determinação positiva não é arbitrária, 325
243. Margem de indeterminação muito mais considerável na justiça legal que nas outras formas de justiça, 326

Capítulo III – O "dado" do Direito natural e da Justiça na elaboração do Direito, 328

244. Voltando aos termos do problema, 328

§ 1. *Moral e bem público temporal,* 329

245. Não pode haver um bem público *contra* a moral, 329
246. Exemplos e casos de aplicação, 331
247. Confusões que devem ser evitadas na apreciação do caráter imoral das leis, 332
248. O Direito não está obrigado a consagrar toda regra de moral, 333
249. A "disciplina das leis" e a virtude, 334
250. O Direito e o tipo ideal da família, 335
251. A "ordenabilidade ao bem público", condição da "subsunção" da moral pelo Direito, 336

§ 2. *A Justiça, matéria normal da regra jurídica,* 337

252. Distinções que devem ser realizadas entre os preceitos morais susceptíveis de consagração pelo Direito, 337
253. A justiça, preceito mais indicado para a consagração: em razão de sua relação com o bem público, 338
254. Retificação excepcional das duas justiças particulares a título de justiça legal, 339
255. A justiça, particularmente captável pela regra jurídica, em razão de sua estrutura, 340
256. Como o dever jurídico, o dever de justiça está dotado de exigibilidade, 341
257. O Direito e as virtudes anexas da justiça, especialmente a fidelidade às promessas, 342
258. O Direito e os princípios constitutivos da família, 343

259. Todavia, a ordem normal de consagração está sujeita à derrogação, 345
260. Caso em que o Direito se abstém de consagrar a justiça, 345
261. Caso em que Direito ultrapassa o âmbito da justiça, 346
262. Não há sinonímia entre a "lei justa" e a lei que consagra a justiça, 348

Outras Obras da
Coleção Fundamentos do Direito

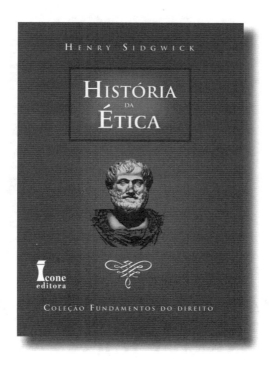

História da Ética

Henry Sidgwick

304 páginas

Para uma Moral Sem Dogmas

José Ingenieros

180 páginas

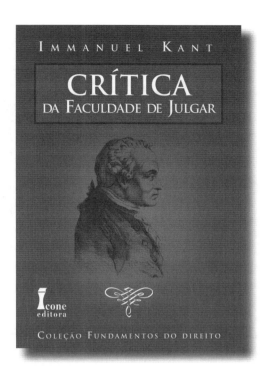

Crítica da Faculdade de Julgar

Immanuel Kant

336 páginas

Zum ewigen Frieden
Rumo à Paz Perpétua

Immanuel Kant

120 páginas

Edição Bilingue: Alemão – Português